멈추지 않는 눈

L'Œil interminable

by Jacques Aumont

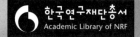한국연구재단총서 학술명저번역 617

멈추지 않는 눈

L'Œil interminable

자크 오몽 지음 | 심은진 · 박지회 옮김

아카넷

* 이 번역도서는 2011년 정부(교육과학기술부)의 재원으로 한국연구재단의 지원을 받아 수행된 연구임
(NRF-2011-421-G00001)

This work was supported by the National Research Foundation of Korea Grant funded by
the Korean Government (NRF-2011-421-G00001)

차례

일러두기

이 책은 **영화와 회화**라는 부제 아래 『**멈추지 않는 눈**L'OEil interminable』 이라는 제목으로 1989년 세귀에Seguier 출판사에서 처음 출간되었고, 이후 1995년 수정 없이 다시 출판된 책의 재판이다. 근본적으로는 내용을 바꾸지 않았다. 말하자면 이전과 다른 책을 쓰려고 하지 않았다. 문체를 바꾸고 몇몇 부정확하고 개략적인 내용을 수정하고 참고문헌에 대해 소소한 개정—이러한 수정은 표시하지 않았다—을 하는 수준에 그쳤다. 유일한 예외는 고다르에 대한 장으로 많은 부분을 가필했으며 1990년대 고다르가 영화, 회화, 그리고 다른 여러 매체를 통해 발표한 작업을 고려하여 반드시 필요하다고 생각되는 짧은 내용을 추가하였다.

그러나 이 책에서 내가 접근하고 있는 문제들에 대해 마치 아무것도 바뀌지 않은 것처럼—나 자신의 주장을 포함하여—가만히 있을 수는 없었다. 짧은 서론에서 이에 대해 몇 마디 덧붙이고자 한다. 모더니티를 다루는 이 책이 이미 더 이상 '회화'가 존재하지 않는 포스트모더니티(가장 평범한 의미에서. 즉 연대기적 의미에서)의 시작 시점에서 집필되었다는 것을 인정하기 위해 나는 지난번 판본에서도 '추신(PS.)'이라는 제목의 마지막 장을 완전히 다시 썼다.

나의 책 중 이 책은 개인적이며 내밀하기까지 한―분명 나 자신만이 지각할 수 있는―울림으로 잘 짜여 있다. 다음과 같은 분들이 이 책의 출간을 위해 많은 도움을 주었다. 파트릭 롤레는 평소처럼 정중하면서 엄격한 태도로 내게 이 책을 쓰도록 요청했으며 이 책이 출판되도록 도와주었다. 결코 지치지 않는 독자인 레이몽 벨루는 심지어 예외적인 조건 속에서도 내가 글을 쓸 수 있게 허락해 주었다. 장 루이 뢰트라는 이 책을 긍정적으로 생각하며 나를 매우 격려해 주었다. 알랭 봉팡의 우정 덕분에 나는 이 책이 재판을 찍을 만한 가치가 있다고 판단했으며 다시 이 책을 붙들고 개정하려는 의욕을 얻었다.

이 책의 부활을 나의 아내 랑에게 바친다.

J. A., 2007년 5월

20년 후 …

　이 책을 다시 읽으며 우선 눈에 띈 것은 몇몇 부정적인 특성들이다. 영화에 관한 들뢰즈의 저서 두 권이 출간된 직후 집필한 이 파노라마는 뤼미에르에서 고다르에 이르기까지 영화에 대한 어떤 생각을 보여주는데, 이 책은 분명 신중하고 합리적이다. 그 이유는 어쩌면 위대한 이 철학자의 방식에 대해 사람들이 보인 열광에 대해 내가 불신감을 갖고 있기 때문인지도 모른다. 나에게 그 열광은 너무나 맹목적이고 경도된 것처럼 보인다. 그래서 이 책은 숏, 프레임, 몽타주, 재현, 표현, 투명성, 지각, 현실과 같은 기본적인 문제들에 치중해 있다. 이 책에서 나의 역사적 관심(어떻게 영화가 뤼미에르라는 비의도적인 예술가에서 고다르라는 초의식적인 예술가로 이행하게 되었는가.)은 결코 전면에 부각되어 있지 않고 가려져 있는데, 이것은 다른 구상에 의한, 즉 역사적이긴 하지만 다른 방식으로 다루었기 때문이다. 내가 직접적으로 언급하지는 않았지만 다른 방식이란 유산과 잔재라는 문제(바르부르크[1] 방식의 출현)에 관한 것인데, 회고적 방식으로 은밀하게 주제를 제시하였다. 이 책에서 내가 후회하는 게 있다면 그것은 시대의 우울한 분위기를 지나치게 따랐다는 것이다.(이 신판에서는 그 점이 수정되었기를 바란다.)

그렇지만 나는 주제 자체에 대해서는 후회하지 않는다. 한 세기를 지나는 동안 영화는 끊임없이 눈과 관련된 문제를 다루었다. 지가 베르토프Dziga Vertov(일부러 이것을 말할 필요는 없지만 난 오히려 바쟁적인, 심지어 바쟁-로셀리니적인 스타일을 지지한다)의 오래된 계획에 의하면 영화에서는 세계를 보고 보여주는 것이 항상 문제였다. 움직이는 눈, 세계를 유랑하는 몸과 시선, 현상학적인 영화, 이것은 분명 역사적으로 아주 확실하다.(조너선 크래리Jonathan Crary[2]가 보충적인 이유를 제시하였는지, 아니면 내게 영감을 준[3] 피터 갈라시Peter Galassi[4]의 직관을 단지 공고하게 할 뿐이었는지는 살펴보아야 할 것이다.) 그런데

•
•

1) 역주: 아비 바르부르크Aby Warburg로 불리는 아브라함 모리츠 바르부르크(Abraham Moritz Warburg, 1866~1929)는 독일의 예술사가이자 문화 이론가이다. 그는 고대 유산과 잔재를 연구함으로써 상징의 이동 문제에 오랫동안 관심을 가졌다. 예를 들어 고대 그리스-로마 문화가 15세기 이탈리아 문화에 끼친 영향에 주목하여 산드로 보티첼리의 『비너스의 탄생과 봄』(1893)을 기초로 예술사 연구에 새로운 방법론을 도입한다. 이는 이코놀로지iconology 혹은 이코노그래피iconography로 불리는데 후에 어윈 파노프스키Erwin Panofsky가 이를 발전시킨다. 바르부르크가 주목했던 것은 특정한 '이즘'이 아니라 사유 공간을 창조하는 예술의 역할이었다. 바르부르크는 이미지를 '사회적 기억'이 담긴 에너지의 저장소로 보았다. 연속성과 전환을 함께 읽어내는 접근을 통해 바르부르크는 언어로 고정된 의미 해석이나 역사적 선형성에 도전한다.
2) 역주: 조너선 크래리(1951~현재)는 미국의 예술 비평가이자 에세이이스트로 현재 컬럼비아 대학 교수이다. 그의 연구에서 중심이 되는 주제는 예술에서 인간의 눈이 지닌 역할이다.
3) Jonathan Crary, *L'Art de l'observateur*(1990), trad. par F. Maurin, Nîmes, Jacqueline Chambon, 1994. Peter Galassi, *Before Photography, Painting and the Invention of Photography*, New York, MoMA, 1981.
4) 역주: 피터 갈라시(1951~현재)는 사진과 19세기 프랑스 예술에 정통한 학자이자 큐레이터이다. 그는 1991~2011년 뉴욕 현대미술관인 MOMA에서 사진 부문 최고 큐레이터로 재직하였고

19세기 내내 영화와 관련하여 제시된 수많은 비유—플라톤의 동굴, 미래의 이브, 철로, 풍경화가와 사진가의 프레임화—에서 늘 빠져 있는 하나가 있는데, 그것은 쥘 베른Jules Verne의 **노틸러스 호**Nautilus,[5] 즉 **움직임 속에 있는 움직이는 것**mobilis in mobile[6]이다. 정확하게 영화도 움직이는 것 속에서의 움직임이다. 유동적이고 불안정한 것 속에서 영화는 끊임없이 움직인다—공기, 연기, 바다, 집단의 몸 혹은 한 사람의 몸, 그리고 물론 정신도 그러하다. 이것을 관찰한다는 것은 이미 눈이라는 유일한 문제를 초월하는 것이다. 또한 영화는 눈과 다른 것이며, 영화는 이러한 내면적 눈혹은 나의 꿈들에 자양분을 제공하는 창조물이며, 이미지를 **생산**하는 기계이다.

바쟁에 의하면 영화는 '움직임을 방부 처리했다.' 영화는 우리에게 호박(琥珀) 속의 파리처럼 혹은 날개를 퍼덕이며 아직도 윙윙거리는 파리처럼 현실을 보존한다. 그것은 영화의 사실주의적 경향의 원천이며 순간성과 외관을 통해, 그리고 어떤 존재의 실현을 통해 보여주는 영화의 힘이다. 하지만 동시에, 그리고 동등하게 영화는 이미지들을 만들었다. 이것은 스트로하임/에이젠슈테인 혹은 뤼미에르/멜리에스라는 오래된 대립이 아니며 조작하다/조작하지 않는다라는 로셀리니적인 패러다임도 아니다.

∴

현재는 여러 매체에 글을 쓰는 독립 기고가로 일하고 있다. 그가 MOMA에서 기획했던 40회 이상의 전시 중 자크 오몽에게 이 책을 쓰도록 영감을 준 'Before Photography: Painting and the Invention of Photography'(1981)도 포함돼 있다.

5) 역주: 프랑스의 SF작가 쥘 베른의 소설 『해저 2만 리』와 『신비의 섬』에 나오는 가공의 잠수함이다. 노틸러스라는 배 이름은 1800년에 로버트 풀턴이 설계한 잠수함 노틸러스 호의 영향을 받은 것으로 보인다. Nautilus는 본래 라틴어에서 온 말로, 앵무조개를 뜻한다.

6) 역주: 'mobilis in mobile'은 쥘 베른의 『해저 2만 리』에 나오는 라틴어 격언으로, 프랑스어로 옮기면 'mobile dans l'élément mobile(움직이는 요소 속에서 움직이는)'이다.

영화에서 이미지를 만든다는 문제는 보존이나 방부 처리하기와도 모순되지는 않는다. 왜냐하면 영화의 이미지들은 은유나 알레고리가 아니기 때문이다. 반대로 회화는 자연스럽게 이를 지향한다.(그런데 최근의 영화에서는 이것도 사실이다. 그럼에도 불구하고 페라라, 차이밍량은 안토니오니나 미조구치와 같은 예술을 한다. 회화가 경험한, 그리고 회화를 와해시킨 단절은 영화에는 없다―나는 이 책의 끝에서 그것을 다룰 것이다.) 영화는 알레고리화나 은유화가 아닌 **해석**의 관계 속에서 세계와 함께한다. 그래서 영화는 상징이 아니라 형상을 만들기 위해 작업한다. 말하자면 그것은 다르게 말하는 것, 해석하는 것이다. 일종의 상징주의적인 기획이지만 특별한 상징도 없고 옹호하거나 장려해야 할 특별한 가치도 없다. 이 상징주의적인 기획의 가치는 끊임없이 변화하며 결국에는 사소한 것이 될 수도 있다.(세계는 의미하지 않는다.) 르네상스 시대의 수사학자들은 이것을 알고 있었다. 즉 꽃으로 꽃다발을 만들 수 있지만 꿀을 만들 수도 있다. 어떤 진술이나 구성, 어떤 알레고리나 은유는 여러 색으로 된 매혹적인 꽃다발이다. 더 소박하게 혹은 더 야심차게 추억을 음미하거나 본질을 추구하는 것은 꿀이다. 꿀을 모으는 벌과 같은 영화는 실재를 달콤하게 혹은 신랄하게 표현하는 마술적이고도 물질적인 액체를 만든다. 그러나 또한 꽃을 자르지 않고서도 꽃을 우아하게 정리하여 꽃다발을 만드는 기술자이기도 하다.(로즈 라우더Rose Lowder의 멋진 영화 〈꽃다발Bouquets〉에서처럼)

따라서 영화 애호cinéphilie 또한 장면 연출이나 현실의 방부 처리와는 다른 영화 특성들에 호응했다. 우리는 '현대 영화'[7]의 **신념**doxa[8]이라는 보다

..

7) 이에 대한 가장 노골적인 해석으로는 Fabrice Revault d'Allonnes, *Pour le cinéma moderne*, Crisnée, Yellow Now, 1994가 있다.
8) 역주: doxa는 '믿음' 혹은 '견해'로 번역될 수 있다. 아리스토텔레스는 『니코마코스 윤리학』

정밀한 외관 아래 현실에 대한 믿음이라는 역사와 이미지에 대한 믿음이라는 역사—후자는 전자를 받아들이기 위해 통과해야 하는 단순한 에피소드이다—, 이 두 개의 역사로 영화의 역사를 나눈 바쟁의 대립에서 단번에 벗어나야 할 것이다. 바쟁 이전에 발라즈Balázs나 엡스탱Epstein처럼 철학적이며 비타협적인 시인들은 영화 역사 그 자체를 통해 영화의 역사를 돌아보지는 않았다. 왜냐하면 그들은 눈앞에서 벌어지는 영화의 변화에 거리를 조금도 두지 않고 영화에 함몰되어 있었기 때문이다. 당시 영화는 하나의 스펙터클 혹은 하나의 예술보다 더 뛰어난 사유 형식임을 보여주었다. 그들은 영화가 인류학적이고 신화적인 본성에 응답하면서 동시에 해석하는 형상을 생산하는 심오한 기능을 가지고 있음을 쉽게, 직관적으로, 순수하게 간파했다.(들뢰즈 또한 이것을 잘 알고 있었다. 그는 이러한 점을 다루었지만 '첫번째 시기의 영화'가 지닌 특성은 너무 빨리 지나간 것으로 생각했다.[9])

모든 비평은 항상 영화의 신화적 성격을 강조하였다. 스타의 신화, '완전 영화cinéma total'의 신화, 팜므 파탈이나 반항아처럼 현대나 19세기의 신화, 애국적 신화, 반애국적 신화 등. 그리고 지적인 비평에서는 동굴의 신화, 오이디푸스의 신화 등이 있다. 이것은 분명 사실이다.(몇몇 신화가 지닌 일시적이고 구시대적인 성격이 종종 잊혀지기는 했지만) 그러나 이것은 신화가 이야기하는 것과 신화를 지나치게 동일시하거나 신화가 무엇인지를 간과한다.

∙∙

에서 '믿음doxa'을 '합리적 선택'과 대비시켜 설명한다. 합리적 선택은 인간의 힘이 미칠 수 있는 범위 안에서 이루어지는 것이고 믿음은 인간의 힘이 닿지 않는 영원한 것, 불가능한 것의 범위에서 이루어진다. 또한 믿음은 참과 거짓의 기준에 따라 구분되고 합리적 선택은 좋고 나쁨의 기준에 따라 구분되므로 합리적 선택은 믿음과 달리 인간의 도덕적 성질에 직접 관련된다. 말하자면 믿음은 진리의 영역에, 합리적 선택은 윤리의 영역에 속한다.

9) Gilles Deleuze, 《Lettre à Serge Daney》(1986), *Deux Régimes de fous*, Éd. de Minuit, 2003.

신화는 정신적, **그리고** 사회적인 장치인데 각각 다른 세 개의 효과를 획득하는 것이 목적이다. 첫째, 어떤 의식의 실현이나 믿음의 공유를 통해 사회적인 그룹을 결속시키는 것이다. 둘째, 각 개인이 세계 속에 자리하는 자신의 위치에 대해 안심하도록 만들며, 존재의 신비를 두려움 없이 받아들일 수 있게 하는 것이다. 마지막은 무엇보다 중요한 것으로, 세계에 대해 해석할 수 있는 요소를 제공하는 것이다. 만일 우리가 영화를 '신화'라고 생각한다면 영화를 하나의 차원이 아니라 이 세 가지 차원에서 생각해야 한다. 그런데 영화라는 신화가 지닌 사회적 가치는 명백하지만, 또한 1970년대 프로이트-마르크스 비평이 교조적 방식으로 영화의 정신적 가치(동굴의 노예나 오이디푸스적 주체라는 상황이 부러움을 살 만한 것은 아니지만 우리가 세계에 존재한다는 것, 말하자면 우리를 안심시켜 준다는 것은 사실이다.)를 논증하였지만, 우리는 해석의 가치를 완전히 잊었다.

우리는 너무 쉽게 영화를 안다고 믿으며 너무 성급하게 영화가 우리에게 말하는 것을 이해했다고 생각한다. 하지만 영화는 전체적으로 파악해야 하는 매체이기 때문에 예를 들자면 구석기 예술만큼이나 명료하지 않다. 구석기 예술은 고유한 특성도 낯설고 기원에 대한 설명도 없어 확신하기가 혼란스럽다. 또한 영화 속 인물들은 인간적인 존재로 탄생하자마자 우리의 사유를 불안하게 만드는 데—어떤 지식이나 가설을 표현하기 위해서라기보다는 정신 현상의 힘을 시험하기 위해—사용되었다. 인류 역사의 다른 끝에는 영화감독 장 엡스탱의 신칸트주의적인 명제가 있다. 즉 사유는 실재 속에 있는 것이 아니라 우리 안에 있다.[10] 우리가 내린 판단은—현실의

⁚

10) Jean Epstein, *L'Intelligence d'une machine*(1946), *Écrits sur le cinéma*, vol. 2, Seghers, 1976.

법칙들에 대해, 우연과 자유에 대해—우리의 사유와 관련 있으며 절대적인 것이 아니다. 영화는 이러한 상대주의의 생생한 증거이다. 왜냐하면 영화는 특별한 종류의 철학을 구현하기 때문이다. 이 철학적 사유는 현대 철학과 과학의 기본 범주들을 의심하며 삶과 죽음, 육체와 정신, 우연과 필연, 연속과 불연속 사이의 대립에 질문을 제기한다. 엡스탱에게서 영향받은 혹은 영감받은 글들은 이 철학자의 이미지를 합리화하는 것에 별 관심을 두지 않는다. 영화의 등장인물이 허구적 인물인 것처럼 영화는 허구적 철학자일 수도 있다. 이것은 또한 영화 매체를 한 인간처럼 사랑하는 영화 애호가의 말이기도 하다.[11]

영화는 퍼스Peirce의 해석항이 기호와 의미 사이에 있는 것처럼 나와 세계 '사이에' 있으며 퍼스의 해석항과 같은 기능을 한다. 결론을 내리지 않고 통과시켜 순환하게 한다. 주어진 하나의 영화 작품은 발견해야 하는 유일한 의미를 (탐정의 임무를 지닌 해석학자의 시도) 가지고 있는 것이 아니다. 그것은 의미 작용의 안내자이다. 영화 작품은 내가 세계를 해석할 수 있다는 사실을 알려준다. 때로는 해석하기가 어렵다 할지라도 이미지들에 대한 이러한 해석이 그 자체로 해석되어야 한다. 이러한 해석의 움직임 속에서 세계와 이미지는 동시에 문제가 된다. '변화의 미라'—그러나 모든 미라는 하나의 수수께끼이고 또한 영화는 상형 문자, 즉 신성하게 보이는 이미지들을 생산하는 것이다. 왜냐하면 그 이미지의 의도와 이유는 종종 우리의 이해를 벗어나기 때문이다.

이러한 관점에서 영화 이미지로 회화가 귀환한 것은—섬세하거나 조악

----

11) 하나의 영화와 더욱 퇴행적으로 사랑에 빠질 때. Tanguy Viel, *Cinéma*, Éd. de Minuit, 1999에서 이러한 가능성을 멋지게 허구화한 작품을 참고할 것.

한 수천 가지 형태로—로제타Rosette[12]의 깨지기 쉬운 돌이다. 회화는 영화를 열 수 있는 열쇠를 가지고 있는 것이 아니다. 회화는 역사와 상징과 신념을 통해 영화에서 해석될 수 있는 수수께끼이다. 나는 10년 전에 '이동migration'이라는 바르부르크의 사유를 차용하고자 하였다. 상징의 이동은 단순한 역사적 원인과 재료의 이동 법칙만으로는 설명되지 않는다. 이것은 고대의 형식들이 새로운 이미지 속에서 어떻게 재발견되는지에 관한 연구와 관련된다. 서구 예술사가들이 많이 기술했던, 천천히 이루어진 이교 문명과 르네상스 간의, 극동과 중세 간의 이러한 여행에서 부각되는 것은 어떠한 물리적 관계로도 허용될 수 없었던 수수께끼 같은 이동이다. 이러한 이미지들은 누가 혹은 무엇이 그것을 전달해 주었는지 알려지지 않은 채 여기저기에 그 신비로움을 남기고 있다.[13] 분명 이러한 생각에서 매혹적인 것은 은밀한 측면이며 이동이 투명한 경로가 아니라 문화의 어두운 곳, 가장 대중적인 문화의 어두운 곳에서 흔히 일어났다는 사실이다. 영화도 역사적으로, 그리고 욕망의 차원에서, 예술적 의도와 대중 문화적 의도와의 혼합물이기 때문에 '이동'은 영화와도 불가분의 관계를 맺고 있다.

해결되지 않는 이러한 시나리오가 지닌 매력은 분석가에게 많은 영역을 남겨놓는다는 점이다. 예를 들면 영화가 이미지를 생산하기 위해 오래된

..

12) 역주: 로제타석 혹은 로제타 돌은 기원전 196년에 고대 이집트에서 제작된 같은 내용의 글이 이집트 상형 문자, 이집트 민중 문자, 고대 그리스어 등 세 가지 문자로 번역되어 쓰여 있는 화강암이다. 이 돌 덕분에 장프랑수아 샹폴리옹과 토머스 영은 잘 알려진 그리스어를 바탕으로 상형 문자를 해독할 수 있었다.
13) 예를 들어 장 세즈넥이나 쥐르지 발트루제티스의 저서를 참조할 것. Jean Seznec, *La Survivance des dieux antiques*(1939), Flammarion, coll. 《Champs》 ou Jurgis Baltrusaitis, *Le Moyen-Âge fantastique: antiquités et exotismes dans l'art gothique*, Flammarion, 1981.

전통을 지닌 회화의 역사 옆에서 어떤 도움을 모색했다는 사실은 인용보다는 이동이라는 개념을 통해 더 잘 설명할 수 있고 정당화할 수 있을 것이다. 왕래circulation는 더 모호하고 덜 의도적인 개념인 반면(이동의 이상적인 면은 모든 것으로부터 제어되지 않으며 만남의 순수한 결실이라는 점이다.) 이동은 사이에 위치한다—이를테면 모든 예술 영화에서, 그리고 혼합물일 경우 아주 짧은 영화에서. 이동이 만들어내는 환기의 힘과 이동을 통해 만들어진 역사적인 제안이 지닌 매력 이외에 영화에서 이동이라는 개념은 명백하지 않다. 무엇이 이동하는가? 이미 만들어진 이미지들?(이 경우 우리는 의도를 제외하고는 인용과 이동의 차이를 구분하기 힘들다. 의도마저도 추정하기 쉽지는 않지만) 주제들? 형식들? 표현들? 장치들? 그리고 왕래와 이동이 할리우드 고전주의가 갖고 있는 허술한 균형이 끝나갈 무렵부터 과도하게 가속화된 것이 분명하다고 한다면 이동하는 이미지들은 어디에서 온 것인가? 영화에서? 아니면 회화에서?(이것이 나의 질문이다.) 그렇다면 어떤 회화에서? 영화 작품 이미지는 이러한 '이동하는 자migrants'를 수용하기 위해 어떤 작업을 해야 하고, 원하는가?

　형상화할 수 있는 것le figurable과 영화 이미지가 맺고 있는 관계는 회화 이미지가 그것과 맺고 있는 관계와는 다르다. 이 책에서는 의도적으로 인용에 관심을 두지 않았기 때문에 이러한 점은 잘 드러나지 않는다. 내가 인용을 무시한 까닭은 그것이 너무나 표면적이고 가시적인 것으로 판단되었기 때문이다. 다소 과장되긴 했지만 나의 입장은, 영화가 그림을 인용하는 경우 영화 이미지는 회화적인 행위에서 결코 그리 멀지 않다는 것이었다. 그런데 오늘날 영화에서 인용은 피상적이지도 저속하지도 않은 행위, 거의 영화의 본질, 심지어 바쟁적인 본질과도 관련될 수 있는 행위이다. 에릭 로메르Éric Rohmer는 고다르가 영화에서 베토벤의 4중창을 인용한 것을 논평하면서 이렇게 말한다: "고다르에게 영화는 도둑이다. 그는 영화의 아름다움을 자연에서 훔친다. 그는 신도 훔친다. 베토벤은 왜 안 되겠는가?"[14] 잘 생각해 보면 이 말은 다른 정의만큼이나 중요한 영화에 대한 정의이다. 영화에서는 모든 게 인용되지 않는가? 화산 위의 구름, 하늘, 바다, 시골, 도시, 반 고흐가 회화의 주제로 삼았던 열정.("인간의 끔찍한 열정") 게다가 '인용하다'라는 것은 또한 나타나도록 소환하는 것이다―악곡, 문학이나 시의 단편, 실제 사건들. 영화는 인용하는 기계이다.

　　인용은 어디까지 가는가? 이것은 단지 인용할 수 있는 것과 인용되는 것에 대한 경계의 문제만이 아니다. 이것은 특히 회화 인용에 관한 유용성, 본성, 본질의 문제이다. 〈비리디아나Viridiana〉(루이스 부뉴엘, 1961)에서 「최후의 만찬」(레오나르도 다빈치, 1495~97), 〈후작부인 O〉(에릭 로메르, 1976)에서 퓌슬리의 「악몽」(1781), 〈밤〉(미켈란젤로 안토니오니, 1961)에서 시로니Sironi의 「밤」은 영화 작품을 만드는 본질적인 요소들이다. 왜냐하면 영화에서 이 세 회화 작품은 영화와 조화를 이루는 것이 아니라, 원래 그대로의 모습을 드러내고 있기 때문이다. 이 책을 쓸 때 나의 신경을 건드렸던 것은 영화의 의도에 기여하면서 그것을 확장시키는 인용이 아니라 영화 작품에서 영원히 주머니 속에 갇혀 있는 생식력 없는 인용이었다. 〈비리디아나〉에서 「최후의 만찬」 차용은 투명하면서 계몽적이고 우스꽝스러우면서 선동적인 텍스트에 관한 뛰어난 설명이다. 혹은 브레송의 〈호수의 란슬로트Lancelot du Lac〉(1974)에서 귀느비어가 몸을 씻을 때 「비너스의 단장La toilette de Vénus」[15] 구도(이에 대한 논평은 아주 드물다.), 〈게르투르드〉(카를 드

14) Éric Rohmer, *De Mozart en Beethoven*, Arles, Actes Sud, 1996.

레이어, 1964)에서의 회화, 안토니오니의 심오한 인용들이 분명 그러하다.[16] 반대편에는 문화로 가득 찬 부르주아 기획물들이 있다. 오래전 영화인 〈영웅적 케르메스La Kermesse héroïque〉(자크 페이더, 1935) 유형, 보다 최근의 예로는 〈센소Senso〉(루키아노 비스콘티, 1954), 〈배리 린든Barry Lyndon〉(스탠리 큐브릭, 1975), 〈영국식 정원 살인 사건The Draughtsman's Contract〉(피터 그리너웨이, 1982)이 있는데, 기획의 의도는 단순하다. 자동적으로 상징적인 잉여 가치를 부여받는 것이다.

이 책에서 인용을 다루지 않은 것은 내가 가지고 있는 지나친 엄격주의와 관련 있다. 만일 내가 덜 엄격했더라면, 예를 들어 타르코프스키가 회화의 인용하는 방식에 대해 기술하고 찬양했을 것이다.(타르코프스키의 인용은 직접적이고 가볍지 않으며 중압감을 줄 수 있다.) 〈노스탤지아〉에서 「분만 중인 성모마리아Madonna del Parto」(피에로 델라 프란체스카Piero della Francesca, 1457년 이후), 〈희생〉에서 레오나르도 다빈치, 〈스토커〉에서 반 에이크의 작품 인용이 마찬가지이다.[17]

또한 내가 덜 둔했더라면 인용에 기초해 영화적 형상화를 효과적이고 생산적으로 연구해 볼 수 있었을 것이다.(모리스 피알라와 장뤽 고다르가 〈반 고흐〉(1991)와 〈영화사〉(1997)에서 반 고흐와 마티스의 그림을 의도적으로 조악하게 모방함으로써 이를 증명했듯이) 포스트모던 이데올로기에 대한 저항감이 덜했더라면 인용에 대해 연구하는 것을 께름칙하게 여기지 않았을 것이다.

••

15) 역주: 프랑스 로코코 시대를 대표하는 화가 프랑수아 부셰François Boucher의 1751년 작품이다.
16) 미켈란젤로 안토니오니의 영화 〈밤〉에 대한 알랭 봉팡의 분석을 참조할 것. Alain Bonfand, *Le Cinéma de Michelangelo Antonioni*, Images modernes, 2003.
17) 《vanités》(1999)에서 이 마지막 인용에 대해 설명했다. *Matière d'images*, Images modernes, 2005.

'이동'은 어쩌면 '인용'에서 벗어나는 간단한 방법일지 모른다. 하지만 이 것도 부차적인 단점이 있다. 예를 들어 이동의 개념은 과거에 대한 염려, 어떤 것에 이르러야 한다는 운동으로서의 역사에 대한 염려를 수반한다. 그것은 문명의 순간에 속하는 사유인데, 이러한 시간 속에서 우리는 결산을 하고 집요함과 생존을 평가하려 한다. 생존, 삶Nachleben[18]이라는 이 세기의 우울한 사유.(발터 벤야민, 아비 바르부르크) 아무것도 살아남지 않았다는 공모의 이면.(아도르노) 미래에 대한 환상 없이 역사를 숭배하는 세기. (그리고 영화 애호는 이러한 노스탤지어, 잃어버린 황금 시대에 대한 지속적인 숭배가 지닌 공모의 이면이었을까? 이는 어쨌든 프랑스에서는 사실이다. 가장 눈에 드러난 단절적인 운동이었던 누벨바그는 고전주의를 파괴하는 아방가르드적인 그 어떤 것도 지니지 않았다.)

이 책의 곳곳에서 드러나는 다소 순진한 열광과 이동의 개념을 중심으로 논지를 펼치려고 한 나의 시도가 한계[19]에 부딪히거나 때론 시도를 주저한 것은 이 책의 곳곳에서 드러난 나의 순진한 열광 때문이다. 단지 소소한 복잡함이 존재할 뿐이다. 만일 눈이 '계속 움직이는' 유일한 것이 아니라면? 보다 정확하게 말해서 눈은 유랑하고 이동할 뿐만 아니라—내 책의 제목[20]이 유래[21]한 프로이트적인 본능으로 회귀함으로써—분석하는 것도 결코 '멈추지' 않는다. 영화 이미지는 무엇인가? 영화 분석은 어떤 것인가? 역사적이라기보다는 인류학적인 이런 심오한 질문에 대한 대답을

..

18) 역주: 독일어 nachleben은 후대의 기억 속에 남아 있는 고인의 삶을 의미한다.
19) 앞에서 언급한 『이미지의 질료Matière d'images』란 책에서 이에 관한 지적을 찾아볼 수 있다.
20) Sigmund Freud, 《Analyse terminée, analyse interminable》, trad. par A. Bergman, *Revue française de psychanalyse*, vol. 14, n°1, 1939.
21) 역주: '멈추지 않는'이라는 제목은 프로이트 책의 '멈추지 않는 분석'에서 나온 것이다.

찾으며 합성 이미지, 디지털 이미지, 컴퓨터 이미지 같은 '최근'의 모든 이미저리가 입증하듯, '회화'는 여전히 형상, 무엇보다도 인간적 형상을 생산하는 데 많은 도움을 준다. 회화가 이러한 도움을 주기 위해서는 예술제도가 신성시하는 것과 회화를 더 이상 동일한 것으로 여기지 말고, 수세기 동안 보존한 혹은 구현한 회화의 힘을 믿어야 한다. 제도적으로 우리가 이해하는 방식의 새로운 이미지나 회화 혹은 영화는 존재하지 않는다. 바로 이것이 우리가 동시에 다루어야 하는 내용이다. 이러한 부정을 통해 이미지를 실제로 단언할 수 있는 길을 발견함으로써 이 책은 이어질 수 있다.[22]

영화와 회화 사이에 어떤 관계를 그릴 수 있는가? 앞으로 논증되겠지만 완전한 반복의 관계 혹은 역사적 계승—스펙터클한 형식을 위한 스펙터클한 형식—의 관계는 아니다. 영화가 회화를 역사적으로 계승했더라면 회화에 그다지 많은 눈길을 주지 않았던 관객을 불러 모을 수 있었을 것이다. 그렇다고 구성적 문제들이 한 예술에서 다른 예술로 전달되는 것을 볼 수 있는 미학적 계승의 관계도 아니다.[23] 그보다는 회화와 영화에서 형상화라는 행위의 순간들을 어떻게 묘사할 수 있는지 자문하는 것이 중요하다. 즉 영화와 회화가 모티프, 주제, 테마를 어떻게 포착하는지 알아야 한다. 또한 영화에서 화면과 색채가 어떻게 운동성이라는 특성과 관련되는지(혹은 이 자체가 사실인지 아닌지를 자문해야 하는지도 모른다.), 영화가 집요하게 인간적 형상(이 경우에는 얼굴이라기보다는 신체)의 제한 상태를

∙∙

22) 이 저서의 실제적 연장이라고 할 수 있을 만한 책을 언급하자면 그건 단연코 뤽 반셰리의 뛰어난 저서 『회화와 영화』이다. Luc Vancheri, *Peinture et cinéma*, Armand Colin.(2007년 가을 출간됐다.)
23) 그것은 안젤라 달 바쉬의 책이 은밀하게 전달된 경우들에 관해 인용이 아닌 매우 암시적인 방식으로 설명하고자 했던 것이다. Angela Dalle Vacche, *Cinema and Painting: How art is used in film*, Austin, Texas University Press, 1996.

표현하면서 어떻게 형태의 제작, 즉 조형적 활동의 문제와 만나게 됐는지, 그리고 영화가 이러한 문제들과 다른 문제들을 어떻게 회화의 문제로 바꾸고 변모시켰는지에 관해(이것은 스타일의 문제라기보다는 개념의 문제이다.) 자문해야 한다. 달리 말하자면 픽션과 형상의 창조자로서 영화라는 존재를 믿는 것이 중요하다. 픽션과 형상은 사실이 스스로 말하는 방식일 뿐이다.(파졸리니의 주제) 회화, 영화, 이미지. 셰퍼, 들뢰즈, 엡스탱, 벨라 발라즈, 앙드레 바쟁, 파졸리니, 고다르. 이들은 영화가 꿈의 공장, 판타지의 공장이 아니라 이미지를 계속 시도함으로써 세계를 해석하는 새로운 방식, 불가피한 방식을 창조하고자 하는 것임을 정말로 믿었던 사람들이다.

"초당 24개의 프레임을 봄으로써 얻어진 이미지의 눈부심과 찬란함이 단 하나밖에 없는 작품의 독특하고 내적인 표출을 대체한다. 우리의 문화에서 이미지의 불행은 그것이 복제 가능할 뿐 아니라 무한히 대체 가능하고 지각할 수 없을 만큼 서서히 변화하며 끊임없이 일시적이고 영원히 불안정하게 되었다는 것이다. 우리는 더 이상 이미지를 믿을 수 없다."[24] 사실상 나의 책은 전적으로 이 같은 클레르Clair의 저주와 반대되는 것을 옹호하기 위해 쓰여졌다. 우리는 모든 이미지를 믿을 수 있는 것처럼 영화 이미지를 믿을 수 있으며, 보다 정확하게 말하자면 이미지를 만들 수 있다.

∴

24) Jean Clair, 《Petit dictionnaire désordonné de l'Âme et du Corps》(1989), *Éloge du visible*, Gallimard, 1996, p. 50.

1
뤼미에르, '마지막 인상주의 화가'

영화와 회화에 관한 글을 왜 뤼미에르로 시작하는가? 어째서 뤼미에르인가? 그럴 만한 이유가 없는 것 같은데 왜 그인가? 그는 결코 그림을 그린 적이 없었고 영화감독으로서 그의 지위도 의심스럽다. 수공업자, 상인, 아마추어 작가나 부차적 인물이 아닌 다른 존재로 그가 영화사(映畫史)에 속한다는 것은 불확실하다.

과장해서 말하자면 요즘 영화 탄생 100주년을 맞이하여 수많은 학술지에서 어떤 기계가 먼저 등장했고 어떤 기계가 우월한 방식이었는가에 관한 논쟁과 토론이 이루어지고, 이와 관련된 여러 문제들이 논의되고 있다. 뿐만 아니라 요즘 뤼미에르는 계속해서 시선을 끌고 있으며 모든 사람은 뤼미에르에 관한 무언가로 논의를 시작한다. 나도 이 '무엇인가'에 대해 질문하고자 한다.

지겹도록ad nauseam 연구되고 재구축된 여러 얼굴의 뤼미에르가 있다.

그는 발명가 뤼미에르—반박할 수도 있겠지만 어쨌든 발명가이다[1]—이기도 하고 그의 전기 작가들이 충실하게 전하는 일화에 의하면 산만하지만 천부적인 학자 타입이기도 하며 탁월한 수공업자이기도 하다. 기업가로서 뤼미에르는 현실적이고 실리적이었으며, 그의 기계는 다양한 기능과 형태를 지니고 있었을 뿐만 아니라 유일하게 실용적이어서[2] 다른 모든 경쟁자들을 물리치고 승리했다. 그의 천재성은 놀라운 상영 시스템에서 발휘되고 이 방식은 그랑 카페Grand Café 시사회 후 한 달도 지나지 않아 자리를 잡게 된다. 뤼미에르와 판매 독점권자들, 그리고 촬영 기사들과의 관계에 대해서, 이 시스템의 중심화와 탈중심화의 변증법에 대해서, 그리고 자본주의 근본 원리들이 놀라울 정도로 잘 적용된 뤼미에르 박물관 소유의 풍부한 영화 목록에 대해서는 소설을 쓸 수 있을 정도이다.[3]

이러한 뤼미에르의 매우 모순적인 모습이 정확하게 나의 연구 대상은 아니다. 내가 뤼미에르에 관해 관심을 갖는 것은 다른 사람들처럼 뤼미에르

· ·
1) 이것은 Georges-Michel Coissac, *Histoire du cinématographe*, Paris, Éd. du Cinéopse, 1925의 분명한 주장이다. 최근에는 이 주제에 정확하게 접근한 Didier Caron, 《L'in(ter)vention Lumière》, *Cinémathèque*, n°5, printemps 1994가 있다.
2) 뤼미에르에 대해서는 Vincent Pinel의 *Louis Lumière*, Anthologie du cinéma, n°78, 1974와 Bernard Chardère, *Les Lumière*, Lausanne, Payot, 1985를 참고할 수 있다. 다른 관점으로는 사둘Sadoul과 데랑드Deslandes가 각각 뤼미에르에 대해 쓴 글들이 있다.(사둘의 글은 존경하지만 데랑드의 글은 탐탁지 않다.) Georges Sadoul, *Histoire générale du cinéma*, vol. 1. Denoël, rééd. 1978; Jacques Deslandes, *Histoire comparée du cinéma*, vol. 1, Paris/Tournai, Casterman, 1966.
3) 소설은 아니지만, Félix Mesguich, *Tours de manivelle, souvenirs d'un chasseur d'images*, Grasset, 1933; Gabriel Veyre, *Opérateur Lumière: autour du monde avec le cinématographe: correspondance, 1896-1900*, éd. par Ph. Jacquier et M. Pranal, Ales/Lyon, Actes Sud/Institut Lumière, 1996; la *Correspondance des Lumière*, ed. par J. Rittaud-Hutinet, Cahiers du Cinéma, 1994를 참조할 것. 또한 Jacques Rittaud-Hutinet, *Lumière et ses opérateurs*, Lyon, Champ Vallon, 1985도 참고할 것.

와 영화, 뤼미에르와 개별 영화 작품들과의 관계에 대해서이다.[4] 이 영역에는 수많은 모순이 있고 이 모순들은 종종 여러 유형으로 분류되기도 한다. 뤼미에르는 영화 발명가이면서도 영화를 '미래가 없는 발명품'이라고 생각했다. 특히 그는 사진에 몰두했지만—컬러 사진 건판은 그의 인생에서 가장 큰 모험이었기 때문에 전기 작가들은 이 사실을 끊임없이 환기한다—영화에서 절대적인 발명가로 영원히 남아 있다. 최초의 영화 제작자이자 배급업자인 그는 모든 작품에 직접 참여하지는 않았지만 자신의 흔적, 자신만의 스타일을 남겼다. 뤼미에르 자신이 한번이라도 크랭크 핸들을 잡은 적이 있었는지조차 확실하게 알 수 없다. 게다가 그는 돌연 뛰어난 상업 방식을 포기하고 영화의 첫 번째 획기적인 전환, 즉 픽션 영화로의 전환에서 완전히 실패한다. 뤼미에르는 움직이는 이미지 제작이 관객, 극장, 영사와의 관계, 즉 영화 장치나 배치와의 관계에 의해서만 흥미를 모을 수 있다고 생각한 첫 번째 사람이었다. 바로 이 점에서 그는 평범한 영화 기계를 만든 것이 아니라 진정한 영화의 발명가이다. 동시에 그는 거들먹거리며 영화로 쉽게 돈을 번 선구자이다.

하지만 뤼미에르 제작사에서 만든 영화들을 뤼미에르의 영화 작품들로 간주하던 순진한 시절이 있었다. 필립 가렐의 말에 따르면 영화 애호가, 특히 랑글루아Laglois 시대의 열렬한 시네필은 **그를** '이단 종교의 위대한 지도자'로 만들었다.(이처럼 사후 숭배가 강하던 1966년 1월, 샤이오궁에서 열린 뤼미에르 회고전은 발명가가 영화감독이 되고, 뤼미에르의 신화가 변형되는 것을

4) 역주: Cinéma는 뤼미에르가 발명한 Cinématographe를 줄인 표현으로 영화 매체의 장치적 개념을 강조하고 Film은 영화 장치에 있는 셀룰로이드 필름으로 만들어진 완성된 영화 작품을 의미한다. 이런 맥락에 의거해 본 역서에서는 Cinéma는 '영화'로, Film은 '영화 작품'으로 옮기고자 한다.

분명히 보여주었다.) 뤼미에르는 자신이 직접 만든 영화도 없고, 영화에 대해 자신의 견해를 밝힌 바 없으면서도 가장 위대한 감독 중 하나로 여겨지는 이상한 감독이다. 그러나 시네필의 이러한 담론은 사랑의 담론과 같아서 부정할 수 없기 때문에 비판할 수도 없다. 사랑의 담론은 긍정적인 증거로 사랑의 증거만을 요구한다.

그러나 이러한 숭배의 속삭임 외에도 영화감독 뤼미에르는 최근 더욱 중요한—다소 유희적이기도 하지만—다른 논의를 촉발했다. 우리가 알고 있는 것처럼 '초기 영화'가 대학의 훌륭한 연구 주제[5]가 되면서 영화감독으로서의 뤼미에르를 주장하는 것뿐만 아니라 이야기를 만든 영화감독으로서의 뤼미에르를 논증하는 것도 당연한 일이 되었다. 우아하리만큼 모순적인 행위라고 할 수 있을 텐데, 우리는 뤼미에르 영화의 우연성에서 서사적인 요소를 쉽게 찾아볼 수 있다—어쩌면 모든 곳에서 분명 서사적인 요소를 찾아낼 준비가 돼 있기 때문인지도 모른다. 이는 '우연성의 구조와 기능들'을 언급한 노엘 버치Noel Burch도 부인하지 않을 것이다.[6]

뤼미에르부터 시작해야 하는 여러 이유가 있다. 왜냐하면 그와 함께, 그로부터 영화의 많은 것이 시작되었기 때문이다. 앞에서 언급한 여러 이유 때문에 이 주장을 펼치기가 쉽지 않다. 이러한 이유로는 그냥 부르주아이

..

5) 이것은 초창기 영화에 대한 흥미로운 재발견을 촉발시킨 1978년 브라이턴Brighton 학회 이후 진행된 '초창기' 영화에 대한 연구들과 토론 방식과 관련이 있다.(복사본을 컬러로 복원하거나 음악이 동반된 영화 복원의 유행은 조금 더 후에 생겨나게 된다.)[2007]

6) 노엘 버치, 「우연의 구조와 기능들」, 『영화의 실천』/Noël Burch, 《Structures et fonctions de l'aléa》, *Praxis du cinéma*, Gallimard, 1969. 짧은 이야기로서의 뤼미에르 영화에 대한 분석에 관해서는 André Gaudreault, *Du littéraire au filmique*, Méridiens-Klincksieck, 1988을 참고할 것.

자 벼락부자이고 반동주의자이며 가족 경영을 한 속물인 뤼미에르가 어떻게, 그리고 어떤 점에서 화가인지를 검토하고자 하는 다소 모순된 나의 계획을 설명하지 못한다.

'화가'라는 말은 선동적으로 들린다. 왜냐하면 이 말은 가장 도발적인 감독이 뤼미에르에 관해 말한 담론 중 가장 도발적인 표현을 그대로 옮긴 것이기 때문이다. 1966년 1월, 앙리 랑글루아가 준비한 뤼미에르 회고전의 개막식 행사를 위해 초대된 장뤽 고다르는 사회자로서 자신의 역할을 뛰어넘어 다음과 같이 진솔하게 표현했다. "멜리에스가 기이함 속의 평범함에 흥미를 가졌다면 뤼미에르는 평범함 속의 기이함에 관심을 가졌다. 루이 뤼미에르는 인상주의자이며 플로베르의 후계자이고 또한 거울을 들고 거리를 다닌다는 스탕달의 후계자이기도 하다."[7] 고다르는 1년 후, 자신이 만든 〈중국 여인La Chinoise〉(1967)에서 이번에는 장피에르 레오Jean-Pierre Léaud라는 등장인물을 통해 보다 분명하게 다시 한 번 같은 말을 한다. 뤼미에르는 '화가', '마지막 인상주의 화가'이며 '프루스트와 동시대인'이었다는 것이다. 얼마나 뛰어난 정의인가. 역설을 넘어 이 정의는 자신이 먼저 찾아내지 못한 것을 자책하게 만드는 '콜럼버스의 달걀' 같다. 화가 뤼미에르는 물론 맞는 말이다. 이 말은 사실이다. 그런데 1900년 전후에 이미지 만드는 사람을 화가라고 하지 않는다면 무슨 일을 한다고 말할 수 있을까?

이 말은 분명한 것 같으면서도 여전히 모호하다. '프루스트와 동시대인'인 이 화가는 엘스티르Elstir[8] 같은 사람이다. 뤼미에르는 피사로나 모네 혹은

---

7) Jean-Luc Godard, 《Grâce à Henri Langlois》(1966), *Jean-Luc Godard par Jean-Luc Godard*, Cahiers du Cinéma, 1985.

8) 역주: 엘스티르는 프루스트의 『잃어버린 시간을 찾아서』에 나오는 화가이다. 엘스티르는

르누아르가 그린 것과 같은 것을 영화로 찍은 것일까? 그는 '당대의 마지막 위대한 인상주의 화가' 중 하나일까? 과연 그럴까? 이 문제를 좀 더 알아볼 수 있는 가장 좋은 방법은 이러한 정의가 어떻게, 어떤 영역에서 가능한지 성실하게 조사하는 것이다.

고다르나 〈중국 여인〉에서 감독을 대변하는 등장인물의 언급에도 불구하고 우리는 전범modèle의 문제에서 벗어나야 한다. '뤼미에르 저택'에서 촬영된 〈에카르테 게임Partie d'écarté〉[9]과 세잔Cézanne의 「카드놀이 하는 사람들Joueurs de cartes」 사이의 모호한 유사성(게다가 이례적인)은 〈아이의 식사〉[10]와 「풀밭 위의 점심」[11] 사이의 연관성이 불확실한 만큼 큰 의미는 없다. 뤼미에르가 세잔과 마네의 이름을 몰랐을 수도 있다.(그의 집은 예술 애호가의 집이 전혀 아니었다.) 전범의 선택에서 그와 인상주의 화가들 사이의 접점이 있다면 그것은 사실상 계급적 일치이다. 그를 이러한 측면만으로 한정짓고 싶지 않지만 뤼미에르는 상승하는 부르주아 계급의 진정한 아이콘이다. 따라서 살롱전에서 낙선하는 수치스러운 일을 겪었지만 모든 점에서 부르주아 계급의 아이콘을 형성하였던 화가들[12](고다르—그도 역시

∴

소설 속 화자가 이상적으로 생각하는 화가로, 모네, 마네, 휘슬러의 영감을 받은 인상주의 화가이다. 엘스티르는 화자에게 사물을 새롭게 보는 방법을 가르쳐준다.

9) 역주: 에카르테는 카드놀이의 일종으로, 이 작품은 1896년에 찍은 뤼미에르 형제의 초기 영화들 중 하나이다.

10) 역주: 이 영화의 원제는 'Le repas de bébé'로 이것 역시 뤼미에르 초기 영화들 중 하나이다.

11) 역주: 마네의 그림이다.

12) 역주: 세잔은 엑상프로방스Aix-en-Provence 법과대학을 다니다 파리로 미술 공부를 떠난다. 절친 에밀 졸라의 권유로 파리의 아카데미 쉬스에서 미술 공부를 하지만 상대적으로 솜씨가 뛰어나지 않다고 생각하고 심한 우울증을 겪는다. 결국 6개월 만에 고향으로 돌아오지만 미술에 대한 꿈을 버리지 못한 그는 1862년 파리로 돌아가 작품 활동을 재개한다. 살롱전에 출품하지만 번번이 낙선하다가 20년 후인 1882년 처음으로 살롱전을 통과한다. 법관의 아들로 유복한 가정에서 태어난 에두아르 마네는 1861년 겨우 입선하여 수상한 바 있으나

부르주아이지만 자신은 전혀 그렇지 않다고 생각하는―는 영화 〈동풍Vent d'Est〉
(1970)에서 모네를 부르주아 예술가라고 비난한다.)을 뤼미에르에게서 재발견
했다고 해도 지나친 주장은 아니다. 그런데 사교계를 출입하는 사진가들
이나 당대의 전범으로 간주되는 유명한 화가들이 부르주아이면 안 되는
걸까? 이러한 접근은 대단한 것을 알려주지 않는다.

  이 부르주아 화가에게 보다 이상한, 그렇지만 해답의 단초를 짐작할 수
있게 해주는 것이 있다. 뤼미에르 영화에서는 어떤 면에서도 19세기 말 아
카데믹한 회화의 특성을 찾아볼 수 없다는 점이다.(뱅상 피넬Vincent Pinel
이 논문에서 말하고자 한 것도 이것일지 모른다. 고다르와 대척점에 있는 그는 뤼
미에르가 공연물을 만드는 사람이 아니었기 때문에 주제의 선택에서 회화적인 것
을 참조하지 않았다고 주장한다.) 어찌되었든 '퐁피에 예술'[13]에 대해 최근 재
발견한 내용에서 확인할 수 있는 것은 뤼미에르가 당시 이 예술의 존재와
작품을 알았든 몰랐든 간에, 그가 참조한 것은 개별적인 퐁피에 예술의 소
재나 주제, 구성 원칙이 아니라 회화적 유산에 속하는 오래된 구성 원칙들
이다.[14] 퐁피에 예술과 뤼미에르는 별 관계가 없다는 점은 명백하며, 나중

∴

  이후 여러 차례 낙선하였다. 1863년 '낙선전'에 전시된 「풀밭 위의 점심」으로 일약 세상의 주
  목을 끌었다.

13) 역주: l'art pompier는 직역하자면 '소방에 예술'이지만 예술적 관점에서는 19세기 후반 아
  카데믹한 규범에 기초한 프랑스 회화를 가리킨다. 이 용어는 당시 프랑스 소방관이 쓰던 말
  꼬리 털이 달린 헬멧에서 유래하였다. 퐁피에 예술은 이 용어를 사용한 사람들에게 부정직
  하고 과장된 예술, 부르주아적 가치를 내재한 예술로 간주되었다. 파리의 오르세 미술관
  Musée d'Orsay이 퐁피에 예술을 당시 인상주의 회화와 같은 것으로 전시한 이후 최근 20년
  동안 퐁피에 예술은 새로운 주목을 받았다.

14) 제임스 하딩의 『퐁피에 예술』을 참조할 것. James Harding, Les Peintures pompiers,
  Flammarion, 1980; 제럴딘 노먼의 『비더마이어 회화』도 참조할 것. Geraldine Norman,
  Biedermeier Painting, London, Thames and Hudson, 1987.

에 그 이유를 영화 전반과 관련지어 살펴볼 것이다. 예를 들어 고대 회화나 중세 회화, 오리엔탈리즘을 지향하는 회화에는 로베르 르 피유Robert le Pieux의 파문[15]이나 기도 시간을 알려주는 회교 성직자, 허구적인 에피소드들을 극적으로 연출하는 아카데믹한 시기가 있다. 연출 원칙은 단순하고 전형적이지만 효과적이었으며 회화 작품들은 통합적 순간으로서의 회화를 극단적으로 정의한 것이다. 영화는 바로 이러한 통합적 순간을 바로 표현하고자 했다. 뤼미에르가 전형적인 것이나 이국적인 것, 아이들의 놀이나 프랑스 식민지 원주민과 같은 허구가 아닌 것에 관심을 가질 때 그의 영화는 일반적인 이데올로기 차원에서만, 즉 인종·민족·직업과 같은 진부한 관념의 차원에서만 퐁피에 예술과 만난다. 회화와 뤼미에르를 구분하는 것은 더 이상 허구나 시간적 통합의 개념이 아니다. 시간적 통합을 위해 회화는 원형적인 것과 본질적인 것에 체계적으로 의존하지만 뤼미에르 영화는 우연적인 것에 의존한다.

결국, 뤼미에르 '광경vues'[16]의 주제들과 퐁피에 예술 이미지들과의 일치는 거의 예술적이라고 여겨지지 않는 평범한 주제들과 관련지을 때 가장 명백하게 나타난다. 뤼미에르 광경이 갖는 '그림엽서'적인 측면에 대해서도 지적할 수 있을 것이다. 뤼미에르를 전혀 좋아하지 않는 역사가 자크 데랑드Jacques Deslandes는 이에 대해 악의적으로 설명한다. 모든 것을 따져보면

∴

15) 역주: 로베르 르 피유는 프랑스 국왕 로베르 2세로 부르군트(부르고뉴)를 프랑스에 합병시킨 왕이다. 친척인 베르타와 결혼해서 파문당했으나 자식을 낳지 못해 이혼한다. 이 사건을 장폴 로랑Jean-Paul Laurens이 그림으로 표현하였다.
16) 역주: 영화가 발명된 초창기 프랑스에서는 영화라는 단어가 존재하지 않았다. 그 대신 뤼미에르는 영화를 '광경vue'이라고 불렀고 멜리에스는 '타블로tableau'라고 불렀다. 광경은 야외로 나가 인상적인 광경을 포착해 찍는 작품을 가리키는 데 사용되었고, 타블로는 연극처럼 실내 무대에서 스토리를 기반으로 찍는 작품을 가리키는 데 사용되었다.

1890년경 유행하기 시작한 그림엽서는 엄격한 의미에서는 현대적인 볼거리[17]였고 영화와 그림엽서는 둘 다 사람들이 선호하는 장르였다는 연관성 이상의 의미가 있다. 그러나 그게 아니라 해도 최소한 주제적인 면에서 일치를 보였다고 할 수 있다. 재현되기는 했지만 그림 같은 장소들—기념물, 도심, 교외—, 일상이지만 숭고한 자세로 굳어져 있는 이상화된 노동 세계, 혹은 군대 행진을 비롯한 관례적 축제들이 그러하다. 그림엽서와 영화의 차이는 예외적 주제를 다루는 방식에서 찾을 수 있다. 물론 계급적인 측면도 지적할 수 있을 것이다. 뤼미에르 영화는 파업하는 노동자들보다 왕을 선호한 데 반해 그림엽서는 파업 노동자를 간과하지 않았다.

과장일 수도 있겠지만 어쨌든 화가 뤼미에르는 회화적인 전범들을 다른 영역으로 옮기려고 한 것은 분명 아니다. 단순히 사진과 비교해 보는 것만으로도 확인이 가능하다. 19세기에 사진은 특수하면서 제한적인 목적(거의 증거 자료로, 예를 들면 수사 자료 같은 것이다.)을 제외하고는 회화 예술의 주제들을 뻔뻔하게 표절함으로써, 정확하게 말해 회화 예술의 수단들을 표절함으로써 자신의 정당성을 찾으려 했다.[18] 화가의 스튜디오를 본떠 만든 스튜디오에서 사진가는 필요에 따라 부자연스러운 공모 관계를 끊임없이 만들어냈다.(레일란데르Rejlander[19] 참고) 이러한 '사생아 콤플렉스'로 무

::

17) 1908년 이탈리아 비평가인 앙리코 토베즈Enrico Thovez에게 영화와 우편엽서의 비교는 여전히 자연스러운 것이었다: "당신은 이미도 끈질기게 노력해 그림엽서 속의 기생식물이 꽃피지 않는 외딴곳을 찾아낼 수 있을지 모른다. 그러나 영화 기계 톱니바퀴가 내는 똑딱거리는 시계 소리가 울리지 않는 그 어떤 외딴곳도 찾아내지 못할 것이다."(《L'arte di celluloide》, *La stampa*, 29, juillet 1908, Luca Mazzei & Leonardo Quaresima, dir., *La Prima stanza, Microteorie de cinema muto italiano, Bianco e nero*, n° 550-551, 2005 에서 재인용)

18) Gisèle Freund, *Photographie et Société*, Éd. du Seuil, 1974; Helmut & Alison Gernsheim, *History of photograph*, New York, McGraw Hill, 1969 참고.

장한 프랑스 영상파 사진가[20]─드마쉬Demachy, 퓌요Puyo─는 바르비종 Barbizon학파나 코로Corot를 모방하려고 애썼다. 더 심각한 것은 이들은 사진 찍는 행위가 요구하는 강제성을 제외하고는 사진과 전혀 유사하지 않은 다양한 가공물을 통해 회화적 터치와 비슷한 어떤 것을 생산하고자 했다. 그러나 표면상 회화와 유사하기 때문에 사진 작품에 사인을 할 수 있다는 것 외에 이 둘 사이에는 본질적으로 아무런 관련이 없다.

영화감독 뤼미에르에게서는 이러한 점을 전혀 찾아볼 수 없다. 주제 선택은 물론이거니와(여자 누드도, 알레고리적 장면도, 풍경도 없다.) 이미지의 외관에서는 더더욱 그러하다. 우리가 어떠한 관점을 취한다고 해도 고다르의 주장은 맞지 않다. 어떤 영향이나 연관성, 동질성도 찾아볼 수 없다. 그렇다면 인상주의자와 뤼미에르, 그리고 프루스트 사이의 '동시대성'은 어디에 있는 것일까?

회화에서 출발해 어떤 결론에도 이르지 못했기 때문에 다시 영화에서 출발해야 한다. 나는 앞에서 왜 뤼미에르를 영화 발명가, '진정한 영화 발명가'로 여겨야 하는지 말했다. 즉 그는 영화가 발명되기 위한 중요한 세

••

19) 역주: 초기 사진 역사에서 아카데믹한 회화를 모방한 영국의 대표적인 사진작가. 회화의 조형 원칙을 따르는 사진을 주장했으며 이를 위해 수정이나 합성을 시도하였다. 그의 사진은 주로 교훈적이거나 우화적인 내용을 표현하였다. '인생의 두 갈림길', '임종' 등의 대표작이 있다.

20) 역주: 영상파 사진가들Pictorialistes은 영상주의Pictorialisme를 추종한 사진가들을 지칭한다. 영상주의는 약 1890~1914년까지 지속된 국제적인 사진 미학 운동이다. 당시 사진은 자연을 정확하고 엄격하게 재현하는 기계적이고 과학적 장치로 간주되었는데, 영상파 사진가들은 회화의 원칙을 따름으로써 사진을 예술의 차원으로 격상시키고자 하였다. 이들은 단순히 자연을 모방하는 데 그치지 않고 사진을 회화처럼 사진가 개인의 표현 수단으로 삼고자 하였다. 이 움직임을 추종한 프랑스의 대표적 사진가가 드마쉬, 퓌요이다.

순간—영화 기술을 상상하는 것, 그것을 유효하게 하는 장치를 고안하는 것, 이러한 유효성을 작동시키기 위한 목적을 이해하는 것—을 이상적으로 결합한 발명가에 가장 근접하기 때문이다. 이러한 점은 그의 영화에서 어떻게 나타나는가? 분명 여러 방식으로 나타나지만 나는 나의 질문, 즉 화가와 관련된 문제에 가장 잘 부합하는 두 가지 특징만을 강조하고자 한다. 하지만 그 전에 한 가지 지적할 것이 있다. 뤼미에르의 광경, 뤼미에르의 장치와 관련된 모든 것을 말하고자 한다면 뤼미에르가 망설임 속에서 영화를 발명했고 발명의 목적도 다소 불분명하다는 사실을 지적해야 한다. 구경거리spectacle의 세계라고 부르는 것에 별로 익숙하지 않았던 뤼미에르는 자신의 발명품에서 단 하나의 특징—'미래가 없는'—, 즉 겉으로 보이는 움직임의 생산만을 보았다. 학구적이었던 그는 이 움직이는 이미지가 과학과 더 많이 관련되지 않는 점을 늘 아쉬워했던 것 같다. 결국 뤼미에르의 광경에는 물질과 기술의 효과에 대한 다소 직관적인 믿음, 현장을 촬영하는 일종의 실질적인 발명이라는 믿음, 발명이 시사하는 것에 부합하는 재현 방식이라는 믿음이 존재하는 것 같다.(기본적인 결론은 이러하다: 뤼미에르 혹은 그의 조수들은 문화적인 악보를 읽어내지 못했다. 그들은 말 그대로 즉흥적이었다. 그렇다고 해도 우리는 이 즉흥 촬영에서 정형화의 힘을 알 수 있다.)

그래서 첫 번째 특징은 뤼미에르 광경을 본 초기 관객들의 반응에서 찾아낼 수 있다. 그것은 관객과 평론가들이 여러 번 상영될 때마다 늘 경악을 금치 못했던 유일한 것, 풍부한 사실 효과effets de réalité이다. 우리는 여전히 〈기차의 도착l'Arrivée d'un train en gare〉을 본 관객의 잘 알려진 반응, 그들의 공포, 그들의 필사적인 도피에 대해 이야기한다. 이 이야기는 전설(경이롭지만 전형적인)로 완벽하다. 그러나 전설일 뿐이다. 우리는 어디에서도 실제로 그 흔적을 찾을 수 없다. 반대로 우리가 1896년에 많이 발견할 수 있는 것은 다른 효과를 지적하는 놀라고, 반신반의하는, 황홀해하며 환각에 사로잡힌 듯한 반응들이다. 이러한 효과들은 덜 집단적이고 이전의 전설과 어울리지 않으며 점점 사라지고 있지만 또한 여전히 고집스럽게 존재한다. 내가 제안하는 것은 하나의 전설을 다른 전설로 대체하려는 것이 아니라 강조점을 이동하려는 것이다. 기차 앞에서의 강렬한 공포에 대한 이야기는 관객을 다소 세련되지 못한 존재로, 전반적으로 **실재 효과**effet de réel에 민감한 매우 원시적인 존재로 만들었다. 그런데 조금 더 세밀하게 살펴보면 환각을 일으키는 힘으로 관객에게 충격을 준 것은 **사실 효과**이다. 누군가는 쇠막대가 불에서 '달구어지는 것'(〈제철공Maréchaux-ferrants〉에서)을 보았고, 다른 누군가는 '삶의 색채들'로 재생산된 장면들을 보았다. 내가 읽은 논평 중 회색의 이미지만을 보았다고 불평하는 글은 단 하나도 없었다.

이것은 무슨 의미인가? 두 가지이다. 우리는 종종 잊고 말하지 않지만 사실 효과는 또한 양적인 효과이다. 뤼미에르의 관점에서 보면 더욱 그렇다. 관객을 매혹시킨 것은 엄청나게 많은 사람들이 한꺼번에, 그것도 똑같지 않은 방식으로 보인다는 것이다. 〈공장을 나서며Sortie d'usine〉(1895)나 〈코들리에 광장La Place des Cordeliers〉(1895)에서의 인물은 서로 독립된 존재로 제시된다. 사람들은 열 번째 관람에서 그때까지는 알아채지 못한 하나의 행위나 표정을 발견하고 즐거워한다. 매 순간 우리가 원하는 만큼 무슨 일이 일어난다. 〈뇌빌-쉬르-사온 회의에 간 사진사들의 하선 Débarquement des photographes au Congrès de Neuville-sur-Saône〉[21](1895)과 같은 영화는 정확하게 반대이다. 인물들이 한 사람씩 카메라 앞에 다가오지만 결국은 모두가 똑같아 보인다. 관객들은 그들이 모두 잘난 척하는 것 같은 몸짓을 하고 있는 것을 보게 된다. 그러나 반복적이기 때문에 1분이 지나면 지루해진다! 이러한 양적 효과는 높이 평가받기 힘들다. 이런 이미지를 보면 쉽게 질리고 흥미를 잃어버린다. 그렇지만 이 효과는 뤼미에르와 에디슨이 경쟁하는 동안에는 중요했다. 몇몇 비평가들은 끝없이 바뀌며 시각적 과잉과 풍부함을 지닌 뤼미에르의 영화와 소수 출연진이 나타나 같은 행동을 반복하는 인색한 에디슨 영화를 대비한다.

이런 종류의 사실 효과와 등가의 것을 회화에서 찾을 수 있을까? 여기서 등가의 것이란 뤼미에르의 영화에서 느끼는 것과 똑같은 기쁨과 인식을 회화 관객에게 주는 것을 말한다. 그림의 영역이 사실 효과에서 제대로 그 역할을 수행했는지는 확실하지 않다. 19세기에 기계처럼 정확하게 그려내는 대단한 회화 작품 앞에서 사람들은 황홀해하기보다는 놀라움에 휩싸였으며 만족하기보다는 불안해했다. 당시 회화의 유일한 가치라고 할 수 있을 양적 가치는 디테일과 정확함, 꼼꼼함으로 무장한 마무리에서 나온다. 꼼꼼함은 당연히 부르주아적인 가치로서 낭만주의자와 퐁피에 예술가, 전쟁을 주요 소재로 그리는 화가와 가장 경박한 사교계 출입 화가들에 의해 개발되었다. 제임스 티소James Tissot,[22] 앙투안 그로Antoine-Jean Baron de Gros,[23] 장루이 에르네스트 메소니에Jean-Louis-Ernest Meissonier[24]가 이에

••

21) 역주: 이 영화의 제목을 정확하게 말하면 〈리옹에서 열린 사진 박람회 하선Le Débarquement du congrès de photographie à Lyon〉이다. 이 영화는 1895년 6월 11일 뤼미에르 형제가 찍은 것으로 1895년 12월 28일 파리의 '그랑 카페'에서 뤼미에르 형제가 '시네마토그래프 Cinématographe'를 소개하면서 상영한 10편의 영화에 속한다.

22) 역주: 제임스 티소(1836~1902)는 낭트 태생의 프랑스 화가이다. 파리의 '에콜 데 보자르Écoles des beaux-arts'에서 수학한 후 1859년 살롱전에서 전통적인 작품들을 전시하였고 나폴레옹 3세 치하 프랑스 '제2제국' 시대에는 주로 사교계와 여인을 소재로 한 그림을 그렸다.

23) 역주: 앙투안 그로(1771~1835)는 프랑스 화가이다. 나폴레옹 시대에 뛰어난 전쟁화를 많이 그렸다. 고전파의 마지막 거장으로 전통적 기법을 존중하면서도 현실적이고 색채의 명암이

속한다.[25] 왜 19세기는 각반 단추 하나도 빼놓지 않는 이러한 회화 작품들에 열광하였을까? 회화가 늘 추구한 기교적 찬란함('내 재능을 보시오.'가 서구 화가의 주요 동기이다.)이 무엇 때문에 이러한 가치로 이동했는가? 그것은 상상적으로 실재를 **계산**할 수 있는 힘, 실재를 무한하게 추가할 수 있는 것으로, 단편과 조각으로 이루어진 순수 조합으로 환원시키는 힘이다. 뤼미에르 영화에서 매혹적인 것 역시 드물게 완벽한 꼼꼼함이다. 이 영화에서 하나하나 매우 개별적인 디테일의 양은 거의 무한하다고 할 수 있다. 여기에서 의도하지 않은, 그러나 효과적인 결합이 생긴다. 이러한 과잉, 이러한 현실의 범람에 의해 뤼미에르의 영화는 단번에 그가 상속받은 것—장난감, 주트로프zootrope[26]나 판타스코프fantascope,[27] 보들레르식의 장난감—으로부터 벗어나게 되고 아직은 보잘것없는 예술이긴 하지만 단번에 예술로 넘어가게 된다.

사실 효과의 두 번째 양상은 더욱 중요한 것으로, 이제 살펴보겠지만 질적인 특성이다. 우리는 〈아이의 식사〉를 관람한 첫 관객 중 하나였던

∵

뚜렷한 회화적 효과를 추구하여 낭만파의 선구자가 되었다.

24) 역주: 장루이 에르네스트 메소니에(1815~91)는 리옹 태생의 프랑스 화가이다. 역사적 전쟁이나 군대를 소재로 한 그림의 전문가이며 디테일 재현에 집착하여 역사적 사실주의 화가로 분류된다.

25) 꼼꼼함이 지닌 가치에 관해서는 Michel Thévoz, *L'Académisme et ses fantasmes*, Ed. de Minuit, 1980을 참고할 것.

26) 역주: 주트로프는 영국인 윌리엄 아너William George Horner와 오스트리아인인 슈탬퍼 Stampfer가 1834년에 동시에 발명한 시각 장난감이다. 주트로프는 그림으로 그린 인물이 실제로 움직이는 것 같은 환상을 준다.

27) 역주: 17세기부터 시작된 환등기 기술이 발전하여 18~19세기 여러 형식의 fantasgomarie (공개적인 장소에서 환영들을 움직이게 하는 기술)가 출현하였다. '판타스코프'도 그중 하나로 오늘날에는 일반적이 된 기법인 디졸브와 전진·후진 이동 촬영을 동시에 작동시킬 수 있도록 고안된 큰 영사 상자이다. 에티엔가스파르 로베르송Étienne-Gaspard Robertson (1763~1837)이 발명하였다.

조르주 멜리에스가 깜짝 놀란 반응을 기억하고 있다. 멜리에스는 이 영화가 매력적이라고 오늘날 평가받는 것—여자 아이의 얼굴 표정, 카메라와의 짓궂은 놀이, 부모의 나긋나긋한 태도—에 대해선 한마디도 말하지 않고 한 가지만을 지적했다. 이미지 한구석에 있는 나뭇잎들이 놀랍게도 바람에 흔들린다는 점이다.[28] 또한 연기—〈잡초를 태우는 여자들Brûleuses d'herbe〉에서 잘 나타나는 것처럼—와 안개, 수증기, 빛의 반사, 찰랑거리는 파도가 매우 충격적이어서 다른 나머지는 거의 보이지 않을 정도였고 움직임 자체도 이내 눈에 띄지 않게 된다. 이처럼 뤼미에르의 영화에서는 공기, 물, 빛이 구체적인 것이 되었고 매우 현존하는 것이 되었다.

다른 무엇보다 이러한 측면을 1989년[29]에 내가 주목하게 된 것은 우연이 아니다. 랑글루아와 고다르, 가렐Garrel이 너무나 잘 묘사한 마술적 효과와 매우 관련이 있다. 물론 이 효과는 우리에게 당연한 것이고 영화에 항상 존재하는 것이다. 오늘날에도 이런 형식 효과는 여전히 시각 예술을 정의하는 일부이다. 우리는 회화, 이어서 사진이 적어도 한 세기 동안 이러한 효과를 만들어내려고 애썼다는 것을 잊고 있다. 거기에 하나의 역사가 있다. 구름, 비, 폭풍, 무지개, 바람에 흔들리는 나뭇잎, 태양빛에 빛나는 바다를 그린 회화의 역사 중 다른 어느 시기보다도 19세기는 이러한 역사에 큰 관심을 보였다. 또한 푸생Poussin, 벨라스케스Vélasquez, 샤르댕Chardin처럼 중요한, 그러나 다양한 경향의 여러 화가들은 이미 나뭇잎 속에

．．
28) 멜리에스의 이러한 반응을 조형적 관점에서 논의하기 이전에 한 기호학자가 멜리에스의 반응을 흥미롭게 설명한 것을 언급할 필요가 있다. 멜리에스는 무엇보다도 이미지의 배경에 관심이 있었다. 왜냐하면 그는 연극적인 구경거리를 보는 데 익숙해 있었고, 그를 가장 놀라게 한 것은 배우가 움직이는 것이 아니라 배경이 살아 움직이는 것이었다!(Iouri Lotman, *Sémiotique et esthétique du cinéma*, trad. par S. Breuillard, Éd. Sociales, 1977)[2007]
29) 역주: 1989년에 이 책의 초판이 출판되었다.

나타난 빛의 떨림, 저녁 무렵의 분위기, 일상적인 사물의 반짝임을 표현하는 데 골몰했다. 19세기에는 이러한 효과가 체계화되었고, 특히 이러한 효과 그 자체가 발전하였으며 빛과 공기가 회화의 대상이 되어 영화를 발명하기에 적절한 환경이 조성되었다.

이와 관련된 연구에서 회화에 관한 많은 질문 중 세 가지 특성을 언급할 수 있다.

— 만질 수 없는 것: 빛은 탁월하고 순수한 가시적인 물질이지만 만질 수 없다. 또한 대기 중의 빛은 정확하게 말하자면 효과를 볼 뿐이지 보이지 않는다. 빛은 공기의 색일 뿐이다. 루미니즘 화가Luministe[30]의 유산—티치아노Titien와 벨라스케스의 유산—이 재고되어야 하고 어떤 상태에서도 투명한 것을 그릴 수 있어야 한다.

— 재현할 수 없는 것: 이것은 있는 그대로의 모사, 화가의 기교에 대한 도전이다. 이 문제에 집요하게 매달린 앵그르Ingres는 기교의 힘으로 이 문제를 해결하고자 한다. "구름도 역시 선으로 그릴 수 있다. 선 이상도 이하도 아니다."[31] 반대 입장에 있는 터너Turner는 화려하게—동등하지만 상이한 재능으로—모든 선을 색의 폭발 속에 빠트린다. 재현할 수 없는 대기 현상은 그만큼 강한 이론적 집착을 야기한다. 그것을 형상화하기 위해서 터너는 괴테를, 인상주의자들은 슈브뢸Chevreul을 적용한다.

:

30) 역주: 19세기 중엽 미국 풍경 묘사(風景描寫)에 사용된 회화 기법이다. 하늘과 수면이 서로 반영되고, 대기가 투명하게 깊어지는 무한감과 세밀한 묘사, 미묘한 공간 표현이 중요시되며 붓의 터치를 없앤 거울과 같은 화면이 특징이다. 1870년대가 되자 루미니즘은 자연 소멸되고 대신 W. 호머나 에이킨즈에게서 볼 수 있는 리얼리즘과 프랑스 인상파 계열의 풍경화가 등장한다.
31) Jean-Auguste-Dominique Ingres, *Écrits sur l'art*, La Bibliothèque des arts, 1994.

— 마지막으로, 순간적인 것, 심오하지만 매우 불확실한 것, 시간이라
는 까다로운 문제가 있다. 회화에서 사라지는 순간은 함축적 순간
l'instant prégnant이라고 주장하는 사람들이 비판하는 통합적 시간이
라는 방식 말고는 어떻게 사라지는 시간을 고정시킬 수 있겠는가?
이에 대해서는 뒤에 다시 언급할 것이다. 그러나 시간을 '방부 처리'
(앙드레 바쟁)하는 사진은 회화에 속하는 질문을 반복하며 화가의 느
림과 화가가 그려내야 하는 빛이 지닌 찰나의 시간 사이의 대립을
더욱 깊게 만들었다.

영화는 이 모든 것을 뒤집어놓았고 꾀를 부리지 않은 완벽한 사실 효과
를 통해 이 모든 것을 결정적으로 뛰어넘었다. 영화에서도 공기는 여전히
만질 수 없으며 따라서 재현할 수 없다. 그럼에도 불구하고 공기는 나뭇잎
들의 영롱한 광채 속에 존재한다.(바람과 공기에 의해 흔들리는 나뭇잎들은 비
판에 확실한 종지부를 찍었다. 그들이 보고자 한 것은 바로 바람이다.) 특히 순간
적인 것은 이제 별 노력 없이 고정되었다. 회화적 노동의 척도에서 보자면
가장 훌륭한 영화의 기적으로 평가된다. 테오도르 루소Théodore Rousseau[32]
의 그림에서 하나하나 힘들게 그려진 백여 개의 나뭇잎은 모든 나뭇잎의
즉각적 출현으로 대체되었다. 게다가 이 나뭇잎들은 움직인다.

이것이 '일반 대중'에게서의 영화의 성공을 전적으로 설명해 주는 것은
아니다. 또한 전문가들의 식견 있는 반응과 '기차를 보고 놀란' 다수의 사
람들 사이에는 여러 종류의 단계가 있다. 가장 놀라운 사실 효과만으로

32) 역주: 테오도르 루소(1812~67)는 바르비종학파를 공동으로 세운 프랑스 풍경 화가로 당대
존경과 무시를 동시에 받았다. 그는 사계절의 자연을 면밀하게 관찰해 있는 그대로 옮기고
자 한 점에서는 사실주의적이지만, 자연과 일체가 되고자 하는 경향이 있다는 점에서는 낭만
주의적이라고 평가받는다.

영화가 대중의 마음을 결정적으로 사로잡은 것은 분명 아니다. 영화가 지닌 사회적 중요성의 4분의 1도 얻지 못했지만 회화의 오래된 문제를 현명하게 해결한 또 다른 발명들, 또 다른 장치들이 있었다. 1850년대부터 매우 인기를 끌었던 입체 영상물을 생각해 보자. 이 장치의 유행은 근본적으로 공간을 절대적으로 완벽하게 표현한 것과 관련 있다. 그렇다면 이것은 여전히 회화의 문제와 밀접하게 연관된다. '진정한' 깊이감을 주는 이런 입체 영상물이 만들어낸 충격은 분명 바람에 흔들리는 나뭇잎이 야기한 충격만큼이나 매우 강렬했다.(한참 지난 후 '3-D' 시기에 영화는 이러한 입체 영상물을 기억하게 된다.) 그러나 이러한 성공은 소진되었다. 입체 영상물은 그것을 활용할 수 있는 볼거리적인 장치가 부족하여 살롱의 호기심으로만 남게 되었다.

어쨌든 화가 뤼미에르의 수수께끼에 대한 나의 첫 번째 해답은 이러하다. 뤼미에르 이후 회화에 순박한 구름은 더 이상 등장하지 않는다. 화가들— 창조적인 화가들—은 여전히 만질 수 없는 것을 형상화하고자 했지만 달리 Dali에게 구름은 아이러니한 것이 되고 마그리트Magritte에게는 패러디적인 것이 되었다. 화가들에게 지각할 수 없는 것은 분명히 재현할 수 없는 것, 절대적으로 보이지 않는 비물질적인 것—미래주의자들의 전기(발라Balla[33]의 전기 램프Lampe électrique 1913)—혹은 근본적으로 보이지 않는 것—광선주의자들[34]의 환상적인 '광선'—이지 수증기나 무지개가 되지는 않는다.

∴

33) 역주: 자코모 발라(Giacomo Balla, 1871~1958)는 이탈리아 태생의 화가이자 조각가로 1910년부터 미래주의 운동에 참여하였다. 원문에서 언급한 이 작품의 실제 제목은 'La lampe à arc ou la réverbère'로 1910~11년에 그려졌고, 현재 미국 뉴욕의 MOMA에 전시되어 있다.

34) 역주: 1912~14년 나탈리아 곤차로바(Natalya Goncharova, 1881~1962)와 미하일 라리오노프(Mikhail Larionov, 1881~1964) 부부를 중심으로 러시아에서 전개된 추상 또는 반(半)

사람들은 이 오래된 통념을 다시 사진에서 반추하여 너무나 완벽하게 모방하는 데 성공함으로써 사진은 회화의 자리를 뺏고 또한 동시에 회화가 추상을 향해 가는 길을 연다. 하지만 이것은, 내가 시네마토그래프에 대해 주장하고자 하는 과정의 일부가 아니다. 그것은 좀 더 후에, 사진의 혁명이 완성된 후—적어도 1860년과 스냅 사진 이후—에 나타난다. 오히려 내가 요구하는 것은 화가에 대한 문제 제기를 하며 그 속에 영화의 자리, 그렇지 않으면 뤼미에르의 자리라도 마련해 달라는 것이다. 조금 늦긴 하지만 뤼미에르는 회화와 동시대인이다. 영화는 이처럼 늘 '막내'이지만 그래도 움직이는 나뭇잎의 역사가 보증하는 것처럼 영화는 화가 그룹의 일부이다.

마지막으로 지적하고 싶은 것이 있다. 사실 효과는 모순적이기 때문에 사실 효과에서 우리가 만나게 되는 것은 환영이다. 〈노스페라투Nosferatu〉[35] 와 〈뱀파이어Vampyr〉[36]에서 환상적인 것은 현실에서 가장 일상적이고 평온한 것의 극단적 효과처럼 등장한다. '일상 속의 기이함'처럼 말이다.

사실 효과의 두 번째 특성으로 돌아가면, 뤼미에르 영화에는 프레임과

::

추상 운동이다. 광선주의는 1913년 모스크바에서 개최된 〈타깃 전시회Target Exhibition〉에서부터 시작되었다. 같은 해 라리오노프는 "광선주의는 입체주의, 미래주의, 오르피즘의 종합"이라는 선언을 발표하였으며, 1914년 라리오노프와 곤차로바가 파리에 이주하여 적극적인 활동을 벌였다. 광선주의 양식은 인상주의의 빛과 색채의 관계를 발전시켜 방사되는 광선 가운데서의 사물의 형태와 색채의 리듬을 파악하는 방법과 미래주의에서 강조하였던 일종의 사차원적인 시간을 회화에 도입하였다. 순수하게 색과 형태만의 세계, 즉 추상 회화의 영역으로 몰입하였던 광선주의는 무대 미술에 특히 강한 영향을 미쳤으나 하나의 미술 운동으로서는 오래 지속하지 못했다.

35) 역주: 프리드리히 빌헬름 무르나우Friedrich Wilhelm Murnau의 1922년 판타지 호러 영화이다.
36) 역주: 카를 테오도르 드레위에르Carl Theodor Dreyer의 1932년 판타지 호러 영화이다.

관련된 명확히 영화적인 특징이 잠재적으로, 그리고 실제로도 존재한다. 서구의 재현 전통 속에 견고하게 존재하는 프레임은 시네마토그래프를 예상하지 않았다. 이러한 사실은 매우 명백하기 때문에 나는 이 책의 한 장에서 이 내용을 다루고자 한다. 새로운 모순을 지적하기 위해 지금 여기서 언급해야 하는 것은 프레임cadre이 아니라 프레임화cadrage이다.

　뤼미에르 형제의 카메라는 편리하고 매우 실용적인 것으로 알려져 있지만 '리플렉스reflex'라고 하는 반사식 사진기의 파인더 방식에 익숙한 사람들은 심각한 기술적 불편함을 지적한다. 이 카메라로는 프레임을 잡을 수가 없었다. 이것은 리플렉스 파인더뿐만 아니라 어떠한 종류의 파인더도 없었다. 가장 흔한 방법은 **사실상**de facto 영화 촬영 중에 만들어지는 것으로 두 단계로 이루어졌다. 우선 가려진 필름의 끝을 카메라의 투영 통로에 끼워 넣은 다음 카메라를 열어둔 채로 크랭크 핸들을 돌리면서 렌즈를 연다. 이때 기계의 안쪽 필름 끝에 만들어진 이미지를 통해 '프레임을 잡는다.' 불편하게 어림잡아 측정하는 이러한 프레임화 방식은 파인더를 맞추기 위해 연속적인 짧은 이동을 수없이 해야 했다. 이처럼 번거로운 절차를 거치면서 여러 번 확인해야 하는 것을 피하기 위해 촬영 기사들은 직감적으로 프레임 잡는 것을 선호하게 된다. 말하자면 시네마토그래프를 가지고 프레임을 잡는 것은 성공과 **감각**feeling과 습관의 영역에 속하는 일이었다.

　뤼미에르 영화의 가장 놀라운 특징 중 하나는 밀리미터 단위의 세부적인 정확함은 없지만 항상 프레임화가 흥미롭다는 점이다. 촬영된 주제와 관련해서는 효과적이었지만—특히 영화의 위대한 미래를 약속하는 중심화라는 표현 방식에 있어—, 그러나 공간과 화면에 대한 정의와 관련해서는 조작적이었다. 그 예가 되는 〈기차의 도착〉을 조르주 사둘Georges Sadoul은 이러한 의미에서 설득력 있게 분석하였다. 프레임화의 중요한 세

가지 효과는 여기에서 더욱 자세하게 입증된다.

프레임화의 이 세 효과 중 첫 번째는 앞에서 언급된 바 있는 총칭적인 의미의 중심화 효과이다. 이 효과는 교묘한 반전에 의해 강화된다. 중심화는 기차의 움직임에 의해 과장해서 강조된 원근법적인 중심화이다. 하지만 여기에서 중심화는 중심에서부터 확장하는 방식으로 표현된다. 전통적인 선 원근법 방식은 우리의 눈을 이와 반대되는 방향으로, 즉 가장자리에서 중심을 향하는 방식에 익숙하게 했다.(소실점이라는 용어는 논리적으로 눈이 뭔가를 바라보다가 끝나는 지점을 말한다.) 완벽하게 원근법주의자의 시각에서 강렬하게 경험되는 이러한 전복을 강조하고자 한다. 관객들이 기겁을 했다는 전설의 기원에 이러한 시각적 전복이 존재하고 있음은 의심의 여지가 없다.

프레임의 가장자리 기능에서도 이에 필적할 만한 전복을 읽을 수 있다. 가장자리는 이미지를 포함하면서 제한하는 이중의 의미를 지닌다. 뤼미에르는 이와 반대로 이미지가 경계를 벗어나게 내버려 두었다는 점에서 천재적이다. 기차와 인물들은 이 경계를 위반한다.(위반은 말하자면 경계를 없애는 게 아니다.) 공간이 끊임없이 변형되는 것처럼 보이는 것은 상당 부분 이미지 가장자리에서의 이러한 활동에 의해서이다.(조르주 사둘도 이 점을 지적하였다. 그러나 그는 화면에서의 내적 변형에 지나치게 집착하였다.) 이를테면 가장자리는 이러한 점진적 변형의 능동적 조작자가 되는 것이다.

마지막으로, 프레임화는 카메라의 위치와 주체 위치 사이의 관계를 형성한다. 이것은 이러한 두 영역, 즉 찍히는 영역과 찍는 영역 사이에 상상적인 접촉면을 구축한다. 바로 이 점에서 〈기차의 도착〉은 또 한 번 눈길을 끈다. 두 공간 사이의 이러한 접촉은 어떤 인물도 존재하지 않는 텅 빈 공간이 아니라 반대로 수많은 접선tangente과 첨점들points de rebroussement—

수학적 비유를 빌려 말하자면—에 의해 의미를 갖게 된다. 우리는 카메라 앞에서 망설이는 한 단역을 볼 수 있다. 분명 즉흥적으로 그랬겠지만 그는 과시적으로 허구적 공간, 카메라, 심지어 카메라맨과 장난을 치고 있다.

선택된 이 예는 쉽게 이해할 수 있다. 이 예는 거의 같은 효과를 보여주는 〈공장을 나서며〉보다 분명하고[37] 프레임 처리, 일반적으로 공간 처리가 너무나 연극적인, 그것도 평면적인 연극을 떠올리게 하는 〈물 뿌리는 사람〉보다 특별하다. 어쨌든 나는 여기서 거의 모든 뤼미에르 영화에서 의식적으로 발견할 수 있는, 그래서 앞에서 지적한 세 가지 특성을 명백하게 추론할 수 있는 프레임화 작용의 본질적인 차원을 강조했다고 생각한다. 프레임은 우선 화면의 제한이다. 영화는 탄생하자마자 프레임이 갖고 있는 다양한 의미를 알아차렸다. 프레임은 재현을 중심에 배치하고 상상적인 것이 농축된 시간-공간의 덩어리 위에 재현을 집중시킨다. 프레임은 이러한 상상적인 것의 저장소이다. 보충적으로 말하면 프레임은 허구의 왕국, 여기에서는 실재를 허구화한 왕국이다.

당연한 결과로 프레임은 허구의 또 다른 저장소인 외화면hors-champ을 만든다. 영화는 여기서 필요한 경우 영화에 활력을 주는 여러 효과를 끌어낸다. 화면이 프레임화의 공간적인 차원과 척도라면 외화면은 그것의 시간적인 척도이다. 외화면 효과가 펼쳐지는 것은 시간 속에서이다. 외화면은 잠재적이고 가상적인, 그러나 또한 사라짐과 소멸의 장소이다. 또한 현재의 장소라기보다는 미래와 과거의 장소이다.

∴

37) 이 영화는 세 가지 버전이 있을 정도로 이러한 효과를 만들기 위해 노력하였으며, 이 버전들 중 시기적으로 후에 나온 두 버전은 보다 효과적인 미장센을 가미해 첫 번째 버전을 개선하고자 하였다. 이러한 미장센은 모든 사건이 짧은 상영 시간 동안 선명하게 전달될 수 있도록 해주었으며 다소 코믹한 사건들을 가미해 작품을 풍요롭게 만들어주었다.[2007]

요컨대 프레임은 거리를 표시하는 것이다. 촬영된 주체에서 카메라까지의 거리 혹은 오히려―우리는 이것이 미묘한 차이 이상의 의미가 있음을 알게 될 것이다―카메라에서 촬영된 주체까지의 거리. 영화의 기술적인 용어인 프레임-거리는 번역에서는 다음과 같은 이중적인 의미가 담겨 있다. 즉 영어에서 **카메라 거리**camera distances는 프랑스어에서 '숏(='프레임')의 크기'에 해당하여 **클로즈업**은 확대된 화면, **롱 숏은** 전체에 대한 화면을 가리킨다.

뤼미에르 영화에서, 그와 동시대의 사진과 그림에서, 현재의 움직이는 이미지에서까지도 이 모든 것은 이러한 세 차원과 관련하여, 그리고 그것의 지속적인 해결과 새로운 시작을 통해 작동한다. 화면과 외화면은 끊임없이 서로를 풍부하게 만든다. 그러나 또한 화면과 외화면을 묶는 전체와 보다 급진적인 다른 외화면 사이에도 끊임없는 관계의 변동이 존재한다. 우리는 보다 급진적인 이 외화면을 앞화면avant-champ이라고 불러야 할 것이다. 이것은 카메라가 있는 곳으로, 늘 화면과 동일한 허구적 공간에 속하는 것은 아니다. 이미 잘 알려진 사실이지만 이것을 환기하는 이유는 뤼미에르 영화의 상황이 이 점에서 일반적인 영화의 상황과 정확하게 일치하지는 않기 때문이다.[38] 일반적인 영화에서는, 즉 이러한 구조를 뼈대로 한 할리우드 고전 영화에서는 픽션과 상상적인 것에 속하는 것(화면, 외화면, 그것들의 상호 관계, 서사적이고 환상적인 작용, 공포와 서스펜스 효과)과 발회에 속하는 것(프레임-바깥hors-cadre으로 결코 상상적으로 복원할 수 없는 장소이자 픽션이 작동하지만 침투할 수 없는 매우 상징적인 장소) 사이에 근본적인

∙∙

38) Livio Belloï, *Le regard retourné: aspects du cinéma des premiers temps*, Québec/Paris, Nota Bene/Méridiens-Klincksieck, 2001. 우리는 이 저서에서 뤼미에르 영화의 프레임화 문제들에 대한 세부적인 연구를 발견할 수 있다.

분열이 생겨난다.[39]

그런데 뤼미에르 광경에서 화면, 외화면, '앞화면'은 서로 많은 관련을 맺고 있다. 그것의 경계는 유연하며 많은 구멍이 나 있다고까지 할 수 있다. 왜 그런가? 정확하게 말하면 이 영화들에서는 허구적 책임이 약하기 때문이다. 강요되지도 않고 자율적이지도 않지만 예측할 수 있는 유일한 서술은 불확실성일 뿐인 체계에서 영화감독의 공간과 영화가 만들어지는 공간 사이의 경계는 엄격할 수 없다. 왜냐하면 두 공간 모두 공통적으로 그 출처를 실재에 두고 있기 때문이다. 뤼미에르 영화의 허구는 충분하게 허구화되지 않으며, 영화화 작업 역시 충분하게 제도화되지 않아서 두 세계가 진정으로 견고하게 분리되지 않는다. 이것은 뤼미에르 영화 목록 중에서 '파노라마 광경vues panoramiques'이라고 이름 붙여진 하위 장르에서 더욱 두드러진다. 여기서 '파노라마 광경'은 정확하게 말하면 오늘날 측면 이동 촬영을 뜻하는 '파노라마panoramique'라는 카메라 움직임과는 아무 관련이 없으며, 우리가 다음 장에서 언급하게 될 구경거리 파노라마와 관련이 있다. 여기서 중요한 것은 영화의 움직임인데, 많은 경우 그 움직임은 이동하는 교통수단에서 촬영된 것이며 화면과 관련한 프레임의 이동은 서사 영화에서와는 반대로 가시적인 발화 행위로 작동하지 않는다. 반대로 이러한 파노라마 광경에 속하는 영화들은 실재(實在)로 확인된 지시체적인 세계 속에서 영화를 찍는 주체와 찍히는 대상의 공존을 강조하며 이 둘을

39) 이 모든 진전은 1970~80년대 여러 저서들에 의해 영감을 받은 것이다. 특히 다음과 같은 저서들의 도움을 받았다: Noel Burch, *Praxis du cinéma*, Gallimard, 1969; Jean-Pierre Oudart, 《La Suture》, *Cahiers du Cinéma*, n° 211 et 212, 1969 ; Stephen Heath, 《Notes on Suture》, *Questions of Cinema*, Bloomington, Indiana University Press, 1981; Marc Vernet, *Figure de l'absence*, Éd. de l'Etoile, 1988.

동일한 욕조에 넣는다.(나는 그 유명한 프로미오Promio[40]의 곤돌라만을 생각한 게 아니다.)

한마디로 뤼미에르 영화의 프레임화는 항상, 그리고 무엇보다도 시점의 구현이다. 하나하나 정확하게 말해야 한다. 공간에서의 시점, 공간의 시점, 움직이다가 갑자기 고정되는 시점. **선험적으로** 평범한, 그래서 누구나 차지할 수 있는 흔한 시점. 만일 영화를 찍는 사람과 찍히는 대상을 분리하지 못한다면 이들의 역할은 호환 가능하고 영화를 찍는 사람은 당신과 나 같은 아무나가 될 수 있다. 이 점은 중요하다. 매우 중요해서 보다 상세한 논의 전개를 위해, 그리고 이것을 진정한 기원과 연결시켜 논의하기 위해 나는 나중에 하나의 장으로 이 내용을 다룰 것이다. 이러한 특징은 뤼미에르에게서만 찾아볼 수 있는 예는 아니며, 또한 그가 발명한 것도 아니다. 이것은 '화가' 뤼미에르와 동시에 발생한 동시대 회화적 질문의 여러 특징 중 하나라는 것을 언급해야 한다. 나는 이 특징을 가변적인 눈l'oeil variable이라고 부르고자 한다.

이러한 맥락에서 보면 뤼미에르 영화는 문자 그대로 특정 지점에서 보이는 것, 선택된 지점이 가시적으로 넘겨주는 것, 이러한 지점에서의 시각의 (시선의) 훈련이다. 영화에 찍히는 광경Vue과 시각vue, 영화와 시지각, 이러한 말장난은 뤼미에르 영화 미학이 가져온 시각과 관련해서 보면 그리 유치한 것만은 아니다. 나는 앞에서 뤼미에르가 영화의 '가장 위대한 발명가'라는 찬탄의 말을 하였다. 이제 여기에서 마지막 논의를 추가할 때가 되었다. 뤼미에르에게 '가장 위대한'이라는 최상급을 붙인 것은 그와 경쟁자와

∴

40) 역주: 알렉상드르 프로미오(Alexandre Promio, 1868~1926)는 뤼미에르 영화의 촬영감독이다. 그는 1896년 베니스의 곤돌라 위에서 도시의 모습을 촬영했다. 이 영화는 카메라의 움직임을 통해 촬영된 최초의 영화로 평가받는다.

의 관계, 첫 번째로 에디슨과의 경쟁 관계 때문이다. 에디슨의 키네토스코프에서 우리는 무엇을 보았는가? 그의 영화에는 솔직히 말하면 별것 아닌, 다소 웃음거리밖에 안 되는 퍼포먼스밖에 없다. 애니 오클리Annie Oakley[41]가 접시를 향해 사격을 하고(그녀는 한두 번은 실패한다.) 인디언들이 머리를 흔들며 춤을 추거나 군악대가 동그랗게 원을 그리며 돌고 체조 선수가 몸을 움직이거나 하는 등의 모든 것은 아주 짧은 분량으로 블랙 마리아[42]의 변함없는 어두운 배경 앞에서 이루어졌다. **핍쇼**peepshow 형식으로 제시되는 이 영화들과 장치를 한 단어로 특징지을 수 있다. 즉 에디슨 영화는 관음증에 토대를 두고 있다.

어떤 순간을 선호하는 뤼미에르 영화와 가장 대비되는 것은 예외적이고 눈요깃거리적인 프로그램에 대한 에디슨의 취향이다. 우리가 에디슨에게서 특별한 것 속의 일상적인 것을 발견한다면 그것은 그의 영화가 무미건조하다는 의미이기도 하다. 어쨌든 보다 폭넓게 이야기하자면 중요한 것은 두 사람이 갖고 있는 미학의 차이이다. 키네토스코프는 볼거리를 제공한다. 그러나 그것은 분명하게 지정되어 있고 객관적이며 제한된 볼거리이기 때문에 키네토스코프는 시선을 만족시킨다.(라캉에 따르면 도착perversion의 정의에 해당한다.) 어둠을 배경으로 한 퍼포먼스는 심도의 표현을 축소시키고 영화에 찍힌 주체를 향해 강조된 중심화는 화면의 넓이를 제한한다. 시선은 배경과 '충돌'함으로써만 공간을 파악하게 되고 끊임없이 인물에게로 되돌아가게 만든다. 이것은 반대로 관객으로 하여금 다시 자신의 시선에 집중하게 하거나 그것을 재확인하게 한다. 나는 뤼미에르의 영화에서

··

41) 역주: 애니 오클리(1860~1926)는 미국의 유명한 사격 선수였다.
42) 역주: 에디슨 영화를 제작한 스튜디오 별명. 당시 블랙 마리아라고 부르던 죄수 호송차의 모습과 비슷하여 붙여진 이름이다.

어떻게 시선이 움직이고 사라지고 없어지는가, 즉 화면에서 어떻게 작용하는가를 더 잘 설명하기 위해 다소 과장했다. 여기에서는 화면 심도―'딥 포커스' 같은 종류를 포함하여―, 배열 효과, 공간의 무한함, 보다 일반적으로 말해서 모든 불변적인 지각 요소의 효과적인 재생산(요즘 한창 화두가 되고 있는, 그리고 우리가 언급한 모든 장르에서 환영의 기원이 되는 광경과 시각의 유사함)을 포함한 모든 것이 경쟁한다.

나는 방금 미학에 대해 이야기했는데 이 단어가 다소 정확하지 않다고 생각할 수도 있다. 이 단어를 쓰려면 뤼미에르 전체 영화 목록의 4분의 3, 희극적인 광경들, 곡예사, 발레, 13개의 타블로로 된 〈예수 그리스도의 삶과 수난Vie et la Passion de Jésus-Christ〉을 삭제해야 한다. 이 모든 작품은 더 이상 광경[43]이 아니라 이미 영화이며 뤼미에르 최고작도 아니다. 우리가 하나의 미학을 정의하고자 한다면(예술가의 기획이 아니라 '사실상의' 미학), 그것은 뤼미에르의 광경들 중 아마 십여 편 정도에만 해당될 것이다. 그러나 이 작품들에 대해서는 전혀 주저할 필요가 없다. 뤼미에르의 초기 영화―이것이 역사적으로 중요하다―는 시각이 재현 속으로 침투하는 격렬한 시기로 그의 예술 역사의 절반을 만들게 된다. 바쟁 이후 우리가 충분히 되풀이해서 언급한 실재에 대한 조작으로서의 재현을 주장하는 촬영 미학(실재와 조작이라는 이 두 용어는 검토할 필요가 있지만, 어쨌든 촬영 기사가 있고 그가 조작하는 것은 실재 그 자체이다.)은 영화에 대해 생각할 수 있는 두 미학 중 하나이다. 그러나 그의 뒤를 이은 감독들은 모순적이며 예측 불가능하다. 무성 영화 전성기에 가시적인 실재에 대한 믿음은 음악(뒬락Dullac

---

43) 역주: 여기서 vue를 영화가 아니라 광경으로 옮긴 이유는 저자가 강조하고 싶어 하는 시점 (가변적인 눈)이 구현된 뤼미에르 영화 작품과 그렇지 않은 뤼미에르의 다른 영화 작품을 구분하기 위해서이다.

이나 강스Gance), 영화시cinépoésie(한스 리히터Hans Richter), **인상**Stimmung
(벨라 발라즈Béla Balázs)으로 변형될 수 있는 '순수한' 시각성에 대한 열광으
로까지 나아가지 않았는가?

　독자는 중요한 요소들—관객, 극장, 기술—을 간과했다고, 그래서 상
이한 것들을 유사한 것들로 비교하는 잘못을 저질렀다고, 뤼미에르 방식
의 영화 체계가 보여준 매우 빠른 진화에 대해 가볍게 다루었다고 나를 비
난할 수도 있다. 나는 단지 어떠한 점에서 뤼미에르가 '이 시기의 마지막
위대한 인상주의 화가'가 될 수 있는지 파악하려고 했다. 이 질문에 대한
내 대답은 두 가지 생각으로 정리할 수 있다. 우선 뤼미에르는 **싫든 좋든**
완전히 회화적인 성찰에 속한, 즉 단순하게 말하자면 회화에 속하는 두 가
지 질문들과 관련되어 있다. 이 두 질문—사실 효과와 프레임에 대한 것
—은 상호 연관되어 있으며 뤼미에르가 그것을 문제 삼은 시기에는, 19세
기 시선의 해방이라는 보다 일반적인 문제와 관련되어 있다. 게다가 시네
마토그래프만이 이러한 해방의 결정판은 아니다. 시네마토그래프는 아마
추어도 찍을 수 있는 스냅 사진기임을 자랑한 첫 번째 기계인 '코닥' 사진
기가 등장한 지 2년 후에—어쨌든 대단한 우연의 일치이지만—나타난다.
그러나 시네마토그래프는 단번에 회화와 스냅 사진기를 추월하여 이 영역
에서 그것의 자리를 이동시킨다.
　이렇게 해서 나는 고다르의 멋진 표현에 담겨 있는 말들이 다양하게 강
조될 수 있음을 분명히 설명할 수 있었다. 인상주의는 누구나 알고 있듯
이 중요한 준거점으로 남아 있다. 지속적이고 일반화된 **스푸마토**sfumato
기법[44]은 어느 정도는 사실 효과를 고조시켰다.(대기 효과, 대기주의가 인상
주의보다 더 적절할 수도 있다. 왜냐하면 정확하게 말해서 진정으로 인상을 출현

시킨 것은 소위 표현주의이기 때문이다.) 인상주의의 프레임화는 운동성을 작동시키는 것이다.(이러한 운동성이 다소 인위적이고 어색하다고 해도. 특히 모네처럼) 그러나 예술에서의 '종의 기원'이라는 하나의 가설로서, 나는 인간이 원숭이의 후손인 것처럼 뤼미에르가 인상주의에서 나왔다고 말하고자 한다. 이러한 연관성이 명시적인 결과를 갖도록 분명하게 설명해야 한다. 또한 그가 어떤 점에서 마지막인지도 충분하게 말해야 한다. 그 스스로가 인상주의 화가는 아니라고 하더라도 그 이후에는 인상주의 화가가 없으며 더 이상 있을 수도 없다. 왜냐하면 뤼미에르 영화에서 인상은 자연에 녹아든 것처럼 객관화되어 있으며 회화의 가장 열광적인 희망들을 실현하고 없애버렸기 때문이다.(뤼미에르가 '위대한'지는 각자의 판단에 맡기겠다. 나에게는 의심의 여지가 없지만.)

마지막으로 강조할 점이 있다. 뤼미에르 자신은 어쩌면 '제조업 천재'(실뱅 루메트Sylvain Roumette)에 불과할 수도 있다. 내가 여기서 이런 인용을 하는 것은 주요 인물로, 말하자면 신화의 의미에서 그러하기 때문이다. 그가 또 다른 제조업 천재인 에디슨보다 더 뛰어난 인물이 될 수 있는 것은 동시에 화가로 추정할 수 있기 때문이다. 이 신화는 내가 만들어낸 것은 아니다. 신화는 특별히 비타협적인 삶을 살았던 사람들에 속하는 것이다.

••

44) 역주: 스푸마토 기법sfumato technique은 르네상스 예술의 네 가지 규범적 회화 기법 중 하나이다. 'sfumato'는 이탈리아어에서 유래한 것으로 '부드러운', '모호한', '흐릿한'의 의미를 지니고 있다. 이 기법의 주요 목적은 인간 얼굴에 대해 사실적이고 핍진적인 이미지를 만들고자 하는 것과 풍부한 후광 효과를 창출하기 위한 것이고, 음영을 줘서 컬러와 톤에서 부드러운 전환을 도모하고자 하는 것이다. 스푸마토를 위해 가장 흔하게 사용된 방법은 밝은 영역에서 어두운 영역으로 미세하게 그러데이션을 주고 선이나 경계를 흐릿하게 표현하는 것이다. 이 기법의 대가가 레오나르도 다빈치이고 스푸마토 기법이 가장 잘 표현된 것으로 인정받는 작품이 그의 〈모나리자〉(1503~06)이다.

뤼미에르의 경우 리얼리즘이라는 패러다임 속에서 자신의 구상과 발전을 통해 신화를 만들었다는 점에서 예외적이다. 이러한 리얼리즘은 처음에는 예술과 상당히 거리가 멀었다. 이것을 좋아하는 이는 일반 대중이고 양식 있는 사람들은 '사소한 것에 대한 굴종'이라는 니체의 비난에서처럼 강하게, 그리고 근대성에 대한 보들레르의 정의에서처럼 다소 약하게 리얼리즘을 거부하였다.(하지만 리얼리즘은 근대성의 절반을 차지한다.) 리얼리즘이 뤼미에르로부터 멀어져 예술이 된 영화에서 인정받기까지는 몇십 년이 더 필요했다. 여전히 '인정받는'다는 표현은 과도하다. 리얼리즘으로 기우는 영화의 성향을 핸디캡으로 간주하는 영화 미학자들은 여전히 존재한다.

그러므로 뤼미에르에게서, 그리고 이 책의 특별한 목표에서 중요한 것은 회화와 영화의 관계가 일방통행적인 것이 아니며 선조와 후손의 관계도 아니고 기존 매체의 소화물도 아니며, 어떤 경우에도 화가의 두뇌에서 무장되어 나온 형식의 반복—때로 영화가 회화의 후계자임을 자처하거나 회화를 다시 토해내는 것 같은 인상을 주었다 하더라도. 이것은 별개의 문제이다—이 아니라는 것을 증거에 입각해 분명하게 설명해야 한다. 현재 문제가 되고 있고 앞으로도 문제가 될 것은 영화와 회화의 다른 관계이다. 즉 회화 옆에서, 회화와 더불어 영화가 차지하고 있는 위치를 재현의 역사 속에서, 시각적인 것의 역사 속에서 평가하는 것이 문제이다.

2
가변적인 눈 혹은 시선의 동원

뤼미에르는 이러했기 때문에 그에게서 기적을 찾을 수는 없다. 게다가 영화도, 그의 발명품도, 나머지 것들도 하늘에서 떨어진 게 아니었기 때문에 현재에도 영화 역사 학자들은 계속해서 영화를 발견하고 있다. 그러나 영화 형식의 역사라는 관점에서 살펴본다면 미래에는 영화가 어떻게 발전할지는 모르겠지만 **재현 예술로서**, 즉 인접하는 다른 예술과의 관계 속에서 영화에 대해 역사적으로 이야기하는 데에는 어려움이 있다. 물론 쉽게 만족할 수 있는 최소한의 요구도 있다. 더 이상 어느 누구도 회화-사진-영화로 이어지는 단선적인 계보나 '영화 이전pré-cinéma'이라는 진부한 용어를 주장하지 않는다. '영화 이전'은 모호한 개념으로 영화적 기법들을 호머나 셰익스피어에게서 찾을 수 없자 베유Bayeux의 타피스리[1]에서 찾았다.

∴

1) 역주: 프랑스 노르망디 지방의 소도시 베유의 타피스리 박물관에 소장되어 있는 작품이다.

반면, 예를 들어 비록 사람들이 영화가 너무 빠르지도 너무 늦지도 않게 제때에 발명되었고 다른 주장들은 일어나지 않은 일에 대한 공론에 불과한 것이라 생각한다 할지라도, 영화 발명의 '차연différance'(코몰리Comolli), 즉 영화 발명이 더디거나 지연되었다는 느낌을 없애는 것은 쉽지 않다. 나는 이 장에서 영화 발명에 대한 역사를 대략적으로 검토하려는 것이 아니다. 그보다 나는 이러한 발명의 역사와 그 당시의 상황 **속에서**, 즉 내가 생각하기로 '차연'의 수수께끼에 대한 해답이 되는 요소들의 역사 **속에서** 영화의 위치를 탐지하고자 한다.

　사진 발명의 역사는 영화의 역사보다 더욱 기이하고 더욱 명백한 '발명의 지연'으로 평가된다. 어떤 물질들에 대한 빛의 작용—아주 먼 고대 이집트에서 발견된—에서 실용 가능한 기술적 방법을 발견하게 된 것이 그로부터 30~40세기 지나서였다는 사실은 가끔 우리를 놀라게 한다. 그러므로 사진의 발명이 가능했던 조건을 제시해야 한다. 사진은 한 사회가, 그것도 이미지들을 생산하고 있는 한 사회가 원하는 것이었다고 해도 의미와 글로 빽빽하게 채워져 있는 이집트의 이미지들과는 다른 형태의 이미지이기 때문이다. 예를 들어 19세기 초 회화에서 그 조건을 찾아볼 수 있다. 그래서 사진 발명의 가장 직접적인 결정 요인은 1800년경 회화에 영향을 준 몇몇 중요한 이데올로기의 변화 속에서 읽어야 한다. 이러한 변화의 핵심은 1780년에서 1820년 사이 사생 스케치에서 절정에 이르는데, 그것

•••

작자는 미상이며 작품 시기는 1066~82년으로 추정된다. 이 타피스리는 1066년 헤이스팅스 Hastings 전투를 58개의 장면으로 재현하고 있다. 정복왕 기욤은 1035년 노르망디 공작이 된 후 1066년 영불 해협을 건너 영국을 침략해 헤이스팅스 전투에서 영국의 왕 헤럴드 2세에게 크게 승리를 거두면서 원래 자신이 가졌어야 할 왕위를 되찾는다. 이 작품은 2007년 세계문화유산으로 선정되었다.

은 **밑그림**ébauche―완성될 그림에 대한 계획으로 이미 가공된 어떤 리얼리티의 기록―에서 **습작**étude―'있는 그대로'의 현실의 기록―으로의 이행이다. 19세기 초 습작은 인정받는 한 장르가 되었고 아카데미는 경멸했다 할지라도 회화의 영역으로 진입하면서 점차 몇몇 아마추어들이 습작을 인정하게 되었다. 그러나 습작은 19세기 말에 공공연하게 다른 장르에서 사용되었기 때문에 습작이 지닌 예술적 문제가 드러나면서 다시 한 번 중요성을 잃게 된다.

그런데 '소재를 두고' 그렸다는 사실이 암시하는 것과는 반대로 **습작**의 본질적인 특징은 정확성이 아니다. 오래전부터 습작의 정확성에 관심을 두고 있는 화가들이 있었다. 카날레토Canaletto[2]와 그의 **카메라 오티카**camera ottica(광학적인 방: 필름은 없지만 반사식 조준 장치를 지닌 미완성의 사진기)가 그것을 말해 준다. 습작의 중요한 새로운 특성은 **신속성**으로, 결코 수정하지 않으면서 첫 번째 각인을 얻어내고 그것을 단번에 예술적 인상으로 고정시켜 하나의 작품으로 남긴다는 사실이다.(반면에 카날레토는 그의 장치를 통해 원근법의 밑그림을 얻어낸 다음 그것을 베끼고 인물들을 더 채워 넣어 확대시킨다.) 한 논문에서 이러한 문제를 다룬 갈라시[3]는 시각적 피라미드의

••

2) 역주: 본명은 안토니오 카날Antonio Canal로 베네치아에서 출생한 이탈리아 화가이다. 1719년경 로마에서 파니니의 영향을 받았고 1720년부터 향리에서 칼레바리스의 작품을 모방하여 거리나 만(灣)의 경관을 주제로 한 베두타(실경 묘사)를 제작하였다. 1746년부터 10년 정도 영국에 체류하며 런던 및 여러 곳의 풍경과 많은 수의 카프리치(Capricci, 건축의 세부를 정밀하게 그린 환상화)를 제작하였고 에칭(부식 동판술에 의한 동판화)도 남겼다. 대표작은 「대운하에서 열린 레가타」(1744년경, 런던 내셔널 화랑)와 「주랑(柱廊)의 카프리치오」(1765, 베네치아 아카데미아 미술관)이다.

3) Peter Galassi, 《Before Photography》, préface au catalogue de l'exposition homonyme, New York, MoMA, 1981; 또한 그의 또 다른 저서인 *Corot en Italie : la peinture de plein air et la tradition classique*, trad. par J. Bouniort, Gallimard, 1991.

능동적 운동성이 습작의 이러한 발전에 토대가 되었다고 지적한다. 즉 습작이란 세계를 답파하고 탐험하다가 세계를 자르고 **프레임에 담기** 위해 갑자기 멈추는, 예술가의 시선이 휩쓸고 간 잠재적 그림이 만드는 정지된 영역으로서의 세계를 의미한다. 드디어 발견된 운동성 구현이라는 재현의 사진적 이데올로기 출현을 이해하기 위해서는 한 단계만—이것이 갈라시의 논제이다—검토하면 된다.

갈라시의 이러한 논제에 나는 두 가지 점을 덧붙이고 싶다. 우선 하나는 회화의 관람객과 관련된 것이다. 아무리 불완전한 회화라고 해도 그것은 끊임없는 거리 두기와 시선의 동원으로 이루어진다. 역사적으로 회화는 눈속임이라는 변함없는 유혹 수단을 이용해 **부인**dénégatif의 방식으로—부인은 18세기에 절정을 이루었다—관람객에게 말을 거는 회화에서 명백하게 관객의 시선을 전제로 하는 회화로 이동해 왔다. 어떤 점에서 그러한가? 적어도 다음과 같은 점에서 그러하다. 사생 습작의 관람객은 그림에서 그가 파악한 것을 즉각적으로 자연 세계에 대한 자신의 시선으로 바꿀 수 있는 권한과 실제적 능력을 가지고 있다. 나는 이러한 즉각성을 강조하고 싶다. 이것이야말로 유일하게 진정 새로운 것이다. 왜냐하면 이러한 변화는 **피토레스크**[4]라는 개념이 등장한 15세기나 16세기부터 가능했기 때문이다. 곰브리치Gombrich가 잘 설명[5]한 것처럼 이러한 변화는 단순히 잠재적으로 회화적 측면이 있는 자연의 일부를 위해서만 적용되었다. 말하자면 지배적

4) 역주: pittoresque는 직역하자면 '그림 같은'이라는 뜻으로, 회화에서 그림으로 재현되기에 충분할 만큼 빼어난 자연 경관의 특성을 가리킨다. 본 역서에는 국내에서 미학적 용어로 자리 잡은 '피토레스크'로 옮기고자 한다.
5) E. H. Gombrich, 《The Renaissance Theory of Art and the Rise of Landscape》(1950), *Norm and Form*, London, Phaidon, 1966에 재수록.

인 회화적 도식들과 동일시되는 것이 발견된 '자연의 아름다움들'을 위해서 실행되었다. 습작 화가의 눈, 이어서 사진기의 눈에 **포착된** 풍경은 자연의 **어떤** 부분으로 남게 된 반면, 자연의 회화성은 도처에서 피토레스크를 발견하게 되고 도처에 적용할 수 있게 된다.

여기서 두 번째 포인트를 지적할 수 있는데, 그것은 첫 번째와 관련하여 자연의 위상이 변하게 되었다는 점이다. 르네상스와 고전주의 시대 회화에 충분히 자연이 존재한다고 해도, 그것은 늘 정돈되고 멋을 부린 자연, 항상 표현하고 싶은 어떤 의미를 내포한 자연이다. 거칠게 말하자면 자연의 재현 아래에는 항상 어떤 **텍스트,** 다소 유사하고 명백한, 그러나 그림을 항상 설명하고 그림에 진정한 가치를 부여하는 하나의 텍스트가 존재한다. 이 텍스트는 과학적일 수 있다. 예를 들자면 산을 재현하면서 동시에 산의 구성을 이해하고자 했던 14, 15세기의 이탈리아 예술가의 경우가 그러하다.[6] 이것은 어쩌면 문화적인 전통—특히 비극적, 희극적, 풍자적 배경으로 나눈 비트리브Vitruv[7]의 3등분의 문화—과 관련될 수도 있다. 이것은 완전히 상징적인, 즉 파노프스키가 네덜란드 회화에 대해 설명한 '변장한 상징주의' 원칙에 의하면 알레고리적인 것일 수도 있다.[8] 더욱이 이러한 전통은 프리드리히Friedrich[9]가 분명하게 증명하듯이 1800년에 끝난 게 아

· ·

6) Alexander Perrig, 《Der Renaissancekünstler als Wissenschaftler》, *Funkkolleg Kunst*, Beltz Vlg., 1985; Samuel Y. Edgerton Jr, 《The Renaissance Artist As Quantifier》, dans M. Hagen, ed., *The Perception of Pictures*, vol. 1, New York, Academic Press, 1980.

7) 역주: 비트리비우스로 알려진 인물로 B. C. 1세기경 로마 시대의 작가이며 건축가, 토목 공학자이다. 『건축술*De Architectura*』이라는 저서로 잘 알려져 있다.

8) Erwin Panofsky, *Early Netherlandish painting*, New York, Harper & Row, 1953.

9) 역주: 카스파르 다비트 프리드리히(Caspar David Friedrich, 1774~1840)는 독일 화가이다. 19세기 독일 낭만주의 회화에 가장 큰 영향을 준 것으로 알려져 있다.

니다. 프리드리히의 풍경화는 늘 정신적인 자연이라는 기의(記意)를 전달하는데 이 기의는 그림과 관련되어 있다. 그러나 19세기 초 풍경주의는, 그리고 그다음 사진은 이러한 전통과 단절하였거나 단절하려고 하였다. 여기에서 자연은 비록 아무 **말을** 하지 않아도 흥미로운 것이 되었다.

이 점은 중요해 보인다. 서구 회화에서 선 원근법의 채택이 상징하는 진정한 혁명에 대해 나름의 이유가 없는 것은 아니지만 지나치게 강조되고 있다. 오늘날 적어도 프랑스 문학에서는 이 문제와 관련해 르네상스와 휴머니즘(1970년경에는 부르주아 이데올로기를 첨가한)과 원근법을 연결시키는 완고한 통념이 존재한다. 그런데 자연의 위상 변화가 나타낸 전복은 작은 게 아니다. 원근법적이든 그렇지 않든 알베르티와 그의 후계자들이 주장하는 '열린 창문'은 **가독적인** 세계를 열었다. 그림은 끊임없이 의미들을 전달하며 이러한 가독적 세계를 읽고, 거기서 인간적인 의미든 신적인 의미든 개의치 않고 상징을 발견한다.[10] 만일 알레고리적인 혹은 상징적인 가치 외에 재생산될 만한 혹은 숙고할 만한 볼거리로서의 자연이 존재한다면 그것은 전적으로 시선의 기능이 변화했기 때문이다. 뿐만 아니라 여기에서 우리는 쉽게 유물론자가 될 수 있다. 또한 18세기 말 유럽 전역에서 행해진 거대한 벌목 사업과 새로운 종류의 나무 수입 등으로 인해 자연도 변화한다.

∴

10) 영화 비평과 이론에서 알베르티의 '열린 창문'을 빌려 사용하였기 때문에(앙드레 바쟁에서 시작된) 알베르티와 그의 '열린 창문'을 알고 있는 독자들에게 실상 르네상스의 이 유명한 이론가는 우리가 흔히 알고 있는 '세계로 열린 창'에 대해 언급한 적이 없다는 사실을 환기해야 한다. 만일 창문이 있다면, 그림이 형상화하는 드라마적인 주체를 향한 것이다. Leon-Battista Alberti, *De la perspective*, trad. par J. L. Schefer, Macula, 1992를 참조할 것. 그리고 이 주제를 발전시킨 Daniel Arasse, *L'Annonciation italienne: une histoire de perspective*, Hazan, 1999[2007]도 참고할 것.

1800년경 무수하게 그려진 구름과 무지개, 동굴, 골짜기와 숲에는 시선의 기능이 있다. 이 시선의 목적이 덧없는 현상의 무대 같은 자연 세계를 꼼꼼하게 묘사하는 데 있다면, 거기에는 날카로운 시선뿐 아니라 탐구와 발견에 대한 욕망이 필요하다. 자연을 **있는 그대로** 바라보는 것을 배워야 한다. 문제는 어떤 객관성이 아니다. 어떤 의미에서 보면 터너Turner는 말할 것도 없고 콘스타블Constable의 무지개, 달Dahl이나 들라크루아의 구름보다 더 비현실적인 것은 없다. 그러나 사라지는 순간을 포착하면서 **동시에** 곧 없어지는 평범한 순간으로 그 순간을 이해하려는—'가장 유리한 순간'[11]에서 벗어나기 위한—이러한 노력 속에서 생겨난 것은 그것을 **보는 것**이다. 즉 이것은 지식의 도구로서, 그리고 물론 과학의 도구로서의 시각에 대한 새로운 믿음이다. 보면서 배우고 보는 것을 배우는 것이다. 이것은 '예술이라는 수단을 통한 시각적인 것의 발견'[12] 즉 보는 것과 이해하는 것 사이의 유사함이라는 곰브리치의 주제이기도 하다. 외관을 통한 지식이라는 주제는 19세기의, 그리고 영화의 주제이기도 하다. 갈라시가 말한 것처럼 '리얼리티에 대한 열병', 특히 시각에 대한 열광, 가시적인 외관에 대한 갈망, 순수한 현상에 대한 갈망이다. 우리는 현상학에서 이론화된 시선이 지닌 이러한 이상적인 운동성을 발견하게 된다. 눈은 가시적인 세계 속에서 움직인다. 더 광범위하게 말해 인간의 몸은 메를로퐁티의 표현에 따르면, 끊임없이 **자신을 보게 만드는** 세계 속에 빠져 있으며 '보이는 동시에 보는'[13] 존재로

∵

11) 레싱Lessing이 복합적인 행위를 통합하기 위해 화가가 선택한 순간을 가리키고자 사용한 용어이다. Gotthlod-Ephraim Lessing, *Laocoon*, trad. fr., Hermann, 1964.

12) Gombrich, 《Visual Discovery Through Art》, *The Image and the Eye*, London, Phaidon, 1982.

13) Mauric Merleau-Ponty, *Phénoménologie de la perception*, Gaillimard, 1945.

특징지어진다.(이 마지막 표현은 메를로퐁티가 말한 것인데, 바쟁은 이를 차용해 본질적으로 가변적이며 움직이는 영화의 눈을 시선과 가장 근접한 등가물로 만든다.)

    '보이는 것과 보는 것.' 이러한 맥락에서 현상학적인 인간은 **또한** 영화적인 인간이다. 벨라 발라즈가 그의 첫 저서 제목으로 『보이는 인간*Homme visible*』을 택한 것은 의미가 있다.[14] 그리고 보는 사람, '모든 것을 보는' 사람인 영화 관객의 편재성은 영화 이론을 사로잡았다.(이것에 대한 마지막 공식을 만든 크리스티앙 메츠Christian Metz까지)[15] 주체, 대상, 영화는 모든 각도에서 인간과 인간의 시각에 정확하게 상응한다. 이것을 통해 영화의 역사는 내가 회화에서 대략 설명한 역사와 은밀하게 만나게 된다. 나는 이제 영화의 역사를 예술 밖에서 혹은 예술의 변방에서 가변적인variable 눈의 역사를 보여주는 다른 두 부분과 연관 지으려 한다. 이것은 시각뿐 아니라 재현과도 분명 관련이 있다.

    첫 번째는 철도이다. 우리는 지리학적인 지각뿐 아니라 시간과 공간에 대한 개념에서 철도가 만들어낸 혁신을 알고 있다.[16] 철도는 한 대륙의 차원에서 새로운 공간을 열었으며, 또한 시간에 대한 새로운 느낌을 만들었다. 철도가 강제하는 시간적 지표의 표준화만큼 이해 가능한 것은 그 어디에도 없었다. 새로운 시간과 공간은 전통적인 시간과 공간을 물리적으로

••

14) B. Balázs, *Der sichtbare Mensch, Leipzig/Wien*, Deutsch-OEsterreichischer Vlg., 1924.

15) Ch. Metz, *Le Signifiant imaginaire*, UGE, coll. 《10/18》, 1977.

16) 철도의 역사와 철도가 만들어낸 생각의 변화에 관한 중요한 문헌으로 Wolfgang Schivelbusch, *Geschichte der Eisenbahnreise*, München/Wien, Carl Hanser, 1977(영어 번역판도 있다.)이 있다. 기차에서 TGV까지 교통수단에 의한 공간 지각의 변화에 대한 것은 Marc Desportes, *Paysages en mouvement*, Gallimard, 2005가 있다.

파괴하고 자연과 관련된 이전의 도덕을 새로운 가치관으로 대체했으며, 가속화에 대한 욕망과 근원의 상실을 만들어낸 토대가 되었다. 19세기 초 양면성을 지닌 파괴와 철도는 종종 진보와 국가 간의 협조를 의미하는 일종의 기술적 보증처럼 여겨졌다.(미국에서 철도는 본질적으로 민주주의적인 것이었기 때문에 특히 미국적인 것으로 간주되었다.)

철도, 그보다 철도와 관련된 움직이는 기계들—객차, 기관차—또한 상상적인 것을 만들어낸 것이기 때문에 어떤 점에서 카메라와 기관차는 아주 다른 것은 아니다. 금속으로 된 이 기계 장치들은 이 시대의 공학적인 상상력의 전형으로 이 둘 모두 순환적인 움직임을 세로의 움직임으로, 제자리에서의 움직임을 이동으로(더 나아가 비디오카메라에서 회전 장치, 현대의 컴퓨터) 만든 변형에 기초한다. 그러나 본질적인 것은 물론 기차는 19세기에 대중 관객, 움직이지 않는 여행자를 만들어낸 원형(原型)적인 장소에 속한다는 점이다. 수동적으로 앉아서 이동하는 기차 여행객은 곧 프레임으로 둘러싼 스펙터클이 펼쳐지는 것을, 스쳐 지나가는 풍경을 바라보는 방법을 배우게 된다. 초기 기차 여행의 경험은 매우 신선한 것이었다. 영화가 등장하였을 때 후고 뮌스터베르크Hugo Münsterberg의 책[17]에서 묘사한 관람 경험에 대한 내용은 19세기 기차 여행객의 증언을 떠올리게 한다. 일반적으로 언급되는 둘 사이의 유사성[18]은 매우 중요하다. 기차와 영화는 주체를 허구로, 상상의 세계로, 꿈으로, 그리고 또한 억압이 부분적으로 사라진 전혀 다른 공간으로 이동시킨다. 영화의 주체와 기차의 주체—프로이트와 벤야민은 여기에 동의했다—는 익명의 집단적 관객이라는 존재에

∴

17) Hugo Münsterberg, *The Photoplay: A Psychological Study*, New York, D. Appleton & Co., 1916(재판, Dover, 1970).
18) 예를 들면 Charles Musser, 《The Travel Genre in 1903-04》, *Iris*, vol. 2, n. 1(1984).

사로잡힌 '대중 주체'이다. 게다가 이 대중 주체는 기차가 야기하는 다양한 불안감에 노출되며 또한 영화가 만들어내는 정서적인 충격에도 노출된다.(볼프강 시벨부슈Wolfgang Schivelbusch의 책에서 프로이트의 외상성 신경증으로까지 연결되는 기차 여행의 병리학에 대한 설득력 있는 한 장을 보라. 신경증적인 충격에 대한 훈련으로서의 기차) 즉 신경증적인 혹은 신경증적일 수 있는 주체는 근대적인 주체이다. 그리고 영화는 감사의 뜻으로 기차를 자신의 첫 번째 스타로 만든다.

움직이는 눈, 움직이지 않는 신체. 모든 것은 여기에 있다. 그리고 이것을 통해 기차는 '자연 친화적인' 풍경화를 바라보는 관람객을, 자신을 둘러싼 세계를 발견하는 단순한 산책자를, 도처에 존재하면서 동시에 모든 것을 보는 영화 관객이라는 불구자와 같은 이상한 존재로—플라톤의 동굴에 갇힌 노예와 비교할 수 있을 정도로—바꿔놓는다.

순회하는 화가와 철도 여행객이 지닌 두 가지 시선에는 좀 더 작은 공통분모가 있다. 이들은 세계를 향해 계획된 움직이는 시선을 갖게 된다. 여기에서 특별한 패러다임이 나타난다. **파노라마적인 것**이다. 이것이 내가 논의할 두 번째 사항이다.

파노라마는 19세기에는 가장 높이 평가받은 볼거리 중 하나였지만 이제는 흔적만 남아 있을 뿐이다. 파리, 베를린, 런던 혹은 비엔나에서 20세기까지—즉 세계대전까지—꽤 많은 사람들이 **파노라마**를 방문했다. 많은 돈을 들여 만든 거대한 건물에 몇 달 혹은 몇 년 동안 만들어진 대형 그림들을 전시했는데, 그 그림들을 선전하기 위한 작품 발표는 영화 산업의 초대형 작품 발표에 뒤지지 않았다. 매우 급하게 이루어진 것이긴 하지만 1787년—영국인 로버트 바커Robert Barker가 특허를 등록한 날짜—에서 1914년 사이에 그려진 파노라마의 주제는 시사점을 던져준다.[19] 도시나 풍경을 보여주는 원형의 광경들, 해안가 풍경은 특히 인기가 많았다. (아직도 헤이그에는 1881년에 그려진 셰브닝겐Scheveningen의 파노라마가 있다.) 하지만 또한 전투 장면의 그림들(워털루에 있는 1911년 그려진 전투 그림, 1960년 볼고그라드Volgograd에 설치된 스탈린그라드 전투의 파노라마) 혹은 예수 수난도(캐나다, 스위스, 독일에는 아직도 남아 있다.)처럼 복잡하고 허구적인 것들도 있다. 자연이나 역사적인 대사건들, 당대의 애국적인 무훈을 그린 걸작들은 움직이지는 않지만 강렬하다. 주제를 통해 해석하는 것보다 더 쉬운 것은 없다. 이것은 19세기 전체 주제들에 대한 해석이 될 수도 있다.

　파노라마는 장치의 역사에서 더욱 중요하다. '파노라마'는 모든 것을 본다는 뜻의 그리스어 두 어근에서 나온 말이다. 그러므로 여기서는 광대한 영역을 한눈에 보는 것이 중요하다. 또한 어원 연구가 사실이든 아니든 접미사 rama(발자크는 이미 『고리오 영감』에서 이 과장법의 남용에 대해 조롱하였다.)는 약간 멋을 부리면서 엄청나게 큰 것을 표현한다. 이러한 일반적인 의미를 지니고 있는 두 유형의 대형 파노라마는 동시에 존재했지만 서로를 알 수 없었기 때문에 평화롭게 공존했다. 그것은 단순화해 말하면 유럽식 파노라마와 미국식 파노라마이다. 유럽식 파노라마는 중앙의 작은 플랫폼에서 바라보아야 하는 원형의 이미지이다. 미국식 파노라마는 관람자 앞에서 펼쳐지는 평평한 이미지이다. 이 두 번째 변종은 미국에 고유한 것으로 (비록 이 방식이 런던, 베를린 등 여기저기에서 소극적으로 사용되긴 했지만) 기차와 영화의 유사성이 가장 두드러지게 나타난다. 이 **움직이는 파노라마**
∴

19) Stephan Oettermann, *Das Panorama*, Syndikat Autoren und Verlagsgesellschaft, Frankfurt am Main, 1980.[이 책을 읽게 해준 프랭크 케슬러Frank Kessler에게 고마움을 전한다. 내가 알기에 불어로 번역된 것은 아직 없다.]

라는 (아직 **무비**movies라는 단어가 만들어지지는 않았지만 영국의 수입업자는 이것을 **움직이는 그림**moving pictures이라고 솔직하게 불렀다.) 중요한 아류 장치에서 관람자는 미시시피강이나 그랜드캐니언의 경사 이미지를 보게 되는데, 늘 거대한 이미지(한 파노라마 경영자는 그 길이가 3마일이나 된다고 말했다!)가 관람자 앞에서 아주 천천히 펼쳐지기 때문에 관람자는 자신이 배나 기차를 타고 있는 것처럼 상상한다. 이따금 환영을 완벽하게 만들기 위해 이미지를 프레임으로 감싸고, 배경은 승객을 태우는 열차 내부를 떠올리게 만든다. 이것은 영화와 매우 유사하기 때문에 강조할 필요도 없다. 커다란 사이즈의 움직이는 이미지, 움직이지 않는 관람자, 다소 길긴 하지만—몇 시간이 걸리는 것도 있었다고 한다—시간이 제한되어 있었다. 이제 막 시작된 영화는 이런 생각을 빌려와 카메라를 진짜 객차에 설치한다.(이것이 1910년 이전 **기차 영화**railroad movie라는, 역시 전형적인 미국식 장르이다.)

유럽의 파노라마는 전혀 다르다. 중앙의 플랫폼은 협소하지만 그럼에도 관람자는 자유롭게 움직이고 시선을 돌릴 수 있는데, 이러한 장치는 18세기 말 모든 여행 이야기에 등장하는 중요한 두 가지 경험을 재생산한다. 그것은 시계(視界)l'horizon와 최고점le point culminant이다. 등산이 시작되면서 종루에 오르기라는 일시적이지만 강렬한 취미가 생겨나고 전율과 현기증에 대한 모든 어휘가 등장하는데, 이 모든 것은 1800년경 새로운 존재의 탄생을 나타낸다. 그것은 꼭대기를 여행하는 사람이다. 이 여행자는 파노라마적인 광경(여행객이 먼 곳에서 하산할 때 사용하도록 안내서와 지도에 항상 표기가 되어 있는)을 보게 된다. 이것은 지배와 열광의 징후이다. 원형 파노라마가 재생산한 것은 이러한 지배와 열광이다. 그러나 동시에 모순적이게도 관람자는 죄수처럼 여기에 포위된다. 그의 시선은 모든 공간을 감싸지만 공간은 유한하고 정지되어 있고 제한되어 있다. 파노라마는 시계를 확장하지만 '시계'는 제한하다에 상응하는 그리스어 horizein에서 유래한 것이다. 파노라마가 감옥에서 발명되었다는 사실을 아마도 신화와 같은 일화 속에서 확인할 수 있지 않을까?[20] 모든 것을 볼 수 있는 능력을 특권적인 관람자, 감시자, 군주, 국가로 제한한 벤담의 유명한 **파놉티콘**과 파노라마를 연관시킬 수 있지 않을까?[21]

파노라마의 관객은 우리가 말했듯이 움직이지 않는다. 그의 전능한 시선이 장치에 의해 만들어진 것이라면, 그것은 모순적인 방식에 의해 그러하다. 움직이는 파노라마에서는 계속되는 나열에 의해 시선은 공간을 박탈당한다. 고정 파노라마는 더욱 위협적이다. 소실점을 원형적 시계로 대체한다는 것은, 평면적인 전망이 관람자에게 부여한 기본적인 자유, 즉 위치를 바꾸거나 굳이 좋은 시점을 택하지 않을 자유를 빼앗기는 것이기 때문이다. 원형 파노라마의 이미지는 끊임없이 시선을 풍요롭게 하지만 최종적으로는 시선을 가둔다. 이것은 원근법의 잠재적인 위협을 현실화한다. 즉 그것은 공간을 닫고 공간을 완성하며 축소한다. 18세기 독일 정원에서 식물의 틈새에 그려진 거짓 풍경을 **세상의 끝**das Ende der Welt이라고 불렀다. 또한 슈테판 외테르만Stephan Oettermann이 적절하게 지적한 바처럼 파노라마의 진정한 시작은 바로크의 눈속임 그림에서 읽을 수 있다. 이 장치

..

20) 이러한 일화는 외테르만Oettermann의 책에서 나왔다. 이 일화는 고다르가 암시한 것을 떠올리게 한다. 고다르는 〈아이들이 러시아에서 논다Les enfants jouent à la Russie〉와 〈영화사 Histoires du cinéma〉에서 외테르만의 일화와 유사한 이야기, 즉 감옥에서 영사projection에 관한 유명한 명제를 발견한 프랑스의 수학자 데자르그Desargues의 일화를 암시하고 있다. [2007]

21) Jeremy Bentham, *Le Panoptique*(1791), Belfond, 1977[신판, Les Mille et une nuits, 2002]; Michel Foucault, *Surveiller et punir*, Gallimard, 1975.

는 시계(視界)를 가리지만 단안법으로 계산된 원근법에 의해 이 시선의 지배자는 주인이면서 동시에 노예인 모순적인 상황을 완벽하게 실현한다.

기술적으로 파노라마는 회화에 속한다. 단안 시점을 실현하기 위해 도구를 제작해야 했던 화가들의 작업 과정을 보여주는 수많은 자료들이 있다. 더욱이 모든 면에서 부정확한 것에 엄격하고 까다로운 사실주의 장르인 파노라마는 사실 효과를 내는 많은 과학적 원리를 요구했다. 즉 빛, 그림자, 육체, 몸짓들을 표현할 수 있어야 했다. 동시에 이러한 장치에 의해 파노라마는 이미 스펙터클에 속할 뿐만 아니라 거의 영화에 속하기도 한다—움직임은 제외하고. 파노라마 이미지는 항상 거대해서 우리는 이미지에 잠기게 된다. 관람자는 이미지와 자아 사이의 거리감을 잃게 되는데 이 장치는 이 점에 주목한다. 파노라마는 항상 관람자와 그려진 표면 사이에 입체 영역, '거짓 지대', 즉 눈속임까지 허용한다. 이미지가 서사적이든— 70년 전쟁 전투—묘사적이든—도시나 경치의 광경들—, 우리는 시간 속에서, 그리고 시간과 더불어 이미지를 오랫동안 바라본다. 물론 그것을 만질 수는 없다. 바라보게 하는 아주 완벽한 책략이다. 영화의 발명이 무엇보다 스펙터클의 한 발명이라고 한다면 파노라마는 가장 직접적인 영화의 선조들 중 하나임에 틀림없다.[22] 20세기 초 장터의 구경거리에서 시네마토그래프는 조립식의 작은 파노라마와 공존했다. 1900년에 뤼미에르가 원형의 시네마토그래프를 원했던 건 우연의 일치일까?

회화처럼 제작되는 파노라마는 영화에 속하는 것으로 간주될 운명을

22) 이러한 계보학에 사진을 덧붙이면서 이 문제가 재검토되었다. 특히 Philippe Dubois, 《La question du panorama. Entre photographie et cinéma》. *Cinémathèque*, n°4, automne 1993; Michel Frizot, 《Revoir le panorama, ou les yeux ont aussi des pieds》. *Cinémathèque*, n°6, automne 1994가 그러하다.

지니고 있다. 그런데 역설적이게도 문제가 되는 것은 파노라마와 동시대 회화와의 관계이다. 더 정확하게 말하면 파노라마와 그림 작품과의 관계이다. 파노라마가 19세기에 속한 것이라 할 수 있는 그림이 지닌 흔하고 거의 변함없는 두 가지 특성을 보여준다는—파노라마는 이 두 특성을 과시한다—점은 분명 흥미롭다.

하나는 **웅장한 것**에 대한 취향이다. 파노라마가 다룬 주제뿐 아니라 규모에서도 그러하다. 파노라마의 주제는 로마상Prix de Rome[23] 콩쿠르(항상 신화적인 것에서 소재를 얻는)에서 제시되는 것과 정확하게 같지는 않았지만, '중요한' 주제들에 대한 애호는 퐁피에 화가들뿐 아니라 어느 시대나 마찬가지이다. 웅장한 것, 그러니까 양과 디테일에 대한 애호는 부르주아 미학의 전통이다. 이것은 의도된 절대적 엄밀성으로까지 나아간다.(고고학적인 열정은 18세기에 시작되었지만 **복원**의 개념은 19세기에 생겨난다.)

다른 하나는 부각시키기, 즉 시선의 강조이다. 18세기 말에서 인상주의까지, 인상주의를 넘어서까지도 시선의 훈련을 모방하는 그림들이 넘쳐난다. 시선의 훈련은 고독하지만 절대적이면서 동시에 실망스러울 정도로 한정적이다. 여기서 우리는 프리드리히를 환기해야 한다. 그의 이미지들은 새롭게 발견된 자연의 광경을 욕망하지만 근접할 수 없어서 한없이 바라보는 여행자인 우리 자신을 보여준다.

이 두 가지 특성 중 첫 번째 것은 이미 뤼미에르에 대한 부분에서 언급했다. 나중에 이 특성을 다시 검토할 것이다. 여기서는 두 번째 특성을 강조

∙∙

23) 역주: 로마상은 1663년 루이 14세 치하 때 회화와 조각 부문에서 먼저 생겼다. 이는 왕립 아카데미가 주관하는 콩쿠르에서 입상하면 받게 되는 상으로 예술 분야 젊은이들을 대상으로 한다. 이 상을 받으면 국가 장학금으로 이탈리아에서 일정 기간 머물면서 수학할 수 있었다. 나중에 건축 영역으로도 확대되었다.

하고자 한다. 이것은 거의 전복에 가까운 본질적인 변형을 만들어내는 것으로 '소묘'에 대해 내가 이야기했던 것과 연결된다. 자연을 그리는 소묘로서 프리드리히 풍경화는 18세기 전원화에서 이어진 것이지만 그것과 상반된다. 예를 들어 클로드 조지프 베르네Claude-Joseph Vernet[24]에게 전원화란 일종의 목가이며 전원시, 하나의 시이다. 즉 자연과 관련된 것은 거의 없다. 관람자는 간접적이고 매개적인 방식으로 독해를 해야 한다. 우리는 지적 작업을 통해서 조금씩 그 안으로 들어가게 된다. 지적 작업은 디드로의 『살롱들Salons』[25]에서처럼 쉽게 사소한 이야기가 된다. 19세기 초에는 그려진 대상이나 장면에서 그것을 향한 시선으로, 그다음에는 이 시선의 소유주인 관람자로 중심이 이동하게 된다. 이때 관람자의 시선은 그림 속에서 실제로 겹쳐질 수 있다. 동시에 매개적인 텍스트는 사라졌다. 그림은 새로운 발견, 경탄, 몰입이 되기를 원했다—적어도 공모할 수 있기를 원했다. 모든 종류와 모든 방법을 통해—나중에 살펴보겠지만 프레임화와 미장센의 방법도 포함하여—소환되고 호출된 관람자는 여기에서 드디어 바라보는 주체로 인정받게 된다.

우리가 조금 전에 언급한 특별한 형상들 중 정확하게 이러저러한 것과의 관계 속에서가 아니라 이것들이 지니고 있는 이데올로기적인 공통분모와

..

24) 역주: 클로드 조지프 베르네는 프랑스의 풍경화가이다. C. 로랭의 화풍을 계승하면서 또한 J. B. C. 코로의 자연 묘사의 영향을 받았다. 정돈된 구도와 참신한 대기 묘사를 통해 풍경을 보여줌으로써 19세기 프랑스 풍경화 발전에 선구적인 역할을 하였다.

25) 역주: 『살롱들』은 1759~83년까지 루브르의 살롱에서 '왕립 회화와 조각 아카데미'가 2년에 한 번씩 개최한 전시회에 대해 디드로가 작성한 보고서이다. 이것이 문학 비평 탄생의 기원을 이루는 것으로 언급된다. 이 보고서는 디드로 혼자서 작성한 것은 아니었지만 작성자들 가운데 디드로가 가장 뛰어난 것으로 평가된다.

의 관계 속에서 영화란 어떤 것인가? 이 질문은 우선 **장치**dispositif에 관한 것이다. 즉 장치가 시선에 부여한 우월함뿐 아니라 그 존재 자체에 관한 질문이다. 오늘날 통상적으로 사용하는 이 용어는 1970년대에 영화의 물리적 상영을 지칭하기 위해 제시되었다. 특히 영화 영사의 조건들이 주체라는 범주에 속한 보다 광범위하고 이데올로기적이며 환상적인 목적에 개입하는 방식을 의미한다.[26] 15년 전 이론적으로 멋지게 설명을 해야 하는 상황 속에서 조악하게 만들어진 이 개념은 이제 졸속으로 만들었다는 느낌을 들게 한다. 지금 장치라는 이 개념은 이 단어의 의미가 갖고 있는 역사성을 결여한 채 '이데올로기'라는 단어가 주는 불편함—지나친—만을 표현하는 악습에 빠져 있다.

우리가 '통상' 영화라고 부르는 것은 사실 시대에 따라 관객에게 영화의 물리적 상영 방식을 다양하게 선보여 왔다. 이 모든 상영 방식에 맞춰야 하는 장치 개념은 실제로 이러한 다양성 앞에서 이득을 보았을 것이다. 우리는 움직이지 못하고 의자에 앉아 있는 포로가 된 관객이라는 이론적인 모델 외에 다른 것은 상상할 수 없다. 이 관객은 또한 유혹과 동일시라는 작용에 의해 스크린에 고정된 채 영화에 매혹된 사람이다. 하지만 사실 이 모델이 지배적인 것은 아니다. TV 관객을 생각하지 않더라도 관객이 움직일 수 있거나 꼼짝 못하는 상황이 아닌 경우는 많이 있다. 생각나는 예를 들어보자. **니켈로데온**nickelodeon—첫 번째 줄 관객만 앉아 있었고 구석에서는 사람들이 웃고 떠드는 난장판이었다—, 중동 지역의 극장들, 제2차 세계대전 이전 파리 지역의 극장들(레이몽 크노Raymond Queneau의 『뢰유에서

∴

26) Jean-Louis Baudry, *L'Effet-cinéma*, Albatros, 1978; Christian Metz, *Le Signifiant imaginaire, op. cit.*

면*Loin de Rueil*』[27]이라는 글 속의 잊지 못할 묘사), 자동차 극장—관객은 움직이지 않지만 육체에 대해서는 의식하고 있는—, 학교에서의 상영 등이 있다. 관객의 '머리 뒤'[28]에 있는 영사기의 위치나 극장의 준비된 어둠—우리가 말하는 것처럼 그렇게 항상 아주 어두운 것은 아니다—, 뿐만 아니라 객석 존재 그 자체에 대해서도 여러 이야기를 할 수 있을 것이다. 이 모든 상황은 규범에 있어서, 그리고 사실에 있어서도 우발적이기 때문에 설득력 있고 의미 있는 효과가 있을 때에만 장치 개념은 이러한 상황의 토대가 된다. 그렇기 때문에 어떤 개념들은 유지되고(부동성, 어둠, 객석 후면의 영사기, 영화 상영을 위해 문이 닫힌 객석), 다른 개념들은 잊혔으며, 또한 이러한 이유로 장치 개념은 있는 그대로, 즉 이론적인 모델로 간주되어야 한다.

나는 장치 개념을 전적으로 비판하려는 게 아니다. 단지 제시된 장치에 대한 일반적인 묘사를 내 연구의 목적, 즉 영화가 생성되던 시기의 시선, 이동성의 변화와 연결시키고자 할 뿐이다. 이 점을 회화와 간략하게 비교해 보는 게 좋을 것 같다. 거의 600년 전 이동할 수 있는 그림의 형식으로 벽에 전시되었을 때부터, 영화보다 회화가 훨씬 더 항구적인 물리적 조건 속에서 제시되어 왔다는 점은 주목할 만하다.(개인적인 수집이나 미술관처럼 시간에 따른 변화가 보여주는 확실한 중요성이 있다 할지라도) 회화의 관람자는 사회적인 위치나 미학적인 태도, 그리고 그들의 기대에 있어서 엄청나게

..

27) 역주: 『뢰유에서 먼』은 레이몽 크노가 1944년 갈리마르에서 출판한 소설이다. 오드센Hauts-de-Seine 지역에 있는 뢰유말메종Rueil-Malmaison의 옛 이름이 뢰유Rueil인데 이 소설의 주인공인 자크 로몽Jacques l'Aumône이 뢰유에 산다. 그는 갑갑한 일상에서 벗어나기 위해 무성 영화들을 상영하는 극장에 정기적으로 간다.

28) 이제는 발견할 수 없게 된 논문에서 정신 분석가인 앙드레 그린André Green은 "양면 스크린: 머리 뒤의 눈"이라고 언급하였다. *Psychanalyse et Cinéma*, n°1, janvier 1970.(이 잡지는 창간호에 그쳤지만 이 시기에 종종 인용되었다.[2007])

변화했다. 반면, 하나의 그림은 항상 어느 정도 거리를 두고 자유로운 자세에서 응시되었다. 너무 강하지도 너무 약하지도 않은 빛 아래서 응시의 시간과 이동하는 시간이 완전히 자유로운 상태로 관찰되었다. 달리 말하자면 안정된 전시 장치를 만들었던 재현의 한 형식이 있다면 그것은 영화가 아니라 회화이다. 그런데 회화가 아닌 영화에 대한 성찰이 **하나의 총체**적으로 장치 개념을 만들어냈고 바로 이러한 모순 속에 의미가 있다. 물론 회화적 '장치'에 대한 연구가 이처럼 늦게 이루어진 것에 대한 설명이(하나뿐이라 할지라도) 없지는 않다. 그 설명도 역사적이긴 하지만, 예술사가들은 또한 일반적으로 회화가 전시되었던 실질적 조건들—물질적인 조건과 다른 조건들—에는 거의 관심을 갖지 않았다.(예술사가들은 요즘 들어 다른 차원에서 그림과 추상적인 '범관람자archispectateur'와의 관계에 대해 관심을 갖기 시작했다.) 하지만 영화의 상영은 훨씬 놀랍고 의미 있는 조건들 속에서 만들어지기 때문에 그러했다.

영화의 상영과 그림의 전시를 어떻게 적절하게 비교할 수 있을까? 본질적으로 이 두 영역은 대립되는 결론을 갖고 있다. 우선 평평한 이미지를 보게 한다는 점에서(부조로 된 그림들에서 홀로그램 영화에 이르는 특별한 경우는 제외하고) 이 두 가지는 각각 **관람의 기하학**에 속한다. 관람의 기하학이라는 표현은 눈과 이미지 각각의 위치에 대한 (너무 가까이 있거나, 너무 멀리에 있는, 혹은 지나치게 비스듬하게 위치한 경우를 이론적으로 자세히 연구한 것을 포함해서[29]) 글자 그대로의 기하학적인 문제들뿐만 아니라 더 근본적으로는 이미지들의 '이중적 리얼리티'로 인한 지각적인, 때로는 충돌적인

29) 예를 들어 Richard Rosinski & James Faber, 《Compensation for Viewing Point in the Perception of Pictured Space》, dans M. Hagen, ed., *The Perception of Pictures*, vol. 1, *op. cit.*

현상들까지도 포함한다. 이 '이중적 리얼리티' 개념에 대해서는 나중에 다시 언급하고 설명할 것이다. 몇몇 세부적인 것을 제외하고 이 기하학 영역에서는 그림이나 영화를 보는 것은 거의 동일하다는 점이 중요하다.

영화적 장치에서 놀라운 것은 영화에는 기하학에 속하지 않는 요소가 있다는 것인데, 그것은 바로 빛이다. 바로 이 점으로 인해 영화적 장치가 불확정적인 회화적 장치와 구분되며 영화적 장치에 관한 연구가 촉발되었다. 현실적으로는 영화 상영의 상황과 그림 전시의 상황이 늘 뚜렷이 구분되지는 않는다. 좀 더 어두운 미술관과 그렇게 어둡지 않은 극장이 있다. 연구자들은 경계에 있는 수많은 경우를 실험하며 많은 재미를 느꼈다. 이 실험에서 아무것도 모르는 관객들은 강렬하게 빛나는 그림과 영사된 슬라이드를 구분하지 못할 정도로 터무니없는 착각을 하기도 했다. 그러나 재미를 주는 이러한 실험에서가 아니라 정상적인 상황에서 관객은 투사된 빛으로서의 영화와 색소로 덮인 표면으로 된 그림을 항상 분명하게 구별할 수 있다. 영화 이론이 등장한 후 이루어진 (중요한) 일련의 관찰들을 여기서 다시 발견할 수 있다. 즉 영화는 영사된 광선이다, 영화는 빛이다, 영화는 스크린 위에 전적으로 갑자기 나타난다 등이다.[30] 우리가 어두운 극장과 움직이지 않는 관객을 영화적 영사의 보편적이고 절대적인 모델로 받아들인다면, 그것은 무엇보다도 놀라운 특징들 전체를 요약하고 있기 때문이다.

그러나 이 모델에서 한층 더 중요한 것은 빛이라는 명확하게 지각할 수 있는 것에 토대를 둠으로써 빛의 은유적 가능성들을 전적으로 활용한다

..

30) 이미 나온 Albert Michotte, 《Le caractère de "réalité" des images cinématographiques》, *Revue internationale de filmologie*, n° 3-4, octobre 1948을 참고.

는 점이다. 영사기, 카메라, 그리고 눈은 때로 빠르게 혼합되지만 이러한 혼합은 자명한 것이기 때문에, 등대처럼 어둠 속에 구멍을 만드는 빛의 다발, 즉 세계에 투사된 시선에 대한 사유와 이미지를 구분해 내는 것은 어렵다. 그러므로 내게 장치는 무엇보다 이러한 특징을 지니고 있으며 이런 점에서 의미가 있다. **영화는 스크린을 통한 시선의 열망이다.** 열망에는 시선뿐 아니라 다른 것이 있을 수도 있겠지만(**우리는 이야기의 기능이 관객의 상상적 능력을 통해 작용한다는 점을 잘 알고 있다.**) 무엇보다 중요한 것은 시선이다. 더 강조할 필요가 없을 것이다. 왜냐하면 장치에 대한 성찰은 바로 이러한 시선의 황홀에 토대를 두고 있기 때문이다. 내가 강조하고 싶은 것은 앞에서 지적했던 차이점들을 넘어 영화란 본질적으로 통칭적인 의미의 장치라는 것이다. 이러한 장치에서 시선은 **지속적인** 방식으로—연속적이든 아니든 상관없이—, 바로 그 점에서 **가변적인** 방식으로(시간의 흐름에 따라), 그래서 **분리 가능한** 방식으로 작용한다. 그래서 나는 영화 영사가 그림보다 의미 있는 조건들 속에서 이루어진다고 말했다. 왜냐하면 이 세 개의 형용사, 그리고 이것들이 포함하고 있는 조건이 전체적으로, 그리고 개별적으로 이러한 '눈'에 대한 정의를 포함하고 있기 때문이다. 나는 19세기 눈의 편재성과 운동성에 토대를 둔 기계와 여러 스펙터클 속에서 이러한 '눈'이 발명되었고 전범이 되었다는 것을 보여주고자 하였다.

사실 나는 이것만 말하고 싶다. 오래전부터 영화의 주체로 알려진 '모든 것을 보는' 주체는 역사적으로는 근대성에서 시작된 주체이지만 현재 사라지는 중이다. 달리 말하자면 모든 것을 보는 능력은 전혀 기술적이고 중립적이지 않다. 반대로 그것은 근대 직전부터 등장한 가변적이고 절대적인 눈과 결부된 가치와 의미를 지닌 분명한 축적물을 전달한다. 앞서 화가 프리드리히에 대해 말했는데, 여기서는 그의 친구이자 역시 화가인 카를 구스타프 카루스Carl Gustav Carus의 '편지'를 떠올릴 수 있을 것이다. 이 편지는 프리드리히의 유명한 그림인 「구름 바다 위의 여행자Voyageur au-dessus de la mer de nuages」(1818년경 그려진)를 논평하기 위해 쓴 것이다. 정상에서 세상을 관조하는 여행자를 사로잡는 명상, 끝없는 공간 속에서의 상실, 문학적으로 표현하자면 자아의 소멸, 신성함과 연결된 전체 속으로의 용해에 관한 질문이 이 그림에 있다. 또한 (특히 『파우스트』에서, 그리고 불가코프Boulgakov[31]의 훌륭한 작품인 『거장과 마르가리타』 같은 파우스트에서 파생된 작품에서) 절대적이고 완벽하게 파노라마적인 시선에는 본질적으로 냉소적이고 교활한 악마적 권력이 부여된다. 그러나 두 작품 모두에서 동일한 주제가 발견된다. 그것은 완벽하고 경이로울 만큼 직접적으로 세계와 시각적으로 의사소통을 한다는 것이다. 또한 좀 더 후에 빠른 교통수단이 발전하게 되고, 눈은 교통수단이 수 킬로미터를 몇 분에 주파하는 것과 같은 리듬으로 풍경을 '집어 삼키는' 데 사용되는 신체 기관이라는 환상을 만들게 된다. 시각적 소화라는 주제는(이때부터 소화불량이 돼버렸다.), 이것 역시 가변적인 눈이라는 이러한 성좌의 일부가 되어 우리는 여기에 신화의 모습을 부여할 수 있게 된다.

이러한 주제들—시선 속에서의 마술 같은 자아 상실, 직접성이라는 세계의 선물, 모든 것을 보려는 병적 허기증과 같은 능력—은 다소 귀를 먹먹하게 만드는 메아리처럼 여전히 영화 속에서 지각되고, 특히 그것은 초창기 영화—사람들이 뤼미에르와 함께 보았던—에 대한 놀라운 반응들에

:.

31) 역주: 미하일 불가코프(Mikhaïl Boulgakov, 1891~1940)는 러시아 작가이다. 원래는 의사였으나 제1차 세계대전 및 러시아 혁명 동안 작가로 전업하였다. 그의 작품들 가운데 가장 유명한 것이 『거장과 마르가리타Maître et Marguerite』인데, 이 소설은 1927~40년까지 스탈린 체제하에서 쓰인 것으로 20세기 최고 걸작 중 하나로 간주된다.

서 잘 나타난다. 이러한 주제들의 회화적 운명이 다른 외양들을 띠고 있었다는 것은 확실하다. 이러한 주제들은 영화와 회화가 매우 밀접하게 일치하고 있는 시각적인 근대성의 원동력이다. 영화와 회화는 이 원동력의 표면 효과가 알려주는 것보다 훨씬 더 긴밀하게 서로 만난다.

여기에 첫 번째 포인트가 있다. 그것은 시선의 동원에 의한 장치-영화에 대한 '신화학적인' 표지, 즉 근대성의 탄생과 영화 장치의 동질성이다. 하지만 나는 영화적인 것 속에서 가변적인 눈의 흔적들, 그것의 영향을 밝혀내고자 한다. 첫 번째 생각은―여전히 명백한 것처럼 보이는데―만일 시선이 동원된다면 이것은 표현되어야 할 것이고, 실질적으로 눈의 대용품이었던 카메라의 작동 속에서 표현된다는 것이다. 눈/카메라의 관계를 주제로 다루고 대중화한 사람은 베르토프Vertov이지만, 영화-눈cinoeil[32]에 대한 생각은 이미 널리 존재했다. 카메라의 운동성은 처음에는 도구를 빌렸지만(이동식 선반, 기차, 짐수레 위에 삼각대를 고정해야 했다.) 급속하게 발전하고 유연하게 조정되었다. 파스트론Pastrone[33]의 유명한 **카렐로**carrello[34]는 짐수레일 뿐이었지만 이미 카메라를 운반할 수 있는 기능을 부착하였고 **카비리아**Cabiria[35]라는 기계의 멋진 움직임은 이미 완벽한 실용성을 지니고 있었다.(특히 심도 화면의 지속적인 발견에서)

물론 영화는 이러한 **시간에 따른** 이동성과 관련해 더 엄격하게 정의하

∵

32) Dziga Vertov, *Articles, Journaux, Projets*, trad. par S. Mossé et L. Robel, UGC, coll. 《10/18》, 1972.
33) 역주: 이탈리아 초창기 영화감독이다.
34) 역주: 작은 손수레라는 의미의 이탈리아어이다.
35) 역주: 파스트론 감독이 1914년에 만든 무성 영화이다.

는 데 일조했다. 풍경화는 풍경의 순간들, 단편들만을 재현할 뿐이다. 하지만 파노라마와 여러 시클로라마cyclorama[36)는 비록 시선의 경로가 제한되고 예견돼 있고 설정돼 있다고 해도 다소 불안정하고 어느 정도 구속적인 시선의 이동을 만들어낸다. 영화는 새로운 질문을 제기한다. 하나의 시선이 동원되는 **동안** 무슨 일이 일어나는가? 시선의 시간과 재현의 시간은 어떤 관계인가? 시선의 시간과 재현의 공간은 어떠한 관계인가? 한 가지 새로운 문제가 떠오른다. **연장된** 시선의 속성 혹은 관리의 문제이다. 영화는 탄생했다. 그것은 연속적인, 분할되지 않는 긴 이미지—**광경들**—를 생산하는 기계로서 관심을 끌었다. 영화적인 시간은 단번에 받아들여야 하는 시간(관객은 빠르게 하거나 느리게 할 수 있는 어떤 방법도 없다.)인 동시에 인지되고, 판별되는 시간으로 제시되었다. 영사기 속에서 흘러가는 시간으로부터 우리는 벗어날 수 없지만, 그 시간에 동조해서 자신만의 고유한 시간을 알아내고 그 시간을 그대로 체험한다.(장루이 셰퍼가 영화야말로 '시간이 내게 지각으로 주어지는 유일한 경험'[37)이라고 정의한 유명한 말의 의미이다.)

이러한 사실을 위대한 감독들은 모두 예리하게 의식하고 있다. 우선 기교가 뛰어난 롱 테이크 작업이 주목을 끈다—이것이 가장 가시적이다. 이 훌륭한 기교를 이야기할 때 사람들은 장 르누아르의 예를 든다. 관객들을 놀라게 한 〈게임의 규칙〉의 첫 숏들(혹은 〈쇼타르와 시Chotard et Cie〉[38)처럼 그리 중요하지 않은 영화에서도 이 숏들과 필적할 만한 롱 테이크가 있다.)을 기억할 것이다. 공간을 가로질러 가기 위해 장애물을 차례로 넘는 엄청나게 긴 측면 이동 촬영은 이목을 끌었다. 그러나 롱 테이크에 의해 사물들은

∙∙

36) 역주: 미국식 원형 파노라마이다.
37) J. L. Schefer, *L'Homme ordinaire du cinéma*, Cahiers du Cinéma, Gallimard, 1980.
38) 역주: 르누아르의 1932년 영화이다.

지나치게 분명하게 등장하고 여정은 지나치게 과시적이다. 차라리 명상가와 신비주의자인 오즈, 드레이어, 타르코프스키, 소쿠로프의 롱 테이크 미학을 검토하는 편이 좋을 것 같다. 롱 테이크의 매력은 영화의 시간과 실제 시간, 그리고 관객의 시간이 길게 일치하여 결국은 실재와의 접촉이라는 어떤 것이 생겨난다는 기대에 어느 정도 토대를 두고 있다. 또한 롱 테이크는 무엇보다도 하찮은 것과 사소한 것을 부각하기 위한 것이다. 그렇다고 시선을 끌고 시선의 양상들과 리듬을 고정시키고 풀러Fuller가 벤더스Wenders에 대해 말한 것처럼 '조심스럽게' 시선을 가둠으로써 롱 테이크에서 이러한 만남을 부추기고 야기하는 것을 과소평가하는 건 옳지 않을 것이다. 시선이 목적 없이 돌아다니는 유일한 롱 테이크는 실험 영화라고 부르는 다른 유형의 영화에서 나타난다. 이런 유형의 영화는 더 이상 시선에 볼거리를 제공하는 것이 아니라 시선을 어리둥절하게 하고 **당황하게 만든다.** 이것은 나중에 출현할 다른 미학에 속한다. 그러나 내가 앞에서 언급한 영화감독들에게 롱 테이크의 사용은 기적에 대한 믿음을 제외한 모든 것을 의미한다. 롱 테이크로 영화를 찍는다는 것은 우연에 맡긴다는 것을 의미하지 않는다. 반대로 장면 연출과 촬영은 모두 계산된 것이다. 관객을 위해, 그리고 관객만을 위해 롱 테이크는 기적을, 즉 실재에 대한 섬광 같은 찰나의 감각을 만들 수 있다.

롱 테이크와 파노라마를 구분하는 물리적인 차이와 미학적인 간격에도 불구하고 이 둘 사이에는 다음과 같은 은밀한 합의가 존재한다. 이 두 가지가 비록 **제한된** 세계 안에, 즉 가능성으로 둘러싸인 닫힌 세계 안에 시선을 철저하게 가둔다 할지라도 자유에 대한 환상을 시선에 부여한다는 점이다. 우리는 바쟁이 어떻게 이 점을 그렇게까지 잘못 생각했는지, 어떻게 롱 테이크에서 관객의 완전한 자유를 발견할 수 있었는지 설명하기 어렵다. 혹은 오히려 너무나 잘 설명할 수 있을지도 모르겠다.(바쟁이 자신의 역사적 상황—그는 강렬한 변화의 시기에 글을 썼다—을 확실하게 무시할 수 있었던 이유를 굳이 강조하지 않더라도) 종종 관객에 대한 관심을 분명하게 보여주기는 했지만 바쟁은 영화가 **실제적으로** 공간과 시간 속에서 펼쳐지는 사건의 대용물이 될 수 있다는 생각에 너무 빠져 있었다. 사실 그는 제작 기술과 생산 방법을 통해 작품의 특성을 설명하고자 하는 발생론적인 오류에 빠졌다. 바쟁에게 롱 테이크가 현실의 단편을 **드러내준다**면 그것은 영화 이전에, 영화가 만들어지던 순간 카메라의 시간과 현실의 시간 사이에 유효한 일치가 **있었기** 때문이다. 그러나 관객이 상대하는 것은 이러한 일치의 재현일 뿐이다.

현장영화le direct뿐 아니라 근대성modernité 이후 작품 내부에서 제작자의 행위를 알 수 있게 하는 모든 것을 무시하더라도, 영화는 재현의 공간에 지나치게 갇혀 있다고 판단할 수 있다. 나중에 나는 이것을 재검토하고자 한다. 그러나 지금으로서는 예술로서의 영화사가 어떤 점에서 탁월한 근대의 형상을, 즉 내가 가변적인 눈이라고 부르는 근대의 형상에 속하는 특성을 지니고 있는가를 지적하는 것이 중요하다. 시간을 내포하는 재현 속에 응고된 이러한 가변성이 어떤 점에서 가장 잘 드러나고 동시에 가장 깊은 함정에 빠져 있는지 지적해야 한다.

그러므로 나는 우리가 출발했던 카메라의 이동성으로 다시 돌아가야 한다. 여기에서 작용하는 것은, 그리고 영화가 결코 멈추지 않고 계속 실험하는 것은 시선 포인트point de regard로부터 바라보이는 대상까지의 거리 변화, 때로는 극단에 이를 정도까지의 거리 변화이다. 이것은 풍부하고 유희적이며 진정 끝나지 않는 실험이다. 여기에 쉬운 비교가 있다. 예를 들어

15세기 중반 이탈리아와 1920년대 독일에서 동일한 흥분과 활기를 느낄 수 있다. 15세기 중반 이탈리아에서는 아주 진지하게 새로운 원근법 기술의 가능성들을 불가능한 정도까지(우리는 우첼로Uccello[39]와 돌체 원근법Dolce prospettiva이라는 그의 열정과 관련된 일화들을 기억한다.) 실험하는 것을 좋아했다. 두 번째로 1920년대 독일은 움직임과 거리의 가능성들을 계속해서 시도하였다. 게다가 1920년대 독일은 그 유명한 **자유로운 카메라**Entfesselte Kamera[40](프랑스어로는 caméra déchaînée)를 발명해 이러한 운동성의 가장 놀라운 시조가 되었다.[41] 이 카메라는 결점 없는 기술로 시네마토그래프적인 눈의 자유로운 움직임이 갖고 있는 한계를 계속 줄여나갔다. 〈다양성 Variété〉[42](듀퐁E.-A Dupont과 카를 프로인트Karl Freund의 영화로 1925년 이 영화를 통해 '자유로운 카메라'라는 표현이 만들어졌다.)에서 우리는 무엇보다도

∵

39) 역주: 우첼로(1397~1475)는 콰트로첸토Quattrocento에 속하는 화가이다. 콰트로첸토는 14세기 말~15세기 초 이탈리아 피렌체 지방에서 일어난 회화의 새로운 움직임이다. 돌체 원근법은 우첼로가 "원근법은 너무나 사랑스러운 기법이다."라고 표현한 데서 비롯된 것으로, 우첼로가 그린 3부작인 「산마리노 전투」는 브루넬레스키가 창안한 선 원근법을 완벽하게 표현한 것으로 평가된다.

40) 역주: Entfesselte Kamera는 마차 같은 움직이는 이동 수단 위에 얹어놓을 수 있는 가벼운 카메라이다. 이로 인해 촬영감독이 자유롭고 다양하게 카메라의 움직임을 실행할 수 있었다. 무르나우가 그의 무성 영화 〈마지막 남자Le dernier des hommes〉(1924)에서 처음으로 이 카메라 기법을 사용한 것으로 알려져 있다.

41) Bernhard Zeller, Hg., *Hätte ich das Kino!*, München, Kommission Kössel, 1976. 또한 G. Sadoul, *Histoire générale du cinéma*, Denoël, 1975 참고.

42) 역주: 〈다양성〉은 서커스 세팅을 배경으로 사도-마조히즘적인 영화 세계를 보여주는 작품으로 실내극과 거리 영화의 특성을 내포하고 있다. 에밀 야닝스가 마조히스트적 캐릭터를 가진 곡예사를 연기한다. 카를 프로인트가 촬영을 맡은 이 영화는 원작에서 크게 벗어나지 않으면서 빠른 편집과 주제를 잘 다루는 카메라 기법에서 인상적이다. 이 영화는 슈테른베르크 감독의 〈푸른 천사〉와 베리만 감독의 〈벌거벗은 밤〉에 영향을 미쳤다. 10년 뒤 한스 알베르스와 안나 벨라에 의해 리메이크되기도 했으나 1925년 작품에 비해 크게 뒤떨어진다는 평을 받는다.

유원지의 회전차에서,[43] 그리고 더욱 뛰어난 것으로는 공중그네에서 촬영한 숏들을 발견할 수 있다. 그러나 가장 놀라운 것은 카메라의 움직임이 인물의 움직임에 의해 정당화되지 않는다는 점이다. 이후 이러한 카메라 움직임은 할리우드에서는 일반화가 될 만큼 상당히 많이 활용되었다. 그러나 이러한 움직임과는 반대로 이 영화에서 카메라는 사건과의 관계에서와는 달리 인물과의 관계에서는 자유롭게 시선을 이동한다. 〈다양성〉에는 한 장면의 의미를 생산하고 부각하기 위한 수많은 표현적인 카메라 움직임이 있다. 자신이 속았다는 것을 알게 되어 격노한 에밀 야닝스Emil Jannings[44]의 얼굴 위에 이중 인화 이미지로 매우 빠르게 움직이는 그 유명한 360도 파노라마 숏이 그러하다. 누가 이 자유로운 카메라를 발명했는지는 알 수 없다. 하지만 프로인트에서 무르나우 영화 〈마지막 사람〉의 시나리오 작가인 카를 마이어Carl Mayer에 이르기까지 많은 영화인들은 이 카메라를 원했다. 자유로운 카메라가 만들어낸 계보를 넘어 모든 것을 볼 수 있을 뿐 아니라 어디에서든 볼 수 있는 카메라에 대한 환상이 만들어졌다. 이 시대 사람들은 이것을 의식하고 있었다. 그들 중 누군가는 다음과 같이 말한다: "말로 표현할 수 없는 것까지 시각적인 가능태들로 확장한 재현 형식이 영화 외에 어디 있었는가? 시간과 공간은 더 이상 한계를 부여하지 않는다. 움직이고 회전하는 장면 없이도 서구에서 극동 지역까지, 무한히 큰 세계에서 무한히 작은 세계까지 공간의 변화를 놀라울 만큼 민첩하게 완성한다."[45]

　1920년대는 독일뿐만 아니라 프랑스, 러시아, 미국에서조차 스타 촬영

· ·

43) 역주: 놀이 공원에서 바퀴처럼 돌아가는 대형 놀이 시설을 말한다.
44) 역주: 무르나우의 〈마지막 웃음〉에 나오는 주인공을 연기한 배우이다.
45) Otto Foulon, *Die Kunst des Lichtspiels*, Aachen, Karl Spiertz, 1924.[프랭크 케슬러에게 다시 한 번 고마움을 전한다.]

기사들이 지배하던 시기로 그들의 능력은 여러 곳에서 두드러졌다. 영화적 아방가르드, 소위 프랑스 인상주의 같은 꼬리표가 붙은 그룹은 촬영 장면에서 이전에는 보지 못했던 시점을 선택하고 그 장면을 시각적으로 새롭게 만들려는 노력을 통해 스타일을 발전시킨다. 또한 창의성과 이동성은 루트만, 비고, 베르토프식의 '도시의 교향악symphonies urbaines'이라는 매우 징후적인 소 장르가 지닌 본질적인 두 가지 특성이 된다. 여기에서 영화 감독들은 부분적으로, 그리고 파편적으로 도시의 상상적 자화상을 구성한다. 이것은 순환과 탈중심화에 토대를 두고 있으며 여전히 구상 중인 도시 계획 질서에서 나온 막연한 감정에 대한 다소 의식적인 반응이라고 할 수 있다. 카메라의 눈은 루트만에게는 임상적인 탐색이며 비고나 베르토프에게는 정치 참여적인 탐색이 된다.

그 후로 자유로운 카메라는 쇠퇴했지만―유성 영화의 등장 이후 불가피하게―완전히 사라지지는 않았다. 조금만 살펴보면 최근 영화에서 이러한 꿈이 다시 현실화되고 있음을 알 수 있다. 우선 어깨에 메는 핸드 헬드 카메라(1950년대 후반 '에클레르Éclaire'의 발명과 더불어 현장 영화의 유행을 만든), 이어 스테디 캠과 같은 보조 장치가 그러하다. 이보다 더 발전된 단계에서는 기계화된 장치들의 발명―〈중심 지대La Région centrale〉에서 마이클 스노Michael Snow, 〈지나간 날Ancient of Days〉에서 빌 비올라Bill Viola가 사용한 카메라처럼―이나 반대로 전적으로 소형화되고 '손으로 작동하는' 작업으로 만들어진 기계(특히 장 피에르 보비알라Jean Pierre Beauviala의 놀라운 팔뤼슈Paluche[46]를 생각할 수 있다.)가 그러하다. **여전히** 새로운 것을 찾아

..

46) Paluche: 프랑스어로 '손'을 지칭하는 단어이다. 팔뤼슈는 손으로 들고 다닐 수 있는 소형 비디오 카메라를 가리킨다.

내기 위해 솜씨를 다투고 있는 영화감독들은 이동성과 이전에는 사용되지 않은 새로운 시점을 계속 탐구한다는 점은 매우 놀랍다. 오늘날 자유로운 카메라는 기계화와 컴퓨터를 통해 분명 다른 글쓰기, 다른 계획에 사용되고 있다. 카메라는 영화가 그 전성기에 보여주고자 한 인간적인 요소와는 거리를 두고 차가운 눈이 되었다. 단순히 말하자면 움직이는 눈은 그것 역시 포스트모던 속으로 들어갔다.

스크린 위에 직접 기록된 이러한 운동성(우리가 '카메라의 움직임'이라고 부르는) 외에도 숏의 크기라고 하는 계열체의 확장에서 표현되는 운동성이 있다. 무성 영화 시기에 실험된 숏의 유형 중 두 가지가 인상적이다. 모든 것을 대상으로 하지만 주로 얼굴을 촬영하기 위해 사용되는 클로즈업과 익스트림 클로즈업 숏, 풍경을 촬영하기 위해 사용되는 익스트림 롱 숏이 그것이다.

풍경이란 무엇인가? 무성 영화 마지막 시기에 활동한 영화감독들에게 풍경이란 무엇보다도 '영혼의 상태'를 의미한다. 엡스탱은 서정적이면서도 신랄하게 몇 번이고 되풀이해서 이 점을 말한다. 〈아름다운 니베르네호 La Belle Nivernaise〉, 〈어셔가의 몰락La Chute de la maison Usher〉, 그리고 〈삼면경La Glace á trois faces〉의 풍경은 영혼의 상태에 다름 아니다. 독자들은 내가 엡스탱과 연관시킬 수 있는 인상주의의 관념으로 되돌아왔다고 말할 것이다. 어쩌면 다른 곳에서 보다 폭넓은 이론적인 직관들을 찾아야 할지도 모른다. 예를 들어 에이젠슈테인의 〈비중립적인 자연La Non-Indifférente Nature〉이 그러하다. 유성 영화가 혁명적으로 등장한 지 10년이 지난 후, 그는 이 책에서 풍경의 순간을 통한 무성 서사 영화에 대한 설명, 구두점 역할과 음악이 무성 서사 영화에 제공할 수 있는 서정적 해설 사이의 등가성을 제기한다.[47] 어쨌든 영혼의 상태인 풍경, 음악으로서의 풍경인 영화 예술은 회화를 따라잡았거나 오히려 회화를 연장시켰다. 무성 영화의 가장 위대한 두 이론가인 발라즈와 에이젠슈테인이 분명 게르만 문화라는 공통된 혈통을 통해 이 문제에서 서로 연결되는 것은 놀라운 일이 아니다. 독일에서는 회화의 풍경이 정서, 시적인 것, 신비스러움을 담당하였다.(독일에서 풍경은 '환영적'이고 환상적인 예술, 뵈클린Böcklin[48]의 화려한 막다른 길에 이르게 되는 반면, 인상주의는 감각을 실체화하였다.) 영화로 찍은 풍경은 발라즈와 에이젠슈테인에게 신비, 판타지, 멜로디 역할을 한다. 에이젠슈테인은 〈전함 '포템킨'〉[49]의 안개 시퀀스의 특징을 설명하며, 그리고 〈알렉산더 네브스키〉에 대한 분석에서는 보다 도착적으로 이러한 점을 환기한다. 벨라 발라즈에게 정서는 무엇보다 중요하다: "자연의 양식화는 영화가 예술 작품이 되기 위한 조건이다 […] 촬영 기사는 사진 기계로 **느낌**stimmung의 이미지를 그려야 하는 모순적인 임무를 지니고 있다."[50]

영화로 찍은 풍경에 대한 이러한 사유에서 놀라운 것은—엡스탱의 사유를 포함하여—이미지에서 더 이상 어떠한 인간의 현존도 지각되지 않을 정도로까지 카메라를 멀리 둔다는 점, 최대한의 거리두기를 통해 정신적인 접근이 이루어진다는 점이다. 시네마토그래프의 눈은 **멀어졌지만 그것은**

••

47) S. M. Eisenstein, *La Non-Indifférente Nature*(1945), in *Oeuvres*, vol. 4, UGE, coll. 《10/18》, 1978.
48) 역주: 아르놀트 뵈클린(1827~1901)은 스위스의 상징주의 화가이다. 죽음을 주제로 한 염세적인 작품을 그렸다. 고대 신화에서 영감을 얻은 알레고리적이며 암시적인 내용을 표현했다. 죽음에 대한 천착과 풍부한 상상력, 세련된 색채 감각이 어우러진 독특한 화풍을 창조해 20세기 초현실주의 화가들에게 큰 영향을 주었다.
49) S. M. Eisenstein, *La Non-Indifférente Nature*, op. cit.
50) B. Balázs, *Der sichtbare Mensch*, op. cit.

가까이에서 더 잘 촬영하기 위해서이다. 얼굴 모습에 대한 독특한 범주화를 통해 발라즈는 이렇게 설명한다. "시간과 공간이 우리 지각의 한 범주이기 때문에 우리 경험 세계와 결코 분리할 수 없고, 그래서 얼굴의 모습은 모든 외관과 연결된다. 그것은 우리 지각의 필수적인 범주이다."[51] 엡스탱에게 이것은 〈안녕 시네마Bonjour cinema〉[52]에서 정확하게 평행 이행된다. 클로즈업 숏의 얼굴은 주름살, 속눈썹, 눈물을 지닌 풍경이 된다—엡스탱의 영화보다 드레이어의 〈잔 다르크〉가 더 좋은 예가 된다. 반면에 지나치게 확대된 오브제들은 위협과 현존의 힘을 지닌 존재가 된다.

우리는 다시 슬그머니 클로즈업 숏으로 오게 되었다. 위대한 무성 영화(유럽의)에서 클로즈업 숏은 익스트림 롱 숏처럼 영화가 집착하는 거리감을 자유롭게 한 증거이다. 이것은 모두 의미가 있는 것이며 기괴함이나 불편함을 만드는 과도한 거리두기가 익스트림 롱 숏과 익스트림 클로즈업 숏 사이의 공통적인 근원이라는 것을 쉽게 알 수 있다. 엡스탱은 클로즈업으로 포착된 전화기를 탑이나 등대, 사람에게 해가 되는 기계와 동일시했다. 풍경, 발라즈의 **경치**Landschaft(이 단어를 가로챈 지멜Simmel[53])에게서처럼 그에게 이 단어는 단편적인 자연, 인간적 시선을 사용한 반자연적인 개별화를 가리킨다는 점을 잊지 말자.)는 오래된 낭만주의의 환상을 이어받았다. 여기에서 풍경과 얼굴의 교환 가능성은 둘 다 불길한 것, 나쁜 것을 분명하게 보여준다.(헤르만 브로흐Hermann Broch의 『몽유병자들Somnambules』[54])에서 낭만적

:

51) *Id., ibid.*

52) 역주: 1921년에 출판된 영화에 관한 엡스탱의 첫 번째 저서이다.

53) 역주: 게오르크 지멜Georg Simmel은 독일의 철학자이자 사회학자로, 철학 분야에서 프랑스의 베르그송과 더불어 생철학을 대표한다. 사회학 분야에서는 초기의 종합 사회학에 반대하고 사회화의 형식을 그 내용으로부터 분리시켜 독자적인 대상으로 하는 형식 사회학을 주장하였다.

영웅인 패스노Pasenow의 징후적 정신착란을 생각해 보자.) 철학자와 시인들뿐 아니라 클로즈업 숏이 등장했을 때부터 20년에 걸쳐 기록된 반응을 통해 알 수 있듯이 모든 관객은 이러한 기괴함을 느꼈다. 1895년 에디슨이 촬영한 〈키스The Kiss〉는 미디엄 숏이지만 거부감을 불러일으켰고 외설적이라고 평가받았다. 1900~05년경 프랑스와 영국 영화에서 '커다란 얼굴'은 관객의 기분을 전환시켜 주었거나 혹은 의미를 제대로 전달하지 못했다. 1910년대 시인인 바첼 린제이Vachel Linsay[55]는 '**높은 곳에 있는 조각적 부조로**' 스크린의 모든 표면을 점령하고 있는 이 '**명청한 거인들dumb giants**' 이라고 언급함으로써 당시 반응을 표현한다.[56]

서부 영화가 등장하고 몇십 년 후, 풍경에서 감정적 반향의 전부는 아니겠지만 불길한 조화가 사라진 반면 클로즈업 숏은 분명히 혼란스러운 채로 남아 있었다. 파스칼 보니체르Pascal Bonitzer는 이것을 자신의 중요한 이론적 수단으로 만들어 불연속성과 이질성의 조작자, 모든 드라마의 영원한 보완물, 역동적 절단의(에이젠슈테인의 테마를 다시 사용해) 지속적인 효과로서 클로즈업 숏을 주장한다. 움직이는 눈을 지닌 회화의 계승자로서 영화가 표명했던 것은 영화의 가능한 미학들 중 하나일 뿐이고 그것은 과도해서 도착적인 이러한 특성과 일관성을 이룬다. 화가, 그리고 그와 쌍둥

••

54) 역주: 헤르만 브로흐(1886~1951)는 오스트리아 소설가이자 극작가, 에세이 작가이다. 『몽유병자들』은 1931년 출간한 그의 첫 소설로 3부작이다. 그는 이 소설에서 1888~1918년까지 기욤 2세가 통치한 독일 제국의 풍경을 통해 현대 사회 가치들의 파손이라는 주제를 다루었는데, 이를 새로운 형식으로 서술하였다.

55) 역주: 미국의 시인으로 1915년에 출판된 *The Art of the Moving Picture*는 최초의 영화 비평서로 평가된다.

56) Vachel Lindsay, *De la caverne à la pyramide. Écrits sur le cinéma(1914-1925)*, trad. par M. Chénetier, Klincksieck, 2000.

이인 사진가는 그들의 눈을 자연에서 배회하게 만들 수 있는 권리를 얻었다. 그러나 일정한 합리적 거리를 두었다. 카메라는 이러한 권리를 끝까지 밀고 나가면서 그 권리를 남용했다.(영화의 운명: 회화를 남용하는 것?) 영화에서 모든 표현주의적인 시도는 우선 과장되며 너무 강하고 **부정확한** 거리를 유희적으로 혹은 비극적으로 만들어내는 작업을 거치게 된다.

영화에서 눈의 역사의 마지막 맥락을 살펴보자. 익스트림 롱 숏과 익스트림 클로즈업 숏이 과다 사용되었는데, 거기에는 통칭적이고 추상적인 거의 비인간적인 눈이 내포되어 있었다. 그런데 동일한 시기에 늘 동일한 공간에서는 아닐지라도 이러한 '비인간성'의 시스템은 모든 시선에 최소한 잠재적으로라도 인간적 근원이 존재한다는 확신에 토대를 둔 체계와 공존한다. 더 강하게 표현하면 우리는 영화가 눈의 동원이라는 주제를 상반된 두 방향으로 끌고 왔다고 말할 수 있다. 하나는 오브제의 방향이고 다른 하나는 주체의 방향이다.

누가 바라보는가? 이것은 원칙적으로 몇몇 스타일, 몇몇 학파(델뤽Delluc이 대표하는 인상주의에서)에서 제기된 질문이지만 이 질문은 그들을 벗어나 주관적인 모든 영화에 대한, 그리고 주관성이라는 표지가 붙은 모든 영화에 대한 사유에 근거를 제공한다. 우리는 이 관념에 대한 평가와 이 관념이 보여준 형식, 늘 새롭게 변화하는 형식을 알고 있다. 〈삼면경〉[57]이나 〈어디에도 없는 여자La Femme de nulle part〉[58]에서 간단한 재프레임화는 시선과 인물이 갖고 있는 관심을 이동시켰다는 사실과 명백하게 일치한다. 이때 우리는 가장 단순한 단계에 놓이게 되고, 또한 동시에 영화에서 시점

57) 역주: 장 엡스탱의 1927년 작품이다.
58) 역주: 루이 델뤽Louis Delluc의 1922년 작품이다.

의 표시 작업은 무엇보다 인물을 통해 이루어진다는 명백한 사실과 마주
하게 된다. 동일한 원리가 이러한 간략한 재프레임화와 현란한 주관적 카
메라 조작의 토대를 이루고 있다. 주관적인 효과를 고조시키는 환상적인
영화는 이것으로부터 많은 도움을 받았다. 〈울펜Wolfen〉(1981)[59]에서 늑대
들의 매우 주관화된, 그리고 인간화된 시선을 형상화하기 위해 광각 렌즈
와 **스테디캠**을 효과적으로 결합한 예를 생각해 볼 수 있다. 이 두 가지 사
이에서 '주관적'인 숏은 가장 고전적인 영화 언어에 통합되어 진부해졌다.
텔레비전 영화에서든, 많은 경우에서처럼 '우주적'인 모험 영화 계열의 영
화들에서든 이것은 시리즈 영화에서 흔하게 사용되었다.(예를 들어 컴퓨터
를 통해 얻어낸 〈스타워즈Star Wars〉의 움직임은 이 영화 속 슈퍼 영웅들의 주관적
시선을 재현하고자 한 것으로 간주된다—주관성을 약화시킬 수도 있는 위험을
무릅쓰고)

　　카메라 시점, 시각 축과 인물의 시점, 시각 축 사이의 이 같은 세련된 일
치는 흔히 서사학에서 연구되었다. 서사학에서 카메라는 눈이라기보다는 서
사 심급instance narratrice의 구현이다. 이미 1920년대 말 유명한 푸도프킨
Poudovkine의 명제에 내재된 중요한 관념이 있었다. 만일 우리가 하나의
사건과 그 사건에 대해 완벽한 정보를 원하는 관찰자를 상상한다면 그는
필연적으로 여러 시점을 취해야 한다는 점이다. 영화는 이러한 능동적 관
찰자를 카메라로 대체하는 것이며(푸도프킨은 '보이지 않는 관찰자'[60]로 설명

:·

59) 역주: 마이클 와들레이Michael Wadleigh가 감독을 맡은 영화이다. 휘틀리 스트리버Whitley
　　 Strieber의 소설 『울펜The Wolfen』이 원작인데, 수사물에 늑대 인간을 더한 독특한 작품으로
　　 기계 문명에 의해 자연의 조화를 파괴하는 인간의 어리석음을 질타하는 공포 영화이다. 울펜
　　 의 시선을 표현한 촬영 기법이 높이 평가된다.
60) Poudovkine, *Kinoregisseur i kinomaterial*, Moscou, Kinopetchat, 1926; repris dans
　　 Poudovkine, *Sobranié sotchiniénuiy*(Oeuvres, en trois volumes), vol. 1, Moscou,

한다.), 이러한 생각은 거의 당연하다 싶을 만큼 할리우드 고전 영화 편집자들에 의해 만장일치로 받아들여지게 되었다. "이해하기 쉽고 훌륭한 장면 연결을 만든다는 것은 관객에게 하나의 질문에 대한 시각적 해답을 제공하는 노력, 즉 관객이 자신의 고유한 지각 운동 작용들로 시점을 바꿀 수 있다면(관객이 일반적으로는 할 수 있지만 영화에서는 할 수 없는 것)[61] 당연히 스스로 얻을 수 있는 해답을 제공하기 위해 영화감독이 취하는 노력"이라고 편집자들은 말한다. 또한 제라르 주네트가 발전시킨 서사의 '초점화 focalisation' 개념을 여기에 적용하고자 하였고, 작용하고 있는 시선이 있다는 점을 고려하여 이 개념을 '시초점화ocularisation'[62]라는 개념으로 대체하였다. 이러한 시도의 결과로 알 수 있는 것은 영화에서 시점의 주관적인 모든 표시에는 서술의 중요성이 있다는 점이다. 카메라는 인물의 시점을 지배하는데, 관객은 원칙적으로 이를 전반적 상황에 의해서만 알 수 있다. 달리 말하자면 '시선-숏plan-regard'이라고 부르는 것이 더 적절하지만 일반적으로 '주관적 숏plan subjectif'이라 불리는 것은 영화에서 이미지 외부에 존재하는 기준점들이 있을 경우에만 가능하다. 즉 움직임이 있다 해도 프레임화만으로는 시점을 표시하기에 충분하지 않다.

영화에서 매우 두드러진 시점을 발견하는 것은 회화로의 새로운 회귀를 요구한다. 사실 회화는 19세기에는 가장 아카데믹한 다양한 작품들

∴

Iskousstvo, 1974, p. 95-129. 영어판(*Poudovkin on Film Technique*, 1929)에는 1920년대 말에 쓰인 여러 내용의 소논문들이 포함되어 있다. 이 책은 1949년 이후 자주 재편집되었고 같은 저자의 *Film Acting*(1937년 첫 번역본)이 추가되었다.

61) Julian Hochberg & Virginia Brooks, 《Film Cutting and Visual Momentum》 in R. A. Monty & J. W. Senders eds., *Eye Movements and Psychological Process*, Hillsdale(N. J.), Erlbaum, 1978.

62) François Jost, *L'Oeil-caméra*, Lyon, PUL, 1987.

조차 서술적이지 않았기 때문에 시선을 끄는 시점을 주저하지 않고 선택하였다. 드가는 가끔 기괴할 정도로의 이심excentrement과 의도적으로 이상한 시점을 만드는 전문가였다. 이러한 프레임화는 시점을 사진의 흔적인 것처럼 만들면서, 순간성이라는 인상 위에, 시간의 절단 위에, 즉 프레임의 단호한 힘 위에 이 시점을 덧붙인다. 드가는 19세기 초에 획득된 눈의 가변성을 극단까지 밀고 나갔지만 눈을 문제 삼지는 않았다. 드가보다 덜 분명하지만 보다 극단적인 초기 **공간** 작업은 오히려 마네Manet에게서 찾아볼 수 있다.(프랑카스텔Francastel이 말한 이러한 공간적인 단편들의 병치) 〈죽은 토레로Toréro mort〉에서는 땅의 표면이 관객이 있는 면과 직각을 이룰 수 없다는 점에서 불가능한 시점을 그렸다. 〈막시밀리언의 처형l'Exécution de Maximilien〉에서도 한 무리의 군인들이 후면 벽 앞에서 흐트러져 있다. 결국 드가에 이어 마네에게서 우리는, 회화가 모든 이미지를 동원하는 혹은 이미지만을 동원하는 강력한 시점 표시라는 방법을 사용한다는 것을 알게 된다.

영화의 경우는 다르다. 영화는 회화처럼 공간의 기하학적인 일관성을 속이기가 힘들다. 하지만 영화는 이러한 수단을 빌릴 수 있는 방법을 서사 밖에 지니고 있다—특히 구성, 그중에서도 '탈프레임화décadrage'라는 용어를 통해서 할 수 있다.(이에 관해서는 다시 언급할 것이다.) 나는 이러한 시각의 주관화 표시 작업에 대한 예를 하나 들고자 한다. 독자는 다른 예를 찾을 수 있을 것이다. 프랑스 인상주의 스타일의 영화인 〈외투Le Manteau〉(1926)[63]에서 여러 번 반복해 인물에 대한 클로즈업 숏과 미디엄 클로즈업

..

63) 역주: 그리고리 코친체프Grigori Kozintsev와 레오니드 트라우베르크Leonid Trauberg가 만든 소비에트 장편 영화로, 고골Gogol의 두 중편 소설을 바탕으로 한 희비극이다.

숏이 사용되는데, 배경이 흐릿하긴 해도 해석 가능한 혼란함으로 흔들린다. 영화의 첫 에피소드에서 주인공은 반투명의 부채 뒤에 감춰진 신비스러운 여자 얼굴을 '보게' 되는데, 위쪽 오른편으로 불가사의한 검은 선들이 이미지에 줄무늬를 만든다. 다음 숏에서 신비감은 사라진다. 곤봉으로 곡예를 하는 사람이 나오기 때문이다. 이 숏은, 그리고 일반적으로 프랑스 인상주의 스타일 영화(〈뉴 바빌로니아La Nouvelle Babylone〉[64]를 볼 것)에서 이 숏과 유사한 모든 숏들은 주관적인 효과를 통해 일종의 자기 충족성을 지향한다. 분명 이 숏들은 관객의 이해를 얻기 위한 맥락을 그리 필요로 하지 않는다. 이 영화들이 통상적이고 평범한 의미에서 분명 보다 **회화적**이라는 점은 당연한 결과이자 또한 상반된 귀결이기도 하다.

영화는 시점을 만들어내는 상징적인 기계이다. **유리한 시점**vantage point이라는, 불어로 번역하기 힘든 영어 개념을 도입할 수 있으면 좋겠다. 이 개념은 시각적인 상황에 대한 지배력을 제공하고 표현하는 효과적인 시점들, 유익한 시점들을 나타낸다. 영화에서 매 순간 만들어내고자 하는 것이 바로 이것, '유리한 시점'이다. 이것은 너무나 유리하기에 타의 추종을 불허할 만큼 필수적인 것이 되었다. 영화는 관객을 위해 준비한 이러한 **유리한 시점** 이외에 다른 시점을 관객이 가지도록 허용할 수 없었다. 그래서 영화 관객—관객을 붙잡고 관객을 유혹하고자 열망하는, 혹은 걱정하는 예술 영화—은 파노라마 관객이나 기차 승객처럼 움직이지 못한다는 선고를 받았다. 관객이 재현에 부가할 수 있는 것이 있다면, 훌륭한 장면, 탁월하게 유리한 장면을 완성시키는 데 해가 될 뿐이다. 움직이는 눈에 대한 모순적

∵

[64] 역주: 1929년 코친체프와 트라우베르크가 만든 소비에트 무성 영화이다. 극장에서 영화가 상영되는 동안 연주되던 생음악이 드미트리 쇼스타코비치Dmitri Chostakovitch에 의해 작곡되었다.

격언은 초창기 사진가들이 사용하던 격언이다: "이제 움직이지 마시오!"

'비행기는 우리가 지구의 진정한 모습을 발견하게 해주었다. 길은 사실 여러 세기 동안 우리를 기만하였다.' 어린 시절부터 외우고 있는 생텍쥐페리 Saint-Exupéry의 이 문장은 나를 매혹시켰다. 그것은 부정확했기 때문이다. 어쨌든 이 문장은 세계에 대한 나의 경험이나 영화와 관련이 없었다. 비행기의 시각 덕분에 우리는 지구의 협소함을, 한 대륙과 다른 대륙과의 필연적인 교류를 알게 되었다. 그것은 지정학을 위한 도구이다. 영화는 기차처럼 소박하다. 즉 기차는 잊지 않고 역에 멈추어 서는 것으로 만족한다. 기차는 고속열차가 되었다. 영화(《스피드》)처럼 가속화되어 20년 전부터 기차의 가장 큰 효과는 속도의 효과가 되었다. 그러나 적어도 바뀌지 않은 것이 있다. 그것은 **땅에서 땅으로** 간다는 것이다.

3
시간의 형식 혹은 눈의 불규칙성

우리는 회화와 영화 사이에 있을 수 있는 일반적인 어떤 관계에 관해 이야기하고 있지만 언제나 그 근원을 보고자 한다. 주로 인용을 통한 순수하게 표면적인 효과가 아니라면 회화와 영화 사이에는 근원 이외에 그 어떤 가능한 관계가 없다고 말할 수 있을 것이다. 나는 그 근원 중 하나인, "가변적인variable 눈"이라고 이름 붙인 이러한 신화적 단편을 회화**와** 영화 둘 다 유효한 범위 안에서, 그리고 이 둘의 관계가 19세기 모든 재현에 영향을 주는 범위 안에서 묘사하고자 했다. 이에 대해 뭔가 더 말해야 한다면, 그것은 무엇보다 부가 형용사를 정당화하는 일일 것이다. 즉, 예를 들면 '움직이는mobile'이 아니라 왜 '가변적인'인가 하는 것이다. 시점을 강조해서 표시했으며, 어느 정도 명료하게 시점을 주관화('눈'의 질적인 변동들을 보여준다고 할 수 있는)한 것을 제외하고, 카메라의 움직임에서와 같은 지속적인 운동성, 영화가 시도했던(혹은 시도되었던) 극단적인 거리두기에서와 같은 불연속적인 운동성 이외에 무엇이 논의되었던가? '시선의 동원 mobilisation'이라는 관념에 머물러 있다는 것이 보다 단순하고 정확하지 않을까?

여기에 분명하게 포함시켜야 하는 하나의 차원, 가장 본질적인 가변성 variabilité의 차원이 남아 있다. 그것은 시간이다. 움직이지 않는 것까지도 포함해 모든 재현은 시간과 다양한 방식으로 관계가 있다. 작품을 바라보는 물리적이고 물질적인 시간, 이 시간은 항상 우리가 접근 가능한 시간이자 1940년대 영화 연구에서 언급되는 것처럼 '관객의' 시간이다. 좀 더 어려운 '창조의' 시간도 있다. 이 시간은 제작의 시간이다. 그러나 이 두 번째 시간에 대해서는 할 수 있는 말이 많지 않다. 창조의 시간은 관객의 시간만큼이나 실재적이고 구체적이지만 다른 시간처럼 항상 측정할 수 있는 것이 아니기 때문에 우리의 인식에서 벗어난다. 이 두 시간 사이에(?) 재현의 시간, 혹은 이렇게 말하는 편이 좋을 듯한데, 재현 **속에서의** 시간이 있다. 그것은 재현된 시간이다. 작품에서 **가변적인 것**의 재현이다.

1766: 『라오콘*Laocoon*』[1]은 단호하게 '회화와 시의 한계들'[2]을—이것이

∴

1) 역주: 독일의 비평가이자 극작가인 고톨트 레싱(Gotthold Ephraim Lessing, 1729~81)의 예술론. 1766년 간행된 책으로 저서의 원 제목은 *Laokoon: oder über die Grenzen der Malerei und Poesie*이다. 여기에는 '회화와 시의 한계에 관해서Laocoon; or, On the Limits of Painting and Poetry'라는 부제가 붙어 있다.
레싱은 고대 그리스의 조각상 라오콘에서 영감을 얻어 이 책을 집필했다. 그는 이 작품에서 표현하고 있는 사건의 긴장감, 조각가의 뛰어난 통찰력을 설명하며 회화(이 용어는 레싱에게는 조형 미술 일반을 의미한다.)와 문학의 한계를 분명하게 밝힌다. 그는 조형 미술은 공간 사이의 물체 형태를 표현하고 문학은 시간 사이의 행동 형태를 표현한다는 점을 고대 미술이나 서사시의 실례를 열거하면서 아주 명쾌한 논리로 논증하였다. 그리고 이 저서는 개념의 구별을 명확히 하고 가치 판단의 기준을 밝히려고 노력했던 계몽사상가로서 레싱의 면모를

이 책의 부제이기도 하다―규정한다. 레싱Lessing에 의하면 회화는 "모방을 위해 시의 다양한 방법이나 기호를, 즉 공간 속에 펼쳐지는 형식과 색을 사용한다. 반면에 시는 시간 속에서 연속되는 분절된 소리를 사용한다." 이 점은 명백하다. 회화는 시와 드라마처럼 여겨졌지만(특히 프랑스 아카데미 이론가들에게) 회화는 공간일 뿐임을, 모든 것을 시각 속에서 포착하고 있음을 알아야 한다.

1839~40: 탤벗Talbot[3]의 **포토제닉 드로잉**photogenic drawings과 다게레오타입이라는 갑작스러운 사건.[4] 공간의 시각적 탐험은 보편화되고 모든 것을 볼 수 있고 흥미로운 것이 되었으며 특히 공간은 시간 **속에서**, 시간과 **함께** 탐구되었다. 사진의 혁명은 유사한 형상을 데생이나 판화보다 더 완벽하게 만들어낸 것이 아니라, 장소와 시간의 흔적이 된다는 것, 공간으로 시간을 고정할 수 있다는 데 있다. 시간을 진정 멈출 수 있으려면 스냅

∴

가장 잘 나타낸 저작 중 하나이다. 이 책은 괴테와 실러의 미학적 견해의 형성에도 영향을 주어 독일 근대 예술 이론의 기초가 되었다.

2) Gotthold Ephraim Lessing, *Laocoon*, trad. sous la direction de J. Bialostocka, Hermann, 1964.

3) 역주: 윌리엄 헨리 탤벗(William Henry Fox Talbot, 1800~77)은 영국의 화학자이자 사진술 발명가이다. 탤벗은 질산은 종이를 가지고 일련의 실험을 수행하던 중 1835년 '포토제닉 드로잉'이라는 기초적인 사진 기술을 발명하는 데 성공했다. 이것은 종이를 사용해서 외부의 풍경을 재현하는 기술이었다. 하지만 1839년 1월 6일 프랑스 과학아카데미의 종신 서기인 아라고가 「가제트 드 프랑스*La Gazette de France*」를 통해 다게레오타입(daguerreotype)의 발명을 발표했고 이 소식을 들은 탤벗은 큰 충격에 빠진다. 다게르의 사진술은 종이가 아닌 동판을 사용했다는 점에서 포토제닉 드로잉과 차이가 있었지만 카메라 옵스큐라의 이미지를 보존하는 방법이라는 점에서는 두 발명이 동일했기 때문이다. 1839년 8월 19일 프랑스의 과학아카데미는 미술아카데미와 합동 회의를 개최해 다게레오타입을 공개하고, 이날이 '사진의 탄생일'로 정해진다. 이후 탤벗은 포토제닉 드로잉을 개선하는 작업에 착수하고 '칼로타입calotype'을 발명한다.

4) 예를 들어 Michel Frizot, *Nouvelle Histoire de la photographie*, Bordas, 1994의 첫 번째 장을 참고할 것.

사진이 발명되기까지 몇 년 더 필요했지만 회화를 불안하게 한 두려움을 이해할 수 있다. 회화는 연극이 아니란 걸 알게 된 순간 그것이 사진과 왜, 어떻게 다른지 자문해야 했다. 이러한 질문을 통해『라오콘』은 회화를 지나치게 공간의 한계 속에 가두려고 한 것에 대한 화가들의 저항을 위로하는 것으로 해석할 수 있지 않을까?

회화—여기서 회화는 사회에서 인정하는 회화 예술을 가리킨다—는 가장 최근에 찾을 수 있는 예외를 제외하고는 시간화되지 않는, 내재적으로 시간의 차원이 부재하는 부동의 대상으로 간주된다. 19세기 제도권 예술에서 파생되었지만 거기에 속하지 않는 몇몇 부차적인 형식들만이 시간적 차원을 가지고 있다. 우리는 여기에서 디오라마diorama에서 페나키스티스코프phénakistiscope까지 영화의 시조로 인정된 몇몇 장치를 발견할 수 있다. 그때까지 시간을 보다 완벽하게 재현하기 위한, 혹은 적어도 시간을 환기하는 재현을 위한 전략은 단 하나, 연속성séquentialité 전략만이 있었다. 이것은 하나의 동일한 전체 행위를 이루는 개별적인 상태가 각각 분리되어 식별 가능하게 제시되는 것을 대략 의미하는데, 이러한 연속적인 것의 전략에는 매우 다양한 전술이 숨어 있었다는 것에 주의하자. 두치오 Duccio[5)](시에나에 있는)의 「마에스타Maestà」[6)] 뒷면에는 중요한 에피소드와

··

5) 역주: 두치오(1255?~1318?)는 이탈리아 화가로, 이탈리아 토스카나 지방의 시에나에서 출생하였다. 시에나학파에 속하며 청년 시절 치마부에 화풍에 열중하였다. 그 영향으로 1285년 시에나 대성당의 제단화인 「루첼라이의 성모Rucellai Madonna」를 완성하였다. 두치오는 시에나학파의 거장으로서 성숙한 비잔틴 미술의 완성을 이룩하였다는 평가를 받고 있다.
6) 역주: 시에나학파를 대표하는 화가 두치오가 그린 제단화. 「마에스타」는 양면으로 그려졌는데, 비록 원래의 그림틀과 가장자리의 몇 부분은 소실되었지만 주요 부분은 거의 그대로 보존되어 있다. 성모와 어린 예수의 모습을 중앙에 두고 중앙 패널 아래쪽에는 그리스도 유년 시절의 장면들과 예수님의 탄생을 예언한 예언자들이 그려진 프레델라Predella가 있다. 그리고 중앙 패널 위쪽의 뾰족한 첨단에는 황금 전설에 나오는 성모의 마지막 생애를 담은 장면

함께 예수의 수난이 14개의 병렬적인 타블로로 이야기된다. 그러나 멤링Memling[7]은 동일한 시나리오, 동일한 에피소드, 동일한 '시퀀스'를 단 하나의 타블로로 그린다. 즉 시퀀스화는—내가 언급한 예들에서는 결코 그런 식으로 하고자 한 것이 아니었지만—시간의 문제에 대한 기만적인 해결책일 뿐이다. 내러티브적이든 그렇지 않든 모든 그림은 이러한 불가능성, 즉 시간을 형상화한다는 불가능한 문제에 부딪친다.

이 점에서 우리는 레싱과 다시 만나게 된다. 그는 야심차게 이러한 불가능성을 극복하고자 했다. 그는 어떻게 극복하려 했을까? '가장 유리한 순간'이라는 개념을 통해서이다. 화가의 도구는 공간 속에서 전개되므로 화가는 전반적인 시간에 대해서는 신경 쓸 필요가 없지만, 재현하고자 하는 사건에서 가장 의미 있고 전형적이며 가장 함축적이고 적합한 시간을 화가는 재빠르게 포착해야 한다. 이 개념은 널리 알려져 있으며 종종 격렬한 논의의 대상이 되었다.[8] 나는 이에 관해 단지 두 가지만 환기하고자 한다. 우선, 레싱이 가설로 내세운 이러한 '순간'은 실재에서는 존재하지 않는다. 하나의 실제 사건은 시간 속에 존재하지만 지극히 우연적이고 희귀한 결합을 제외하고는 어떤 시간이—**더구나** 이 시간이 한**순간**에 해당한다면—다른 시간에 비해 이 사건을 더 잘 재현하거나 의미화한다고 말할 수 없다. 의미를 나타내는 것은 시간의 총합이다. 곰브리치의 주장을 빌려 이 분석을 세심하게 다듬는다면, 사건의 매 순간, 이 사건이 전개되는 공간의

∶∴

들이 있다. 뒷면에는 '예수의 수난'을 그린 장면이 있다.

7) 역주: 한스 멤링(Hans Memling, 1430년 추정~1494)은 얀 반 에이크의 혁신적인 기법을 따른 플랑드르 화파 가운데 한 명이었다. 그는 브뤼헤의 부유한 시민들을 위해 광학 사실주의에 입각한 정교한 초상화와 종교화를 제작했다. 「예수의 수난」은 스물세 개의 에피소드가 한 장면 안에 다 묘사되었다.

8) Bernard Lamblin, *Temps et Peinture*, Paris, Klincksieck, 1985를 참고할 것.

이러저러한 부분에는 의미화하는 요소들이 있다. 그러나 각기 다른 이 부분들은 동시에 도달하지 않고 동시에 의미를 지니지도 않는다.[9] 결론은 이렇다. 이 개념은 진정으로 **끝없는 모순**이다. 우리는 속임수라는 대가를 치르고서만(실제로는 일어나지 않는다는 의미) 순간성과 함축성을, 그리고 사건의 진정성과 그 사건의 의미 있는 역할을 연결시킬 수 있다.

이렇게 말하는 이유는 레싱의 이론에 대한 관심을 부정하기 위해서가 아니라 오히려 그 이론에서 흥미로운 점을 발견하기 위해서이다. 레싱은 다소 불변하는 규칙을 정했다고 믿으면서 회화 역사의 한순간을 견고하게 가리킨다. 그에 따르면, 회화의 역사는 대략 4~5세기 동안 거의 줄곧 재현에 있어 **함축성**[10]의 최대치로부터 순간성과 우연성의 최대치까지로 이행하는 시기였다. 14세기나 15세기의 「수태고지」는 어떤 사건의 부차적인 재현일 뿐이다. 마이클 박산달Michael Baxandall이 설명한 것처럼[11] 여기에서는 장식과 오브제부터 자세와 아주 사소한 세부적 몸짓까지 모든 것은 성서와 선교의 수사학에서 유래한 전통적인 '텍스트'가 제시하는 다양한 상징적 지시체들을 정확하고 완전하게 코드화시켜 번역한 것이다. 레싱과 동시대인인 그뢰즈Greuze[12]의 그림 「탕아의 귀환」도 모두가 알고 있는 성스러

• •

9) E. H. Gombrich, 《Moment and Movement in Art》, *The image and the Eye*, London, Phaidon, 1982.

10) 역주: 함축성prégnance은 심리학 용어로 어떤 지각이나 기억에 대한 강한 호소력을 의미한다. 본 역서에서는 어떤 사건에 대한 강력한 의미를 담고 있다는 의미에서 '함축성'으로 옮기고자 한다.

11) Michael Baxandall, *L'OEil du Quattrocento*(1972), trad. par Y. Delsaut, Gallimard, 1985. 이러한 특별한 추측에 대해서는 이미 언급된 아라세D. Arasse의 훌륭한 저서도 참고할 것.

12) 역주: 장 바티스트 그뢰즈(Jean Baptiste Greuze, 1725~1805)는 프랑스의 화가로 일반 서민 생활을 묘사하는 데 힘썼다. 특히 의상을 묘사하는 솜씨가 뛰어났는데, 실크나 레이스

운 텍스트와 상징적으로 연결됨으로써 충만한 2차적 의미를 내포하게 된다. 그러나 상징으로 뒤덮인 이 작품은 장식, 의상, 몸짓 혹은 모방에서조차 「수태고지」보다 더욱 현재적인 동시에 자유로운 대상(帶狀) 모티브를 사용한다. 텍스트에 충실한 것 외에도 이 그림은 상황의 진실, 즉 **진정성**—이 단어는 당시에 등장하였다—을 표현하고 있는데, 바로 여기에서 외관에 대한 믿음이 점차 중요한 문제가 된다. 그뢰즈는 "관념적 의미를 목적으로 하는 정화의 능력을 지닌 중요한 실천"과 "순수하게 모방적이고 일화적인 부차적 실천"을 대립시켰다는 점에서 샤르댕(디드로는 이러한 의견으로 다시 바르트와 구분된다.)과 반대일 수도 있지만, 이 둘은 모두 순간이라는 진정한 외관에 대한 동일한 믿음을 재현의 토대로 생각한다.[13]

물론 각 분야에서 모든 것은 상대적이라 그뢰즈를 르누아르와 비교해 보면 그의 등장인물들, 모델들은 최악의 전통적 형식주의를 예시한다는 점에서 부자연스러워 보일 것이다. 반대로 일방통행적인 이러한 역사에서 움직임에 제동을 걸고 움직임을 늦추고 그 움직임에 반감을 부여하는 모든 것, 무엇보다 사진의 발명 이후에 그려진 그림들—기계적인 퐁피에 화가와 풍속화가[14]들의 대작을 포함하여—에서 살아남은 '함축성' 원리를 강조해야 할 것이다. 여기서는 이러한 반감이 명백하다. 가장 유리한 순간이

<hr />

등의 섬세한 질감을 잘 표현하였다. 도덕적인 교훈을 주제 삼아 감정적 공감을 불러일으키는 작품으로 격찬을 받았고 18세기의 대표적인 화가가 되었다.

13) Roland Barthes, 《Diderot, Brecht, Eisenstein》, dans *L'Obvie et l'Obtus*, Éd. du Seuil, 1982. 그뢰즈에 대해서는 Michael Fried, *La Place du spectateur*(1982), trad. par C. Brunet, Gallimard, 1990을 참고할 것. 샤르댕에 대해서는 Jean Louis Schefer, *Chardin*, POL, 2002를 참고할 것.

14) 역주: 풍속화peinture du genre는 18세기까지는 역사화에 속하지 않는 모든 그림, 19세기부터는 실내화·정물화·동물화를 지칭한다.

라는 도그마는 인상주의가 등장하고 한참 뒤 방치되어 버렸다. 그것은 일시적인 것, 상황, 감각의 가치를 함양하는 회화에는 적합하지 않다. 그렇다고 해서 회화가 의미에 대한 욕망이라는 숙명에서 벗어난 것도 아니었다. 이 점에서 우리 회화는 중국 회화와 다르다. 신성성에 대한 담론이 실재에 대한 담론(쿠르베[15] 참조)으로 대체되었다고 해서 회화가 더 이상 이야기를 못하는 것은 아니다. 그러므로 내가 중요하게 생각하는 것은 회화가 시간 **또한** 재현한다는 것이다. 회화가 시간을 재현한다는 것은 시간을 담고 있다는 것이 아니다. 회화는 시간의 기호들을, 즉 시간을 대신하는 것을 발명해야 한다. 이러한 발명에서 토대가 되는 텍스트와의 밀접한 인접성 역시 중요한 역할을 한다 해도 이것은 원칙적으로는 보조적일 뿐이라서 다음과 같은 사실을 덧붙여야 한다. 회화에서 하나의 사건에 대한 재현은 항상 시간적인 통합의 영역에 속하며 이러한 통합의 조작자는 정확하게 텍스트이다. 이 텍스트는 단 하나의 그림 공간에 사건의 의미 있는 순간들을 통합하기 위해 그것을 선택할 수 있게 해준다. 멤링의 작품에서 콜라주에 의해 단 하나의 이미지로 요약된 「예수의 수난」[16]과 연속적인 여러 상태로 '포착'된 한 쌍의 평범한 연인을 재현한 것으로 여겨지는—로댕이 해석한—「시테르섬으로의 출항L'Embarquement pour Cythère」[17] 혹은 에이젠슈테인이 도미에Daumier[18]나 그레코Greco[19]의 작품들에서 동일 행위에 대한

∴

15) 쿠르베에 대해서는 Michael Fried, *Le Réalisme de Courbet*, trad. par M. Gautier, Gallimard, 1993을 참고.

16) 역주: 독일 출신 네덜란드 화가인 멤링의 「예수의 수난Passion」(1470)은 예수의 수난과 관련된 19개의 에피소드, 부활, 부활 후 예수의 현현과 관련된 3개의 에피소드 등 모두 23개의 사건을 단 하나의 이미지에 재현하고 있다.

17) 역주: 프랑스 화가 장앙투안 와토Jean-Antoine Watteau의 작품으로 사랑을 주제로 하고 있으며 각기 다른 행위를 하는 여러 쌍의 연인들을 보여주고 있다.

상이한 순간들의 공존을 찾아낸 방식 사이에는 원칙적으로 거의 차이가 없다[20]

그림은 시간을 재현한다. 이 시간은 어떻게 관람자에게 전달되는가? 관람자에게 그림의 시간은 무엇인가? 혹은 더 구체적으로 말해서 관람자의 시간 속에서 그림은 무엇인가? 마지막으로 시간성이라는 관점에서 관람자는 하나의 그림 앞에서 어떻게 행동하는가? 이 관람의 시간은 그림에 내포된 '시간'과는 전혀 다른 성격이며(재현된 시간에 반대되는 체험된 시간), 또한 '창조적 시간'이라는 가설적 시간(일반적으로 관람자는 화가의 작업 과정을 재구성할 의무를 지니고 있지 않다.)의 단순한 이면이 아니다. 관람의 시간을 묘사한다는 것은 거의 모든 실제 경우에서 두 시간 사이의, 두 시간 체제 사이의 일종의 경쟁을 고려하는 것이다. 나는 이 두 시간을 각각 눈의 시간, 그리고 부득이하게 실용적 시간temps pragmatique이라고 부를 것이다.

눈의 시간은 눈이 이미지 표면을 탐험하는 시간이다. 하나의 이미지는 망막의 **중심와**fovéa(가장 시각적인 명료함을 지닌 망막의 미세한 영역) 정면에서 이미지의 다양한 부분들을 연속적으로 나타나게 하는 안구의 빠르고 폭이 좁은 일련의 움직임에 의해 보인다는 것을 누구나 알고 있다. 영어에

∴

18) 역주: 오노레 도미에(Honoré Daumier, 1808~79)는 프랑스 풍자 화가이자 조각가로 그는 작품들을 통해 19세기 프랑스에 대한 그의 사회적, 정치적 견해를 표현했다.

19) 역주: 엘 그레코(El Greco, 1541~1614)는 스페인 르네상스 시기의 화가이자 조각가이다. 그는 표현주의와 큐비즘의 시조로 간주되며 그의 인성과 작품은 라이너 마리아 릴케와 니코스 카잔차키스와 같은 문인들에게도 깊은 영향을 끼쳤다.

20) Auguste Rodin, *L'Art, Entretiens réunis par Paul Gsell*, Grasset, 1911, rééd. 1986. 이 생각은 에이젠슈테인이 자신의 글 『몽타주』(1937)에서 정확하게 인용하고 있으며, 예를 들면 《Ermolova》(1937-39), trad. par A. Zouboff, dans *Cinématisme*, Bruxelles, Complexe, 1980과 같은 다른 글들에서도 이 생각을 다소 변화시켜 표현한다.

는 이러한 과정을 시사하는 **스캔하기**scanning라는 단어가 있는데, 최근에 **스캐너**scanners라는 단어로 불어에 편입되었다. 그래서 눈은 간헐적이고 불균형한 과정에 따라 이미지를 비규칙적으로 스캔한다.[21] 매우 유사한 수많은 실험들은 불규칙적인 톱니 모양의 선으로 된 그물망으로 이러한 스캐닝을 묘사한다. 동시에 끊임없이 작동하는 망막 주변의 지각은 둔한 특성을 지니고 있지만 세부적인 것에 예민한 중심와 영역에 있는 지각의 도움을 받아 전체에 대한 하나의 인상을 얻게 된다. 우리는 이러한 전체적인 인상이 이미지의 지각, 구조화, 재기억화에서 하나의 역할을 수행하고 있다는 점을 잘 알고 있다.

이러한 마지막 지적은 측정할 수 있는, 그리고 이따금 예측할 수 있는 부분들로 이루어져 매우 분절된 눈의 시간이 기계적 시간이 아님을 충분히 증명한다. 하나의 이미지 표면에서 눈이 방황하는 것이 아니라 시선이 스스로 방향을 정하거나 더 흔하게는 다른 것에 의해 정해진 방향을 따라 움직인다는 것이 여러 실험을 통해 밝혀졌다. 여기에서 눈이 행하는 탐사 영역과 시간은 여러 가지를 알려준다. 상대적으로 구조가 단순하기 때문에 실험자들이 좋아하는 대상인 호쿠사이Hokusai[22]의 「파도Vogue」를 평균의 관람객이 평균적 눈으로 다섯 개의 고착점을 통해 다 보는 데에는 대략

∴

21) 다른 책들 중 예를 들어 Ralph N. Haber & Maurice Hershenson, *Psychology of visual Perception*, Holt, Rinehart & Winstan, 2ᵉ éd., 1980; Julian Hochberg, *Perception*, 2ᵉ éd., Prentice-Hall, 1978을 참고할 것.

22) 역주: 가츠시카 호쿠사이(葛飾北齋, 1760~1849)는 일본 에도 시대에 활약한 목판 화가로 우키요에의 대표적인 작가이다. 삼라만상 모든 것을 그림에 담는 것이 목표였던 그는 일생 동안 3만 점이 넘는 작품을 남겼으며 연작인 '후가쿠 36경(정확한 연도는 알 수 없으나 1825년 무렵 제작된 것으로 알려져 있다.)은 일본 풍경 판화 역사에서 정점을 이룬다. 「파도」는 '후가쿠 36경' 중 하나이다. 그의 작품은 모네, 반 고흐 등 서양의 인상파 및 후기 인상파 화가들에게 강렬한 인상을 심어주었다.

1초가 걸린다. 만일 관람객에게 기상 요소에 주의를 기울이라고 하면 탐사 영역과 시간은 관람객마다 같지는 않겠지만 두 배가 더 필요하고, 조판의 진정성을 평가하도록 요구한다면 눈의 탐사 순서와 시간은 또 달라질 것이다. 다음과 같이 생각해 볼 수 있다. 순수하게 광학적인 눈은 시지각과 관련하여 대단한 일을 하지 않는 추상적이거나 기초적인 모델로서만 존재한다. 우리가 특별히 하나의 이미지를 본다고 할지라도 눈은 배회하지 않는다. 눈의 여정은 의미 있는 전체에 대한 정보를 지니고 있는 구조와 항상 호응한다.

그러므로 관람객이 그림을 바라보는 **조건들**과 이 시선의 **목표**—내가 '실용주의적'이라고 부르는 이러한 체제—가 지극히 자연스럽게 개입한다. 요컨대 이미지를 급하게, 거의 순간적으로 보는 경우에서만 기능적인 직시를 통해 하나의 이미지를 훑어볼 수 있는 눈을 상상할 수 있을 것이다. 이때 눈은 가장 노골적으로 쉽게 제시되는 것—충만한 색, 생생한 빛, 공격적인 형태—을 파악한다. 이미지를 보는 것이 길어지면(클레Klee가 말했듯이 '천천히 음미하는' 시간을 가지게 되면) 시지각은 이러한 즉각성을 상실하고 방향을 정하며 관객에게 주어지는(의도적으로 실험실에서) 혹은 관객이 스스로에게 주는(암묵적으로 일상 상황들에서) 선입관과 지시를 따른다. 이러한 지시는 그것이 작동하는 주체와 제도만큼이나 무한히 다양하다. 한 일본 낚시꾼이 던진 시선, 즉 「파도」에 던져진 가상적인 시선을 고려해 볼 수도 있다면 이와 관련해서 가장 흥미로운 요구는 관객에게 그림을 '텍스트'나 그 텍스트에 잠재된 문화적인 상호 텍스트와 관련짓게 하는 것이다. 관객은 사실상 재구성되었거나 대략적인 판본이라 하더라도—15세기까지 그려진 많은 그림들처럼—실제로는 이 텍스트에 토대를 두어 작품을 이해할 수 있을 뿐만 아니라 회화의 기표가 스스로에 대해 명확하게 말하지 않는 독해의 질서와 관조의 시간을 구축할 수 있을 것이다. 그러므로 온갖 종류의 상징주의가 개입하는 이 단계에서 관객의 시간은 결국 그림 속에서의 시간과 어떤 관계를 맺는다고 말할 수 있다. 최선의 경우—해석의 지시들이 분명하고 관객이 텍스트와 그림을 오해하지 않는 경우—그림이 펼쳐지는 것처럼 텍스트가 이해되고 관객은 그것을 분석한다. 내용이 모든 경우에서 정확히 일치하지 않는다 해도 그 둘의 관계는 다음과 같이 정리할 수 있다. 관객은 그림이 응축한 것을 풀어서 통합된 것을 분석하고 공간에 감추어져 있는 것을 다시 시간이 되게 한다.

나는 앞 장에서 예술적 업적은 미미하지만 회화적 경험에서 충격을 만들어낸 회화의 소수 형식들, 파노라마, 디오라마, 그 이외 다른 것들을 언급했다. 그러나 파노라마나 시클로라마가 관람 시간을 요구한다(이것이 이 형식들의 존재 이유이다. 그것은 **오락거리**에 속한다.)고 해서 이것이 관객과 재현된 시간 사이의 관계를 변형시킨다는 결론을 내릴 수 없다. 파노라마에는 양적으로 **더 많은 것**이 있다. 더 많은 사건이 있으며 보아야 할 것도 더 많고 그 앞에서 보내야 하는 시간도 더 많다. 하지만 그렇다고 해서 새로운 방식에 따라 보아야 하는 것은 아니다. 또한 가장 완전한 새로움, 시간과 그리고 재현에서의 시간 처리와 매우 관련이 있는 새로움은 우리가 언급한 '가변적인' 눈에 있다. 즉 가변적인 눈이 만든 상황, 시간적 형식들, 말하자면 시간의 형식들이 재현 속에 도입한 것이다. 이미지는 결코 상실되지 않는 자신의 통합적 역량에 함축적이기보다는 **드러나는**révélateur 다른 형태의 순간을 추가한다.

드러남Révélation, 이 단어는 사진 이미지에 대한 성찰의 전통에서 중요하다. 여기에서는 충만한 현존—특히 **시간적** 현존(바로 이것이 '그것이 있었다Cela a été[23]"라는 바르트의 유명한 문구의 의미이다.)—을 통해 실재의 한 부분을 제공할 수 있다는 사진의 거의 마술적인 역량에 대한 사유가 반복되어 왔다. 이 주제, 그리고 사진 철학에서 이 주제와 관련 있는 모든 주제가 종종 논의되고 비판받아 왔다. 하지만 드러남이라는 사유를 존재론적인 낡은 냄비처럼 사진 그 자체와 계속 연관 짓고 싶지 않다면, 사진의 마술을 사진의 내재적 본질로 간주하는 것에 만족해서는 안 된다. 만일 드러남이라는 것이 있다면 그것을 사진의 **관람자**에게만 관련된 것으로 주장해야 한다. 드러남은 사진의 관람자에게, 즉 그에게만 보이지 않는 것을 보게 해주지만 실제로 마술은 아니다. 사진은 순간을 고정시켜 시간의 흐름과 움직임에 토대를 둔 '생태학적인' 지각으로부터 벗어나게 하기 때문에 —순간이 감내해야 하는 '압착' 속에서 공간이 변형된다는 것도 기억하도록 하자—, 때로 전체적으로 보자면 사진은 실재에 대한 거대한 소멸 작업이라는 주장이 나오기도 하였다.

그러나 생산자 측면에서 보면 전혀 다르다. 사진가는 19세기에는 의심할 여지없이 새로운 존재이다. 그는 **만남**을 만들어내는, 즉 우연으로 순간을 고착화하는 작업을 수행한다. 사진가에게 드러남이 있다면 그가 다시 관람자가 되었을 때만,[24] 즉 나중에만 가능하다. 비록 드문 경우이긴 하지

..

23) Roland Barthes, *La Chambre claire, Étude sur la photographie*, Cahiers du Cinéma-Gallimard, 1980.
24) 오늘날 우리는 이것이 시행착오가 면제된 것이 아니었다는 것을 알고 있다. Michel Frizot, 《Les leçon de photographie d'un scrapbook》, Henri Cartier-Bresson, *Scrapbook*, Göttinggen, Steidl, 2006. 또한, 장 클레어는 "청년기 때부터 결코 포기한 적 없었던 그림에 대한 부단한 작업은 앙리 카르티에 브레송에게 '결정적인 순간'을 포착하는 특별한 능력을 주었다."라고 정확하게 언급한다.(J. Clair, 《De la règle au gouffre》(1993), *Éloge du visible*, Gallimard, 1996)

만 사진가라는 스타일의 표지, 나아가 사진가라는 '종족'의 표지가 되는 결합, 카르티에 브레송Cartier-Bresson이 말한 그 유명한 순간과 기하학의 결합에 사진가가 도달한다고 하더라도, 이러한 결합의 순간 그 자체는 사진가의 포착에서 이미 빠져나가 **바라보여지는**regardée 사진이 될 수 없다. 요컨대 바르트—『밝은 방』에서 특히 관람자에게, 즉 특권이 있는 관람자에게까지도 많은 관심을 보인—는 사진가의 사진과 관람자의 사진 사이의 차이를 정확하게 이해했다. 그는 이 차이를 사진가의 **스투디움**studium—특징, 표지(두아노Doisneau,[25] 케르테스Kertész,[26] 로니스Ronis[27]에게서 찾을 수 있는 것과 같은 스타일적인 표지나 유머러스한 특징을 말한다. 바르트는 이 두 가지 모두 과도한 숙련을 보여주고 있다고 여겨 싫어하였다)—과 사진이 유발하는 충격과 경탄의 힘이 부분적으로 날카롭게 응결되어 있는 관객의 **푼크툼**punctum이라는 이중적 관념을 통해 설명한다.

이 모든 문제를 갖고 있는 사진은 스냅 사진l'instantané으로부터 시작된다. 스냅 사진은 이미 시간과 복잡한 관계를 맺고 있다. 이론의 여지없이 사진은 순간의 이러한 고착, '미라화'(바쟁)이다. 그 자체로서의 순간, 무한

.
..

25) 역주: 로베르 두아노(Robert Doisneau, 1912~94)는 프랑스의 사진작가이다. 제2차 세계대전 중 파리 시민들의 생활상을 담은 예술 사진들을 발표했으며 1950년에 나온 '시청 앞에서의 키스'는 걸작으로 꼽힌다. 파리 시민의 삶을 사실적이고 낭만적인 흑백 사진에 담았다.
26) 역주: 앙드레 케르테스(Andre Kertész, 1894~1985)는 헝가리 태생의 미국 사진가이다. 포토저널리즘의 태동기라 할 수 있는 1920년대부터 뉴스 사진의 성격을 벗어난 일상생활 속의 르포르타주 사진을 시도하였다. 1933년에 거울을 이용하여 왜곡된 인체 누드 사진을 선보였고 1964년 뉴욕현대미술관에서 개인전을 열어 호평을 받았다.
27) 역주: 윌리 로니스(Willy Ronis, 1910~2009)는 프랑스의 사진가이다. 앙리 카르티에 브레송, 로베르 두아노 등과 동시대에 활동하며 평범한 일상의 모습을 시적 이미지로 사진에 담아 사진을 단순한 기록을 위한 도구가 아닌 예술로 발전시켰다는 평가를 받는다. 주요 작품으로 '바스티유의 연인'(1957), '작은 파리지앵'(1952) 등이 있다.

하게 상황적인 어떤 것으로서의 순간이다. 사진은 무의미한 것, 대기적인 것, 비촉각적인 것을 붙잡아 실재를 "사진의 고집 속에, […] 사진의 아주 둔탁한 본성 속에 고정시킨다."(바르트) 동시에 사진가는 이 어떤 순간을 유일한 순간으로 변화시킨다. 이것이 사진가의 탐구(**스투디움**), 숙련에 대한 그의 관심, 그리고 흔히 말하는 사진가에 대한 정의 그 자체이다. 주체의 응결을 대가로 이러한 숙련 효과를 얻는 것에 모든 성공이 좌우되는 아마추어 사진가를 생각해 보자. 그들은 "이제 움직이지 맙시다!"라고 하거나 다수가 행동하는 상황에 따른다. 스냅 사진에는 주체의 능동적이거나 수동적인 도움을 받아 **움직이는 것**bougé(움직이는 것은 정확하게 지속 시간의 흔적으로 **정지된** 이미지에서 오래전부터 바람직하지 않은, 비미학적인 것으로 간주되어 온 시간적 통합의 새로운 형식이다.)을 피하기 위해 초창기 사진가들이 사용해야만 했던 크고 작은 모든 속임수가 사라진다. 그러나 그렇다고 해서 스냅 사진이 사진에서 숙련과 의미에 대한 강박적인 탐구까지도 면해 준 것은 아니었다. 영상주의pictorialisme에서 분명하게 나타난 퇴행적인 악습 이후, 사진이 더 이상 포즈를 취하지 않거나 부자연스러운 자세를 취하지 않게 되었는데도 사진가들이 포즈를 스냅 사진에 담고 싶어 하는 유혹에는 초기 사진의 유산이 남아 있다. 사진의 모순은 그것이 예술을 자처할수록 더욱 두드러진다. 어떤 순간을 포착하려는 동시에 함축적인 순간을 원하는 것, 다시 말해 어떤 순간으로 함축적인 순간을 만들고자 하는 것이 그러하다.

다시 한 번 사진과 회화에 대해 끊임없이 반복되는 진부한 논의가 유독 유비analogie와 추상의 문제로 집중되는 것은 근시안적이라는 점을 다시 한 번 알 수 있다. 사진은 추상적인 작품을 만들어내고 거꾸로 회화는 구상적이 된 오늘날, 사진과 회화의 역사적 관계에서 남아 있는 것은 시간과 순간의 문제와 관련된 것이다. 만일 사진이 나름의 방식으로 시간을 종합하고자 하는 욕망에서 벗어나기 힘들었고 여전히 그러하다면 회화 역시 같은 기간 동안, 특히 습작을 통해 순간을 고정시키고 시각적인 현실 속에서 어떤 것을 드러내고자 노력을 해왔다는 점은 놀랍다. 구름을 회화적으로 충실하게 재현하는 것은 매우 어려운 일이었다. 그러나 19세기 초 습작품들에서 그려진 구름은 사진의 초창기에 매우 인기 있었던 해안가를 찍은 사진 속에 있는 구름보다 놀라울 만큼 더 잘 재현되어 있었다. 1856년 귀스타브 르 그레이[28]가 찍은 해안가는 당시 사람들을 상당히 놀라게 했는데, 규범적으로 사용되던 희끄무레하고 비어 있는 듯한 하늘 대신—바다는 제한되고 하늘을 과다하게 노출시키는 포즈의 시간—, 구름이 있는 진정한 하늘을 제시하였다. 그는 이 사진을 얻기 위해 '진정성을 고민'했고(그가 이렇게 말했다.) 그 결과 바다와 하늘을 가능한 짧은 시간 안에 연속되는 두 개의 네거티브로 찍는 속임수를 써야 했다.

분명 회화의 이러한 우월함은 일시적이어서 사진적인 드러남의 힘을 만드는 자동주의와 오랫동안 경쟁하지는 못했다. 또한 회화가 야기한 드러남은 다른 성격에 속한다. 이것은 순간에 대한 것이 아니라 감각에 대한 것이다. 매우 짧아 말로 표현할 수 없는 것이라 할지라도 이 감각은 그림에 일종의 함축성을 부여한다. 인상주의는 19세기 초 야외에서 자연을

28) 역주: 장바티스트 그레이(Jean-Baptiste Gustave Le Gray, 1820~84)는 19세기 프랑스의 가장 중요한 사진가 중 하나이다. 처음에는 주로 초상화와 시골 정경을 그리는 화가였으나 이후 사진가로 선회한다. 1847년 다게레오타입 사진기로 처음 사진을 찍었고 1855년 나폴레옹 3세의 공식 사진가가 되었다. 그의 가장 유명한 작품은 1856~58년 사이에 이루어졌으며, 특히 해안 풍경이 그러했다.

그린 그림과 다르게, 즉 그림 속에 장소와 순간을 있는 그대로 참조한 것이 아니라, 이러한 환경이 만들어낸 감각을, 즉 하나의 해석이나 의미를 담으려 했다. 인상주의자들을 단안법 화가들로 간주할 수 있었다면 절대적인 숙련을 통해 의미와 의도를 과다하게 담고 있는 회화의 스타일적이고 정신적인 도식들 때문이다. 모네와 「수련」 **연작**에도 불구하고('이것은 하나의 눈일 뿐이다. 하지만 얼마나 광장한 눈인가!'[29]) 대기 원근법에 대한 강조나 색의 대조 법칙의 다소 엄격한 적용은 어떤 시각적 리얼리즘에 상응하는 것이 아니라 다른 것보다 더 자의적인 코드화를 재현한다는 사실은 오늘날 우리는 잘 알고 있다.

인상주의는 재현 속에 의미를 기록하면서 실재에 대한 시각적인 충실함을 균등하게 결합한 마지막 시도일 것이다. 함축적인 순간 혹은 어떤 순간, 상징화 혹은 드러남. 즉 근본적으로 이러한 대립항들은 별로 중요하지 않다. 19세기 동안 많이 주저하고 후회하면서 그림과 사진은 이러한 고통에 처하게 되었다. 있는 그대로의 순간의 고정, '있는 그대로의' 세계의 드러남은 어떠한 대가를 치르는가? 숙련과 해석은 어떠한 대가를 갖는가? 19세기의 모든 재현은 이 질문에 대한 답을 주저한다. 순간은 반복될 수 없는 것이라는 점에서 중요하고 시간의 신비를 구현한다는 점에서 모방될 수 없다. 순간을 고정시킨다는 것은 결정적인 지점에서 실재를 더 많이 장악하기를 꿈꾸는 것이다. 그러나 순간은 예측 불가능한 것이며 지향성intentionalité이라는 표현으로, 즉 19세기 말 등장한 개념인 예술 의지라는 말로 강조하기에는 불충분하다.(리에글Riegl[30]이 사용한 독일어 개념인 **예술**

∴

29) 역주: 모네의 수련 작품을 보고 세잔이 한 말을 인용한 것이다.
30) 역주: 리에글(1858~1905)은 오스트리아의 미술사가이다. 양식 변천 근저(根底)에 '예술 의사'라고 하는 내재적 동인을 생각하고 각 시대, 각 민족의 양식을 정당하게 평가함과 동시에

의지Kunstwollen[31]가 인상주의에 잘못 적용됐는지는 확실치 않다.) 지나가는 순간은 리얼리즘에 토대를 제공하기에 충분하지 않다. 순간은 리얼리즘에서는 푼돈 같은 것이다. 회화 예술이 순간을 믿는 것처럼 보일수록 회화 예술은 자신의 계획이 지닌 예술성을 강하게 요구해야 한다.

분명 이것은 다르게 시간을 기록하고 나타나게 하기 위한 다양한 시도들에서 알아낼 수 있는 순수한 순간에 대한 의심이다. 지속 시간을 고정시킬 수 없는—오랫동안 우연과 결핍으로 경험되었고 비가독적인 흔적으로서만 재구성된 사진에서의 움직임은 제외하고—재현적 이미지는 종종 이러한 순간들의 증식 속에서 자신의 대용물을 발견한 것처럼 보이기도 했다. 이러한 임시방편은 회화 역사에서 매우 다양한 형식을 취했지만 이 형식들은 모두 두 가지 기술적인 것을 중심으로 이루어졌다. 그것은 연작série과 콜라주collage이다.

내가 아주 단순하게 **연작**이라고 부르는 것은 사실 매우 다양한 접근을 포함하고 있다. 가장 기초적인 상태에서 아주 단순하게 보자면 제시된 주제에 대한 여러 이미지—여러 시점들—를 어느 정도 명확하게 구분되는 순간들로 구현하는 것이다. 예를 들어 필리프 드 발랑시엔의 두 개의 「몽테 칼보의 풍경」(1780년경)이나 모네의 「루앙 대성당」(1892) 연작을 들 수 있다. 전자가 같은 장소의 연속적인 상태들을 보다 일화적으로 표현했다면 후자는 보다 일반화시켜 고정하였다. 사진은 이러한 원칙을 답습했다는 점을 지적할 수 있다. 듀안 마이클Duane Michals[32]의 「시퀀스들」이나(여기에

••
　정신적 해석을 중시하는 '빈학파'의 시조가 되었다.

31) 불어로 된 Aloïs Riegl, *Grammaire historique des arts plastiques*, trad.. par É. Kaufholz, Klincksieck, 1978.

서 시간은 항상 어느 정도는 **기적**의 시간으로 매우 비현실적으로 소환되지만 그렇다고 충분히 그 현존을 느끼지 못하는 것은 아니다.),「시간과의 대화들」[33]에서 드니 로슈Denis Roche[34]가 두 개의 '어떤 순간들'을—어떤, 그러나 흥미로운—대조시킨 것을 예로 들 수 있다.

이러한 연작에서—시간의 관점에서, 그리고 관람자에게—무슨 일이 일어날까? 우선 현재의 이론적 배경에서 떠오르는 첫 번째 대답은 연작, 연속, 서술 사이에 거의 자동적으로 형성되는 관계이다. 하나의 이미지도 어느 정도 이야기를 할 수 있지만 하나에서 다른 하나로 이어지는 두 개의 이미지는 톱니바퀴처럼 물려 있는 소(小) 서사micro-récit를 이룬다고 설명하는 것은 이론적 담론의 상식 중 하나가 되었다. 이론의 여지가 없는 이 대답은 별로 흥미롭지 않다. 우선, 내가 방금 이야기한 모든 연작에서 (정확하게 「시퀀스」라는 제목을 지닌 마이클의 작품들은 제외하고) 이러한 서사는 최소한의 것 이상이다. 성당에 비친 빛의 모험은 감동을 주지만 서사학자에게는 그렇지 않다. 두 번째로 이 대답은 지나치게 특별하다. 그래서 나는 곧바로 이 대답을 일반화시키고자 한다. 즉 다르게 분절되는 이미지의 연속에서 우선적으로 만들어지는 것은 단순히 **차이의 효과**이다. 이것은 이미지 사이에 결여된 것을 관람자가 재구축하고자 하는 거의 의식적이고

..

32) 역주: 듀안 마이클(1932~)은 미국의 사진작가이다. 현실을 있는 그대로 찍는 사진보다 비밀스러운 상상력에 의지해 내면 세계를 다양하게 탐구하였다. 그의 전형적인 사진 형식인 연속 사진Sequence Photo에서는 섬세하고 탁월한 연출력이 돋보인다. 이중 노출, 의도적 흔들림, 포토몽타주 등을 통해 사진이 갖는 표현의 한계를 극복하고자 했으며 사진 위에 텍스트와 회화를 결합하여 그 의미를 풍성하게 하고자 하였다.

33) Denis Roche, *Conversations avec le temps*, Talence, Le Castor Astral, 1985.

34) 역주: 드니 로슈(1937~2015)는 1960~70년 시적 아방가르드를 대표하는 프랑스 작가이자 사진가이다.

인지적인 효과이다. '차이', '결여', '재구축'과 같은 이러한 개념들은 실제로는 동일한 하나만을 가리킨다. 이러한 정신 활동은 인지주의적인 접근에서 모든 지각의 토대 그 자체로 여겨진다. 재현의 열렬한 옹호자인 곰브리치는 재현에 있어 완성에 대한 보편적 경향이 구상 이미지들을 전적으로 이해할 수 있는 기본 동력이라고 생각한다. 여기에서 내게 중요한 것은 이러한 재구축에서의 시간적인 측면이다.「몽테 칼보의 풍경」의 한 이미지에서 다른 이미지로 넘어가면서 우리는 전진하는 구름을 상상할 것이고 이러한 전진은 개인의 개별적인 이미지에서 방향을 바꿀 수도 있을 것이다. 즉 우리는 여기서 움직임의 감각을 갖게 될 것이다. 최근 개념 예술은 이러한 차이와 완성 효과를 매우 의도적으로 이용하였다.「독서 자세Reading Position」(데니스 오펜하임Denis Oppenheim,[35] 1970)와 같은 작품이 그 예인데, 모래 위에 (해변이 틀림없는) 누워 있는 한 남자의 벗은 상반신이 두 사진 형식으로 보인다. 첫 번째 사진에서는 이 남자의 가슴에 책 한 권이 있다. 그런데 두 번째 사진에서는 책이 없어지고 태양 빛에 그을린 피부 위에 책과 관련된 하얀 흔적만이 남아 있다. 여기에 모든 게 있다. 사진은 행위—퍼포먼스—가 일어났다는 것을 보증한다. 또한 두 사진 사이의 시간적 차이(심하게 햇볕에 그을린 시간)를 보증하며 두 번째 사진—몸이 예민한 표면이 된—에 지속 시간이라는 형식으로 이러한 차이의 기록까지도 보증한다.

그러므로 이러한 인지 효과의 존재는 명백하다.(그에 관해 제시된 모델들을 수긍할 의무가 없다 하더라도) 하지만 재현의 확대, 재현의 동요와 관련된

··

35) 역주: 데니스 오펜하임(1938~2011)은 미국의 개념 예술가이자 행위 예술가이고 사진가이며 조각가이다. 그는 1968년 신체 예술을 시작하는데,「2도 화상을 위한 독서 자세Reading Position for Second Degree Burn」(1970)에서 그는 태양이 내리쬐는 해변가에서 상반신에 책을 펼쳐 두고 5시간 동안 누워 있었다.

다른 것이 여전히 존재한다. 만일 인지주의적인 접근이 어떤 작업과 그것의 결과에 관심을 가진다 해도—우리는 어떤 이야기를 이해하고 여러 상황들을 연속적으로 전개된 하나로 연결시킬 수 있다—그것은 시선 그 자체 안에서 일어난 혼란은 외면한다. 유사하면서 동시에 차이가 나는 두 광경의 비교에서, 시선은 사실 새로운 가능성, 즉 둘 **사이에** 존재할 수 있는 가능성을 획득한다. 여기에서 가시적으로 드러나는 것은 아무것도 없다. 이것은 간헐적인 시선, 단속적인 시선이 된다. 가장 흥미로운 작품들은 서사성은 약하지만, 시선이 가는 **것과** 되돌아오는 것, 시선의 왕복을 허용한다. 또한 복원할 수 있는 지속 시간의 단순한 흐름 속에 고갈되지 않는 차이, 간격의 생성을 만들어낸다. 모네의 「대성당들」은 이러한 것의 전형이 될 수 있다. 각각의 연작에서 시선은 폐기와 회수 사이의 불확실성 속에 놓여 있다. 이러한 점에서 이 작품들은 일반적인 회화에서의 시선의 작용에 관해 알려준다. 즉 시선은 선조적이거나 지속적인 작업이 아니라 일종의 왕복 운동, 고착과 부재 사이의 불규칙적인 연속이다. 뿐만 아니라 여기에서 문제가 되는 것은 시선의 개념 그 자체이다. 만일 인지주의 심리학이 이러한 시선의 개념 때문에 곤란해진다면, 그것은 이 심리학이 두 시간 체계에 따라서만 시선을 이해하기 때문이다. 이 두 체계는 대립적이지만 결국에는 정량화할 수 있는 동일한 규칙성에 토대를 두고 있다는 점에서 완벽하게 양립하기도 한다. 이 두 시간 체계 중 하나는 배출과 주입의 방식으로 사유된 연속 체계이고 다른 하나는 불규칙한 움직임, 스캐닝, 투사의 방식으로 사유된 불연속 체계이다. 인지주의 심리학은 이 둘 모두의 경우에서 전적으로 꽉 채워진 시간, 의미화하는 충만함의 시간과 연결된다. (우리는 완전히 다른 측면에서, 다른 어휘로, 현재는 인기가 시들해졌지만 라캉의 '기표의 논리la logique du signifiant'를 가지고 충만함이 아닌 불규칙성에, 우연한 만남들에, 예견과 사후 효과들에 토대를 둔 시선 모델들을 발견하고자 한다.)

그러므로 회화의 연작이 명백하게 드러내는 것은 이러한 연작이 고의로 당황하게 만든 관객의 시선과 이것 또한 시선의 결과라고 할 수 있는 일반적인 회화 작품 사이의 복잡한 만남이다. 동시에 표면적으로 나타난 이 두 시선의 완벽한 만남은 기적을, 즉 스냅 사진의 드러남을 만든다. 19세기에 이런 다른 시선을 지니고 있던 가변적인 눈에 대해 연작이 우리에게 말해주는 것은, 이 가변적 눈은 연속적이지 않으며 연속적으로 움직이는 것은 더더욱 아니라는 점이다.(우리는 익스트림 롱 숏과 익스트림 클로즈업 사이의 간극에서 그것을 예감하였다.) 말하자면 가변적인 눈은 불규칙적으로 변화할 수 있는 가능성, 결코 해소되지 않고 있는 그대로 표시된 간격, 즉 차이의 대가를 치르고 여기에서 저기로 이동할 수 있는 가능성을 가졌다. 그러므로 분명 간격에 대해 이야기하는 것은 이미 영화를 생각하는 것이다. 이제 영화에 대해 이야기해보자.

이 모든 것은 다양한 외관을 조합한 **콜라주**와 더불어 확실해진다. 가장 일반적인 의미에서 콜라주는 연작의 반대이다. 콜라주는 하나의 이미지 속에 여러 재현을 포함하는 것이기 때문이다. 콜라주라는 단어는 소재를 분해한 다음 '다시 붙이는'―물질적으로나 정신적으로―입체파 작품들과 아주 밀접하게 연관되어 있기는 하지만, 이 단어가 내 관심을 끄는 것은 바로 이러한 일반적 의미에서이다. 왜냐하면 분해와 재구성의 동일한 움직임은 다른 곳에서도 종종 발견되기 때문이다. 단 하나 속에 여러 가지를 기록하기 위해 무용수의 다섯 가지 자세나 개 꼬리의 열두 가지 자세를 일부러 제시한 이탈리아 미래파 그림들이 그러하다. 즉 있는 그대로의 분석과 종합(그들과 관련해 마레Marey[36]의 크로노포토그래프chronophotographie를 떠올리는 것은 이유가 있다.) 또한 사진이나 복사본에 토대를 둔 가장 최근의 이러한 변주들에서는 데이비드 호크니David Hockney[37]의 수영장 그림들이나 십여 장의 사진을 병치하여 만든 혼합 양식의 자화상 작품들이 있다.[38] 여기에는 야릇하리만큼 순진한 담론이 적혀 있는데, 이 그림들에서 우리는 큐비즘과 분석주의를 재발견할 수 있다.(그리고 이 둘 사이에는 백여 개의 다른 예가 있다.)

연작처럼 콜라주는 순간성과 복잡한 관계를 맺고 있다. 콜라주는 하나의 순간이 아니라 단번에 여러 순간을 포착하고자 한다. 중요한 차이점은 이러한 여러 순간이 단 하나의 동일 이미지 안에 담긴다는 것이다. 큐비즘은—아주 잘 알려진 클리셰—시점의 주관주의와 우연성을 과도하게 표현하는 것에 대한 저항으로 탄생한다. 큐비즘은 다양한 시점과 각도를 결합하여 주제가 지닌 보다 본질적인 생각을 되찾고자 했다. 이것은 물론 미래주의자나 호크니의 목적은 아니었지만, 모든 콜라주에서 공간의 다양한 지점에서 추출된 순간성들은 곧 하나의 종합, 하나의 인공물을 만들기 위해

··

36) 역주: 에티엔 쥘 마레(Etienne Jules Marey, 1830~1904)는 프랑스의 생리학자로 의학에 관한 연구를 위해 사진에 관심을 가졌다. 에드워드 머이브리지가 하나의 동작을 여러 장의 연속된 움직임으로 보여준 것에서 진일보해, 마레는 한 장의 사진에 한 동작의 연속되는 움직임을 표현하였다. 연속적인 움직임이 각각의 동작으로 나누어 보이는 것을 chronophotographie라고 한다.

37) 역주: 데이비드 호크니(1937~)는 영국의 팝 아트 화가로 요크셔의 브래드퍼드에서 출생해 브래드퍼드 미술학교, 왕립미술학교에서 배웠다. 1963년 런던에서 최초의 개인전을 열었다. 통속적인 스타일을 극히 세련된 방식으로 이용해 스냅 사진과 같은 정경을 그렸다. 판화 작업도 많이 했으며 1964~67년에 미국의 여러 대학에서 가르쳤다. 대표작으로 「아르카 세르차(세계 최고의 미소년)」(1961, 뉴욕 개인 소장)가 있다.

38) 역주: 데이비드 호크니는 순수 유화에서 출발했지만 1960년대 미국에서 앤디 워홀을 비롯해 유명한 현대 예술가들을 만나면서 광고 등 당대 유행하는 매체의 영향을 받는다. 1980년대 그는 사진 콜라주로 선회해 자화상 시리즈를 그리는 데 사진을 적극적으로 이용한다.

다시 접합된다. 이러한 종합은 명백하게, 그리고 거의 전적으로 시간적일 수 있다.(세베리니Severini,[39] 발라Balla[40]에게서, 그리고 「계단을 내려오는 누드」의 뒤샹Duchamps 경우에서) 하지만 반대로 이것은 1913년 큐비즘에서 늘 등장하는 기타와cum 재떨이와 접한 신문들처럼 일종의 비시간성을 목적으로 하기도 한다. 아무튼 연작에서 진정한 순간에 속한 것과 관련하여 우리는 좀 더 가공되지 않은 '함축적인' 순간의 새로운 유형—앞서 말했듯 함축적인 순간의 목적은 진정성이라는 외관 아래 하나의 의미를 감추는 것이었기 때문이다—에 상당히 근접하였다. 일반적으로 콜라주에서는 연작보다 더욱 분명하게 지적인 과정이 개입된다. 이것은 일부러 지적으로 만든 극단적인 변형에서 명백하게 나타난다. 예를 들어 모든 순간성이 은유로 짓눌린 것 같은 존 하트필드John Heartfield[41]의 포토몽타주[42]나 순간도 지속 시간도 개입되지 않은 순수한 방정식인 모호이너지Moholy-Nagy[43]의 추상

‥

39) 역주: 시노 세베리니(Gino Severini, 1883~1966)는 이탈리아의 화가이다. G. 쇠라의 영향을 받아 점묘주의로 출발하였다. 1909년 보초니 등의 미래파 운동에 참여하여 밀라노에서 '미래주의 선언'에 가담하였고 미래파 작품을 발표, 미래파 국제화단의 발전에 공헌하였다. 그러나 피카소의 큐비즘의 영향이 나타나기 시작해 점차 미래주의를 버리고 신고전주의적 작품, 추상적 구성, 장식성이 강한 프레스코화, 추상화 등으로 다양한 작업을 했다.

40) 역주: 자코모 발라(Giacomo Balla, 1871~1958)는 이탈리아의 미래파 화가이다. 초기에는 인상파적인 화풍으로 그렸으나 1910년 미래주의 선언에 서명한 이후 미래파의 기수가 되었다. 1933년 이후에는 미래주의를 떠나 구상주의 경향으로 돌아갔으며, 1950년 이후에는 미래주의에 소극적으로 재접근하기도 하였다.

41) 역주: 존 하트필드(1891~1968)는 독일 태생의 다다이스트이자 비주얼 아티스트이다. 본명은 헬무트 헤르츠펠트Helmut Herzfeld로, 1918년 조지 그로스, 라울 하우스만 등과 베를린 다다를 결성하였다. 독일 공산당 창단 멤버로도 활동한 그는 나치 독일을 비판하는 정치적 저항 수단으로 포토몽타주를 사용하였다.

42) 역주: 포토몽타주photomontage는 두 개나 그 이상의 사진들을 잘라서 재배열하고 겹쳐 붙여서 복합적 사진이라는 새로운 이미지를 만드는 과정과 결과를 말한다.

43) 역주: 라슬로 모호이너지(László Moholy-Nagy, 1895~1946)는 헝가리 태생의 화가이자 사진가이다. 또한 그는 시각예술 전반을 아우르는 전방위 예술가로 독일 바우하우스의 교수

몽타주가 있다. 그러나 이것은 내가 앞에서 언급했던 그림들에서도 그러하다. 이 그림들은 모두 단일한 작품 전시가 흡수해 버리거나 순수하게 공간적인 차이로 변형시켜 버리는 차이의 사진 표지를 담고 있거나 창조적 시간의 확대를 지닌 사진 표지—그림에서는 모호하지만 조합에서는 보다 분명한—를 담고 있다.

　이러한 재현에 던져지는 시선에 어떤 시간 체제가 부여되는가? 왜냐하면 우리는 지금 시간에 대해 이야기하고 있기 때문이다. 여기에서 시간은 어떻게 읽힐 것인가? 여기서 시간이 읽힌다고 말하는 것은 콜라주의 가능성을 만들어낸 지적 작업의 맥락에서는 물론 이미 대답을 한 것이다. 콜라주 관객에게는 지각적인 관점에서, 그리고 동시에 인식론적인 관점에서, 즉 연작을 보는 관객보다 분명 더 직접적인 인식론적인 차원에서 채워야 할 간극이 있다. 멈추지 않는 시선의 왕복은 콜라주에서는 결정적으로 **고정될** 것이다. 콜라주의 목적은 관객의 시선을 확실하게 안내하고 그 시선에 표시를 하며 시선을 의미 속에 뿌리내리게 하면서 관객의 시선을 재현하는 것이다. 여기에서 관객의 시선은 시간적인 것이 포함된 간극을 채우는 작업을 의식적으로 한다. 지각론자들[44]에게 중요한 '기타 등등의 원칙'이 전적으로 작용한다. 즉 관객은 그것을 보면서 동시에 자신이 본 것에 대한 가설을 만든다. 그렇다고 해서 이 시선이 혼란스럽지 않은 것은 아니다. 관객에게는 항상 거의 하나의 모순, 역설이 존재한다. 그것은 나누

　　• •
　를 지냈다. 모호이너지는 러시아 구성주의로부터 깊은 영향을 받아 과학 기술 매체를 이용하여 예술의 지평을 넓히고자 하였으며, 인간의 삶과 예술의 유기적 결합을 통한 '총체적 예술'을 지향하였다.
44) John M. Kennedy, *A Psychology of Picture Perception*, San Francisco, Jossey-Bass, 1974에서 나온 표현.

어진 제작 시간에 대한 관객의 실제적 지식과 나누어진 시간의 결과로 완성된 작품 속에 생긴 단편들이 지닌 실제적 동시성 사이의 모순이다. 시선 그 자체는 이제 작품 요소들 사이에 존재하는 간격, 즉 구멍들과 연관된 것이 아니라 나누어진 이 표면들이 시선의 동질성을 위협하는 일종의 번쩍거림과 관련이 있다. 콜라주에 던져지는 시선에는 불가능한 어떤 것이 있는데, 충만한 시간의 구축과 관련하여 생겨나는 끊임없는 간극 속에서 이 시선도 그 자체로 분열된다. 오늘날에도 여전히 콜라주는 우리의 무감각해진 시선에 작은 시각적인 기괴함을 제공한다.

역사적으로 콜라주는 내가 연작이라고 부른 것 다음에 나타났다―그리고 우리는 또한 영화의 발명에서 콜라주를 자주 지적하였다. 콜라주는 어쩌면 한 시대가 시간과 순간에 관해 던진 질문을 함축적인 순간이라는 방책으로 완결함으로써 그 시대의 종말을 표시하는지도 모른다. 콜라주는 회화에서 가변적인 눈의 끝(출구 없는 끝, 막다른 곳), 완성일 수 있다. 이제 영화에서 흔적을 찾아내야 하는 것은 이 모든 유산, 함축적인 순간, 간극과 동요에 관해서이다. 영화는 구성에 있어 순간성의 예술을 제외한 모든 것이다. 숏이 아무리 짧고 부동적이라고 해도 영화는 결코 단 한순간의 응축이 될 수 없으며 항상 어떤 지속 시간의 흔적이다. 앞에서 내가 회화의 시간 형식에 관해 이야기할 수 있었던 것은 은유를 통해서이다. 회화에서는 시간이 단지 재현될 수만 있기 때문이다. 반면에 영화, 숏, 영화적 광경은 순수한 상태의 시간이다. 그것은 처음부터 상세한 디테일에 이르기까지 가장 세속적으로 표현된다. 원시적 광경에서 영상의 흔들림, 크랭크 핸들을 돌리는 속도, 그리고 이어서 현대적 기계에 의해 재생된 옛날 영화가 보여주는 리듬의 불규칙성과 불가피한 변형이 그 예이다. '변화의 미라'[45]라고 하는 바쟁의 탁월한 역설로 이 생각에 마침표를 찍을 때까지 대체로 이렇게 전개되었다. 영화는 장치 그 자체를 통해 사진의, 그리고 부차적으로는 회화의 드러남이라는 힘을 완벽하게 만들면서, 그 힘을 단지 연장했을 뿐이다.

이제 나는 어떻게 반대가 또한 진실일 수 있는지에 관해 검토할 것이다. 즉 영화가 통합과 함축에 대한 탐구에서 어떻게 회화를, 그리고 사진을 연장하고 차용하였는가 하는 것이다. '통합'은 매우 일반적인 단어이기 때문에 정확하게 밝혀야 한다. 문제가 되는 것은 시간적 통합이다. 영화는 통합의 다른 형식을, 즉 에이젠슈테인이 『자본론』[46]에 대한 영화 계획 노트에서 전형으로 제시한 개념적이고 추상적인 통합의 형식이다. 의미의 절대적인 지배와 스스로 이야기하는 실재가 갖고 있는 불가침의 권리라고 하는 몽타주에 대한 고전적인 논증은 이러한 통합에 의해 작동한다. 물론 이러한 논증은 고전적인 것이다. 몽타주에 관한 논쟁(바쟁과 에이젠슈테인의 대립)은 최근 들어서는 상당히 달라졌기 때문에 이론적 대상으로서의 몽타주는 더이상 과거와 같은 개념은 아니다. 파편화할 수 없는 흔적과 드러남으로서의 숏 미학이라는 명목으로 바쟁이 몽타주를 '금지'한 것은 단번에 유효성을 상실했다. 촬영의 통일성을 깨지 않고서도 하나의 숏을 연결할 수 있게 되었고—빠른 줌의 사용을 통해—비디오 편집에 의해 절대적인 연속성을 유지하면서도 숏을 급격하게 변화시킬 수 있게 되었기 때문이다. 이러한 표현은 이미 오래전부터 여러 대의 카메라를 통한 촬영에 의해 존재했다. 르누아르는 「코들리에 박사의 유언」, 「풀밭 위의 점심」에서 이러한 촬영을 실험했다. 그는 숏의 영화에 반대되는 '장면의 영화'를 이론화하기 위해

• •

45) André Bazin, 「사진 이미지의 존재론」(1945), 『문학이란 무엇인가?』 Éd, du Cerf.
46) 1927년 에이젠슈테인은 마르크스의 『자본론』을 영화로 만들려 했지만 포기했다.

이것을 활용했다.(한 번 더 지적하자면, 발생론적인 오류, 카메라의 눈과 관객의 눈 사이의 혼동이다.)

이런 변화들은 우리에게 무엇을 말하는가? 우선, 그리고 특히 다음과 같은 것을 알려준다. 형식적인 분석의 관점에서 몽타주 개념은 허술하다. 몽타주 개념은 아주 얇은 외투처럼 모든 것을 다 포함할 수 있다는 점을 제외하고는 진정으로 영화적인 형식을 생각하기에는 별로 적절하지 않다. 몽타주의 이러한 개념은 의미, 즉 의미에 대한 욕망과 관련해서만 기능을 한다. 유일한 의미이든, 복수적 의미이든 그건 중요하지 않다. 바쟁이 몽타주를 의미의 강제 혹은 의미의 제안과 동일시한 것은 틀리지 않다. 에이젠슈테인 또한 이것을 잘 알고 있었다. 그는 오늘날과 같은 연속된 포토그램들을 통해서가 아니라 **의미론적인** 통합을 수행하고 숏들의 몽타주에서 의미가 있는 본질을 끌어내는 사진이나 종합적인 데생을 통해 영화에서의 묘사를 표현하고자 했다. 전통적인 이론의 관념에서 몽타주를 무시한다는 것은 숏의 개념과는 무관하게 완전히 독립된 방식으로, 가시적인 상태로 있는 것, 즉 급변, 분리, 갑작스런 변화의 순간에 그대로 머물러 있는 것이라 말할 수 있다. 영화에서 어떻게 하나에서 다른 하나로 이행하는가? 우선 시각적인 작은 트라우마라고 부를 수 있는 대가를 치러야 한다. 현재 우리는 이 트라우마에 익숙해져 있지만 이 트라우마는 적어도 1980년대부터 영화, 나아가 광고 **클립** 같은 상업적인 형식들 때문에 더욱 증가하였다. 상처받기 쉬웠던 초기 영화 관객들은 이러한 갑작스러운 변화를 실제 공격으로, 시각적인 기괴함으로 느꼈다. 초창기 영화 상영에 대한 많은 보고서에서는 수탉과 당나귀를, 대관식과 동물원을 실제로 나란히 놓는 효과들, 영화 상영에서 만들어지는 끊임없는 황당무계한 효과들에 대해 통탄하고 빈정거린다. 그들이 진짜 말하고자 한 것은 영화를 따라가기 어렵

다는 것뿐만 아니라 이것이 사람들의 눈에 불쾌감을 준다는 것이다.[47]

　이것은 무슨 의미인가? 우선 영화에서 몽타주, 숏의 변화, 갑작스러운 변화는 자연스러운 지각으로는 이전에는 느낄 수 없던 가장 강한 폭력 중 하나였다. 인간의 환경에서 어떤 것도 영화 이미지보다 전적으로, 그리고 갑작스럽게 모든 특성을 변화시키는 것은 없었다. 영화 이전에 존재하던 그 어떤 볼거리도 이러한 난폭함을 준비하지 않았다. 영화가 관객이 고함을 지르게 만들었다는 것을 이해할 수 있다.[48] 동시에 진짜로 불쾌감을 느낀 것은 눈이 아니라 공격받았다고 느끼는 정신이었다. 눈은 무한한 유연성을 지니고 있어 조금만 내버려 두면 무엇에나 잘 적응한다. 그러나 동일한 프레임에서 정확하게 동일한 크기로 연속되는 마차와 나비, 말의 꼬리, 석류의 내부를 받아들이는 것은 쉽지 않다. 또한 만일 이러한 급작스런 연속들이 시간에 기인한 것이라고 하지 않는다면 별문제 없을 것이다. 많은 관객은 이미 영사 이미지들을 경험했었다.

　여기에서 회화와 사진의 비교, 즉 연작과 콜라주에서 시선을 당황하게 하는 방식의 비교는 명백하게 밝혀질 수 있다. 영화적인 급격한 변화가 만

47) Iouri Tsyviane, 《Notes historiques en marge de l'expérience de Koulechov》, *iris*, vol. 4, n°1(1986); Rudolf Arnheim, *Film als Kunst*(1932), rééd. Frankfurt a. M., Fischer Taschenbuch, 1979.[이후 이루어진 많은 작업들을 부가할 수 있다. 특히 러시아 초기 영화에 관한 연구 Iouri Tsyviane, *Istoricheskaia retseptsia kino. Kinematograph v Rossi 1856-1930*, Riga, Zinatnie, 1991; 퀘벡 영화에 대한 것은 André Gaudreault와 그의 연구팀의 작업이 있다. *Au pays des ennemis du cinéma: pour une nouvelle histoire des débuts du cinéma au Québec*, Québec, Nuit Blanche, 1996; 혹은 Charles Musser의 책, *The Emergence of Cinema. The American Screen to 1970*, Univ. of California Press, 1990(2007)]

48) 물리학자인 닐스 보어Niels Bohr의 반응에 대한 재미있는 에피소드를 참고할 것. 그는 다양한 양상의 공간, 시간적인 차이에도 불구하고 어떻게 카메라가 매 순간 사건 앞에 있게 되는지 이해할 수 없었다. 《Niels Bohr et le cinéma》, *Cinéma* 04, automne, 2002.

드는 시각적인 기괴함은 회화적인 연작의 기괴함보다 훨씬 강하다. 영화는 강요된 방식으로, 단일 방향으로 하나의 표현에서 다른 표현으로 이동한다. 연속화에서 벗어날 수도 없고 뒤로 돌아갈 수도 없다. 게다가 두 표현 사이의 차이는 그 둘 사이 시간의 절대적인 인접성에 의해 극단에 이르게 된다. 이러한 기괴함은 단지 콜라주의 기괴함과 비교할 수 있을 뿐이다. (이것 외에 큐비즘과 영화에 대한 다른 일반적인 의미는 없다.) 콜라주에서처럼 영화에서도 시선은 동일한 공간을 차지하고 있는—콜라주에서는 동시적으로, 영화에서는 연속적으로—이질적인 단편들로 이루어져 있다. 연작-효과와 콜라주-효과 사이의 중개물인 영화의 몽타주, 갑작스러운 변화는, 그러므로 인지적인 숏cognitif에 항상 흡수된다. 즉 상식을 매우 벗어난 것이라 할지라도 숏의 몽타주에서 진정으로 의미를 찾아내려고 애쓴다면, 우리는 항상 무엇인가를 찾아내고 이해할 수 있을 것이다. 이 점에서, 다시 한 번, 에이젠슈테인은 타의 추종을 불허한다. 그가 지적 몽타주의 예로 제시한 그림 맞추기 수수께끼가 그러하다. 그렇지만 연작처럼, 그리고 콜라주처럼, 혹은 이 둘보다 더, 영화 몽타주는 완벽한 이해력으로도 해결하지 못하는 혼란에 사로잡힌 시선을—우리가 이 둘을 분리할 수 있다고 가정하면 지적인 것보다도 눈이 더—남긴다. 시선이 겪는 혼란은 영화 앞에서 더욱 강렬한데, 왜냐하면 이 혼란은 시간 속에서 반응하기 때문이며 간격들이 영화에서는 완전히 최소한으로, 즉 필름의 접합 시간으로 축소되기 때문이다.

  간격. 이 단어는 이제, 황당무계한 질문에 다른 사람들보다 더 예민하게 반응한 감독들, 베르토프와 고다르 같은 몇몇 감독이 부여한 진정한 울림을 갖게 된다. 영화에서 간격이란 무엇인가? 증후적으로 에이젠슈테인(그 역시 충만함에 흥미를 갖는다. 그에게 간극은 단지 채워야 할 차이로서만 흥미롭다.)이 간과한 이러한 질문에 역사적으로 대답한 이는 베르토프이다. 간격은 두 개의 숏 사이에 유지되는 시각적 거리이다. '숏'은 편의상 존재하는 것이고 베르토프는 간격을 단번에 일반화시킬 수 있는 개념으로, 특히 이중인화에서(〈카메라를 든 사나이〉의 마지막에 표현된 탁월한 분열을 보라.) 작용할 수 있는 개념으로 고찰한다. 반면 두 형용사는 중요하다. 간격은 지적이지 않고 시각적이다. 그래서 채워질 수 없다. 끊임없이 유지될 수만 있다. 다른 둘 사이의 관계, 간극**이라고** 하는 세 번째 용어에 대한 과도한 애착, 사이l'entre-deux에 대한 과도한 애착이 여전히 작품에서 표현되고 있긴 하지만, 고다르는 어쩌면 이론적이지 않은 측면에서 이러한 것들을 더욱 잘 제시한다. 〈6×2 Six fois deux〉[49] 연작의 '우리 셋Nous 3' 에피소드에 대한 모든 담론이나 〈어때?Comment ça va〉에서 이중 인화된 이미지 실험의 모든 논리가 그러했다. 간격은 영화에서 시간적 통합의 이론적 조작자이며, 이것을 통해 시간은 **형식적인** 재료—베르토프는 조형적이라기보다는 음악적이라고 말하지만 그의 영화와 고다르의 영화는 이것을 부정한다[50]—가 된다.

간격을 이론적인 조작자로 제시하는 것, 간격을 베르토프나 고다르의 작품처럼 아주 급진적인 작품과 결부시키는 것은, 간격이 극단적으로 계산되고 매우 세련된 영화 예술의 이러한 형식들 속에서만 작동한다고 생각할 수도 있다. 그런데 이것은 잘못된 생각이다. 아주 단순한 예를 들어 간격의 중요한 한 형상인 '불연속 편집faux raccord'을 생각해 보자. 이것은

∴

49) 역주: 1976년 고다르가 만든 TV 미니 시리즈이다. 모두 6편의 에피소드로 되어 있다.
50) 간격에 대해서는 Vertov, *Articles, Journaux, Projets, op. cit.*와 Yuri Tsyivian, ed. *Lines of Resistance. Dziga Vertov and the Twenties*, Sacile/Pordenone, Le Giornate del cinema muto, 2004를 참고할 것.

노엘 버치가 '원시적 재현 방식'이라고 부른 것의 형식적 특성 가운데 하나이며, 규범적인 시각에 비추어 볼 때 오늘날에도 여전히 가장 받아들일 수 없는 아주 흥미로운 것들 중 하나이다.[51] 불연속 편집은 동일 행위가 두 번 연이어 보이고 두 개의 다른 시점에서 반복되는 것을 말한다. 한 숏에서 다음 숏으로 넘어갈 때, 촬영 축, 프레임의 크기, 드물게는 조명까지 모든 것이 변할 수 있다. 그 어떤 경우라고 해도 결과는 혼란스럽다. 이것의 결과는 분명 지울 수 없고 교정할 수도 없다. 물론 '원시적 재현 방식MRP: Mode de représentation primitif'의 스타일적인 특성이 대부분 그러하듯 분명 이것도 역사적으로 모호하다. 영화 역사가들은 그리피스가 심사숙고해 만들어낸 장면 연결은 **연속 편집**continuity editing[52]이라는 무거운 건축물의 초석일 뿐이라고 설명한다. 그러나 고전 할리우드 영화가 중요시한 '연속성을 지닌' 이러한 몽타주는 바쟁이 생각했던 것처럼 결여에 대한 두려움이라기보다는 과잉에 대한 두려움을 증명한다는 점을 이러한 설명은 간접적으로 강조한다. 또는 과잉을 흡수하기보다는 정신적으로, **그리고** 시각적으로 결여를 보완하는 것이 더 쉽다는 것을 강조한다. 내가 연작, 콜라주, 그리고 간격에 대해 강조하고 싶었던 것이 바로 이것이다.(역사적인 양면성이 무엇이었든 간에 잘못된 편집이라는 이러한 형상은 초기 고다르의 작품이 증명하는 것처럼 난폭한 채로 있다.)

우리는 더 멀리 나가 간격의 또 다른 형상을 찾을 수 있을 것이다. 시간을 조형적 재료로 만듦으로써 시선을 정지시키고 동요시키는 영화에서

..

51) Noël Burche, *La Lucarne de l'infini. Naissance du langage cinématographique*, Nathan, 1990.
52) 연속 편집에 대해서는 Kristin Thompson D. Bordwell과 공동 작업한 *The Classical Hollywood Cinema*, Columbia Univ. Press, 1985를 참고할 것.

찾을 수 있다. 여전히 이름 없는 이미지의 점진적인 등장과 사라짐과 함께 줌의 작동 역시 모순적인 **고속도 촬영기**Zeitlupe(베르토프의 느린 화면, '시간적인 확대경')는 좋은 예가 된다. 고전적인 스타일에 도취된 영화 형식의 역사를 대략적으로 검토한다면, 시선을 어리둥절하게 하고, 시선을 간헐적으로 사라지게 하며 때로 시선을 놀라게 하는 영화적인 것이 작동하는 영역, 즉 영화에서 시간의 이러한 형식들은 나타날 수 없을 것이다.

4

한 프레임에서 다른 프레임으로:
가장자리와 거리

이제는 영화와 회화의 명백하게 유사한 특성들—프레임, 구도, 조형적 가치들의 작용—을 기술해야 하는데, 이는 앞서 언급한 전제 원리들을 부정하고자 하는 것이 아니라 다른 방식으로 확인하려는 것이다. 회화를 다룬 방대한 영화 자료 중 유명한 한 예로 시작하고자 한다.(영화와 회화는 분명 다르지만 영화는 계속해서 회화를 소개하고 복제하고 담론화했다.) 그것은 알랭 레네Alain Resnais의 〈반 고흐Van Gogh〉(1948)이다. 1948년 노골적인 문화 기획의 일환으로 피에르 브론베르제Pierre Braunberger[1]가 제작하였고, 오늘날 듣기에는 참을 수 없을 정도로 과장된 해설이 수반돼 있는 이 작품은 겉으로 보기엔 회화 영화의 하위 장르로 취급되는 화가에 관한 단순한

∵
1) 역주: 피에르 브론베르제는 프랑스 누벨바그(1958~66)를 대표하는 제작자이다. 장뤽 고다르를 비롯해 1950년대 중반 이후 등장한 프랑스의 새로운 감독들의 영화를 주로 제작하였다.

전기 영화처럼 보인다. 우리는 이 영화에서 별 놀라움 없이 광인인 화가의 충격적인 삶을 선조적으로 따라가게 된다. 광기, 열광, 표현주의 같은 전통적인 토포스들[2]이 적절하게 구현된다. 마치 반드시 그래야 하는 것처럼 모든 것이 반 고흐의 실제 작품들에 대한 필름 재현을 통해 예증된다. 그렇다면 이 영화의 명성과 소소한 추문은 어디에서 비롯하는 것일까?

첫 번째 이유는 가장 뛰어난 색채주의자를 다루면서 흑백 필름으로 영화를 찍었다는 것이다—이것은 당시에도 주목받았다. 최고의 도발적인 개그이다. 화가의 사인을 클로즈업으로 보여주는 제목은 그것이 지속되는 몇 초 동안 흰색에서 검은색으로 바뀐다. 이 선택은 분명 미학적이라기보다는 기술적이고 경제적인 이유에서 비롯됐을 테지만, 그것이 던져준 충격은 이 영화를 다시 보고 싶게 만든다. 하지만 이러한 충격 효과도 시대의 효력 안에서 사라진다. 흑백 필름은 마치 이 영화에 대한 주석인 것처럼 영화의 제작 연대를 추정하게 한다. 그러므로 추문을 일으키고 오늘날 〈반 고흐〉를 중요한 작품으로 만드는 이유는 다른 데 있다. 이 영화는 그것이 재현하는 그림에 대해 최소 세 가지 작용을 수행한다.

첫 번째는 **디에제즈화**diégétisation 작용이다. 각 그림은 하나의 씬처럼 단일하면서 동시에 분절될 수 있는 허구적인 세계로 다루어진다. 예를 들어 레네는 반 고흐의 「감자 먹는 사람들」을 이용해 커피를 따르는 여자, 바라보는 남자 등 작은 에피소드를 담은 대략 여섯 개의 연속적인 숏을 만든다. 우리는 고흐의 이 그림 전체를 보지는 못한다. 물론 이 영화는 회화에 관한 다큐멘터리의 기본 지식을 담고 있다.(예를 들어 1948년 조토Giotto[3]에 대한 루치아노 에메르의 영화는 놀라운 발견을 보여주었다.) 특이한 것은 디에

• •

2) 역주: topoi는 topos의 복수로, 토포스란 문학의 전통적인 주제나 사상을 말한다.

제즈화 작용이 거의 이야기를 하지 않는 그림에도 똑같이 철저하게 적용된다는 것이다.

두 번째는 **서술화**narration 작용이다. 이 작용은 장면을 구성하는 부분들로 간주되는 이러한 그림의 단편들을 시퀀스화하는 과정에서, 보다 특별하게는 서로 다른 두 그림이나 여러 그림들을 장면으로 연결하는 과정에서 이루어진다. 몽타주로 만들어지는 시각적인 서사는 우리를 아를에 있는 한 호텔 정면에서 잘 알려진 화가의 방으로 이끈다. 첫 번째 숏에서 전진 이동 촬영으로 프레임은 창문으로 좁혀지고, 두 번째 숏에서 카메라는 창문을 떠나 후진 이동 촬영을 통해 방의 내부로 돌아온다. 마치 창문에 의한 이동이 동일 장소의 외부와 내부를 재현하는 두 그림을 허구적으로 연결할 수 있다는 듯이.

세 번째는 **심리화**psychologisation 작용이다. 이 작용은 앞서 두 작업의 최종적인 결과로 그림에서 내용적으로 중요한 한 부분을 화가의 의식과 허구적으로 연결시킨다. 여기에서 모든 기술적인 수단이 동원된다. 반 고흐의 자화상(숱이 많은 눈썹 아래 광인의 시선)과 그려진 풍경을 교대로 보여주는 화면과 역화면, 같은 그림의 반복되는 나열로 표현된 광인의 가없은 머리에서 소용돌이치는 본성, 해바라기 그림이나 사과나무 그림이 가난과 절망에 대해 표현하고 있는 것에 대한 강조('슬픔은 지속될 것이다.') 등이 그러하다. 때로는 전진 줌 촬영만으로 이 모든 것이 충분히 표현된다.

. .

3) 역주: 조토 디 본도네(Giotto di Bondone, 1267~1337)는 13세기 말에서 14세기 중반까지 활동한 이탈리아 화가이다. 조토가 활동할 당시 이탈리아에는 고딕과 비잔틴 양식을 중심으로 한 중세적 관습이 주도하는 가운데 이를 탈피하려는 변화의 움직임이 일어나고 있었는데, 그러한 변화의 첨단에서 유럽 회화의 흐름을 중세에서 르네상스로 바꿔놓은 혁신적인 주인공이 조토이다.

이 세 가지 작용의 논리적인 일관성은 지나칠 정도로 견고하다. 각 작용에서 회화적인 재현을 디에제즈로, 서사로, 영화로 변화시키기 위해서는 그 재현들에서 회화적인 요소들—붓의 터치, 물감, 색, 구성—을 없애는 것이 중요하다. 이 세 작용이 합쳐져 **영화화**cinématisation를 구축하는데, 이는 개별적 작용의 특성을 파괴하면서 충돌을 일으킬 여지가 있는 반(反)자연적인 작용이다.(3년 후 레네는 〈게르니카Guernica〉에서 반 고흐의 그림을 해체함과 동시에 여러 시기 다양한 피카소 작품들에 대한 푸르스름하고 붉은 빛이 감도는 인위적인 서술화를 감행하게 된다.)

바쟁은 여기서 출발해 1951년 그의 유명한 글[4]을 쓴다. 감독이 개입해 회화 작품의 공간을 '열었고' 그 작품에 상상할 수 있는 바깥, 외화면을 부여했다는 것을 확인하면서 바쟁은 이러한 지적을 이제는 유명해진 영화 프레임과 회화 프레임의 일반적인 차이로까지 확대한다. 그에게 영화 프레임은 '원심적'이다. 이것은 중심으로부터 멀리, 프레임의 가장자리 너머까지 보게 한다. 영화 프레임은 외화면, 보이지 않는 것의 허구화를 야기한다. 반대로 회화 프레임은 '구심적'이다. 이 프레임은 자신의 고유한 재료 공간과 구조 공간 위에서 그림을 닫는다. 이것은 관람객의 시선을 끊임없이 내부로 끌어들이며 허구적인 장면보다는 하나의 그림, 회화, **회화성**을 보게 만든다. 바쟁의 주장은 스쳐 지나가듯 제기돼 있지만(그는 이 말에 동의하지 않을 것이다.) 커다란 반향을 불러일으켰다. 그의 주장을 정교하게 만들기 위해 혹은 모호한 용어(원심적/구심적)가 불편해 그 선택에 이의를 제기하기 위해,[5] 그리고 그의 주장을 반박하기 위해 많은 이론적 시도들이 제기

∵

4) André Bazin, 《Peinture et cinéma》, in *Qu'est-ce que le cinéma?*, Éd. du Cerf, 1975.
5) 특히 Jean Mitry, *Esthétique et Psychologie du cinéma*, t.1, chap. 36, Éd. Universitaires, 1964를 볼 것.

되어 왔지만 그 어떤 것도 프레임—한편에는 영화 프레임이 있고 다른 한 편에는 회화 프레임이 있지만—이라는 동일한 문제 제기를 벗어나지 않았다. 나 또한 이 문제에서 시작하고자 한다.

프레임이란 무엇인가? 어원적인 고찰은 그리 중요한 것을 알려주지 않지만 그래도 가볍게 살펴보자. 프레임의 어원은 **quadro, quadratum**인데, 이는 주지하다시피 정사각형이란 의미이다. 하지만 우리는 회화 프레임이 정사각형이 아님을 잘 안다. 정사각형 프레임은 통계적으로 드문 예외에 속한다. 따라서 프레임의 정의를 최소한으로 해보면 프레임은 이미지가 무한하거나 무규정적이지 않게 만들어주는 것, 이미지를 마무리하고 결정하는 것이다. 라스코Lascaux 동굴[6]의 들소나 중국 화가의 사과나무 가지도 엄밀히 말하면 고정되어 있거나 한정되어 있지 않다. 따라서 위에서 언급한 정의는 아무리 최소한이라 해도 프레임이라는 제도가 본질적으로 관례적이고 문화적이라는 것을 말하기에 충분하다.[7] 더욱이 시야가 분명하게 제한되어 있는 우리의 시각 또한 정확하게 프레임화되지 않는다. 프레임의 가장자리는 모호하고 불분명하며 유동적이다. 간단히 말해 우리는 이러한 재현의 형식이 갖고 있는 자연적인 근원—생태적이고 나아가 생물학적인 —에 의존할 수 없으며, 고전주의 시대 서구 회화라는 특권적인 위치에서 출발해 프레임과 그의 기능을 단번에 정의할 수도 없다. 예외적인 경우들 (더러 있긴 하지만)은 잊자. 중요한 것은 가장 보편적인 회화적 표현에 등장

··

6) 역주: 라스코 동굴은 구석기 후기 벽화가 있는 석회암 동굴 유적이다. 프랑스 도르도뉴 지방의 몽티냑 마을에 있는데, 1940년 이 마을에 사는 소년들에 의해 우연히 발견되었다.
7) '무경계'라는 글에서 나는 이러한 생각을 재고찰하였다. Jacques Aumont, 《Sans Limite》 in *Matière d'image*, Images modernes, 2005.

하는 프레임이 어떻게 나타나는가 하는 것이다. 나는 그것의 세 측면, 연속적인 세 작용 혹은 기능을 살펴보고자 한다.

첫 번째는 가장 촉각적인 것으로 **오브제-프레임**cadre-objet이다. 이는 그림의 물질적, 물리적인 틀로서의 프레임이다. 프레임은 무엇보다 금도금의 나무 장식이나 두꺼운 종이로 된 액자 틀, 액자의 가장자리에 대는 천 등 프레임이라고 불리는, 그리고 네모난 테두리를 치도록 해주는 오브제이다. 이러한 개념이 경험적이라는 것은 분명하다. 따라서 그것의 경계는 모호하다. 많은 경우 우리는 어디서 오브제-프레임이 시작되는지, 그리고 작품의 특히 건축학적인 환경은 어디서 끝나는지 자문하게 된다. 예를 들어 프레스코화—로마 교회나 로마 호화 주택의 대벽화—는 대개 건축물 이외 다른 오브제-프레임을 갖지 않는 반면, 바로크 시대에는 온갖 종류의 혼합물을 뒤섞어 프레임 만드는 것을 즐겼다. 오브제-프레임은 항상 다음과 같은 가치를 갖고 있다. 그것은 작품을 둘러싸고 작품에 환경을 만들어준다. 동시에 도금하거나 조각이 새겨진 프레임의 평범하지만 상징적인 형식을 통해 오브제-프레임은 이미지의 동원과 관련된다. 말하자면 그렇게 해서 가구가 되는 것이며 오브제가 되는 것이다. 정확히 말해 판매 가능한 물건과 관련된다. 우리는 오늘날에도 여전히 멋진 프레임을 가진 그림이 시장에서 더 값어치가 나간다는 사실을 알고 있다. 오브제-프레임은 가치 있도록 만드는 것이며 이미지는 판매되고 사유되는 것임을 알리는 고전적인 형식의 기호이다.

일단 그림의 틀을 없애면 화폭의 가장자리, 이미지의 물질적인 경계가 나타난다. **경계-프레임**cadre-limite이다. 물리적 경계인 이 프레임은 이미지에 대한 시각적인 경계이다. 이 프레임은 규모와 비율을 결정한다. 그것은 또한 구성을 지배한다. 구성이라는 단어는 이 단어를 강요했던 전통이 제대로, 그리고 성공적으로 정의하지 못한 만큼 분명 다소 견고하지 못한 측면이 있다. 하지만 예를 들어 눈에서 조형적인 관계 및 비율과 관련되는 것을 통해 좀 더 정확한 가설을 덧붙임으로써 이 용어를 충분히 견고하게 만들 수 있다. 이러한 의미에서 가장 체계적인 시도를 한 사람은 루돌프 아른하임Rudolf Arnheim[8]이다. 그는 구성을 구심화의 문제로, 그림에서 시각적인 중심을 구축하는 문제로 만든다. 아른하임에 따르면 구성이란 중심들의, 그리고 중심들 사이에서 일어나는 역동적인 상호 작용, 심지어는 충돌적이기까지 한 상호 작용이며 구성을 창조하고 존재하게 만드는 것은 바로 '절대적' 중심인 관객이다. 눈은 많은 시각적 요소들의 정확하고 조화로운 관계, 그 요소들 각각의 무게, 그것과 중심 혹은 중심으로부터의 거리를 가늠하는 도구이다. 이러한 작용에서 보면 경계-프레임은 영역을 표시한다.

그러나 구성에 대한 이러한 추상적인 정의를 아른하임만 내린 것은 아니다.(아른하임 이전에 클레와 칸딘스키Kandinsky도 한 바 있다.) 고전적인 구상화에서 반은 상징적이고 반은 허구적인 형상들의 계획된 배열이 존재하는데, 이것은 **규범**decorum에 상응하며 품위 있는 배열이라고 말하는 것이 나을지도 모른다. 이러한 배열에는 그림의 표면, 분할, 그리고 위계화가 능동적으로 개입한다. 예를 들어 우리는 콰트로첸토[9] 그림에서 그림의 기하

⁞

8) Arnheim, *The Power of the Center*, Univ. of California Press, 1982, et *Film als Kunst* (1932), Fischer Taschenbuch Vlg., 1979.(독일어 원서가 아닌 축약된 영어 번역서를 재번역한 프랑스 번역본은 추천하고 싶지 않다.)

9) 역주: Quattrocento. 숫자 '400'을 뜻하는 이탈리아어로, '4'를 뜻하는 '콰트로Quattro'와 '100'을 뜻하는 '첸토cento'가 합해 만들어졌다. 일반적으로 서양 미술사 시대 구분에서 1400년대, 즉 15세기 이탈리아의 문예 부흥기를 가리킨다. 특히 피렌체와 로마, 베네치아를 중심으로 한 초기 르네상스의 시대 양식과 개념을 나타내기 위한 미술 용어로 쓰인다.

학적인 중심이 지니는 엄청난 상징적인 역할과 그것이 중심 소실점과 벌이는 경쟁에 관해 알고 있다. 이 그림에서 기하학적인 중심은 신의 원리를 표현한다. 모든 고전적인 그림에서 경계-프레임과 그림의 표면은 문자 그대로 수사학적인 가치를 부여받는다. 그림은 '말을 걸고', 그것의 규범과 상징적으로 올바른 구성을 보여준다. 그래서 경계-프레임은 이러한 담론의 조작자이다. 이러한 의미에서, 아니 이러한 의미에서만 프레임은 루이 마랭Louis Marin의 용어를 빌려 말하자면 자기 반영성의 조작자라고 할 수 있으며 그림이 그림으로서, 담론으로서 스스로 자신을 표현할 수 있게 해준다.[10] 그것은 그림의 의미, 그림의 가능한 모든 의미가 그림 자체에 담겨 있음을 의미함과 동시에 그림의 의미를 바깥으로부터, 이미지의 그 어떤 것도 존재하지 않는 그림의 가장 극단적인 바깥으로부터 읽어야 한다는 것을 의미한다.(여기서 보르헤스가 『불한당들의 세계사』에서 언급한 다음과 같은 일화를 생각해 봤으면 한다. 20세기 초 뉴욕 깡패들의 은어에서 **회화 프레임**은 교수형에 대한 은유였다.) 이러한 의미는 우연적인 것이 아니다. 그것은 이미지 안에서는 결코 찾아볼 수 없지만 의미의 형태로 그의 환영을 비추는 제작자에 의해 만들어진다. 달리 말해 언술이자 의미 작용으로서의 그림은 어떤 공간으로부터 만들어지고 읽히는데, 이 공간은 픽션의 공간이 아니라 담론의 공간, **프레임-바깥**hors-cadre이다. 이러한 작용, 프레임-바깥이라는 제도는 회화뿐 아니라 구상 이미지에서는 불가피한 것이다. 물론 그 형식은 엄청날 만큼 다양하게 발현되어 왔다. 궁극적으로 경계-프레임의 기능과 동일시되는 것은 프레임-바깥의 작용이다.

∴

10) Louis Marin, 《Du cadre au décor ou la question de l'ornement dans la peinture》, *Hors-cadre*, 2, 1984.

마지막으로 우리는 이미지가 재현하는 것, '우리의 욕망과 일치하는'[11] 이러한 상상적인 세계에 관심을 가질 때가 되었다. 라캉의 말을 인용하는 것은 무의미하지 않을 것이다. 하나의 이미지는 자궁인 동시에 저작(詛嚼) 기관이며 시각적인 동시에 상상적이다.[12] 이미지는 우리가 그 안에서 헤매 도록 하기 위해—알면서, 드물게는 모르는 채로—만들어지며 '시각 중심 적인' 우리의 문화에서 이미지의 생산은 객관적인 것과 주관적인 것의 결 합, 이 둘 사이의 불분명함에 다름 아니다. 그러므로 하나의 이미지를 만 든다는 것은 항상 어떤 영역—시각적인 영역과 상상적인 영역, 이 둘은 분 리 불가능하다—과 등가의 것을 부여하는 것이다.(등가적이라고 말할 수밖 에 없는데, 시각 영역은 가변성을 비롯해 이미지와 다른 많은 특성들을 지니고 있 기 때문이다. 영화 이미지도 우리가 살펴보았듯 그와 비슷한 것을 줄 뿐이다.) 따 라서 프레임은 이러한 영역의 경계, 가장자리, 더 정확하게 말하자면 화 면으로부터 우리에게 볼거리가 제공되는 것의 가장자리이다—프레임은 시각적 영역에 속하지 않기 때문이다. 달리 말해 프레임은 시각적 영역의 일부를 이루지 않는다. 그것은 항상 어떤 조작자, 어떤 시각의 조작자이 다.(사실 그림은 볼거리를 **부여하고** 시선을 가두며 다른 것을 못 보게 한다.) 시 각과 상상적인 것을 향해 열려 있는 이러한 프레임은 가상의 어떤 이름을 부여받을 만하다. 이것을 나는 **창문-프레임**cadre-fenêtre이라고 부르고자 한다.

∵

11) 미셸 무를레가 『무명의 예술에 대하여』에서 한 말인데, 장뤽 고다르가 〈경멸〉의 오프닝시퀀 스에서 무를레의 이 말을 인용함으로써 유명해졌다. Voir Mourlet, *Sur un art ignoré*, La Table Ronde, 1965.

12) Jacques Lacan, *Les Quatre Concepts fondamentaux de la psychanalyse* (1964), Éd. du Seuil, 1992.

적어도 글자 그대로 전통적인 은유를 따른다면 창문은 그 뒤에 우리가 보게 될 어떤 것이 있다는 것을 암시한다. 이는 바쟁이 원하던 것으로 그는 우리가 외관, 이러한 '창문'을 관통할 수 있다고 믿길 원했다. 하지만 세계로 열린 창이라는 은유를 **인공적 원근법**perspectiva artificialis의 창시자인 레온 바티스타 알베르티Leon Battista Alberti[13]가 제안했다고 생각한 것은 바쟁의 실수였다는 점을 말해야겠다. 알베르티는 창문이 여는 '세계'가 우리의 세계가 아니라 적어도 부분적으로는 상징의 세계라는 것을 모르지 않았다. 게다가 그는 자연 세계에 대해 우리와 같은 생각을 갖고 있지 않았다. 알베르티에게 자연 세계는 신의 은총이 내린 상징들을 포함하고 있었다. 그래서 우리가 기하학적인 자연화와 인본주의 이데올로기의 흔적을 그토록 절실히 찾고자 했던 중앙 소실점이 알베르티에게는 '빛들의 왕roi des rayons'—이 표현은 그가 사용한 것이다—, 다시 말해 **신의** 빛에 상응하는 것이었다. 또한 그는 '세계로 열린 창'이라는 표현 대신 그 스스로 **이스토리아**istoria—역사, 픽션, 상징적 정경—라고 부른 것을 향해 열려진 창이라는 생각을 쓴 바 있다.[14] 더구나 이 점에 관해 회화사는 분명히 알려준다. 콰트로첸토 화가들이 실제로 '벽에 구멍을 내려고(Vasari)' 노력했다면, 한 세기 후 매너리즘 회화[15]는 이러한 시도와 단절하면서 '있는

..

13) 역주: 레온 알베르티(1404~72)는 작가이자 철학자, 화가이자 건축가이면서 회화와 조각에 관한 이론가이다. 바사리Vasari가 그의 저서 『최고의 화가, 조각가와 건축가들의 삶』(1550)에서 알베르티의 생애와 예술론에 대해 기술한 바 있다.

14) Leon Battista Alberti, *Della Pittura*(1435-36), éd. Luigi Mallé, Firenze, Sansoni, 1950; *De Pictura*(1435), et traduction par Jean Louis Schefer, Macula, 1992도 참조할 것. Alfonso Procaccini, 《Alberti and the "Point" of Perspective》, *vs* 29, 1981.

15) 역주: 매너리즘 회화는 1520년 이후부터 17세기 초 바로크 미술이 부상하기 전까지 이탈리아를 중심으로 유럽에 확산되었던 양식을 말한다. 바사리가 『미술가 열전』에서 사용하였던 매너리즘은 이탈리아어로 '양식', '기법'을 뜻하는 디 마니에라Di Maniera란 단어에서 유래한

힘을 다해 형상의 부피와 화폭의 표면이 생겨나게 하길'[16] 원했다.(Daniel Arasse) 원한다면 창문이라고 할 수 있겠지만 그것은 환영적인 창문이다.

나는 임시로 조합하여 만든 프레임의 세 기능을 설명했다. 그러다 보니 예를 들어 '오브제-프레임'은 별로 마음에 들지 않는데, 이 용어에는 프레임의 물질적인 성격을 지나치게 강조하는 안 좋은 점이 있기 때문이다. 프레임에는 우선 나무로 된 액자가 있다. 종종 도금을 하거나 조각을 새기기도 하는 나무 액자는 오랫동안 의무적으로 사용되었다. 그런데 왜, 무엇을 위해 그랬을까? 내가 보기엔 본질적으로 두 가지 효과 때문인데, 이는 오브제-프레임이라는 단어를 잊게 해주고 그 정의를 정제해 줄 수 있을 것이다. 첫 번째 효과는 오브제-프레임이 그림의 지각을 여러 가지로 변형한다는 것이다. 프레임의 도금은 순수하지 않다. 금색은 그림 자체에 노르스름한 부드러운 빛을 부여하고 그 빛은 이미지를 가리지 않으면서 은은하게 이미지 주위로 퍼지며, 자신을 드러내지 않으면서 이미지를 희미하게 비춰준다. 여기서 약간의 상상력을 발휘하여 초가 켜진 밝지 않은 방에서 그림을 보는 것처럼 이미지를 볼 필요가 있다. 이것은 박물관의 현대적 관리 기술에서 차가운 확산적 조명을 복원시켰음에도 불구하고 쉽지 않다.[17]

∙∙

것으로, 그림은 일정한 규범과 양식에 따라 그려야 한다는 것을 전제로 했다. 당대에는 긍정적인 의미로 쓰였던 매너리즘은 차차 16세기 후반 일련의 미술 경향을 부정적으로 지칭하는 데 쓰였다.

16) Daniel Arasse, *L'Homme en perspective*, Genève, Famot, 1978.

17) 예를 들어 헨리 제임스의 『여인의 초상』 초반에 등장하는 갤러리 방문 장면을 보자: "브래킷 위에는 램프가 있었다. 불빛이 불완전했더라면 좋았을 것이다. 불빛은 빛이 바랜 도금한 무거운 프레임 위로, 그리고 사치스러운 색깔의 스퀘어 위로 떨어지고 있었다. 그것은 갤러리의 윤나는 바닥에서 반짝거림을 만들고 있었다."[2007]

매우 다른 맥락에서 쓰인 다니자키 준이치로(谷崎潤一郞)의 『어둠의 찬사 l'Éloge de l'ombre』와 같은 훌륭한 텍스트는 우리에게 많은 도움이 된다. 프레임과 코르니슈는 주변의 빛과 화폭 위의 빛을 서로 맞추어준다. 프레임은 **매개**의 역할을 한다. 프레임의 지각적 기능은 광범위하게는 매개자가 되는 것이다. 이는 다른 매개자들처럼 매우 모순적인데, 그림을 환경에 통합시키면서 동시에 그림과 환경을 가시적으로 분리하기 때문이다. 프레임은 그림을 배경과 조화를 이루는 일종의 가구로 만든다는 의미에서 통합의 기능을 한다. 또한 프레임은 벽과 대조를 이루고 분리된 세계처럼 그림의 내부를 추상화하기 때문에 분리의 기능을 하기도 한다. 매너리즘 시기에 이를 증명해 주는 예들이 많은데, 이 그림들은 프레임과 **이스토리아** 사이의 이러한 통합과 분리를 아주 의도적으로 이용하고 있다.

시각적인 것은 늘 여러 요소의 도움을 받는다. 그래서 나는 두 번째 효과인 상징적 효과를 말하지 않을 수 없는데 이 또한 다층적 의미를 담고 있다. 고전 프레임의 금색에서는—사원의 금색, 혹은 다니자키가 언급하는 호화로운 아파트 내부의 금색처럼—부유함이 배어 나오고 또한 부유함이 과시된다. 나는 금이 중요하다는 점을 지적하고자 한다. 금은 순환한다. 금은 실제적인 형상으로(다른 가구들 위에서도 역시) 프레임 위에 존재하면서 상징적인 형상으로 프레임 외부에도 존재한다. 특히 금은 때로 프레임 안에도 존재한다. 시모네 마르티니Simone Martini[18]의 「수태고지 L'Annonciation」, 프라 안젤리코Fra Angelico[19]의 「동정녀의 예찬L'Apothéose de

••

18) 역주: 시모네 마르티니(1284~1344)는 비잔틴 양식에서 르네상스로 바뀌는 과도기 이탈리아 화가로 시에나파를 대표한다. 아름다운 색채의 장식적인 화풍을 나타낸 시에나 공회당, 아시시 교회, 아비뇽 교황궁 등의 그림에서 그의 뛰어난 재능을 엿볼 수 있다. 대표적 작품으로는 「장엄」, 「성모와 성자들」 등이 있다.

la Vierge」, 그리고 수많은 14세기 이탈리아 화가들의 그림은 금색 프레임과 금색 바탕을 동시에 지니고 있다. 몇몇 그림의 경우 이것은 배경의 물질적이고 정신적인 연장과도 같아서 우선적으로 프레임이 드러난다.

　내가 금을 이야기한 이유는 그것이 가장 쉽게 보이는 것이기 때문이다. 그렇지만 금의 상징적인 효과는 분명 크다. 오브제-프레임이 가치를 상징하기도 하지만 동시에 르네상스 때부터 점점 커지는 화가의 지배력을 의미하기도 하고 말로 표현할 수 없는 화가의 지위를 가리키기도 한다. 얀 반 에이크Jan van Eyck[20] 같은 화가는 자신의 고유한 프레임을 만들기도 했다. 그는 대리석이나 호안석, 다른 귀중한 재료인 것처럼 보이기 위해 복잡한 쇠시리로 작업하고 화판의 뒷부분까지 공들여 다듬었다. 요컨대 회화적 제도의 힘을 표시하는 모든 가치, 즉 그림의 중요한 지위, 예술가의 지위, 그림 소유주의 사회적 지위 등은 오브제-프레임으로 귀결된다.

　오브제-프레임을 정의할 수 있는 특징들은 물질성을 포함해 지각적 기능, 상징적 기능인데, 이 기능들은 우리가 앞서 언급한 분리 가능한 이 오브제가 없는 경우 그것의 다양한 표현물을 찾기 위해 오브제-프레임이

∵

19) 역주: 프라 안젤리코(1395~1455)는 이탈리아 르네상스 시대의 화가이다. 원래 이름은 귀도 디 피에로이다. 바사리의 기록에 따르면 프라 안젤리코는 '드물고 완벽한 재능의 소유자'였다. 초기에는 「리나이 보리의 성모」(1433)와 코르트나의 산도미니코 성당을 위해 그린 「수태고지」(1435년경)처럼 고딕 양식에 의한 치밀하고 화려한 작품을 나타내고 있으나 1436년 피렌체로 옮기고 나서부터는 「수태고지」 벽화 등이 보여주는 것처럼 훌륭한 르네상스적 작품들을 제작하였다. 1445~48년에는 로마에서 바티칸궁 니콜라스 5세 예배당 벽화에도 참여하였다. 특유의 청아한 표현으로 피렌체 회화에서 독자적 위치를 차지한다.

20) 역주: 얀 반 에이크(1395~1441)는 네덜란드 화가로 플랑드르 화파의 선구자이다. 그는 초기 유럽 북부의 르네상스 미술에 큰 영향을 주었다. 유화 물감을 크게 발전시켜 그를 기점으로 유화가 미술계에서 본격적으로 사용되기 시작하였다. 이 때문에 얀 반 에이크를 유화의 발명자로 보기도 한다. 대표작으로는 「어린 양에 대한 경배(겐트 제단화)」, 「아르놀피니 부부의 초상」 등이 있다.

라는 표현 대신 사용될 수 있을 것이다. 아레초Arezzo[21]나 보스코레알레 Boscoreale[22]의 프레스코화도 분리 가능한 프레임을 갖고 있지 않다. 이 프레스코화들은 어떤 '오브제'도 동원하지 않는다. 하지만 그것에는 분명 건축적인 프레임이 있고 이러한 프레임은 작품의 진정한 보석으로 지각의 물리적 조건들을 결정하며 지각을 상징적으로 위치시킨다. 예를 들어 눈속임 회화 같은 극단적인 경우를 생각해 보면 분명해질 것이다. 로마에 있는 성 이냐시오 성당[23]의 그림이 그려져 있는 둥근 천장은 정확한 지각을 위해 프레임에 절대적으로 의존하고 있다.(성당 바닥 위의 작은 원판에는 점이 표시돼 있는데 거기에 서서 이 천장화를 바라보아야 한다.) 우리는 더 많은 예를 들거나 플랑드르파의 눈속임 효과로 그려진 '집무실'뿐 아니라 원추나 원주의 형태로 왜곡된 형상들을 떠올릴 수 있을 것이다. 다양한 프레임과 오브제들에서—때로는 완전히 이런 것들이 부재하는 가운데—우리는 늘 어떤 것을 발견할 수 있는데, 이것은 관객의 물질적이고 심리적인 조건화를 보장하며, 이것이 없으면 회화 작품은 지각적으로, 상징적으로 기능하지 않을 것이다. 말하자면 존재하지 않을 것이다. 이 어떤 것은 강한 의미에서 하나의 장치이다.

앞서 나는 오늘날 사람들이 '장치'라고 부르는 것을 언급했는데, 이 용어가 어떤 점에서 회화보다 영화에 적합한지 재론할 필요는 없다. 나는 점점

∙∙

21) 역주: 이탈리아 토스카나 지방의 작은 도시 아레초의 산프란체스코 성당에는 피에로 델라 프란체스카의 아름다운 프레스코화가 있다.
22) 역주: 이탈리아 남부 캄파니아주의 보스코레알레에는 고대 로마 저택이 있는데, 이 안에 당시의 생활상을 보여주는 프레스코화가 있다.
23) 역주: 성 이냐시오 성당은 이탈리아 로마에 있는 로마 가톨릭교회의 성당이다. 1626~50년에 걸쳐 바로크 양식으로 지어진 이 성당은 예수회 창시자인 로욜라의 성 이냐시오(1491~1556)를 기리기 위해 건립되었다.

보편화하는 '오브제-프레임'의 이러한 정의 안에서 조금씩 영화에 접근하고자 하며 등가성이 존재하지 않는 곳에서 등가성을 찾으려고 하지는 않을 것이다. 그래도 이 용어에 집착한다면 우리는 영화 스크린 주변에서 오브제-프레임을 만드는 어떤 것을 찾아낼 수 있을 것이다. 프랑스에서 그에 가장 근접한 것은 커튼이다. 커튼은 영화가 시작하면서 양 옆으로 물러나 영사하는 동안 영화 작품을 프레임화한다. 그러나 이러한 등가성은 별로 설득력이 없다. 커튼은 지각적으로 작은 역할을 할 뿐이며 그것의 상징적 가치는 미미하다.(극장 커튼은 연극적 스펙터클의 고귀함을 모방한 것이다.) 금으로 된 프레임과는 거리가 멀다. 영화적 재현의 부속물들 가운데 그 어떤 것도 우리가 그림의 프레임화에 부여할 수 있는 기능을 완벽하게 구현하지 못한다. 하지만 이러한 기능이 영화에 존재하는 것도 사실이다. 영화적 스펙터클은 앞서 말한 바처럼 기이하고 그 장치는 놀랍고도 의미심장하다. 그래서 우리가 회화의 오브제-프레임과 등가의 것을 발견해야 하는 곳은 바로 이러한 장치의 외관이 아닌 내부, 즉 추상적 구성의 내부이다.

　여기서 영화 상영 때 드리워지는 어둠의 역할을 강조해야겠다. 진정으로 이미지를 보이게 하는 것은 무엇보다도 이미지 주변의 어둠이다. 대낮에는 이미지가 희미해지고 지워진다. 영화 이미지는 강렬한 빛 아래서 회화보다 더 근본적으로 변화한다. 더 심오하게 말하자면 영화 상영의 신비와 투영을 물질화하는 것은 어둠이다. 스크린 위에 유령들을 존재하게 만드는 것은 바로 어둠이다. 영화의 아우라는 밤이다. 여기에서 금색의 프레임이 만들어내는 빛의 과시는 없다. 이미지와 이미지의 오브제-프레임 사이에 모호한 관계가 생겨난다. 어둠은 자신의 방식으로 순환한다. 의미심장하게도 어둠은 이미지의 주변에 자리를 잡고 때로는 표현주의적이라고 간주되는 작품들에서처럼 이미지를 완전히 집어삼킨다. 어떤 경우에는 어둠이 영화 자체를 만들기도 한다. 물론 영화는 견고하지 않다. 예를 들어 사람들은 내게 스크린 주변에 존재하는 어둠의 특성은 그 어떤 것보다 많이 변해왔으며 알프스와 대서양을 넘어 여전히 변하고 있고 오늘날에는 비디오가 영화를 대체하는 경향이 있다고 반박할 것이다.[24] 이 모든 것을 부인할 수는 없지만 나는 계속해서 오브제-프레임의 가장 주요한 특징을 물질적으로, 그리고 상징적으로 이미지를 세팅하고 소개하고 프레임화하는 영화-장치의 이러한 어둠에서 찾고자 한다.[25]

　프레임의 다른 두 기능은 한꺼번에 고찰하기도 쉽고 모든 구상 이미지 예술로 확장하기도 쉽다. 용어는 문제가 있지만, 이 두 기능을 한꺼번에 고찰하는 게 쉽다는 걸 보여준 것은 바쟁의 주요 업적이다. 그는 본질적으로 프레임이 작품을 열고 닫을 수 있다고 주장한다. 프레임은 질주하는 시선을 구속하기도 하고 정신이 프레임의 경계를 넘어 탐험하도록 자극할 수도 있다.(일반적으로 프레임은 이 둘 다를 한다.) 경계와 창문—혹은 바쟁의 용어로는 '프레임 대 감춤cadre vs. cache'—, 영화 이미지와 마찬가지

∴

24) 1978년 가진 인터뷰에서 장 피에르 보비알라는 조만간 이미지가 스스로 빛을 냄으로써 어둠을 필요로 하지 않는 영화의 가능성에 대한 자신의 기대와 소망을 표현했다. 그에 따르면 어둠의 소실과 더불어 관객의 소외와 침묵도 사라질 것이다. 이러한 예언은 플라즈마 스크린을 필요로 하지 않는 비디오 영사기의 출현으로 일부 사실로 드러나기도 했지만, 비디오 영사기 사용이 극히 제한적으로 이루어지고 있고 사이즈도 너무 작아서 그것으로는 영화라는 생각을 할 수가 없다. 하지만 어쨌든 현재 극장보다는 비디오나 DVD 같은 장치를 통해 많은 사람들이 영화를 본다는 것은 영화와 우리의 관계에서 이루어진 주요한 변화라고 할 수 있다.[2007]

25) 매개적이고 복합적인 예로 진정한 장치가 결여된 사진을 고려하는 것 또한 흥미로울 것이다. 아마추어 사진에서 예전에는 오브제-프레임이 하얀 종이로 사진의 테두리를 두르던 형식으로 이루어졌지만, 오늘날 이러한 프레임은 완전히 사라졌다. 여기서는 분명 상징적 기능이 지각적 기능보다 우세하다.

로 회화 이미지는 이 둘 중 한 가지 작용을 하거나 둘 다를 한다. 회화사에서는 경계가 창문으로 변하거나 **반대로** 창문이 경계가 되는 경우가 드물지 않은데 때로는 그 진위를 가리기 어렵다. 앞서 이미 매너리즘과 눈속임에 대해 언급했고, 특히 15세기에서 17세기까지 회화는 일반적으로 이 작용을 매우 좋아하고 발전시킨 것 또한 사실이다. 그러나 19세기 사진적이고 '가변적인' 눈의 출현에도 불구하고 또한 그림의 가장자리가 점점 더 열림에도 불구하고 표면은 여전히 모든 관점에서 부각된다. 예를 들면 신고전주의[26]와 그의 후예인 앵그르의 평판l'aplat 지향이 그러하다.

사실 영화는 그에 대해 많은 것을 가르쳐주었다. 네모의 다양한 형상들을 조명하는 수많은 예들에서 화면과 외화면의 교환, 외화면과 프레임-바깥 사이의 환원 불가능한 대립, 보다 최근 들어 프레임-바깥과 '프레임-안' 사이의 이해하기 어려운 관계에 대한 정의와 연구는 모두 영화에 대한 것이었다. 예를 들어 외화면이 화면의 단순한 연장일 수도, 화면에 화답하거나 화면을 견고하게 할 수도, 또는 화면을 변형시키거나 약화시킬 수도 있다는 걸 배운 것은 영화 작품을 통해서이다. '부재의 형상figure de l'absence'[27]과 같은 외화면의 이중성을 읽는 것은 어떤 사건에 대한 거의 탐정적인 재구성을 전제로 하는데 특히 이를 잘 활용해 온 것이 영화이다. 외화면의 이러한 이중성으로 20세기뿐만 아니라 전 회화에서 시선의 작용을 설명할 수는 없을까? 마찬가지로 '프레임-바깥'이라는 개념이 정립된 것도 대부분 영화 제도와 구조 안에서이다.(1960년대와 1970년대 자기 반영적 영화들을 포함하여) 하지만 이 개념을 중요한 예라 할 수 있는 중국 회화

··

26) 역주: 신고전주의 회화의 특징은 연극 무대처럼 한정된 공간, 단순한 구도, 건축적 배경이 많다.
27) Marc Vernet, *Figures de l'absence*, Cahiers du cinéma, 1988.

에 적용해 볼 수 있지 않을까? 중국 회화에서 예술가가 사용한 무(無)는 겉으로 보기에는 단지 작업의 부재처럼 읽히지만, 실은 프레임-바깥이 작품에 진정으로 개입한 결과이다.

영화, 회화, 사진에서 보이는 열림과 닫힘의 이러한 교대와 공존에 대해 더 이상 강조하지 않겠다. 게다가 우리는 영화 이론이 발전시킨 외화면과 프레임-바깥 개념들에 앞서 연극적 스펙터클에 덜 이론적이지만 장치와 관련해 더 명백한 특성들이 존재한다는 것을 알고 있다.(회화 역시 모든 시대에서 연극적인 재현 형식과 관련이 있다.) 요점만 이야기하자. 좀 전에 말했듯이 경계-프레임과 창문-프레임을 함께 취하는 것은 많은 경우에서 가역성 그 자체에 의해 입증된다. 그리고 서로 반대되는 용어쌍들―열림/닫힘, 구심성/원심성―의 선택이 보여주는 것도 이러한 가역성이다. 하지만 이 두 개념 사이에는 중대한 차이가 있다. 이 차이는 용어에 가려 보이지 않을 수 있지만 외화면과 프레임-바깥에 대한 고찰에 의해 증명되었다. 그것은 전자가 방향성이 있고 공간화되어 있다면 후자는 엄밀히 말해 어떤 차원도 지니지 않는다는 것이다. 경계-프레임은 실제로 그것이 경계 짓는 내부, 표면만을 지배한다. 경계-프레임 너머에는, 예를 들어 픽션적 차원―'창문'의 기능이 그러하다―이나 시각적, 조형적 차원에서 이러한 내부와 관련될 수 있는 그 어떤 것도 존재하지 않는다. 프레임의 가장자리에서 야기되는 시각적 긴장을 지닌 몬드리안의 추상화와 그 추상화에서 의도적인 테두리의 부재는, 사람들이 자주 지적하듯, 경계-프레임 바깥에서 눈길을 끈다. 그러나 이러한 바깥은 그림의 조형적인 구성에서 생각해 볼 수 있는 어떤 공간적 구조도 지니고 있지 않다. 기껏해야 우리는 픽션 원칙들인 연속성, 일관성, 핍진성의 원칙을 작동시킴으로써 머릿속에서 그림을 연장해 볼 수 있다. 추상화는 전적으로 경계-프레임이 지배하는 특권적인 장소이다.(바쟁의 명제도 이에 관해 정당성을 지닌다.) 다음 장에서 전형적인 회화의 연극적 공간에 대해 언급하면서 우리는 이러한 회화가 외화면을 의식하고 있음을 지적할 것이다. 지금 여기서는 회화가 경계와 창문을 작동시킬 수 있었던 섬세함의 유일하고 결정적인 예를 제시하고자 한다. 그것은 프레임 아래 테두리에서 만들어진다.

그림, 그려진 작품은 일반적으로 수직으로 보아야 하는 것으로 간주된다. 따라서 그림은 수직적인 오브제에 속한다. 우리 경험의 가장 확실한 상수들 중 하나—지각의 '생태학적' 이론들이 지적하듯 시각적인 것을 포함하여—에 따르면 그림은 중력에 구속된다. 이것은 재현된 사물들이 무게가 나가는 것 같은 환상을 품게 하기 때문일 뿐만 아니라 '시각적인 전체'(아른하임)는 그 자체로 '아래로 떨어지는' 경향을 지니고 있기 때문이다. 달리 말하면 그림의 아래 테두리는 문자 그대로 모든 것의 버팀목이다. 아래 테두리가 바닥, 지각적이고 상상적인 버팀이라는 이러한 기능을 고려한 특별한 처리에 속한다는 것은 매우 놀랍다.[28] 나는 그에 관해 모든 고전 회화에서 빈번하게 나타나는 두 현상을 인용하고자 한다. 하나는 아래 테두리에 다소 위협적인 틈새, 심연을 열어주고자 하는 전략이고, 다른 하나는 반대로 이중 테두리rebord로 심연을 강화하고 견고하게 하고자 하는 전략이다. 레오나르도 다빈치의 「암굴의 성모La Vierge aux Rochers」나 카라바조의 「그리스도의 매장La Mise au tombeau」(바티칸 미술관에 있는)과 같은

: :

28) 다음과 같은 저서와 잡지를 참조할 것. Arnheim, *The Power of the Center*, *op. cit.*; Anne-Marie Lecoq, 《Cadre et rebord》, *Revue de l'art* 26, 1974; A. -M. Lecoq et Pierre Georgel, 《Le Motif de la fenêtre, d'Alberti à Cézanne》, Catalogue de l'exposition 《D'un espace l'autre: la fenêtre》, Saint-Tropez, Musée de l'Annonciade, 1978; B. Bouret, *Des post-impressionnistes aux contemporains: le thème de la fenêtre dans la peinture française du vingtième siècle*, Musée des beaux-arts de Roanne, 2002; etc.

작품은 '심연'의 경향에 속한다. 이중 테두리 경향은 훨씬 일반화되었던 것으로 1500년경 초상화의 전형적인 특성이었다.(라파엘, 페루지노Perugino[29] 등을 참조할 것) 이 상반된 두 전략은 '추락'의 잠재성이라는 형식으로 된 외화면 존재에 대한 동일한 신념의 흔적임과 동시에 경계로서의 프레임에 대한 날카로운 의식의 흔적이기도 하다. 이 두 전략을 보다 노골적으로 드라마화하는 영화는 프레임의 테두리를 분명 좀 더 교환 가능한 것으로 만든다. 그렇다고 영화가 이러한 시각적인 '무게'에 무감한 것은 아니다. 측면 테두리들이 무엇보다 입장과 퇴장에 해당되는 것이라면 아래 테두리는 보다 스펙터클하게 사람이 나타났다가 사라지는 곳이다.(모든 훌륭한 영화감독 중에서 프레임을 가장 잘 잡는 감독 중 하나인 히치콕의 영화를 보면 죽어가는 인물이 아래쪽으로, 비어 있는 곳으로, 프레임의 아래 테두리 쪽으로 쓰러진다.) 그렇지 않으면 영화는 프레임을 이중화하는데, 예를 들어 관객이 보고 있으리라 추정하는 창문으로 프레임을 이중화한다.(〈중국 여인〉의 살인 장면을 참조할 것!)

요약해 보자. 내가 보여주고자 했던 것은 무엇보다 회화 프레임과 영화 프레임이라는 두 형식의 프레임이 존재하지 않는다는 것이다. 이 두 프레임은 본성이 다를 뿐이다. 하나는 우리가 알고 있는 바대로의 프레임이며, 다른 하나는 단순한 숨김이다. 프레임에는 다소 보편적인 기능들이 존재한다. 물론 이 보편적인 기능에 대한 완벽한 리스트를 작성하기란 불가능

••
29) 역주: 피에트로 페루지노(Pietro Perugino, 1450~1523년 추정)는 르네상스 초기의 대가 중 한 명이다. 피렌체의 우아한 시민들과 움브리아의 풍경을 균형 잡힌 구도로 배치했다. 당대 인기가 높았던 그는 라파엘로의 명성에 가려지기 전까지 같은 작품을 반복 제작하여 비방을 받기도 했으며 미켈란젤로에게 "서툴다"는 혹평을 받은 것으로 유명하다.

하다. 그리고 이 기능들은 역사적으로 다양한 스타일의 전제에 따라 시대적으로 다르게 발현되었다. 회화와 영화의 차이를 모두 없애야 한다고 말하려는 것이 아니다. 그 차이들 중 두세 가지는 강조되어야 한다. 하지만 이러한 차이는 다른 것에 비하면 프레임에서는 미미하다. 말하자면 프레임에서 영화와 회화는 가장 명백한 유사성을 띤다. 이는 많은 시네아스트와 평론가들이 맹목적으로 숭배하는 '구성'의 차원에서 영화와 회화가 서로를 모방하고 인용하는 데서도 증명된다. 〈메트로폴리스〉(프랑츠 랑, 1927)에서의 바벨 탑 숏이나 〈노아의 방주Noah's Ark〉(마이클 커티스Michael Curtiz, 1928)에서 무지개와 아치 위 숏은 분명 '회화-숏plans-tableaux'에 대한 풍자이다. 그럼에도 불구하고 이 숏들은 영화와 회화의 유사성에 대한 완벽하게 순진한 신뢰를 반영한다. 사실 훨씬 더 이전에 바셀 린지Vechel Lindsay는 영화의 포토그램을 확대하여 예술 작품으로 만들자고 제안하지 않았던가? 그리고 빅터 프리버그Victor Freeburg(미국에서 영화 비평을 가르친 선구자들 가운데 하나)는 1923년 영화에서 '회화적인 아름다움'의 본질을 조화로운 구성 원칙들 중 하나로 삼아야 한다고 주장하였다.[30]

이 모든 조악한 취향과 프레임에서 영화와 회화의 유사성을 핑계로 행해지는 이런 우스꽝스러운 과장을 접하면 스타일적인 부분을 밝혀내려는 바쟁의 유익한 집착을 이해하게 된다.(아카데믹한 회화-숏은 네오-리얼리즘 예찬자인 바쟁에게는 참을 수 없는 것이었음에 틀림없다.) 그가 비평적인 섬세함이 돋보이는 스타일의 영역에서 벗어나 이미 앞에서 설명한 바 있는

··
30) 이미 2장에서 언급한 바 있는 Vachel Lindsay, *The Art of the Moving Picture*; Victor Freeburg, *Pictorial Beauty on the Screen*, New York, Macmillan, 1923; David Bordwell, *The Films of Carl-Theodor Dreyer*, Univ. of California Press, 1981; Pascal Bonitzer, 《Le Plan-tableau》, *Cahiers du cinéma*, nº370, 1985를 참조할 것.

발생론적이고 존재론적인 실수로 빠져들었다는 것은 참으로 유감스럽다. 레네가 영화로 보여주었던 반 고흐의 그림이 이야기를 들려주기 시작하는 것은, 그리고 외화면을 열어주기 시작하는 것은 분명 서사를 지향하는 강력한 영화의 경향 덕분일 뿐만 아니라 이야기가 그림에서 시작—이야기로 시작—하기 때문이다. 잘 살펴보면 「아를의 반 고흐의 방La Chambre de Vincent à Arles」의 모든 버전[31]에서 측면 테두리들이 문과 맞닿아 있는 것은 우연이 아니다.(레네는 우리로 하여금 창문을 통해 다음 숏으로 이동하게 한다.) 19세기 많은 회화 작품에서 보다 명백하게 드러나는 가시적인 형식들 중 하나가 열림으로서의 프레임을 강조하는 것이다.

존재론을 제외하고 (훌륭한) 미학적 안목을 담고 있는 바쟁의 명제를 완전히 뒤집을 필요는 없다. 하지만 우리가 이 책에서 채택한 일반적인 관점에서 생각해 볼 수 있는 **프레임 효과들**이 회화와 영화에서 동일하다고 주장할 수는 있을 것이다. 다만 이 효과들을 얻기 위해 사용된 수단과 결과적으로 이 효과들이 고려된 미학적-문체론적인 상황이 다를 뿐이다. 이런 다양한 상황과 효과에 대한 체계적인 연구는 아른하임의 저서를 제외하고는 지금까지 행해진 바 없다. 아른하임의 책도 경계 프레임과 관련된 추상적인 사유들을 담고 있긴 하나 궁극적으로 아른하임은 영화에는 관심이 없었다. 또한 계통학에 대한 애정에도 불구하고 에이젠슈테인은 '몽타주 배아'로서의 프레임이라는 아주 짧고 암시적인 표현만을 반복해서 언급하

••
31) 역주: 반 고흐는 이 그림을 총 세 가지 버전으로 그렸는데, 이 그림들은 오른쪽 벽에 있는 그림으로 구분된다. 첫 번째 버전에는 그의 친구인 시인 외젠 보흐와 군인 폴 외젠 미예의 초상화가 있다. 이듬해 9월 그가 '반복'이라고 부른 두 번째 버전을 그렸고(시카고 아트 인스티튜트 소장) 고흐가 '축소'라고 부른, 앞 두 그림보다 약간 작은 세 번째 버전을 그렸다. (파리 오르세 미술관 소장)

는 것에 그쳤다. 이는 이론적으로 중요한 지적이지만, 그렇다고 해서 스타일과 관련된 그의 결론마저 자명하게 이해되는 것은 아니다. 프레임 효과들 가운데 일부를 명확하게 규명하고자 한 것은 '신형식주의자들'이다. 하지만 이들의 분석은 여전히 아주 한정된 재료체만을 대상으로 하고 있다. 신형식주의자들이 고전적인 할리우드 영화라는 제한적이지만 방대한 재료체에 매달렸을 때 그들은 '웅장한gigantesque' 프레임화의 원칙들에 주목해야 하는 이유를 발견한다. 고전적인 할리우드 영화 스타일에 관한 연구에서 데이비드 보드웰David Bordwell은 이 영화 스타일이 인물의 범주와 관련된 서사적인 필요성에 의해 '중심화된' 숏들—이를테면 프레임의 가장자리를 거의 혹은 전혀 사용하지 않는 숏들—을 양산해 냈다는 것을 보여주었다.(보드웰에게 고전적인 스타일의 중심화 부분은 이미지를 수평으로 삼등분했을 때 맨 위의 3분의 1과 수직으로 삼등분했을 때 중앙을 말한다. 일종의 T 형태가 된다.)

고전적인 할리우드 영화는 매우 오래된 법칙을 자신의 이익에 맞게 손질한다. 그것은 중심화 원칙이다. 물론 회화와 영화에서 그것의 변이체들은 수없이 많을 것이다. 회화는 그림의 중심을 대칭 중심으로 삼고자 하는 전략, 다시 말해 중심을 둘러싸고 좌우 양쪽이 균형을 이루도록 하기 위해 중앙을 비우는 전략을 구사해 왔다. 이를 위해 수직 축의 양편에 각각 인물을 자리하게 하는 것부터(「수태고지Annonciations」, 「성모 마리아의 성 엘리자베드 방문Visitations」) 삼위일체와 예수 수난 그림에 이르기까지 많은 형식들이 사용되었다. 이러한 형식들, 일반적으로 대칭 전략은 2항, 이중, 3항과 같은 상징적인 통념들과 관련된다. 당연히 추상 회화 초기 이론가들은 그때까지는 암묵적으로 존재하던 아주 오래된 법칙들을 밝혀냈다는 느낌을 가졌다. 영화는 이 같은 조형적인 균형을 구현하기에 훨씬 더 어려움이 있다. 물론 대화나 대치 장면에서 이를 순간적으로 구현할 수는 있다. 예컨대 웨스턴 영화의 결투 장면에서 두 인물이 시네마스코프로 동일 프레임에 위치하는 경우가 그러하다. 혹은 추상 영화나 뮤지컬 영화 같은 서사적 구속이 약한 상황에서 예를 들어 마우리치오 카겔Mauricio Kagel[32]의 〈매치 Match〉는 전적으로 형식의 반복과 상반된 대칭으로 구성돼 있다. 이후 **뮤직 비디오**Clip 산업은 주기적으로 이러한 형식적 장치를 추구해 왔다.(미셸 공드리의 우아한 비디오 단편을 볼 것)

사실 고전적인 영화의 중심화는 중심 서사의 가시적인 표현일 뿐이어서 회화의 중심화에 비하면 불확실하고 유동적이다. 특히 그것은 숏의 지속 시간이 길 때 중심화를 유지하기 위해 사용되는 재프레임화와 카메라 움직임의 실천과 병행해 나타난다. 고전적인 회화라면 거의 모든 작품이 추구해 온 중심화의 다른 특징들, 배경과 인물의 정면화, 조형적 전체의 균형 등은 영화에서는 구식이거나 혹은 반대로 매우 현대적인 것으로 간주될 만큼 실천하고 유지하기가 어렵다. 구식의 예로는 그리피스가 바이오그래프 시대에 만든 단편들을 생각해 볼 수 있다. 주요 행위와 부차적 행위들이 세밀하게 겹쳐지는 계산된 구성, 철저하게 숏의 안쪽으로 밀려난 조연들이 관객의 시선을 방해하는 동시에 끌어당기고 왼쪽 프레임에 있는 인물 숏들과 오른쪽 프레임에 있는 인물 숏들이 교대되면서 몽타주에 의해 강력하게 부각된 전경 인물들이 수직 균형 축에 근접하는 것이 그리피스가 바이오그래프 사에서 영화를 만들 때 사용한 전략적인 스타일이다.

현대적인 예로는 어느 한 감독을 지목하기 어려울 만큼 많다. 특히 우리

32) 역주: 마우리치오 카겔(1931~2008)은 아르헨티나 태생의 작곡가 겸 감독이다. 〈매치〉는 1967년 제작된 TV 단편이다.

는 중심화라는 동일 원칙의 흥미로운 이형(異形)들을 찾아볼 수 있다. 하나 혹은 여러 부속물로 중심을 강조하는 경우를 **다중 프레임**surcadrage이라고 한다. 이를 간단히 정의해 보면 프레임 안의 프레임일 것이다. 창문이나 문, 일반적으로 '네모난' 건축물을 사용한다. 프리츠 랑Fritz Lang은 〈니벨룽겐〉에서 충분히 눈에 띄는 값비싼 무대 장치 대신 프레임 안의 프레임을 조형 원칙으로 삼았다고 공개적으로 말한 바 있다. 하지만 히치콕의 〈사이코〉나 빔 벤더스Wim Wenders의 〈시간이 흐르면〉 같은 영화에서도 동일한 생각이 실행되고 있다. 이 작품들에서 자동차의 앞 유리창, 문, 창들 (마리온 크레인의 자동차나 브루노의 트럭)은 영상 프레임과 그것이 프레임 안에 가두는 인물의 시선, 그리고 관객의 시선을 중개하는 매개자이다. 한편 막스 오퓔스Max Ophuls 같은 '바로크적인' 작가의 작품에서 혼령에 사로잡힌 자나 미용사, 화약 제조인이 사용하는 움직이거나 고정된 거울이란 무기는 복수 프레임들을 만들어내는 원천이 되는데, 이때 거울은 우아한 시선들의 올가미 역할을 하면서 그 시선들을 강조한다.(프레임의 자기 반영적 중복으로서의 다중 프레임. 〈마담 드Madame de...〉의 시작 장면을 볼 것) 거울과 창은 상징적인 특성에도 불구하고 본성 그 자체에 의해 창문의 영역에 속하는 실용적인 오브제로 남아 있다. 좀 전에 든 예뿐만 아니라 솔직히 말해 대부분의 복수 프레임화의 효과적인 예들은 창문-프레임과 경계-프레임의 이중적 공존이라는 재치와 유혹을 보여준다. 정면성과 재중심화에서 이러한 예들은 매우 상이한 방식을 사용한다. 랑의 영화에서는 초정태적인 균형이 지배적인 반면, 그 극단인 오퓔스는 현란한 카메라 사용으로 계속 변화하며 눈부신 다중 프레임을 만들어낸다. 그렇지만 어떤 경우든 시각적인, 디에제틱한, 그리고 수사적인 미자나빔의 효과가 불안정하면서도 안정적으로 실현된다. 여기에서 이차 프레임은 표면에 구멍을 뚫음과 동시에 표면을 견고하게 한다.

당연히 이러한 지적은 회화에서도 발견된다. 회화에서 다양한 형식으로 실행된 미자나빔은 늘 높은 평가를 받아왔다. 르네상스 회화뿐만 아니라 마티스 혹은 보나르Bonnard 그림에서 가공의 통로, 창문, 아케이드를 통해 혹은 주랑 뒤에서 발견하게 되는 **풍경**veduta은 그 첫 번째 증거가 될 것이다. **풍경**은 종종 일차 그림에서 이차 그림으로서의 독자적인 지위를 가지는데, 예를 들어 초상화가가 자신도 풍경화를 그릴 줄 안다는 것을 보여주는 경우에서 종종 풍경의 자리가 두드러진다. 그리고 디테일에 집착하는 재현의 경우도, 때로 그 재현이 자족적인 작은 그림으로 분리된다. 「거울을 보는 비너스Vénus au miroir」와 「시녀들Ménines」에서 벨라스케스의 미장센은 훨씬 더 복잡하며 영화에 근접한다. 「시녀들」에 대한 미셸 푸코의 분석이 영화에 대한 이론적인 사유를 논할 때 자주 이용되는 것도 우연이 아니다. 분명 「시녀들」의 미장센은 비록 초기 상태이긴 하지만 픽션 효과에 의거하고 있으며, 이미지 안의 이미지들이 각각의 역할을 충실히 행할 수 있게 해준다. 19세기 회화에서 창문이나 거울은 허구적 광경으로서의 프레임화라는 두드러진 표지 덕분에 구조화된 표면과 회화적인 디에제즈, 이 둘의 성격을 모두 띤다. 프리드리히[33]의 「창가의 여인Femme à la fenêtre」(1822)에서 꿈꾸는 젊은 여인은 십자형 유리창의 설주들에 의해 이중으로 프레임화되어 있으며 동시에 그녀의 시선은 창문 뒤로 사라진다. (그녀는 우리에게 등을 돌리고 있다.) 반대로, 하지만 동일한 논리에 따라 앵그르의 「마담 무아트시에Madame Moitessier」(1856)에서 인물은 우리를 바라

33) 역주: 독일 낭만주의 회화를 대표하는 작가이다. 「산중의 십자가」, 「북극의 난파선」 등이 대표작이다. 57쪽의 각주 9) 참조.

보는데, 프레임 오른쪽에 그려진 거울은 그녀의 등과 목을 마치 다른 그림인 것처럼 분리시킨다.

중심화 효과의 이 모든 이형들에서 나를 가장 놀라게 하는 것은—바로 이런 이유로 아른하임을 여러 번 인용한 것인데—영화를 포함한 서구의 모든 고전적인 재현에서 창문과 경계, 가상적 깊이와 실제적 표면의 분리가 불가능하다는 점이다. 이 생각은 다음 장에서 자세하게 논할 것인데, 우리의 시각 문화에는 이중적이면서 불가분한 이미지의 본성이 존재한다. 하지만 프레임의 문제를 다루기 위해 나는 중심화 원칙을 내재한 스타일의 근본적인(혹은 극단적인) 이형(異形)을 고찰해 보고자 한다. 그것은 탈중심화 작용으로 어쩌면 급진적으로, 하지만 확실히 흥미로운 방식으로 이러한 이중성을 입증한다. 탈중심화의 여러 형식들을 연구한 바 있는 아른하임에게 그것은 중심화의 이면일 뿐이다. 시각적인 강조가 기하학적인 강조와 일치하거나 반대로 두드러지게 분리되는 것은 동일 원칙을, 말하자면 기하학적인 것과 조형적인 것 사이의 대립, 상징적인 것과 시각적인 것 사이의 대립을 떠올리게 한다. 시각적인 것에 우위를 두는 아른하임의 접근에서 그것은 이론의 여지가 없는 논리적인 귀결이다. 하지만 아른하임의 접근방식은 비단 회화뿐만 아니라 영화와 관련지어 보면 약간 만족스럽지 않은 점이 있다. 영화에는 프레임의 기능에 허구적인 효과가 존재한다는 놀라운 결과가 있기 때문이다.

우리는 이제 파스칼 보니체르가 아른하임과 상당히 다른 입장이라는 것을 알 수 있는데, 그것은 보니체르가 중심의 디에제틱하고 허구적인 가치에 보다 민감하게 주목하기 때문이며 영화 이미지에 관한 교육을 더 많이 받았기 때문이다. 탈중심화가 두드러지는 영화들을 분석한 일련의 논문에서 보니체르는 그가 '탈프레임화'라고 부르는 것을 정의한다.(탈프레임화는 이 저서의 부제이다.)[34] '탈프레임화'는 정확하게 말해서 '탈중심화'가 아니다. 우리는 조금 후에 어떤 점에서 탈프레임화와 탈중심화가 다른지 살펴보면서 그 차이를 가늠해 볼 것이다. 보니체르의 탈프레임화는 대략 다음의 세 가지 특징을 지닌다. 첫째, 탈프레임화는 이미지의 중앙에 빈자리를 만든다. 둘째, 탈프레임화는 프레임이 이미지의 가장자리라는 것을 다시 표시한다. 마지막으로 탈프레임화는 연속된 시퀀스화에 통합된다. 실제로 영화에서 탈프레임화는 연속된 시퀀스화를 지향한다. 이러한 특징들은 매우 명제적이며, 보니체르에게서 그것은 실제로 현대 영화의 정의에, 필요한 경우 단편 영화에, 보니체르가 생각하고 좋아하는 영화 개념에 부합한다. 나는 이러한 정의를 기저에 두고 일관성 있는 미학을 만들고자—에이젠슈테인의 미학으로부터 파생된—보니체르가 정립한 절대적 범위가 없는 '타논리적hétérologique' 개념을 여기서 문제 삼으려는 생각은 없다. 단지 나는 보드웰이 분석한 중심화의 경우처럼 스타일적인 현상으로의 탈프레임화에만 관심을 두고자 한다. 내가 중심화와 탈프레임화를 연관 지으려는 것은 우연이 아니다. 탈프레임화는 좀 전에 열거한 세 가지 특징, 정확하게, 고전 영화에서 보이는 중심화 스타일에 대한 일종의 부정형을 이룬다. 하나는 중심을 메우고 다른 하나는 중심을 비운다. 하나는 경계를 없애려고 하고 하나는 경계를 표시하려고 한다. 하나는 정적이고 다른 하나는 동적이다. 결국 탈프레임화는 중심화의 반대 항이라고 할 수 있다. 탈프레임화는 특히 고전적이지 않은 스타일, 그리고 디에제틱한 환상에 매몰되지 않는 영화를 정의해 줄 수 있을 것이다.

∵

34) P. Bonitzer, *Décadrages*, Cahiers du cinéma, 1985.

고전적인 체계와 그의 중심화, 그리고 투명성에 반대되는 하나의 형식 체계를 생각하게 되는 것은 확실히 탈프레임화의 두 거장인 미켈란젤로 안토니오니Michelangelo Antonioni와 장 마리 스트로브Jean Marie Straub를 통해서이다. 하지만 탈프레임화의 세 가지 특징이 똑같이 중요한 것 같지는 않다. 성급하게 말하자면 첫 번째 특징과 세 번째 특징은 동일한 의미를 지니고 있다. 그 의미는 탈프레임화의 영화에서 이미지 중심은 처음에는 비워지지만, 정확하게 말해, 인간적 형상이 존재하지 않지만, 이내 다른 탈프레임화 작용에 의해 잠재적으로 다시 채워진다는 것이다. 사실 이는 형식적인 역학의 상당한 차이를 배제한 정적인 스타일에 관한 정의를 가능하게 한다. 이 정적인 스타일은 고전주의에 반대된다기보다는 그것의 이형들 중 하나이다. 이는 앞에서 인용한 그리피스에게서 그 예를 찾아볼 수 있다. 그리피스는 프레임의 왼쪽, 오른쪽, 중앙에 인물을 두는 기법을 즐겨 사용한다.

내가 탈프레임화 같은 것은 없다든가, 아니면 탈프레임화가 흥미롭지 않다고 주장하려는 것이 아니다. 오히려 그 반대이다. 보니체르를 인용해 정의한 대로 탈프레임화는 부분적으로 중심화와 연관되고 앞서 말한 것처럼 그것의 동반자적인 이면이다. 프레임의 중심에 어떤 인물도 존재하지 않는다는 것은 서술화의 문제 제기에 속한다. 인물을 중심으로 더 잘 끌고 오기 위해 중심에서 밀어내는 영화는 이미지도 탈중심화, 비중심화로 구축되기 마련이다. 그것은 분명 틴토레토Tintoret[35]의 기이한 탈중심화 이미지들이 그 어떤 면에서도 재현의 중심화를 공격하지 않고 오히려 그것을 강화한다고 말할 수 있는 것처럼 철저하게 중심화 논리 안에 위치한다.(전형

∵

35) 역주: 틴토레토(1518~94)는 명암을 이용한 극적인 효과를 즐긴 이탈리아 화가이다.

적인 예라고 할 수 있는 틴토레토의「최후의 만찬Cène」에서 소실점은 화폭 오른쪽 맨 위 구석을 향하고 있다. 예수의 얼굴은 우리를 아연실색하게 만들며 화폭 한가운데는 그의 빛나는 후광이, 왼쪽 구석에는 명백하게 신의 빛이 자리하는데, 이 빛은 소실점과 완벽하게 균형을 이루고 있다.) 또한 그것은 완벽하게 탈프레임화의 두 번째 정의를 가리키는데, 이것이야말로 탈프레임화의 본질을 담고 있는 듯 보여 어쩌면 이것만 인용해도 될 정도이다. 탈프레임화를 탈중심화와는 다른 것으로 만들 수 있고 탈프레임화에 기초해 하나의 미학을 정립할 수 있는 이유는 그것이 프레임 기능들 사이의 고전적인 균형을 변화시키기 때문이다. 고전적인 균형에서 중요한 것은 프레임의 가장자리에 불확실하고 불안정하게 존재하는 인물들이 아니라, 이 가장자리의 분명하고 강력하며 두드러지는 성격이다. 다시 말해, 경계로서의 프레임, 특히 수사학적인 조작자로서의 경계를 강조하고자 하는 것이다. 스트로브와 다니엘 위예Daniele Huillet의 〈오통Othon〉을 보면 숏의 지속 시간은 길고 탈프레임화는 급격하며 인물들은 중앙으로 되돌아 올 힘을 갖지 못한다. 게다가 이런 영화에서 구성이 대칭을 이루는지의 여부를 따지는 것은 불필요하다. 구성은 늘 불안정하게 대칭과 비대칭을 오가며 움직이므로 어느 한쪽에 귀속되지 않는다. 영화 프레임을 창문으로서의 가치로부터 멀어지게 할 때 탈프레임화는 영화와 그것의 외화면을 분리하고자 하는 이러한 역설을 실현하고 바로 그 지점에서 화면의 가장자리는 가장 강력하게 부각된다. 드가의 그림들, 프레임에 의해 잘려진 회화의 인물들이 잘 보여주듯이 회화에서는 이러한 외화면의 폐기가 사실상 어렵다. 이런 이유로 탈프레임화는 본질적으로 영화적인 효과라고 할 수 있다.

중심화─영화에서는 재중심화와 그것이 야기하는 재프레임화의 효과들—, 정면성과 균형에 대한 강력한 추구, 그리고 내가 '다중 프레임'이라고 불렀던 것에 해당하는 모든 형식은 아른하임과 보드웰이 고안한 심리학적이면서 미학적인 가설의 존재를 상정함으로써만 가능하다. 아른하임이 회화에서, 보드웰이 영화에서 찾아낸 이 심리학적이고 미학적인 가설 덕분에 재현은 늘 중심과 관련되었다. 반복해 말하지만 탈중심화는 중심을 차지하거나 강화하는 우회적인 수단일 뿐이다. 영화에서 탈중심화는 늘 흡수되지만 회화에서는 그렇지 않다. 회화에서는 늘 화폭의 중심에 뭔가 중요한 것이 남아 있다. 하지만 회화와 영화의 같은 점은 중심화된 재현에서 스타일과 관련된 효과들은 외화면과 구성의 이형에서 비롯한다는 것이다.

앞서 정의한 것처럼 절단하는 힘과 가장자리를 활성화하는 탈프레임화는 사정이 좀 다르다. 탈프레임화는 분명 두 예술 사이의 차이—이를 대립이라고까지 말하지는 않겠다—가 드러나는 민감한 지점이다. 왜냐하면 그것은 영화 이미지가 절단과 가장자리 효과를 더 잘 나타낼 수 있다는 것을 보여주기 때문이다. 이것은 무슨 의미인가? '영화'라는 매체와 '회화'라는 매체를 본질주의적인 관점에서 사유하고자 하는 위험을 무릅쓰고 싶지 않다면 그것은 어떻게 표현되어야 하는가? 사실 형식의 역사에서는 서로 연관돼 있지만 어쨌든 두 종류의 다른 설명이 있을 수 있다. 우선 회화에서의 외화면의 실질적인 존재와 이론적인 가능성에도 불구하고 외화면은 영화에서 더 신속하고, 더 쉽고, 더 자주 실현된다는 것을 인정해야 한다. 어휘가 부적절하다고 생각할 수도 있지만, 『영화의 실천』에서 노엘 버치가 '상상적'인 외화면과 '구체적'인 외화면, 기억을 환기하는 외화면—이에 관해서는 앞서 살펴보았다—과 상상력을 가동시키는 외화면—이것이 무엇을 의미하는지에 대해서는 정확히 알 수 없다—에 대해 말한 것은 틀리지 않았다.[36] 이러한 두 구분이 회화에서는 존재하지 않는다. 회화에는 단지 한 종류의 외화면이 있을 뿐이고 그것은 구체적이지 않다. 드가가 어떤 인물의 얼굴을 그림의 가장자리에서 잘리게 만들 때 상상적으로 나머지 부분을 보완하는 것은 어렵지 않다.(보완의 원칙이 버치에게는 외화면을 결정하는 세 가지 방식 중 정확하게 세 번째에 해당한다는 점에 유의하자.) 그렇다 해도 얼굴의 이 부족한 부분에 대해 우리는 어떤 확신도, 어떤 기억도 떠올리지 못할 것이다.

상상력의 영역과 즉각적인 기억의 영역 둘 다에 작용하는 영화는 이렇게 말하면 시시하게 들릴 수도 있지만 디에제틱한 일관성과 픽션 효과에 대해 말하지 않고서도 더 간단하고 자연스럽게 외화면을 다룰 수 있다. 당연히 프레임 바깥은 더 멀고 외견상으로 더 이질적이며 혼란스러울 것이다. 회화적인 외화면은 상상력을 가동하게 하지만, 상상력은 결국 별 소득 없이 가공된 세계로, 그림의 제작으로, 화가에게로, 간단히 말해 회화에서 프레임 바깥에 해당하는 것으로 귀결된다. 디에제틱한 환상의 힘과, 지속적으로 보완되고 강화되는 기억과 데자뷔의 기만 효과로 인해 분명하게 파악되지 않는 영화 제작 공간은 훨씬 더 멀리서 돌아오는 만큼 훨씬 더 강력하다. 이러한 기억은 분명 모방되고 관습적이라는 점에서 기만적이다. 카메라가 움직이는 경우를 제외하고 버치의 '구체적인' 외화면은 디에제틱한 세계가 일관되고 통일된 세계라는 믿음을 가질 때만 그러하다. 엄격히 말해, 모든 외화면은 화면이 그런 것처럼 언제나 상상적이다.[37]

내가 말하는 것은 분명 도식적이다. 왜냐하면 믿음 효과les effets de

36) Noël Burch, *Praxis du cinéma*, Gallimard, 1969.
37) 루이 세갱이 외화면 개념 자체를 거부하는 것도 이러한 의미에서이다. Louis Seguin, *L'Espace du cinéma: hors-champ, hors-d'oeuvre, hors-jeu*, Toulouse, Ombres, 1999.

croyance는 어쨌든 결코 그렇게 분명하지도, 강력하지도 않으며 아무리 영화가 몰입적이라고 해도 관객은 그가 극장에 있다는 것을 알고 있기 때문이다. 하지만 픽션 영화는 항상 조명과 마찬가지로 프레임의 가장자리와 유희적 관계에 있다. 더욱이 '상상적'인 외화면은—버치의 정의에 따르면 이것은 결코 관객에게 보이지 않는 외화면이다—그것이 어떤 것이라고 해도 끈질기게 보이지 않는 상태를 유지한다면 그것의 불안정한 지위로 말미암아 프레임-바깥의 침입 혹은 불안을 야기한다. 때로는 미심쩍기도 하지만, 나는 이미 앞에서 말한 바 있는 프레임의 아래 테두리와의 유희를 그 증거로 들고 싶다. 이러한 효과를 보여주는 원형인 〈버라이어티Variété〉(1925)에서 화면이 지속되면서 인물과 오브제가 비워지고 프레임의 아래쪽에서 살인이 일어난다. 칼을 쥔 손이 이전과 같은 프레임의 아래쪽에서 서서히 출현하면서 급격히 아래로 떨어지는데, 이 모든 것으로 인해 관객은 불편한 상황에 놓인다. 여기서 관객은 외화면을 보이는 화면의 무대 뒤라고 생각하면서 이런 시각적인 생략을 제도적 구속의 산물이라고 느끼게 된다. 즉 폭력적인 살인을 보여주는 것을 금하고 있기 때문에 이 외화면을 영화적 형식으로 치환하는 영화적 예의의 한 코드라고 말이다.

이 모든 논의는 다르게 표현될 수 있다. 영화 이미지에서 가장자리가 침투적인 동시에 방어적이라면 그것은 영화가 가변적인 눈의 보다 완벽한 구현이기 때문이며, 제작하는 눈인 카메라가 영화 이미지에서는 스스로에 대해 시각적인 피리미드, 장면의 채집, 그와 관련된 절단이라는 환상을 더 잘 가질 수 있기 때문이다. '프레임화'라는 용어가 만들어진 것은 영화를 위해서이며 그것이 진정한 의미, 틀을 주조하는 프레임 활동과 탈프레임화의 의미를 갖는 것도 영화 안에서이다. 촬영에 결정적인 중요성을 부여하는 시네아스트들은 항상 그 점을 인식해 왔다. 프레임은 자신이 프레임에 담는 것뿐만 아니라 배제하는 것에 의해서도 정의된다. 자크 리베트Jacques Rivette, 장 루쉬Jean Rouch, 스트로브-위예와 같은 현대적인 영화 작품에서 우리는 수많은 뉘앙스들과 화면의 아주 사소한 부분까지 신경 쓰면서 동시에 프레임-바깥의 완력에 아주 쉽게 영향받는 스타일을 발견할 수 있다.

이렇게 해서 우리는 눈의 모험으로 되돌아 왔다. 그것은 영화 프레임이 회화 프레임과 같지 않다는 것을 보여주는 마지막 증거이다. 여기서 원점으로 돌아오는 것, 카메라 움직임, 거리 두기, 클로즈업에 대해 앞에서 말한 것을 다시 환기하는 것은 쉬운 일이다. 우리가 앞서 충분히 말했듯이, 클로즈업은 절단하는 효과와 거리 두기 효과의 접합을 이상적으로 실현한다. 하지만 사실 그것은 더 일반적인 영화의 진실을 심화시킨 것일 뿐이며 눈, 눈의 거리와 절단하는 프레임화 사이의 관계에 불과하다. 조금 전에 말한 리베트나 루쉬의 스타일은 근접성의 스타일로 정의되며—그들은 둘 다 초점거리가 짧은 렌즈만을 사용한다—, 브레송의 그 유명한 중립성은 50mm 카메라 렌즈를 지속적으로 사용한 것에서 비롯한다. 그래서 거리가 길지도, 짧지도 않은 것처럼 보이는 시네아스트들에 대해 말하는 일이 남아 있다. 왜냐하면 그들은 이미지 안에, 단번에 이미지 안에 존재하기 때문이다. 이것은 다른 논의를 야기한다.

5

무대에서 화폭으로 혹은 재현의 공간

…그 와중에 나는 [거기에 있는 모든 것을 보려고] 하다가
나의 시야를 구속하는 뭔가를 발견했다.
그것은 이 사회에서 르네상스적 관점에 관해 내가 받은 훈련—
이른바 "서쪽으로 향하는 인간의 시각westward-hoing-man's"이라고 부를 수 있는
형식의 보기, 풍경이나 천국 또는 무엇이든 움켜쥐려고 애쓰는 것.
그것은 어떤 풍경이든 하나의 진정한 사유물로
만들고자 하는 공격적인 시각이다.[1]

이 이야기를 시작하기 전에 스토리가 정확하게 어떻게 이야기되는지 자
문해 보아야 한다. 이미지가 스토리를 이야기하기 위해 어떻게 작동하는
지, 스토리가 이미지 안에서 어떻게 자신의 자리를 찾는지 말이다. 스토
리가 없는 곳에서 영화와 회화의 관계는 직접적일 수 있다. '추상' 영화는
1920년대 몇몇 아방가르드주의자들이 원했던 것처럼 추상 회화의 일종의
부속물에 불과할 수 있다.[2]

∴

1) Stanley Brakhage, 《The Seen》(1974), dans *Brakhage Scrapbook*, New Paltz(NY),
   Documentext, 1982.
2) '비서사적인 것'과 '추상적인 것'을 이렇게 성급하게 동일시하는 순박한 태도에서 반대로 실험
   영화, 예술가와 화가들의 영화, 시적 영화에 대한 인식이 그동안 얼마나 많은 발전을 이룩했
   는지 가늠해 볼 수 있다. 사실 시적 영화는 일부가 추상적이며 서사적인 경우는 아주 드물다.
   이 책에는 이런 장르의 영화는 다루지 않았는데 그에 관해서는 서문[2007]에서 짧게 설명하
   였다.

서사récit가 이미지 안에서 하나의 자리를 차지할 수 있다는 것이 왜 자명하지 않은가? 서사는 회화와 영화가 움직임─움직임은 회화도 모방할 수 있다─보다는 시간에 의해 구분되는 것처럼 보이는 결정적인 지점이다. 그렇다면 서사란 무엇인가? 본질적으로 서사는 사건과 인과 관계라는 두 개념을 사용한다. 회화는 인과 관계를 직접적으로 표현하기 위한 도구를 갖고 있지 않다. 그려진 사건의 잠재적인 원인을 알아내기 위해서는 언제나 언어에 의존해야 한다. 반대로 영화는 제대로 만들지 못한 경우에도 미쇼트Michotte[3]의 유명한 실험이 보여주듯이 사건의 지각과 동시에 원인이 항상 이미지화되어 나타난다. 가장 일반적인 의미에서 사건은 지각 대상의 어떤 활동이나 운동의 결과로 나타난다. 모든 서사 개념의 기본 구조는 우리 시지각의 주요 자극이 변화와 운동이라는 점에서 우리 시지각의 기본 구조와 닮았다. 서사는 재현된 대상들의 본질적인 운동성을 내포함으로써 시간 예술과 공간 예술 사이의 전통적인 대립을 더욱 강화하는 측면이 있다.

　하지만 이러한 대립은 와해된다. 회화가 시간적인 현상의 흔적을 공간적인 형식 속에 나타나게 함으로써 레싱이 이러한 대립을 무너지게 한 회화사의 한 지점은 아무리 강조해도 지나치지 않다. 1928년 보르헤스는 그의 환상 철학에 대한 초기 에세이에서 공간은 시간의 양상들 가운데 하나에 불과하기 때문에 존재하지 않는다고 주장한다. 하지만 내가 말하고자 하는 것은 이와 반대이다. 서사 이미지의 시간 형식들은 공간, 즉 재현이 이루어지는 전체 공간 밖에서는 존재하지 않는다. 단속적인 영화든 지속

∙∙

3) 역주: 알베르 미쇼트(Albert Michotte, 1881~1965)는 벨기에 실험 심리학자이다. 그는 실험자가 자극 조건을 다양하게 변화시킬 때 현상 세계가 피험자에게 어떻게 경험되는지 주로 피험자의 언어 보고를 통해 밝히고자 했다.

적이고 연속적인 영화든 관객은 영화를 매 순간 전체적인 관점에서 재구성하며 상영 내내 시퀀스 단위로 파악하고자 한다. 이로 인해 전체 영화에 대한 지각은 끊임없이 변화한다. 영화를 본다는 것은 공간적이라고 비유해도 좋은 방식으로 축적되는 기억(루돌프 아른하임도 '시각적인 사유'를 주장하고 이를 예증하고자 하는 원대한 계획에서 '공간적인 기억'에 관해 언급하는데, 여기에는 모차르트의 편지에서처럼 음악에 관한 것도 포함된다. 모차르트는 이 편지에서 '모든 것이 협력하여 하나로' 느껴지는 음악적인 테마에 관해 말한다.[4])과 이러한 기억, 공간, 구조 안에서 다시 나타나 제자리를 찾고자 하는 것 사이에 계속되는 릴레이 게임이다. 시간 속에서 전개되는 작품은 그저 단순한 나열로 받아들여지는 것이 아니라 축적, 비교, 분류, 간단히 말해 일종의 '공간' 안에 시간을 고정시키는 기억의 무한한 과정을 발생시킨다.

바로 이것이 서사가 공간을 끌어들인다는 것의 첫 번째 의미이다. 관객은 끊임없이 서사를 서술 공간과 관련짓는다. 서술 공간이란 스티븐 히스 Stephen Heath의 말을 빌리자면 상상적인 망의 구축, 그리고 상상적으로 공간화된 망의 구축을 의미하는데(히스는 기억이 아니라 라캉적 의미에서의 상상계에 대해 말하는데 그에게 기억은 상상계를 단지 실증화한 것일 뿐이다.[5]), 여기에 영화 서사의 연속되는 요소들이 축적된다. 하지만 모든 서사는 첫 번째 의미에서 기인한 당연한 결과이긴 하지만 또 다른 의미에서 공간에 형상을 부여하고 그것을 표시한다고 말할 수 있다. 모든 공간은 잠재적으로라도 서술적인 것을 통해 표시된다. 그렇다면 이러한 표시는 어디에서 찾아볼 수 있을까? 촬영의 초점 심도 사용에서, 카메라의 움직임에서, 앵글과

⁚

4) Rudolf Arnheim, *Art and Visual Perception*, Univ. of California Press, 1954, 1974.
5) Stephen Heath, 《Narrative Space》, *Questions of Cinema*. 이 저서는 1장에서 이미 언급하였다.

거리에서, 또한 배우의 신체, 제스처, 시선에서 그러하다. 그래서 한편으로 서사는 재현 공간에 정보를 제공하고 다른 한편으로는 서사의 수신자에게 공간의 의미를 전달한다. 이미지로 된 서사의 경우 모든 서사는 일부도 대체 가능하지 않다. 어떤 영화에서 도망자를 쫓는 경찰을 보여준다고 하자. 우선 경찰과 카메라를 헬리콥터에 놓을 수 있다. 이 경우 조지프 로지 Joseph Losey의 〈풍경 속 인물들Figures in A Landscape〉(1970)처럼 사건을 무엇보다 공간화하는 익스트림 롱 숏을 만들 수 있을 것이다. 그렇지 않고 교차 몽타주라는 고전적인 수단을 사용한다면 공간 파악 작업이 더 모호하고 복잡해짐으로써 시간 구조가 부각될 것이다. 두 경우 모두 궁극적으로 시간은 공간으로 표현된다.

나는 회화를 시간 예술로 다루어줄 권리를 요구했다. 지금 말하고자 하는 것은 영화를 공간 예술로 간주해야 한다는 것이다. 이 주장은 새로운 것이 아니다. 이미 에이젠슈테인, 보다 최근의 예로는 프랑카스텔과 에릭 로메르가 있다. 특히 로메르는 1948년 이에 관한 선동적이고 역설적인 논문을 발표했다.[6] 로메르의 글은 당시의 상식과 완전히 상반되는 것이었다. 그 논문에 주목하게 되는 이유는 역설을 분명하게 뒤집는 쾌락 때문이 아니라 그 안에서 회화와 영화의 보완적인 접점을 발견할 수 있으리라는 기대 때문이다. 우리는 서술적 차원의 공간 사용에서 장면Scène이라는 암묵적인 존재를 회화와 영화에서 동일하게 발견한다. 이 이야기를 하기 전에 공간에 대해 남은 말을 마저 해야겠다.

..

6) Pierre Francastel, 《Espace et Illusion》, *Revue internationale de Filmologie*, 5-6, 1949; Éric Rohmer, 《Le cinéma, art de l'espace》, *La Revue du cinéma*, n°14, 1948.

사실 서술 공간, 기억의 공간화는 최소한 우리가 알고 있는 공간 개념을 전제로 하는 경우에만 존재한다. 물론 처음에는 큰 어려움이 없었다. 이미 모든 게 정의되어 있었기 때문에 공간에 대해서도 정의할 필요 없이 말할 수 있었다. 공간은 우리 지각의 '자연스러운' 범주이며 칸트 이래 이 개념이 혼란에 빠진 적은 없었다. 하지만 우리가 말하고자 하는 것은 회화 이미지와 영화 이미지는 원칙적으로 보이는 바대로의 공간과 관련 있지만 그 안의 사물은 단순하거나 자명하지 않다는 것이다. 보이는 바대로의 공간에 대해 말한다는 것은 사실 말에 불과하다. 공간은 운동이나 빛처럼 단순한 지각이 아니다. 그것은 직접적으로 보이는 것이 아니라 시각적이고 운동 감각적이며 촉각적인 지각들로 구축된다. 공간을 본다는 것은 이 같은 복잡한 구축 안에서 여러 시각 정보들, 무엇보다 이미지의 '심도'나 '3차원'으로 불리는 것과 관련된 정보들을 해석하는 일이다. 물론 심도는 물체의 잠재적 깊이의 차원에 속하기 때문에 공간은 무엇보다 물체의 높이—이것이 1차원이다—및 길이—이것이 2차원이다—와 관련된다.

　그림은 심도의 존재를 눈으로 알 수 있는 여러 요소를—눈속임을 목적으로 하는 경우에는 이런 요소들이 더 많겠지만—포함한다. 이 요소들은 오래전부터 연구되어 왔다. 그 목록은 '레오나르도 규칙règles de Léonard'이라는 연상적인 이름을 지니고 있다.[7] 즉 가까운 사물은 더 커 보이고 그 표면적인 짜임새는 더 부풀어 보이며 윤곽은 더 분명해 보이고 채도는 높아

7) 이것은 곰브리치가 『회화론』이라는 제목하에 관례적으로 모아온 레오나르도 다빈치의 메모를 참조하여 일관성 있게 작성한 것이다. 곰브리치는 공간 지각과 이러한 지각에서 원근법의 역할을 연구하는 고전적인 관점을 대표하는 최고의 학자이다. Gombrich, *L'Art et l'Illusion*(1956), trad. par G. Durand, Gallimard, 1971과 Gombrich, *L'Écologie des images*, trad. pat A. Levêque, Flammarion, 1983.

보이며 수평선에 가까운 정도는 아니더라도 비교적 낮은 곳에 위치한 것처럼 보인다는 것이다. 이를 근거로 간추려 말하면 그림과 마찬가지로 현실 세계에서도 선 원근법[8]은 필요한 경우 '대기' 원근법[9]의 도움을 받아 심도를 지각할 수 있으며 선 원근법은 다양한 형식을 지니고 있지만 그림과 현실 세계에서 심도를 지각할 수 있게 해주는 유일한 요소이다.

여기서 이야기를 계속하기 위한 두 길이 있는데 하나를 택하면 다른 하나는 포기해야 한다. 실제로 좀 전에 내가 말한 것은 1970년경 최소한

∵

8) 역주: 원근법은 '투과하여 보다'라는 의미의 그리스어 'perspicere'에서 유래하였다. 대상을 전체 공간과 관련하여 파악하고 그것을 시각적으로 표현하기 위해서 고안된 원근법은 삼차원의 현실을 이차원의 평면에 재현하는 회화와 가장 밀접한 관계가 있으나 건축, 조경, 무대장치 등 다른 시각 매체나 장치에서도 사용된다. 원근법은 선 원근법과 대기 원근법으로 나뉜다. 선 원근법은 일정한 비율이나 법칙 없이 단순히 멀리 있는 것을 위에 또는 작게 그리거나 사선을 사용하여 배경을 표현하는 초보적인 원근 표현 방식을 탈피하여 기하학적인 기초 위에서 과학적인 방법으로 체계화시킨 일종의 공식이다. 선 원근법은 삼차원의 대상물들을 입체적으로 표현하고 대상들이 이루는 공간 내에서의 원근을 표현하기 위해 소실점을 도입하였다. 이야기 안에서의 중요도에 따라 크기와 위치가 배열되는 중세의 방식이 개념적인 배치라면, 과학적인 투시에 따른 원근법의 사용은 시각을 중시하는 사실적인 배치 방법이었다. 소실점의 기하학적인 의미를 명확히 포착한 투시도법의 원리는 이탈리아 르네상스 시기 피렌체의 건축가 필리포 브루넬레스키Filippo Brunelleschi에 의해 1410년경 발견되었으며 그의 이론은 『회화에 관하여On Painting』(1436)란 저술에서 화가들을 위한 원근법적 구성을 기술했던 레온 알베르티에 의해 발전되고 널리 알려졌다. 많은 화가와 학자들이 이를 실험하였으며, 특히 화가 우첼로와 피에로 델라 프란체스카Piero della Francesca에 의해 체계화되고 널리 보급되었다. 일정 시점을 요구하는 선 원근법의 대표적인 예는 레오나르도 다빈치Leonardo da Vinci의 「최후의 만찬」(1495~98)이며 16세기 초엽에는 화가나 건축가의 상식적인 소양으로 자리 잡았다.

9) 역주: 대기 원근법은 눈과 대상 간의 공기층이나 빛의 작용 때문에 생기는 대상의 색채 및 윤곽의 변화를 포착하여 거리감을 표현하는 기법이다. 레오나르도 다빈치는 이처럼 색채의 단계적인 변화를 통해 회화의 깊이감을 산출해 내는 방법을 대기 원근법이라고 명명하였다. 유럽에서 대기 원근법은 1000년 동안 중단되었다가 15세기 초 플랑드르 화가에 의해 재발견되었다. 대기 원근법은 페테르 파울 루벤스Pieter Paul Rubens의 치밀하게 계획된 풍경화, 윌리엄 터너William Turner의 작품들에서 잘 드러나 있다.

프랑스에서는 당연하게 여겨지던 학설의 주장과 관련지어 보면 거의 허무맹랑하다. 이 학설의 주장에 따르면 브루넬레스키와 알베르티의 인공적 원근법은 자연법칙의 발견이 아니라 순수하게 인위적인 발명품이었다는 것이다. 말하자면, 그것은 부르주아 휴머니즘의 다양한 발현과 명백하게 일치해서 이데올로기적인 표지에서 벗어날 수 없다는 것이다.[10] 예를 들어 그림이 현실과 꼭 닮았다고 말하는 것은 당시에는 불경스런 언사처럼 받아들여졌을 것이고, 따라서 혹독하게 비난받았을 것이다. 이러한 맥락에서 보면 내가 기술과 이데올로기의 관계에 관한 담론을 너무 빨리 포기한 것을 후회할 수도 있다. 원근법은 의심할 여지없이 하나의 기술이다. 바쟁은 통찰력 있게 그것의 무의식적인 자동성을 강조했고 사진적인 자동성과 비교했다. 하지만 나는 회화사에서 원근법의 지배 이데올로기적 가치가 '부르주아적'이었다는 사실에 갈수록 회의가 든다. 분명 르네상스 시기에는 그렇지 않았고 알베르티의 '중심 반경rayon central'에 대해 말하면서 이미 이 점을 언급하였다. 15세기 말 이탈리아 예술에서 중요했던 신플라톤주의의 시각에서 보면 이러한 나의 회의에 쉽게 공감할 수 있다. 나는 '이데올로기적인 형식'으로서의 원근법, 중심에 선 주체라는 이데올로기의 문화적 형식으로서의 원근법은 1970년대에 쉽게 접근 가능한 사유 방식일

••

10) Marcelin Pleynet, 《Économique, idéologique, formel》, Cinéthique, n°3; Stephen Heath, 《Narrative Space》, op. cit. 당시 논쟁에 기여한 덜 교조적이고 유용한 주장들은 다음과 같은 저서에서 찾아볼 수 있다. Gezenius ten Doesschate, Perspective, Fundamentals, Controversials, History, Nieuwkoop, B. De Graaf, 1964; Marisa Dalai Emiliani, Présentation de Panofsky, La Perspective comme 《forme symbolique》, Paris, Éd. de Minuit, 1975. 구심적 원근법에 대해서는 이미 인용된 Baxandall 외 Samuel Y. Edgerton, Jr., The Renaissance Rediscovery of Linear Perspective, Harper & Row, 1975를 볼 것. 이 저서는 이러한 발명을 과학적 다른 발견과 발명들에 포함시킨다.

뿐이라고 생각한다. 절반밖에 읽지 않았지만 자주 참조하게 되는 파노프스키는 원근법을 상징적인 형식으로 규정함으로써 완전히 다른 주장을 폈다. 우리는 늘 이것을 잊어버리는데, 그는 **공간에 대한 우리 경험의** 상징적인 형식을 원근법에 포함시켰다. 공간과 우리의 관계에 관해 파노프스키가 원근법에 두는 의미는 자연과 우리의 관계에 관해 카시러[11]가 (파노프스키는 '상징적 형식'의 개념을 카시러에게서 답습한다.) 신화에 두는 의미와 같다. 즉 상징적인 전환은 실재와 초역사적이고 본질적인 관계를 갖는다.

　이데올로기와 기술의 관계에 대한 전면적인 논의는 폐기되었다고 하더라도 참고 자료에 의해 뒷받침이 잘 되어 있는 다른 저서들은 영화가 '절대적인' 원근법에 대한 온갖 종류의 이형들, 그 가운데는 거의 '중국적인' 것이라고 할 만한 것도 있는데, 어쨌든 이런 변이체들을 만들어냈다는 것을 보여주었다. 나아가 장치에서보다는 문체적 규범들에서 이데올로기적인 효과—예를 들면 앞에서 지적한 중심화—가 주입된다는 것도 보여주었다. 그래서 원근법에 관한 논의는 잠시 제쳐두고 원점으로 돌아와 그림이 야기하는 진정한 지각적인 모순을 경험적으로 확인해 보도록 하자. 이러한 모순은 재현된 삼차원적 공간이 화폭의 이차원적 공간과 대등하게 다루어지는 데서 비롯한다. 모리스 피렌이 제안한 이미지에 대한 지각의 '이중적 리얼리티' 개념이 가리키는 것은 바로 이러한 모순이며 선험적으로 양립 불가능한 두 지각 형식 사이의 경쟁이다.[12] 이중적 리얼리티라고 한

· ·

11) 역주: 에른스트 카시러(Ernst Cassirer, 1874~1945)는 인간의 모든 정신적인 표현 형식, 즉 언어, 신화, 종교, 예술, 과학 등을 상징으로 보고 연구한 독일의 철학자이다. 주요 저서로는 『상징형식의 철학』이 있다.

12) Maurice Pirenne, *Optics, Painting and Photography*, Cambridge Univ. Press, 1970; 《Vision and Art》, dans Carterette & Friedman, eds., *Handbook of Perception*, vol. 5, New York, Academic Press, 1975.

까닭은 눈이 화폭의 평평한 공간과 원근법 사용으로 만들어진 깊이 있는 공간의 단편을 동시에 보기 때문이며, 또한 이 두 공간은 실제로 지각되고 어느 정도까지는 실재처럼 지각되기 때문이다.

이중적 리얼리티라는 이러한 상황은 논리적으로는 불가능하다. 어쨌든 이미지를 보는 것은 누구나 어렵지 않다고 알고 있기 때문에—그에 관한 학습이 거의 즉각적으로 이루어질 정도로—, 일반적으로 눈은 둘 중 하나를 선택한다. 피렌의 가설은 그림의 표면만을 선택적으로 보는 것이 완벽하게 가능하다고 해도 이 같은 선택은 드물고 문화적이며 의도적이라는 것이다. 자연스러운 선택은 이미지의 삼차원적인 세계를 지각하는 것이다. 이 가정은 합리적이다. 붓의 터치를 평가하는 예술 애호가와 화가들을 제외한 대부분은 이미지를 볼 때 그것이 재현하는 것을 보기 때문이다. 더 놀라운 것은 피렌이 그의 이론에 부여하는 부차적인 왜곡에 관한 설명이다. 이미지에 구현된 삼차원적인 세계를 본다고 해서 화폭의 이차원적인 현실을 잊거나 억압하는 것이 아니라, 반대로 그것을 계속해서 지각한다는 것이다. 게다가 은밀하게 유지되는 이러한 지각 **덕분에** 시각 시스템은 지각 구축으로는 알 수 없는 장소에 대한 그림—혹은 사진이나 영화, 영화에서는 이런 일이 자주 일어난다—을 볼 때 일어나게 되는 기하학적인 왜곡을 자동적으로 수정하게 되는 능력을 지니게 된다. 우리는 이러한 능력을 박물관에 처음 간 날 확인할 수 있다. 왜 예수 그리스도의 그림이나 도상은 눈으로 당신을 따라다니는가? 왜 구두는 늘 당신이 있는 쪽을 가리키는 것처럼 보이는가? 비스듬히 서 있는데 왜 정면으로 그려진 것만 보게 되는 것일까? 삼차원적인 리얼리티는 버티고 저항하면서 사라지고 싶지 않은 것처럼 보인다.(정량화할 수 있는 왜곡된 상에 이를 정도로) 시각 시스템은 그것이 이차원적인 리얼리티와 관계 있다는 것을 결코 잊지 않는다. 게다가 그림은 삼차원에 대한 암시가 더 간접적이고 관례적이어서 두 리얼리티 공간 사이에서 그림은 사진이나 영화보다 훨씬 더 자유롭다. 그림은 삼차원에 대한 암시를 갑자기, 그리고 완벽하게 만들어낼 필요가 없다. 그림은 영화보다 훨씬 쉽게 시각적인 아이러니의 특성을 이용한다. 매너리즘과 초현실주의를 생각해 보라.

다음과 같은 사실을 말해야 한다. 피렌은 이차원적인 리얼리티를 부차적으로 **지각**한다고 주장하는 것이 아니다. 약간 모호하긴 하지만 그의 표현은 유일한 지각과는 다른 영역에 속한다. 그림의 관람객에게 화폭의 표면은 '보조적인 인식'의 대상일 것이다. 결과적으로 그의 이론이 우리에게 알려주는 것은, 관람객은 주로 재현의 환영적인 공간에 주목한다는 것이다. 하지만 이것은, 관람객이 환영의 수단을 동시에, 그리고 부차적으로 의식하는 경우에 가능하다. 그래서 환영의 수단을 미리 받아들였을 경우에만 가능하다는 것은 명백하다. 즉 공간적 환영은 항상 존재하지만 그에 대해 알고 있다는 조건 아래에서만 그러하다. 이 지점에서 전복되는 것은 공간 재현의 투명성에 관한 모든 담론이다. 관람객은 자신이 눈으로 보는 것의 현실을 그가 알고 있는 현실에 대한 소량의 지식**에도 불구하고**, 그러나 바로 그 지식 **때문에** 믿지 못한다. 물론 이러한 나의 지적은 억지를 부리는 것일 수도 있다. '지식'에 대해 말하는 것은 피렌의 **지각**awareness에 비하면 이차적으로 지나치게 벗어난 것이다. 또한 반복하건대 이 모든 것은 픽션 효과를 전혀 고려하지 않고 공간의 시각적이고 지각적인 특성을 고려할 때에만 유효하다.

이만 이 논의를 끝내자. 재현된 공간을 지각하는 것은 관습의 수용에 토대를 두고 있다. 이 관습은 지각과 관련된 것으로, 내가 앞서 말한 바처럼 사물의 윤곽을 그리기 위한 선의 사용이나 이미지에 표시된 경우를 제외하고는 빛은 늘 높은 곳에서 비춘다는 선입견, 역사적으로 특정 시기에 국한된 것이긴 하지만 색채의 대조 코드 같은 규범들을 말한다. 그런데 이 모든 관습은 그것이 **이미 자연적인 지각에서 실행되는** 가시적인 실재에서 나온 것이기 때문에 받아들일 수 있다. 내가 여기서 강조하려는 것은 재현이 최소한으로라도 이러한 자연적인 규범들을 포함하고 있는 경우 우리는 재현에서 늘 공간을 지각할 수 있다는 것이다. '최소한'이라고 말함으로써 그것은 또 다른 문제, 즉 포착된 공간의 **질**의 문제를 야기한다. 즉 회화도, 사진도 모든 심도 표시를 동시에 나타낼 수는 없으며, 나타낸다고 해도 부정확하고 시각의 오류나 더 안 좋은 경우에는 빛의 오류가 있을 수 있다. 영화는 다른 오류들, 어떤 경우에는 중대한 오류를 저지르는데, 예를 들면 세계를 회색으로 재현하는 것 같은 것이 그 경우이다. 이에 대해 심리학자들의 원칙은 단순하다. 심도 표시가 더 적고 덜 자세할수록 관객은 이미지를 읽기 위해 더 노력하며 곰브리치에게 중요한 관객의 몫, **보는 자의 공유** beholder's share의 중요도가 더 커진다는 것이다.[13] 이는 덜 완벽하고 덜 정교한 재현일수록 분명 수용성이 더 떨어질 것이라는 점을 의미하지 않는다. 다시 말해 관객의 반응, 수용에 대한 관객의 믿음이나 판단은 무엇보다 문화적이고 이데올로기적이며 미학적이고 문체적인 차원에서 자신이 처한 시대적인 관습들에 달려 있다. 우리는 이것이 곰브리치의 명제라는 것을, 감히 말하자면 상대주의적인 명제라는 것을 알고 있다. 전체적인 실재 효과는 부분적인 사실 효과의 내재적인 완벽함보다 리얼리즘에 대한

..

---

13) 앞서 인용한 『예술과 환상』의 장 제목들 가운데 하나이다. 우리는 이 점에서 존 M. 케네디 John M. Kennedy의 『그림 지각의 심리학A *Psychology of Picture Perception*』을 참조할 수 있다.

기대와 관습에 더 달려 있다. 우리는 이 예를 조토에게서 찾아볼 수 있다. 지금 봐도 놀랍지만 당시 관람객들은 조토 작품들의 **진짜에 가까운**true-to-life 리얼리즘으로 인해 큰 충격을 받았다. 그것은 관람객들이 치마부에 Cimabue[14]를 기준으로 그의 작품을 판단했기 때문이다.

　공간은 그렇게 지각된다. 하지만 지각한다는 것은 단순한 과정이 아니다. 가장 일상적인 지각을 포함하여, 심지어 예술 작품의 지각은 늘 정신적이고 지각적인 도식에 의해 정보가 제공된다. 재현된 공간은 '레오나르도 규칙'과 유사한 규칙에 토대를 둔 무의식적인 지각 과정뿐만 아니라 정신적이고 지적이며 감정적인(종교적인, 이데올로기적인 등등) 전제들에 의해 지각된다. 그래서 내 연구의 논리적인 귀결은 공간이란 무엇인가에 대한 것에 이르게 되는데, 이것은 더 이상 눈에 대한 것이 아니라 정신에 대한 것이다. 정신은 결코 문화적인 뿌리, 각 시대가 특권화하고 사회화하는 상상적인 거대한 구축물과 분리되지 않기 때문이다. 이것을 **공간에 관한 환영**fantasme de l'espace이라고 부르고자 한다.(끊임없이 재출현하고 마음을 끄는 것은 판타지, 환영이다.)

　앞서 말했듯이 엄격히 두 의미의 공간이 존재한다. 하나는 운동 감각적인 공간으로 촉각의 공간이며 움직임의 공간이다. 또한 무정형적이고 방향에 따라 물리적인 성질이 변하지 않으며 동질적이고 삼차원적이다. 데카

---

14) 역주: 치마부에(1240~1302 추정)는 이탈리아 화가 겸 모자이크 미술가로 사실주의를 예고한 비잔틴 양식의 대가이다. 초기 비잔틴 전통인 견고한 이차원적 회화 양식에서 위대한 사실주의 양식으로 치마부에가 전환한 그 이면에는 예술에 대한 애정과 추진력이 있었다. 치마부에 작품에서 사실주의는 원근법에 대한 관심, 고전 요소의 적용, 극적인 감정 표현 등을 통해 실현되었다.

르트의 공간이 이 모델이 될 수 있다. 다른 하나는 시각적인 공간으로 정형적이다. 또한 방향에 따라 물리적인 성질이 변하며 이질적이고 이 공간의 삼차원성은 가상적이다. 이 공간의 기하학적 모델은 분명하지 않으며 환영이 악착같이 추구하는 것은 정확하게 이 시각적 공간의 기하학적인 모델이다. 우리는 앞에서 아른하임과 중심의 힘에 관한 그의 주장, 시각적 공간은 구심화된다는 그의 가정을 살펴보았다. 그것이 가장 단순한 공간적 환영일 것이다. 공간은 우리 주위에 있는 것으로 정의되며 우리는 공간을 늘 중앙에 맞추고자 한다. 이처럼 구심화된 공간 모델은 유클리드 기하학의 한계를 넘지 못한다. 그것은 유클리드 기하학의 가장 단순한 모델이다.

한 단계 더 나아가 중심을 둘러싸는 이러한 공간은 본질적으로 **움푹하다**Creux. 이것이야말로 사실대로 말하면 거의 모든 공간적 환영의 기본이 될 정도로 반복되는 시나리오이다. 실험 심리학의 내용과 20세기 초 급속하게 발전한 비(非)유클리드 기하학의 도움을 받아 피에르 프랑카스텔 Pierre Francastel[15]은 입방체적Fourre-tout 모델을 세우는데, 이 주장은 쉽게 수긍하기 어렵지만 아이들의 공간 파악, 큐비즘, 국제적인 고딕 스타일, 위상학이 이 모델에 해당한다.[16] 프랑카스텔의 계승자들보다 훨씬 더 엄격한 어윈 파노프스키 역시 이 점에서 그가 주장한 원근법에 대한 논의로 큰

··

15) 역주: 프랑카스텔은 과학 문명의 발달이 다양한 사고와 형식 파괴를 이끌어낸 근원이었다고 주장한다. 그는 회화도 한 사회의 사치품이나 이국적인 호기심의 집합이 아니라 인간의 사고와 행위에 관여하는 사회적 훈련이라고 정의한다.

16) P. Francastel, *Peinture et Société*(1951), Denoël, 1994.[이러한 평가는 내가 보기엔 정당하지 않은 것 같다. 피아제 심리학을 참조하는 것은 분명 시대에 뒤떨어지지만 프랑카스텔이 보여준 창의성과 특히 이미지 자체에 대한 그의 관심은 퇴색되어서는 안 된다. 그는 이미지에 대한 주목할 만한 연구자로 남아 있다.(2007)]

오류를 저지른다. 그에 따르면 우리의 망막은 휘어 있기 때문에 공간 지각은 곡선의 기하학을 따른다는 것이다. 파노프스키는 이것으로 선 원근법—공간을 '휘어지게' 만드는 데 부적합한—의 사용에서 발견되는 착오들을 설명할 수 있다고 말한다. 몇몇 예술가나 시대가 본능적으로 이러한 결점을 수정하고자 하였듯이. 우리는 파노프스키의 오류가 어디서 기인하는지 잘 알고 있다. 하지만 그것이 중요한 것은 아니다. 왜냐하면 몇몇 작가들이 그랬듯이[17] 그의 추론이 정당하지 않다는 것을 보여주는 것은 쉽기 때문이다. 이러한 추론은 데카르트와 훔볼트의 고전적인 권위에 대항하여 우리가 우리 자신의 망막 이미지를 본다고 믿게 만드는 '망막 오류'에 빠지게 되기 때문에 옳지 않다. 하지만 이로 인해 파노프스키 이론이 무의미해지는 건 아니다. 선 원근법이 적절하다는 것과 파노프스키 이론이 '상징적 형식'의 역할을 한다는 것은 양립할 수 있기 때문이다.

결국 나는 움푹한 공간 시나리오를 토대로 가장 확실한 환영에 도달했다. 이는 19세기 말 예술사 영역에서 정립된 것으로 움푹한 것le creux에 관한 사유에 다른 사유를 더해 완성된 것이다. 움푹한 공간에서 어떤 것이 (시각적으로) 튀어나오는데 그것은 오브제이다. 우리의 시지각에는 두 가지 방식이 있는데 하나는 공간이고 다른 하나는 오브제이다. 공간에서는 눈이 우리에게서 멀어지면서 사라지는 것을 지각하고 오브제에서는 우리에게 다가오면서 나타나는 것을 지각한다. 이러한 환영을 처음 주장한 독일의 조각가 아돌프 힐데브란트는 1893년 "동일한 현상을 지각하는 이 두 방식은 시각과 촉각의 기능에서는 서로 구분되지만 눈에서는 결합된다."[18]고

••

17) Outre ten Doesschate, *Perspective*..., 예를 들어 조금 앞에서 인용한 Carol Brownson의 「유클리드 광학과 선 원근법과의 양립성」, *Archive for History of Exact Sciences*, 24, n°3, 1981(이 참조에 대해서는 더들리 앤드류에게 감사를 전한다.)을 참조할 것.

분명하게 말한다. 눈은 볼 뿐만 아니라 만지기도 한다. **시지각에는** 순수하게 시각적인 지각도 있고 시각적이면서 촉각적인 지각도 있다. 이런 이중의 방식이 **근시**Nahsicht(가까운 것에 대한 시각, 우리가 다가가서 만질 수 있는 체험 공간에서의 형식에 대한 일반적인 시각)와 **원시**Fernsicht(먼 것에 대한 시각, 예술의 특수 법칙들을 따르는 형식들에 대한 시지각)라는 또 다른 구분에 해당한다.

이러한 환영은 상당히 흥미롭다. 우선 인상적인 환영 계보학의 관점에서 그러하다. 힐데브란트로부터 직접 영향을 받은 리글Riegl은 동로마 제국의 라틴적 스타일과 게르만적 스타일 사이의 모순을 촉각과 시각의 대립으로 읽어낸다. 뵐플린Wölfflin은 동일한 계열체 안에서 고전적인 예술과 바로크적인 예술을 구분한다. 보링거Worringer는 리글의 용어를 그리스적인 시각과 이집트적인 촉각이라는 또 다른 개념 쌍으로 대체한다. 보다 최근의 예로 앙리 말디니는 이 개념 쌍을 다시 부활시켰고 질 들뢰즈는 베이컨에 대해, 파스칼 보니체르는 클로즈업에 대해 이 개념 쌍을 이용한다.[19] 가까운 것과 먼 것의 개념 쌍은(이것의 다른 버전으로는 예를 들어 에이젠슈테인의 환상적인 〈로댕과 릴케Rodin et Rilke〉[20]에서처럼 오목과 볼록이 있다.) 수많은 예술 작품의 공간 처리를 설명하는 데 너무나 안성맞춤이어서 시각적인 터치라는 은유가 선험적으로는 이상하지만 그간 지속적으로 열광을 받아

••

18) Adolf Hildebrand, *Le problème de la forme dans les arts plastiques*(1893), trad. par É. Beaufils, L'Harmattan, 2002.

19) Dora Vallier, 《Lire Worringer》, in Worringer, *Abstraction et Einfühlung*, trad.fr., Klincksieck, 1978; Henri Maldiney, *Regard Parole Espace*, Lausanne, L'Âge d'homme, 1973; Gilles Deleuze, *Logique de la sensation*, Éd. de la Différence, 1982; Pascal Bonitzer, *Le Champ aveugle*, Cahiers du cinéma-Gallimard, 1982.

20) Texte de juillet 1945, traduit dans S. M. Eisenstein, *Cinématisme, op. cit.*

온 이유를 이해할 수 있다. 즉 그것은 고갈되지 않는 비판적인 은유이다. 누가 시각의 화가들—클로드 로랭Claude Lorrain,[21] 벨라스케스, 코로—이 촉각의 화가들—마사초Masaccio,[22] 렘브란트, 베이컨—과 다르다는 것을 모르겠는가? 그것은 정말 유혹적이어서 우리는 때로 조토에서 피카소에 이르는 모든 회화사를 가까운 것과 먼 것 사이에서의 시지각의 변동으로 읽고 싶어 하였다. 영화에서도 이러한 유혹을 느껴 웨스턴 영화의 거대한 공간을 분석하는 데 적용하며 클로즈업으로 제시되는 얼굴의 내밀하고 현실적인 부피감에, 그리고 무성 영화에서 나타나는 단단한 얼굴에 그 개념 쌍을 확대 적용하고 싶어 한다. 결국 영화에서 우선하는 것은 시각이라고 하더라도 그것을 통해 드러나는 것이 촉각이라는 것을 누가 부인하겠는가?

요컨대 이 움푹한 공간 시나리오의 성공은 그것이 본질적인 것과 관련된다는 사실에서 기인하는 게 아닐까? 고정된 하나의 시점이 상징하는 심각한 비정상을 자각하는 것도 이것의 성공을 보여주는 가장 명백한 방법일 것이다.('시각적으로 만지다', 이것이 바로 이미지를 만드는 것이며 이는 운동 감각적인 공간과 시각적인 공간의 임상적 대립보다 더 눈길을 끈다.) 정상적인 시지각은 하나의 시점이 아니라 지속적인 이동, 시각과 움직임의 대립을 전제로 한다. 정상적인 시지각을 멈춘다는 것은 기교의 놀이로 들어가는 것이며 이러한 놀이를 받아들이는 것이고 동시에 중심화된 시선의 주체성과 같은 것을 은연중에 인식하는 것이다. 환영 뒤에 지식이 숨어 있다는 것은 누구나 아는 사실이다. 환영적 시나리오의 파생물은 환영적 시나리오를

∴

21) 역주: 클로드 로랭(1600~82)은 프랑스의 화가·판화가이다. 로마 유적을 담은 풍경화가 많으며 N. 푸생과 함께 17세기 프랑스 회화를 대표한다. 주요 작품으로 「시바 여왕의 승선」, 「클레오파트라의 상륙」 등이 있다.
22) 역주: 마사초(1401~28)는 회화에서 원근법을 최초로 사용한 이탈리아 화가이다.

1. 인용

요한 하인리히 퓌슬리John Henry Füssli, 「꿈Le Cauchemar」, 1781, 유화, 101×127cm, Institute of Arts, Detroit; 에릭 로메르, 〈후작 부인 오La Marquise d'O〉, 1976.
미장센의 세부 요소가 많이 달라졌지만 전체적인 배치는 인용한 것을 알 수 있을 만큼 회화의 배치와 매우 유사하다.

2. 암시: 유사한 만남 혹은 영감

이번에는 비평가나 관객이 참조를 만들어낸다. 호퍼Hopper의 그림과 유사하다.(테런스 맬릭Terrence Malick, 〈천국의 나날들Days of Heaven〉, 1978); 모택동주의적인 아카데믹한 스타일의 이미지.(지아 장 커Jia Zhang-ke, 〈플랫폼Platform〉, 2000)

3. 일상 속 특별함

동시대적인 이 두 이미지는 동일한 주제를 갖고 있지만 미장센은 다르다.(윌리엄 체이스William Chase, 「공원에서: 샛길In the Park: A By-path」, ca. 1890, 유화, 35.5×49cm, Madrid, musée Thyssen-Bornemisza; 뤼미에르, 〈아가의 첫 걸음Les Premiers Pas de Bébé〉, 1896, vue n°67)

4. 실제 효과. 홍수

영화 이미지는 실제로 물을 흐르게 할 수 있고 양들도 실제 양처럼 보이게 할 수 있다.(아타바즈드 펠리치안Artavazd Pelechian, 〈계절들Les Saisons〉, 1975)

5. 움직임

프레더릭 레밍턴Frederic Remington, 「기병대The Cavalry Charge」, 1907, 유화, 30 1/8×51 1/8 inches, The Metropolitan Museum of Art, New York; 뤼미에르, 〈기병대La Charge des cuirassiers〉, 1896(vue n°604). 레밍턴은 쥘 마레의 증명 이후에, 심지어 뤼미에르보다 더 이후에 작품 활동을 했다. 하지만 놀라울 정도로 사실적인 그의 말은 움직임을 상징화해서 보여줄 뿐이다. 뤼미에르의 말은 증명을 목표로 하지 않는다. 그것은 단순히 보여준다.

6. 회화의 사진 같은 정확성

베르나르도 벨로토Bernardo Bellotto, 「팔레 루아얄에서 본 바르샤바 정경Vue de Varsovie depuis le Palais Royal」, 1773, 유화, 166×269cm, Musée National, Varsovie. 속설에 따르면 이 그림의 정경은 너무나 사실적이어서 제2차 세계대전 폭격 후 이 그림이 옛 바르샤바를 똑같이 복원하는 데 도움을 주었다고 한다.

아돌프 폰 멘첼Adolf von Menzel, 「포츠담 근처 빌헬름 풀만 박사 집의 농가Hof des Hauses von Dr. Wilhelm Puhlmann bei Potsdam」, 1844, mine de plomb, 12.5×20.5cm, Hamburger Kunsthalle. 지푸라기 하나도 부족하지 않다. 두 그림 모두에서 내가 놀란 것은 위에서 내려다보는 시점이다. 이 그림의 정확성은 숙련을 통해 높아졌음이 분명하다.

7. 시점의 동원

뤼미에르 광경, 〈엑스레뱅 기차역으로의 도착Arrivée en gare d'Aix-les-Bains〉, 1897. 철로에서 찍은 '파노라믹한' 광경(vue n°81). 움직임의 흔적. 전경의 흐릿함.

알프레드 시슬리Alfred Sisley, 「기차역으로의 접근Approche de la gare」, 1888, pastel, 38.4× 46cm, Cincinatti Art Museum. 위의 뤼미에르 영화에 대한 문자 그대로의 역화면(하얀 눈을 포함하여). 전경과 후경 사이의 작용이 접근하는 움직임(잠재적인)을 암시한다.

8. 파노라마, 팬 촬영

프레더릭 에드윈 처치Fredereric Edwin Church, 「나이아가라Niagara」, 1857, 유화, 108×229.9cm, The Corcoran Gallery of Art, Washington; 필립 가렐Philippe Garrel, 〈내면의 상처La Cicatrice intérieure〉, 1968. 우리는 수평적 주제와 거대한 지평선을 발전시킨 재현 예술의 고유한 경향을 통해 '파노라마'에 대한 취향을 추론해 볼 수 있다.

9. 사진 같은 그림, 그림 같은 영화

앙드레 드방베André Devambez(1867~1944), 「공격La Charge」, 1902~03, 유화, 127×162cm, Paris, musée d'Orsay; 그리고리 코진체프Grigori Kosintsev와 레오니드 트라우베르크Leonid Trauberg, 〈뉴 바빌로니아La Nouvelle Babylone〉, 1929. 유사한 구성―중심은 타원형의 야광 존으로 되어 있고 그림자가 이를 에워싸고 있다―에서 역설이 나타난다. 그림은 더 꼼꼼하게 공을 들이면서 대수롭지 않은 디테일에 주의를 기울인 반면, 영화는 자신의 물질성을 과시하면서 잉크 같은 색채를 부각시킨다.

10. 회화에서의 순간

조지 벨로스George Bellows, 「샤키에 모인 남자들Stag at Sharkey's」, 1909, 유화, 92.1×122.6cm, The Cleveland Museum of Art; 외젠 들라크루아Eugène Delacroix, 「폭풍 속에서 잠자는 예수Le Christ sur le lac de Genezareth」, 1854, 유화, 60×73cm, Walters Art Museum, Baltimore.

스냅 사진적 의미에서의 순간. 회화는 결정적인 초 단위의 시간 분할. 다시 말해 큰 재난이 닥치기 바로 직전의 시간을 직접적으로 포착하고자 한다. 영화에서도 이를 주제로 택할 수 있다. 하지만 영화에서 순간은 사라지고 평범해지며 흐름 속에서 포착된다. 흐름은 순간을 단지 간접적으로만 부각시킬 수 있다.

11. 사진의 시간

Lyang, 「무제Sans titre」(융합 시리즈에서de la série Fusions), 50×75, 2004.

1870년부터 사진에서 시간의 본성은 순간이고 사진은 이 우연한 순간을 '결정적인' 것으로 만들고자 한다.(카르티에 브레송에 따르면) 사진이 시간을 포착하고자 하면 속임수를 써야 한다. 아제Atget의 파리 사진처럼 오랫동안 노출을 시켜 변하지 않는 것만을 보여주거나 위의 사진처럼 동일 장소를 여러 번 노출시켜야 한다. 이 사진에서 이중 인화는 인화의 기교가 아니라 감속된 촬영의 결과로 셔터를 누른 순간 '결정적인 것'으로 보이길 원해서 만들어진 구성, 파인더에서 판단된 구성이다. 사진가는 단순한 눈이 아니라 기억을 부여받은 눈이다.

12. 대기현상

테런스 맬릭, 〈천국의 나날들〉, 1978; 토머스 콜Thomas Cole, 「옥스보 정경View from Mount Holyoke, Northampton, Massachusetts, after a Thunderstorm(The Oxbow)」, 1836, 유화, 130.8× 193cm, The Metropolitan Museum of Art, New York. 동일 현상—비 내리는 장면—에 대한 다른 두 표현. 회화는 대체로 가는, 아주 미세한 디테일에 집착한다. 하지만 구름과 비 덩어리를 다루는 것은 아주 유사하다.

13. 행위에서의 시점

메리 카사트Mary Cassatt, 「보트 타기The Boating Party」, 1893~94, 유화, 90.2×
117.5cm, National Gallery of Art, Washington; 뤼미에르, 〈쾌속정에서 찍은 광경
Vue prise d'une baleinière en marche〉, 1898(vue nº1241). 모든 미장센이 그런 것처럼,
이 회화의 미장센도 다소 비현실적인 '부감' 시점을 취함으로써 더 뚜렷하게 부각된다.
이 부감 시점은 무엇보다 배의 형태를 만들기 위한 것으로 노란색에 의해 강조된다.

14. 창문

마르티누스 뢰르비Martinus Rørbye(1803~48), 「예술가 창문의 풍경Vue de la fenêtre de l'artiste」, ca. 1825, 유화, 38×30cm, Statens Museum for Kunst, Copenhague. 사실적인 세부 묘사는 풍경만큼 중요하다.(우리는 일부밖에 보지 못하지만) 창문은 빛이 지나가는 통로이며 풍경의 프레임 이다.

히치콕, 〈사이코〉, 1960. 이 창문은 아무것도 보여주지 않지만 소리 없는 움직임, 즉 픽션을 끌어낸다. 누군가가 이 프레임을 뚫고 침입하리라는 것을 느낄 수 있다.

15. 이중 프레임으로서의 창문

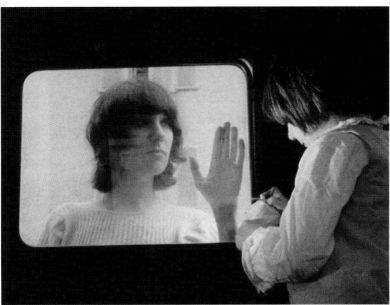

무르나우, 〈마지막 사람Le Dernier des hommes〉, 1924; 필립 가렐, 〈폭로자Le Révélateur〉, 1968.
존재 이유가 인정되는 이중 프레임. 미장센 장치 중 하나인 이중 프레임은 때로는 인물의 지위나
상황을 의도적으로 강조하기도 하고, 때로는 스크린 속의 스크린으로 은유적인 미자나빔을 실현
한다.

16. 멀어지는 시점

틴토레토, 「성 마르코 유해의 발견La Découverte du corps de saint Marc」, 1562~66, 유화, 400×400cm, Milan, Pinacoteca di Brera.
오손 웰스Orson Welles, 〈오셀로〉, 1952.
'틴토레토는 영화보다 300년 앞서 움직이지 않는 방법들만으로 우리가 영화에서 기대하는 시각적인 교향곡을 만들었다.'(엘리 포르Élie Faure)
'영화 〈오셀로〉는 틴토레토 그림의 진정한 재현이다.'(앙리 말디니Henri Maldiney)
실제로 두 작품은 전경과 후경, 시점의 강조, 깊은 심도에 의한 지면의 과장된 모습에서 표현 방식이 동일하다

니콜라 푸생Nicolas Poussin, 「성 에라스무스의 순교Martyre de saint Érasme」, 1628, 유화, 320×186cm, Pinacothèque du Vatican; 르 카라바조Le Caravage, 「그리스도의 매장」, 1602~03, 유화, 300× 203cm, Pinacothèque du Vatican; 시스토 바달로치오Sisto Badalocchio, 「무덤으로 옮겨지는 그리스도 L'Enterrement du Christ」, ca. 1610, 유화, Galerie Borghèse, Rome. 드라마의 구축은 늘 외화면에서 생긴다. 음울한 바탕(여기서는 죽음의 장소)으로 표현된 주제에 드라마화가 투영된다.

18. 촉각

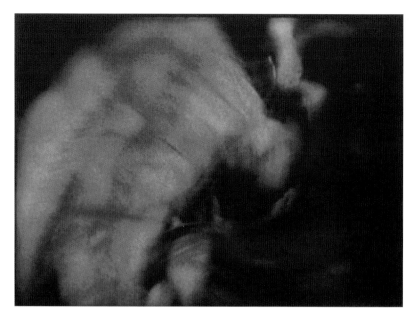

그리고리 코진체프와 레오니드 트라우베르크, 〈뉴 바빌로니아〉, 1929; 마리오 시로니Mario Sironi, 「수잔과 노인Suzanne et les vieillards」, 1935, 유화, 107.3×110.3cm, Museum of the Modern Art, New York, Gift of the Mr. and Mrs. Stanley Marcus Foundation. '촉각': 회화와 마찬가지로 영화에서도 눈이 '만지는' 것은 늘 질감이다. 영화에서 질감은 약간의 추상을 전제로 이러한 판타지를 유발한다.

19. 시각

라스 폰 트리에Lars von Trier, 〈도그빌〉, 2003; 카날레토, 「런던: 래닐러에 있는 원형 홀 내부 Londres: le Ranelagh, intérieur de la rotonde」, 1754, 유화, 46×75.5cm, National Gallery, Londres.
더 이상 그 어떤 것도 눈을 멈출 수 없다. 눈은 그 어떤 것도 '만지지' 않는다. 그것은 공간 안에서 사라진다.(따라서 우리는 지각할 수 없고 단지 스쳐 지나가듯 훑어볼 수만 있다.)—이 작품들에서는 멀어지는 시점(위)과 '단초점' 효과(아래)의 도움을 받고 있다.

20. 풍경과 대기

구스 반 산트Gus van Sant, 〈제리Gerry〉, 2002；피에르앙리 드 발랑시엔Pierre-Henri de Valenciennes, 「아침에 본 로마 풍경Vue de Rome au matin」, 1782~84, 나무로 표구된 종이 유화, 18×25cm, musée du Louvre, Paris.
공간을 포착하는 것은 중요하지 않다. 빛보다는 하루의 어떤 순간을 표현하는 것이 중요하다. 황혼 무렵의 빛에 대한 회화의 애착―그리고 이것을 기억하는 영화.

20. 여러 상태의 빛, 1

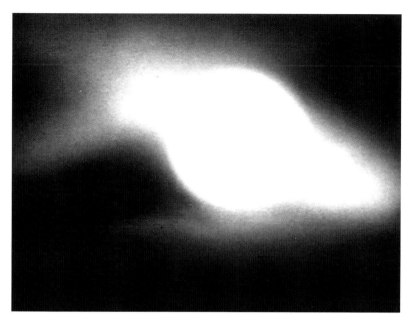

무르나우, 〈파우스트〉, 1926; 스티븐 스필버그, 〈마이너리티 리포트Minority Report〉, 2003. 빛은
발광의 근원이다. 영화는 자신의 빛이 전기에서 나온다는 것을 인정함으로써 회화가 회피했던 문제
와 대면한다. 무르나우 영화에서 빛이 집중화되어 있다면(분명 촬영 장비의 미자나빔), 스필버그의
최근 영화에서 빛은 다양하고 확산적이다.

22. 빛, 2

필립 가렐, 〈폭로자〉, 1968; 아피차퐁 위라세타쿨Apichatpong Weerasethakul, 〈열대병Tropical Malady〉, 2004. 이번에는 시점이 영사기 쪽에 존재하는데, 이 빛으로 인물이 고통받거나 (무르나우의 간접 계승자인 가렐의 작품에서) 빛이 유령으로 변하게 한 윤곽 위에 오랫동안 희미하게 머물러 있다.

23. 색채

위 이미지 단색을 지향하거나 그것을 획득한 빛바랜 색채(미켈란젤로 안토니오니, 〈붉은 사막〉, 1964); 아벨 페라라, 〈블랫 아웃The Blackout〉, 1997.

가운데 중세 채색 삽화(에릭 로메르, 〈갈루아인 페르스발〉, 1978, 오른쪽)나 회화의 포스트팝Post-Pop 상태(조너선 카우에트Jonathan Caouette, 〈타네이션Tarnation〉, 2003, 왼쪽)를 모방하고자 하는 선명한 색채.

아래 처음부터 끝까지 손으로 직접 채색한 영화(스탠리 브래키지Stanley Brakhage, 〈스텔라Stellar〉, 1993, 오른쪽)나 16mm 사진 영화(요나스 메카스Jonas Mekas, 〈서커스에 대한 노트Notes on the Circus〉, 1966, 왼쪽)에서 추상적인 요소로 사용된 색채.

24. 변형: 찡그린 얼굴

무성 영화에서 클로즈업은 표현성을 위한 일관된 무기였으며 시각적으로 변형시키는 것을 두려워하지 않았다. 모든 경향을 혼합하는 포스트모더니즘 영화에서 변형은 찡그린—정확하게 표현하자면 **찡그려진**—얼굴이라는 가장 기본적인 방법을 사용함으로써 종종 유희적인 경향을 보인다.(빈센트 갈로Vincent Gallo, 〈버펄로'66Buffalo'66〉, 1998; 레오 카락스, 〈나쁜 피〉, 1986)

25. 변형: 불가능한 시점

카를 드레이어Carl Theodor Dreyer, 〈잔다르크의 수난〉, 1928; 한스 리히터 〈아침 식사 전의 유령Vormittagsspuk〉, 1928; 장이머우, 〈연인〉, 2004. '불가능한' 앵글과 시점들은 이미지를 정상적인 지각에서 분리시키고 형태를 다르게 보이도록 한다.

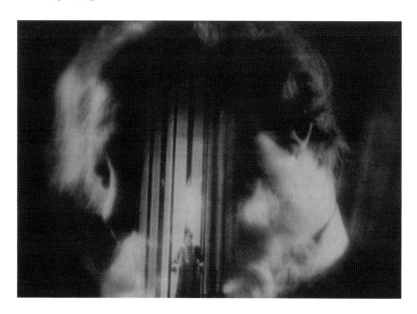

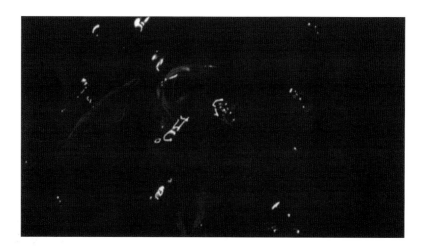

여기서 표현의 근원은 카메라에 있다.(혹은 실험실 작업에) 무르나우, 〈마지막 인간〉, 1924. 이중 인화는 꿈의 등가물로 사용되었다. 프란시스 포드 코폴라Francis Ford Coppola, 〈럼블 피시Rumble Fish〉, 1983. 컴퓨터 채색 기술은 가벼운 환상 효과로 사용되었다.

27. "얼굴, 그건 바로 우리가 가장 잘 알지 못하는 것이다"(장 클레어Jean Clair)

미장센은 얼굴을 변형하는 데까지 가지 않더라도 얼굴을 표현의 장소이자 대상으로 사용한다. 얼굴을 거꾸로 놓고 질감(마티에르) 효과를 가미하거나(레오 쿨레초프, 〈듀라 렉스Dura Lex〉, 1926) 보다 단순하게 인물이 스스로를 비춰보는 거울에서 그를 놀라게 하는 견딜 수 없는 빛의 효과를 관객이 상상하도록 만듦으로써 그러하다.(잉그마르 베르히만, 〈뱀의 알L'Oeuf du serpent〉, 1977)

28. 〈미치광이 피에로Pierrot le fou〉: 회화의 모방

아무렇지도 않은 듯 배경에 걸려 있는 그림의 존재(위)는 배경에 나쁜 영향을 미치면서 배경을 죽은
자연(가운데)이나 순식간에 추상화로 변형시키는 것(아래)처럼 보인다.

29. 〈미치광이 피에로〉: 풍경의 우수

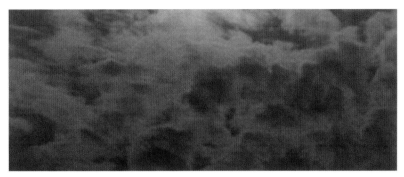

이 영화는 심도와 표면을 눈에 띄게 사용한다. 지속적으로 유동적인 구성은 고의든 아니든 일종의 압축된 회화사와 위베르 로베르Hubert Robert에서 윌리엄 터너William Turner를 거쳐 세잔에 이르는 회화사의 우수적 정서를 담고 있는 듯 보인다.

30. 〈열정Passion〉 혹은 분석된 회화

미장센을 변화시키는 엑스트라 인물을 첨가함으로써…

데쿠파주와 시점 변화를 통해…

문제를 이동시킴으로써…(여기서는 빛의 문제).

31. 예술사가 고다르

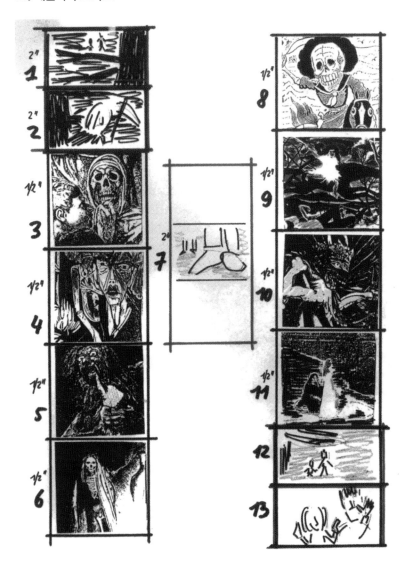

고다르 자신이 그린 나이키 회사 주문 광고 영상의 스토리보드.(ca. 1992) 동화 속 숲에서 길을 잃은 두 아이가 죽음과 다양한 공포를 만난다―유명한 회화 작품에서 영감받은 것이다. 이 아이들은 빠른 신발 덕분에 궁지를 벗어나게 된다.(이 영화는 제작된 후 부적절하다고 판단돼 투자자들이 상영 금지하였다.)

32. 예술가 고다르

1	Toutes les histoires d'une histoire	(Eurydice) Julie Delpy Ch. Baudelaire
	(1kg écrivain) mich. 5 étain	
1A	Une industrie de la mort	
	(2 1kg) vitamme	
2	La lumière dans l'ombre	(Fantômas) Alain Cuny Elie Faure
	(1kg musicien) pierre oBdin	
2A	Dr. Jekylle et M. Hyde	
	(2 1kg)	
3	La beauté	(Lady Max Factor) Juliette Gréco Hermann Broch
	(1kg peintre) chevalet	
3A	La monnaie de l'absolu	
	(2 1kg)	
4	Seul le cinéma	(les frères Warner) J. grémont - P. Chapier André Malraux
	(1kg cinéaste) caméra	
4A	Une vague nouvelle	
	(2 1kg)	
5	Montage, mon beau souci	(les enfants de Nosferatu) Maria Casarès Martin Heidegger
	(1kg monteur) forêt	
5A	Les signes parmi nous	
	(2 1kg)	

〈영화사Histoire(s) du cinéma〉 시리즈(ca. 1990?)의 첫 시놉시스 중 하나—여전히 다섯 개의 에피소드로 되어 있다. 특히 이 영화에서 나의 관심을 끄는 것은 작가, 음악가, 화가, 영화감독, 끝으로 안내자라는 고다르가 스스로에게 부여하는 입장의 변화이다. 여기서 칸트가 생각난다. 칸트에게 정원을 가꾸는 기술은 음악보다 중요하였다.

지탱해 주는 자연스러운 버팀목으로 이 시나리오를 안내하는 수단이 없는 한 분명 끝이 없을 것이다. 첫 번째 물질적인 재료이자 마지막 물질적인 재료인 그림의 표면 혹은 스크린의 표면은 결코 간과할 수 없다. 표면이 자신의 방식으로 다른 환영들을 불러일으키기 때문이 아니다. 나중에 다시 말하겠지만 세잔에서 아방가르드한 추상 화가에 이르기까지 이들 회화적인 사고의 라이트모티브 중 하나는 화폭의 표면이 거의 유기적으로 고유한 생명을 부여받는다는 것이었다. 하지만 환영은 추상 속에서만 실체를 가질 수 있으며 회화뿐만 아니라 영화에서도 환영은 재현과 허구적 임무에 반대하는 작은 전쟁 기계처럼 인식되어 왔다. 또한 재현 이미지 앞에서 진정 표면에 매달리는 것은, 그리고 공간에 집착하듯이 표면에 집착하는 것은 어려운 일이다. 이런 점에서 고집스럽게 사진을 무한히 얇은 필름으로, 깊이뿐만 아니라 두께가 전적으로 결여된 표면으로 보고자 하는 앙리 방리에Henri Vanlier의 놀라운 예를 지적하고 싶다.[23] 환기시키는 힘(이것이 환영의 속성이다.)을 지닌 이러한 환영은 내 생각으로는, 방리에가 작은 크기의 몇몇 사진들만을 사용하고자 하는 것과 관련 있다. 사진은 벽 위에서 커져서 우리는 거기서 표면의 결, 소재의 텍스처를 느낄 수 있으며, 그것은 자신이 지니고 있는 '무한하게 얇은 것' 이상의 그림을 만든다. 사진은 그렇다 치고 회화의 공간은 그것의 이중성, 이원성에서 벗어나지 못한다. 회화보다 복잡한 영화 공간에서는 깊이뿐만 아니라 표면과 영화 공간이 맺는 관계가 더 유연하다. 영화의 공간은 잠시 움푹 꺼졌다가 이내 분출하며 영사된다.(영화 공간을 건축 공간과 자주 비교하는 것은 이런 이유 때문이다.) 영화의 공간은 단지 국지적으로만 '순수' 공간에 대한 환영들과 관련된다.

••

23) H. Vanlier, *Philosophie de la photographie*, Cahiers de la photographie, 1982.

이제 전적으로 재현 공간이라는 것을 언급해야 하는데, 이것은 보다 전체적으로 파악되는 공간이며 지금까지 그랬던 것과 달리 서사적인 임무와 허구 세계의 구축이 포함될 것이다.

재현은 점점 거추장스럽게 여겨지는 짐을 운반하는 혼성어이며, 시대에 뒤지고 신용도 추락해 폐기하거나 제거해야 할 것처럼 느껴지는 단어이지만, 회화, 영화, 연극에서는 꼭 필요하기도 하다. 어원과 현재 사용되고 있는 모든 용법에 따르면 '재현하다'는 '현존하게 만들다' 혹은 '대체하다'라는 의미이다. 말하자면 존재하게 만들거나 부재하게 만드는 것인데 사실 둘 다를 의미한다. 왜냐하면 가장 일반적인 정의에서 재현은 부재—재현된 오브제의 부재—덕분에 실현된, 그리고 어떤 것을 대신하여 실현된 존재라는 역설 그 자체이기 때문이다. 영역과 본성을 지배하는 사회화된 관습에 기초한 순전히 문화적 가공물인 이 대체물은 항상 인위적으로 **만들어진 것**이기에 기술과 이데올로기가 그것의 한계를 설정한다. 오늘날엔 누구도 재현이 실존하는 오브제의 복사나 그 모습들 가운데 하나라고 생각하지 않는다. 지각에 대해 사실인 것은 재현에 대해서도 사실이다. 재현은 유사함이 아니라 넬슨 굿맨Nelson Goodman이 '외연dénotation'[24]이라고 부른 것을 토대로 한다.

재현이 하나의 외연이라고 말하는 것은 더도 덜도 아니고 하나의 경험을 만들어내기 위해 현존하는 오브제나 행위를 사용한다는 것인데, 이 경험은 사용된 오브제가 아닌 다른 것과 관련된다. 그래서 재현을 통해 구체화되는 대체물과 다른 것을 환기하지 않는 재현은, 혹은 이 다른 것을 나타내지 않는 재현은 우리가 원하는 바대로의 거리가 있는, '익숙하지 않은'

∙∙

24) N. Goodman, *Languages of Art*, Indianapolis, Hackett, 1976.

재현이 아니다. 굿맨식의 도전적인 질문은 관두자. 여기서는 재현이 묘사 혹은 외연'인' 것은 중요하지 않다. 내가 강조하고 싶은 것은 재현에서 재현되는 것의 중요성, 심리학적인 우월성이다. 이것은 거의 자명한 사실이며 이 외연된 것ce dénoté과 거리를 두기 위해, 혹은 외연된 것을 다시 표현하기 위해 (그것이 위험하고 유혹적이며 혐오스럽다는 것을 알리기 위해 1960년대에 횡행한 재현이라는 주제에 대한 무서운 불신을 어떻게 잊을 수 있겠는가?) 수십 년 전부터 예술과 예술 이론은 부단한 노력을 기울였다. 분명히 해두자. 외연된 것에 거리 두기를 주도했던 책들—게다가 이 책들은 우리 근대성의 바탕을 이룬다—을 갑자기 멀리하는 것은 불가능하다. 가끔은 생산적이기도 한 이러한 거리를 줄이려고 하는 것은 불가능하며 재현의 이러한 외연이 너무나 멀리 있고 약하다 하더라도, 또한 너무나 단편적이고 파괴적이라 하더라도 재현 그 자체와 함께 사라지지 않는 한 재현의 외연은 없어지지 않는다는 것을 지적하고 싶다.

이제 나는 다음과 같은 질문을 제기함으로써 연극에 대해 말하고자 한다. 연극적인 재현은 **무엇을** 재현하는가? 이는 방대한 논의를 야기할 것이다. 나는 그다지 독창적이지 않은 단순한 생각 하나를 말하고자 한다. 이는 연극적인 오브제의 영원한 이원성을 드러내는 데 그 목적이 있다. 연극적인 오브제는 글로 쓰인 것이면서 말로 발화된 것이고 고정적이면서 유동적이고 반복적이면서 유일하다. 나는 연극적인 재현에서 두 가지 작용을 구분하고자 한다. 하나는 텍스트가 일련의 물질적인 오브제와 사건들로 변형되는 것이다. 그 자체로 이미 복잡한 작용인 이 변형은 텍스트 대사들을 문자적으로 인용하면서, 텍스트에 담겨 있는 (혹은 텍스트에 암시되어 있는) 다른 정보들을 묘사의 형식으로 표현하기도 한다. 너무나 일반적인 이러한 언술에서 우리는 분명 많은 예외들을 발견하게 될 것이다. 예를 들어

이 첫 번째 작용은, 즉흥 연극에서는 아예 존재하지 않거나 오브제 없이 이루어질 수도 있다. 그것은 특히 무한하게 달라질 수도 있는데, 왜냐하면 텍스트, 특히 가장 고전적인 텍스트는 조금 혹은 많이 각색되고 절단되고 변형되기 때문이다. 하지만 이 첫 번째 작용이 연극적인 현존으로 텍스트가 변형되는 순간을 가리키기 때문에 그것은 연극 그 자체와 가장 동질적이며 다양한 논의를 끌어들이고 논쟁을 유발한다. 〈오이디푸스왕〉이나 〈아가멤논〉의 초기 상연에서 양복 한 벌이 의상에서 몰고 온 작은 혁명을 생각해 보자.

다음으로 이러한 물질적인 오브제들과 사건들을 시각적으로 만드는 두 번째 작용이 필요하다. 이 작용은 관객을 위해, 이 물질적인 오브제들과 사건들을 어떤 장소나 더 일반적으로는 어떤 장치에 알맞게 **시각적인 볼거리**로 만드는 것을 말한다. 두 번째 작용은 첫 번째 작용만큼 복잡하기 때문에 연극의 역사는 이를 다양하게 만들었다. 그것은 길거리 연극에서부터 루카 론코니Luca Ronconi[25]의 〈광란의 오를란도Orlando furioso〉와 그것의 계승물인 아리안 므누슈킨Ariane Mnouchkine[26]의 연극에 이르기까지 관객의 위치가 중요하지 않을 때마다 부재하거나 약화되었다. 하지만 이 두 번째 작용에서 일반적으로 중요한 것은 앵글과 시점을 보여주고 찾아내는 것, 이미지를 구성하는 것, 간단히 말해 영화를 포함한 조형 예술에 보다 근접한 의미에서 재현을 만들어내는 것이다. 그런데 첫 번째 작용이 행위를 구축하듯이 일반적으로 행위가 수평적으로 펼쳐진다면, 연극적인 재현이 그 행위를 보여주는 시지각은 관객의 상상 안에서 수직적으로 구축된다. 즉

· ·
25) 역주: 루카 론코니(1933~2015)는 튀니지 출신의 이탈리아 배우이자 오페라 감독이다.
26) 역주: 아리안 므누슈킨(1939~현재)은 프랑스 연극 감독으로 태양 극단을 설립하였다.

고전적인 무대 설계가와 연극 연출가들('이탈리아식' 무대 연출가), 그리고 오늘날 안무가들은 어떤 제스처나 신체 이동이 표현성을 잃어버릴 위험을 감수하고서라도 의미의 내포, 어떤 시점을 위해 '투사된' 지각과 관련되어야 한다는 것을 알고 있다.

여기서 우리는 다시 영화, 그러고 나서 회화를 생각해 볼 수 있을 것이다. 영화는 상상적인 세계를 재현한다. 영화는 상상적인 세계를 우리에게 대체물의 형태로, 그 자체로 '상상적'인 기표의 형태로 존재하게 한다. 영화에서 재현 이론이 늘 관심을 갖는 것은 마지막 단계, 즉 **시각적인 볼거리**가 관객에게 제시되는 단계이다. 영화와 연극. 이것은 영화만큼이나 오래된 주제이고 영화의 특성을 정의하고자 처음 시도했던 때부터 연극은 영화의 받침대 역할을 해왔다. 영화의 지나치게 비시각적이고 언어 의존적인 성격 ─유성 영화가 출현했을 때 그런 것처럼─때문이 아니라 시각을 이탈리아식 연극 무대처럼 좁은 프레임 안에 고정시켰기 때문이다. 장 미트리Jean Mitry는 그의 저서 『영화사 *Histoire du cinéma*』에서 초기 영화는 공간을 해체하고 자유롭게 한다는 주장을 편다. 하지만 반대로 믿음 효과를 논하는 1970년경 영화 이론은 관객에게 시각적인 볼거리의 투사로서 영화적 재현과 연극적 재현을 비교한다. 말하자면 이 모든 경우에서 (이것이 다는 아니지만 영화와 연극 비교의 중요한 일부를 이룬다.) 연극적인 재현이 소환되는 것은 본질적으로 영화에서의 시각적인 볼거리가 프레임화되고 수직적이라는 점 때문이다.

분명, 일반적이고 추상적인 비교라 할지라도 연극에 이러한 성격을 부여하는 것은 이탈리아식 무대를 없애고 연기와 행위가 중심이 되는 표현성의 장소를 만들기 위해 현대 연극이 반복적으로 기울인 노력을 무시한 채 맥 빠진 형태로 연극을 이해하는 것이다. 또한 영화에서 출발해 이루어진 비교는 무엇보다 행위와 연기라는 이러한 공간에 관해 정확하게 생각하고자 하는 성찰을 어렵게 하며 내가 연극적인 재현의 첫 번째 단계로 보았던, 그리고 영화에서도 이에 상응하는 단계로 간주한 사건들에 대한 구축도 어렵게 한다. '비순수 영화'라는 대담한 개념을 발굴하고 〈무서운 아이들Les enfants terribles〉을 옹호했던 바쟁에서부터 배우의 영화와 계획된 즉흥 연기를 대표하는 리베트 혹은 리베트만큼 눈에 띄게 연극성을 노출하지는 않지만 '아름다운 숏' 미학에 효과적으로 이의 제기를 한 장 루쉬에 이르기까지 수많은 비평가와 감독들은 그렇게 생각했다. 결국 내가 말하고자 하는 것은 복잡하지 않다. 영화는 시각적인 볼거리로, 프레임으로, 이미지로 구축되기 전 진정한 재현이 이루어지길 요구하며 무대 위에서 행위와 퍼포먼스를 제공하기를 요구한다는 것이다. 행위의 장소는 스튜디오든 야외든 중요하지 않다. 영화가 이러한 행위에 대한 재현을 제공한다는 것이 중요하다. 원하든 아니든 영화는 촬영에서 일어난 것을 복제한다. (에릭 로메르는 "모든 영화는 다큐멘터리이다."라고 말했다.) 말하자면 이미 존재하는 텍스트의 정확한 번역이다. 영화에는 현실을 재현하는 두 가지 방식이 있는데, 하나는 연극에서 온 것이고 다른 하나는 사진에서 온 것이라고 말할 수 있을까? 예를 들어 크라카우어에게서 찾아볼 수 있는 이러한 명제[27]는 다소 조악하지만, 시각적 볼거리로서의 영화적 재현 개념에 심각하게 결여되어 있는 미장센을 강조하기 위해 나는 이 명제를 분명하게 설명하고자 한다. 영화에서 미장센이라는 단어는 허술하다.

　이 문제를 다루기 전에 회화에 나타난 연극성이라는 다른 얘기를 하고

　　••
27) Siegfried Kracauer, *Theory of Film. The Redemption of Physical Reality*, Oxford Univ. Press, 1960.

싶다. 회화사 몇몇 시기에서 이러저러한 연극적인 형식들의 영향이 가끔 지적되기는 했지만[28] 내가 알기로 회화에서 연극적인 것에 관한 일반 이론은 존재하지 않는다. 그리고 나도 한정된 형식이 아니고서는 그것을 언급할 생각이 없다. 회화에서의 재현 역시 둘로 나뉜다. 하나는 역사에서 취하거나 역사에서 취하지 않았지만 이미 어떤 텍스트에서 이야기된 바 있는 스토리나 상상적인 사건의 현실화, 즉 삽화이고, 다른 하나는 이러한 사건을 생각하게 해줄 수 있는 어떤 관점의 선택과 구성이다. 간단히 말해 연극에서처럼 회화에서도 재현의 이중성을 드러낼 수 있다는 것을 부각하고자 한다.

나는 이러한 접근이 평범하다 못해 무용하리만큼 퇴행적인 위험을 안고 있다는 점을 잘 알고 있다. 20세기 회화 사조에서 정신적인 자양분을 얻은 우리는 그림을 그린다는 것은 하나의 재료를 연마해 그것을 회화적인 질료로 만드는 것이며 색채를 가치로 변형시키는 것이라고 당연하게 생각한다—모리스 드니의 언급이 떠오른다. 최근 퐁피에 예술을 재발견했다고 해서 세부적인 것마저 재평가되는 것은 아니다. 재발견은 기껏해야 퐁피에 예술가들을 매력적인 아류로 만들었고 어쨌든 그들은 '소소한 대가petit maitre'에 불과하다. 그런데 1800년 이전 그림이 묘사된 장면과 맺었던 관계는 분명 이 같은 유형이 아니었다. 그림이 오브제를 신성한 텍스트로 여기든 아니든 그것은 무엇보다 텍스트의 표현, 구현, 연출이며 텍스트를 있는 그대로 보여주는 것은 그다음이다. 말하자면 드라마로서의 회화를 지향한다. 예를 들어 (거의 동일한 시기인 1600년 직후) 푸생의 「성 에라스무스

··

28) 특히 피에르 프랑카스텔의 다른 저서에서. Pierre Francastel, *La Figure et le Lieu, l'ordre visuel du Quattrocento*, Gallimard, 1967.

의 순교」, 카라바조의 「그리스도의 매장」과 시스토 바달로치오의 「무덤으로 옮겨지는 그리스도」의 그림이 그러하다. 그들은 유일한 교훈을 지닌 확고부동한 의미에서의 성스러운 역사적 사건들을 여러 인물들을 통해 구현한다. 여기서 화가의 선택이 따른다. 이 인물들은 나이가 많은가? 적은가? 수염이 있는가? 없는가? 그들은 현대인의 모습을 지니고 있는가? 고대인인가? 등.(그리고 의상과 배경에서도) 일단 이 인물들을 적절하게 규정하고 나면 다음으로 그들에게 특별한 시점을 부여한다. 카라바조의 그림에서 눈―내가 말하고자 한 것은 카메라―은 부차적 인물들의 발 아래인 매우 낮은 곳, 거의 시체를 던지게 될 구덩이에 있다. 시체는 우리 위로 떨어지게 되며 우리는 나체 상태의 비참한 시체를 느끼게 된다. 푸생의 그림에서도 시점의 수사학은 강렬하면서도 다르다. 이 작품에서 시점은 모든 정경을 대각선에 따라 사선으로 받는 양상을 취하고 있으며, 의미는 전경(성인의 고통스러운 육체)과 후경(명백하게 숭배를 거절당하는 우상)의 대립으로 구성된다. 푸생의 그림에서 전경과 후경은 사형 집행을 관장하고 개종의 헛된 노력을 하느라 진이 빠진 사제 혹은 사법관의 확고하고 강경한 제스처에 의해 통합된다. 회화에 나타난 이러한 연극성은 마이클 프리드가 분명하게 분석했듯이[29] 로코코에서 **슈투름 운트 드랑**Sturm und Drang[30]으로 이행하는 반세기 동안 개인에 대한 관심과 의미, 자연에 관한 의미가 나타남에 따라 덜 진부하고 솔직히 말하면 내면적인 표현이 될 수 있다.

• •

29) Michael Fried, *La Place du spectateur*(1980), *op. cit.*

30) 역주: Sturm und Drang은 '질풍노도의 시대'란 뜻으로 18세 말에서 19세기 전반까지 전 유럽을 강타한 독일 낭만주의의 선구라고 할 수 있다. 슈투름 운트 드랑은 합리주의의 무미건조한 형식과 외면적인 도덕률을 타파하고 독일적인 생명과 개성을 해방하려는 데 그 운동의 목적이 있다.

극적인 회화라고 할 수 있지만 그렇다고 완전히 연극 같지는 않다. 연극만이 텍스트를 인용하고 실제 육체를 소환할 권리를 가지고 있다. 회화는 단지 모델을 가지고 이를 묘사하고 표현할 수 있을 뿐이다. 결과적으로 묘사는 이러한 언어적인 것과 신체성의 부재를 때로는 지나치게 보완하려 들 것이다. 회화는 자연보다 말이 많고, 따라서 과장적이고 단정적이다. 형상화에는 모호함을 위한 자리가 없으며 감정의 이중성이나 표현성을 위한 자리도 없다. 배신자 유다를 형상화하는 처리 방식을 보자. 화가들이 선결조건으로 행하는 거의 다큐멘터리적인 사실적 크로키와 관련지어 보면 그들은 모델을 이상화하고 압축하고 조합하며 (에이젠슈테인이나 고다르는 위대한 재현 회화에서 쉽게 몽타주를 발견한다.) 텍스트가 필요로 하는 이상적인 인물의 방향으로 모델을 개량하려고 노력한다. 또한 '이상에 더 가깝고 더 압축적인' 재현을 요구하는 즈다노프 독트린[31]은 모든 회화의 진실을 **이스토리아**로 말하였다.

두 번째 단계에서 시점의 선택은 회화에서는 **선험적으로** 정말 자유롭기 때문에—사회적 요구가 강요하는 한계를 제외하고—르네상스 시기부터 이탈리아식 무대의 정면성을 맹렬히 공격하였다. 탈중심화, 특히 내가 이전 장에서 소개했던 16세기 이탈리아 르네상스에서 시점이 계속해 변화한 예는 살펴보지 않겠다. 「수태고지」의 규범적인 장면을 여러 번 언급했기

31) 역주: 안드레이 즈다노프(Andrei Zhdanov, 1896~1948)는 소련 공산당 활동가로 제2차 세계대전 때는 레닌그라드 방위를 맡았으며 전후에는 주로 당의 선전·선동 활동과 코민포름의 지도를 맡았다. 전후 1946년에는 소련 문화 정책 지도자로 임명되었는데 시인 안나 아흐마토바, 작가 미하일 조센코 등 많은 예술가들의 창작 활동을 검열하였다. 그는 소위 '즈다노프 독트린'을 통해 예술가들이 공산당의 정치 노선에 맞는 창작 활동을 하도록 강요하였으며, 자본주의적이고 개인주의적인 작품을 출판했다는 이유로 「즈베즈다Zvezda」와 「레닌그라드Leningrad」 같은 문학 저널을 금지하기도 했다. 이를 '즈다노비즘'이라고 한다.

때문에 여기서는 보티첼리Botticelli[32]나 리피Lippi[33]의 「수태고지」(상당히 멀고 매우 연극적인 정면 시점)와 시기적으로 좀 더 나중 화가인 티치아노[34]의 「수태고지」(천사와 성모 사이에 원근법을 도입함으로써 시점이 차이가 난다.)를 비교해 볼 것이다. 분명 이러한 영역에서 회화와 연극을 비교하는 것은 그리 대단한 것을 드러낼 수 없지만, 나의 목적은 우리가 영화에 대해 언급했던 것과 비교하면서 회화에서도 **미장센**이라고 할 만한 부분이 어떤 것인지에 대해 관심을 기울이게 하는 것이다.

영화와 회화에서의 미장센. 그것은 무언가를 가지고 와서 무대 위에서 보여주는 것이다.(연극적 재현의 두 종류의 시간) 비록 영화에서, 그리고 특히 회화에서 이 두 종류의 시간이 한꺼번에 이루어진다고 해도 말이다. 왜냐하면 후자의 사유가 이미 전자의 선택 속에 존재하기 때문이다. 영화의 미장센은 회화의 미장센과 유사하다. 영화와 회화는 둘 다 시점이 자유롭다는 점에서 연극과 구분되지만 연극은 '무대 위로 가져오기'의 원래 모델이다. 무대는 촬영 현장, 연기 장소, 보다 광범위한 행위의 일부로서 디에제틱한 행위가 펼쳐지는 상상의 장소이다. 공간적이면서 시간적인 이중의 정의를 담고 있다. 이 이중의 정의는 연속적으로 묘사된 시간 속에 축적되어 유일한 에피소드를 구성함으로써 하나로 합치된다. 이것은 무엇보다 행위의 일치를 가리키는데, 고전주의 연극에서 다른 두 '일치'는 사실상 행위의 일치에서 비롯한다. 만일 무대가 하나의 구축물이라면 무대술은 이러한

••

32) 역주: 보티첼리(1445~1510)는 이탈리아 르네상스 시대의 화가이다.
33) 역주: 리피(1457~1504)는 보티첼리에게서 그림을 배운 이탈리아 화가이다.
34) 역주: 티치아노(Titien, 1488~1576)는 고전적인 양식에서 완전히 탈피하여 격정적인 바로크 양식의 선구자 역할을 한 이탈리아 화가이다.

구축물 및 일반적으로 배우나 오브제가 위치할 수 있는 모든 장소를 원근법으로 설계할 수 있는 기술이다. **무대술**scoenographia은 연극에서 온 것이다. 무대술의 원래 목적은 무대의 배경을 본질적으로 이탈리아식으로 그리는 것이다. 그것은 연극을 장식하는 기술, 배경을 만드는 기술이면서 동시에 '재현 그 자체, 재현된 오브제들, 궁전과 그에 딸린 정원의 장식술이다.' (Littré) 즉 '자연스러운 배경'을 만드는 것이다. 100년 전부터 변화가 있었음에도 불구하고 연극에는 관객의 시-공간과 상징적으로 분리되는 연극만의 시공간이 늘 존재한다. 각광이 그것인데 머릿속에서만 존재한다고 해도 어쨌든 연극만의 시공간이 있다. 하지만 회화와 영화는 어떠한가?

가장 쉽게 파악할 수 있는 것은 역시 무대술이다. 이는 단지 서법graphie, 글에 의한 공간적 배열의 고정을 의미하는 것이 아니다. 그림에서 무대술은 원근법적인 기술일 뿐만 아니라 원근법의 극적인 사용, 인물과 행위들이 건축물 안에, 보다 일반적으로는 재현된 공간 안에 위치하는 방식이다. 『그림의 무대술』이라는 저서에서 라틴 문화를 알고 있던 장 루이 셰퍼는 거의 역사를 전복하였다.[35] 연극은 회화에서 무대술을 차용하였고(무대술은 무엇보다 로마 도시의 벽 배경을 그리는 데 사용되었다.), 셰퍼는 회화의 원근법 도입에서—1550년도 그림에서—연극의 회귀를, 인물을 하나의 극에 끌어들이는 방법을 읽는다. 영화의 무대술은 어떠한가? 여기서 우리는 선택을 해야 한다. 연극에 가장 근접하기 위해 이 용어를 배경과 건축물만을 의미하는 것으로 한정할 것인지—이 경우 영화의 무대술이라는 용어의 정의는 빈곤하게 될 것이다—, 아니면 반대로 극적 인물들과 이러한 건축물 사이의 공간적 관계로 정의할 것인지—이 경우 영화 무대술만의 특수성을

••
35) J. L. Schefer, *Scénographie d'un tableau*, Éd. du Seuil, 1969.

잃어버리게 될 것이다—말이다. 이 두 난제 사이에서 영화의 무대술이라는 용어를 사용하는 비평가들은 일반적으로 후자를 선택한다. 어떤 경우에도 이 용어는 제대로 기능하지 못하며 궁극적인 해결책 없이 모호한 채로 남아 있다. 연극적인 무대술이 하나의 기술이라면 회화적인 무대술은 원근법이라는 추상적 모델과의 관계에서만 이해된다. 영화에서 동원된 무대술—배경의 기술—은 비가시적이며 연극적 기술과 같은 존재를 가지지 않는 반면 추상적 공간에는 어떤 모델이 존재한다. 그것은 가시적 공간의 모델, 심도—우리는 앞에서 움푹한 것에 대해 언급했다—의 모델, 간단히 말해 무대의 모델이다. 어찌됐든 간에 영화에서 무대술은 무대로 귀결된다.[36]

그렇다면 무대는 어떠할까? 그것은 반대가 아닐까? 회화의 무대는 원근법이라는 유일한 은총으로 시간의 일치와 행위의 일치보다는 장소의 일치에서 더 문제적이다.(여전히 수정 중이긴 한데 회화는 '국제 고딕 양식gothique international'[37]을 본떠 분산된 공간으로 되돌아가고자 여러 번 시도하였다.) 나는

∵

36) 상황은 그때 이래로 나아진 게 없다. 얼마 전 젊은 대학생들을 주요 독자로 한 어떤 훌륭한 저서에서 "영화에서 이 용어[무대술]는 배우의 움직임과 카메라 움직임을 동시에 포함한다."라고 쓴 것을 읽었다. 달리 말해 바로 이것이 일반적으로 미장센이라고 불리는 것에 대한 합의적인 내용이다. 나는 전문 용어로서 분명한 구색을 갖추지 않은 것의 이점을 찾아내지 못했다는 것을 인정한다. 하지만 이는 지금까지 25년간 비전형적으로 사용되며 잠복 상태로 존재한다.[2007]

37) 역주: 'gothique international'은 'style international'이라고도 하는데, 1400년경 유럽 예술의 경향을 말하며 고딕 예술의 후기 단계에 속한다. 이 스타일은 우아함을 추구하는 궁정 예술의 영향을 받았으며 세부적인 디테일에 많은 주의를 기울이고 보다 선명한 색채를 사용함으로써 고딕 예술의 정적이고 위계적인 형식들을 개선하고자 하였다. 국제 고딕 양식의 뒤를 잇는 이탈리아 르네상스 초기 작품들이 전체적인 일관성과 공간적인 통일성을 중시한 것과 반대로 고딕 양식은 중요하지 않은 디테일에 집중함으로써 공간이 분산되는 경향을 보인다.

서사적이고 재현적인 그림이 행하는 응축, 몽타주를 재검토하려는 것이 아니다. 회화는 사실 무대 없는 무대술을 지니는 것이 아닐까? 역설적으로 영화 무대는 행위의 일치가 두드러지기 때문에 보다 단일한 것처럼 보인다. 메츠는 이를 분절segmentation에 관한 그의 연구[38]에서 직관적으로 확신했다. 공간에서 회화의 무대—장소의 일치는 회화에서 늘 불확실하다—, 영화의 무대는 단지 극적인 덩어리로서만, 특히 상상적으로 견고한 덩어리로서만 존재한다고 엄밀하게 규정하기 어렵다. 무대는 외연화된 것이 가상적으로 우선권을 갖는 곳이다. 영화에서 미장센은 전혀 고립된 작업이 아니다. 메츠가 열광적으로 좋아한 에이젠슈테인은 내가 앞에서 연극에서 추상화한 두 종류의 재현 시간을 이용해 비상식적인 의미의 메커니즘[39]에 대한 확신으로 미장센mizanscène과 미장프레임mizankadre을 서로 연결시키는 실험들을 통해 그 가능성을 예측했다. 하지만 일반적으로 미장센이 무엇인지 명료하게, 그리고 보편적으로 아는 사람은 없다. 경험적으로 정의하려고 할 때마다 늘 실패했다. 기분에 따라서 텍스트 각색의 여러 단계들—유형화, 배경, 의상, 장소의 특색—뿐만 아니라 극적 구성, 최대한의 표현성을 구현하기 위해 공간에 인물들을 배치하고 나열하는 방식을 미장센에 포함시켰다. 간단히 말해 영화에서는 거의 모든 것이 잠재적으로 미장센 기술에 속한다.

이 기술이 영화 예술의 본질 그 자체—가장 가치 있는 부분이자 영화에서 정말로 중요한 유일한 것—라고 주장해 왔다는 것은 놀랄 일이 아니다.

••

38) Christian Metz, 《Problèmes de dénotation dans le film de fiction》(1966-67), *Essais sur la signification au cinéma*, Klincksieck, 1968.
39) 특히 자크 오몽이 쓴 불어로 번역된 *Mettre en scène*을 참조할 것. *Mettre en scène*, trad. par J. Aumont, UGE, coll. 《10/18》, 1973.

히치콕–혹스주의자[40)]에서 맥마옹주의자[41)]에 이르기까지 프랑스 비평의 주요 맥락에서 이러한 주장이 야기한 열정적인 언급들을 기억하고 있다. 그런데 순수한 '미장센'에 과도한 신념을 가짐으로써 그것에 가장 명백한 모델을 넘겨준 것은 아마 맥마옹주의일 것이다. 미셸 물레의 언급을 예로 들어보자: "몸짓과 공간의 일치가 모든 문제와 욕망의 해결과 성과라면 미장센은 이러한 일치를 향한 긴장 혹은 그것의 즉각적 표현이 될 것이다." 이 주장에 설명이 필요하다면 물레의 저서가 도움을 줄 수 있다. 미장센은 현실 세계를 재구성한 것이다. 영화는 '다른 예술과 달리 현실을 표현하기 위해 그것을 변형하지 않아도 된다.'[42)] 그래서 영화의 영혼으로 간주되는

..

40) 역주: 1950~60년대 「카이에 뒤 시네마Cahiers du Cinéma」에 글을 쓰던 젊은 비평가 그룹에 속하는 프랑수아 트뤼포, 장뤽 고다르, 에릭 로메르, 자크 리베트를 가리켜 앙드레 바쟁이 '히치콕–혹스주의자hitchcocko-hawksien'라고 지칭한 데서 유래하였다. 이 젊은 영화 비평가 군단은 미국 영화를 광적으로 좋아하였고 그중에서도 알프레드 히치콕과 하워드 혹스를 숭배하였다.

41) 역주: 'mac-mahonisme(맥마옹주의)'는 '맥마옹' 극장에 드나들던 영화 애호가 혹은 그들이 선호하는 영화를 가리킨다. 맥마옹-Mac-Mahon은 1938년 파리의 맥마옹가에 문을 연 극장이다. 이 극장은 제2차 세계대전이 끝나고 나치 점령 시기에 금지되었던 미국 영화들을 전문적으로 상영해 명성을 얻었다. 1950년대 '맥마옹주의자'들이라는 시네필 그룹이 형성되는데, 여기에는 미셸 물레Michel Mourlet, 미셸 파브르Michel Fabre, 피에르 리시앙Pierre Rissient, 베르트랑 타베르니에Bertrand Tavernier 등이 있다. '맥마옹주의'라는 용어는 필립 부바르Philippe Bouvard에 의해 만들어졌다. 맥마옹주의자들에게 완벽한 영화란 네 명의 감독에 의해 상징되는데, 그들은 라울 월시Raoul Walsh, 오토 프레민저Otto Preminger, 조지프 로지Joseph Losey, 프리츠 랑이다. 미셸 물레는 1959년 8월 「카이에 뒤 시네마」에 수록된 '무시된 예술에 관하여Sur un art ignoré'란 글에서 '맥마옹주의'를 선언한다. 그의 주장에 따르면 영화에서 중요한 것은 시나리오가 아니라 미장센이다. 맥마옹주의의 선두주자인 피에르 리시앙은 장뤽 고다르의 첫 장편 영화 〈네 멋대로 해라À bout de souffle〉에서 조감독을 맡았다.

42) Michel Mourlet, Sur un art ignoré, La Table Ronde, 1965; 미셸 물레의 저서와 여러 점에서 유사한 에릭 로메르의 책을 볼 것. Éric Rohmerk, Le Goût de la beauté, Éd. de l'Étoile, 1984. 나는 2006년에 출간된 「영화와 미장센」에서 미셸 물레와 에릭 로메르의 이러한 입장

미장센은 **즉각적으로** 현실을 표현한다. 이와 관련하여 감독의 모든 기술은 하나의 몸짓이 공간 안에서 전개되도록 내버려 두는 것으로 귀결된다. 이러한 일치가 현실 세계의 법칙이기 때문이다. 맥마옹주의는 하나의 윤리이며 정치이다.

물레는 다음과 같이 근본적으로 방법론적인 가르침을 준다. '늘 중심과 관련지을 것'이 그것이다. 중심화와 즉각성의 미학인 고전 영화는 실제로 무대의 균형을 깨뜨리지 않으려는 주요 관심에 기초하고 있다. 중요한 것은 리얼리티의 존중이 아니라 무대성scénicité의 존중이다. 이 모든 것에서 즉각적인 표현성—가장 자연스러운 것이 아니고는 방법이 없는—과, 제스처와 공간의 일치라는 이중의 요구를 통해 무엇인가가 드러난다. 그 무언가는 미장센에 대한 지극한 요구이다. 즉 그것은 공간을 점유하고 소유하는 것, 보다 정확하게 말해서 공간과 신체의 현존을 환상적으로 결합함으로써 공간을 다루는 시각적인 것의 무능력에 대처하는 것이다. 앞서 살펴보았듯 현상학적인 접근에서 공간은 촉각적이고 운동 감각적인 왕국이며 시각적인 광경은 그에 대한 대용물만을 제공한다. 미장센 개념이 보완하고자 하는 것은 이러한 무기력, 육체와 공간의 과도한 분리이다. 그래서 맥마옹주의는 지나칠 정도로 미장센에 대한 사유를 체계화하고자 했으며, 우리는 그다음 세대 감독과 비평가들—'무대술'이라는 새로운 의복을 추구하는 자들을 포함하여—에게서 그 영향을 느낄 수 있다. 예를 들어 1980년 알랭 베르갈라Alain Bergala는 이렇게 쓴다: '무대술의 관점에서 간주되는 영화는, 말하자면 영화적 무대(공간의 구성과 프레임화)와 이 무대에

⁝

에 대해 길게 설명하였다. Jacques Aumont, *Le Cinéma et sa mise en scène*, Armand Colin, 2006.

서게 될 인물들을 **동시에** 제자리에 배치하는 기술이다.'[43](베르갈라는 무대와 인물이라는 단어를 강조했지만 나는 동시에를 강조하고 싶다.) 혹은 보니체르의 탈프레임화, 스트로브, 뒤라스Duras, 안토니오니, 브레송의 '여백의 무대술' 정의도 이와 동일한 내용이다. 여백의 무대술의 목표는 결코 해결되지 않는 긴장을 유지하는 것이다. 말하자면 이 개념들에서 육체는 공간과 결코 타협하지 않는다. 가장 견고하게 구성된 이들의 미학에서 영화가 문제 삼는 것은 언제나 육체에 대한 향수이다. 미장센은 이러한 노스탤지아**이다**.

   이러한 관점에서 보면 무대는 하나의 모델이 된다. 하지만 원근법적인 모델과는 아주 다르다. 무대 과학도, 무대 예측도, 감각적인 무대 경험도 존재하지 않는다. 인지주의적인 가정과 기억 이론의 측면에서 훨씬 더 진전되어야 한다. 무대는 단번에 하나의 문화적 모델이 된다.(그것이 무엇에 대한 '상징적인 형식'이 될 수 있을까?) 영화가 문화적 모델이라면—설사 해체나 논쟁의 관점에서 그렇다고 해도—, 하나의 숏만으로도 잠재적 무대의 실현물이 될 수 있다면 더욱더 그렇게 되도록 열심히 작업해야 한다. 그럴 때 회화의 역사와 영화의 역사는 공간의 문제에서 평행선을 달리지 않고 끝없이 교차할 수 있다. 주지하다시피 무대적 모델을 **통해** 영화를 따라다니는 육체의 욕망은 회화에서는 아주 다른 형식으로 나타났다. 앙리 말디니가 설명했듯이 시각적 우월함에 의해 조금씩 비워지는 존재는 조르주 뒤튀트Georges Duthuit[44]와 다른 많은 사람들을 다시 그림으로 돌아오게 했다.

  ••

43) Alain Bergala, dir., 《Scénographie》, Cahiers du cinéma, numéro spécial, 1980.
44) 역주: 조르주 뒤튀트(1891~1973)는 프랑스의 예술사가로 마티스에 대한 뛰어난 비평가이자 초현실주의 예술가이기도 하다.

이 모든 사실을 고려할 때 영화 역시 20세기에도 여전히 19세기적이다. 1800년경까지 이미지의 이중적인 리얼리티는 상대적인 고요함 속에서 수용되고 체험되었다. 그것이 불행과 자기기만으로 체험된 것은 사진 혁명과 그에 수반된 것들 때문이다. 20세기 역사적 아방가르드의 상상적 깊이를 망각하고자 하는 맹렬한 욕구, 그린버그Greenberg가 노래한 모더니스트적인 예술의 표면을 강조하고자 하는 의지는 이러한 불행한 의식의 가장 명백한 증후이다. 하지만 깊이와 표면, 공간과 공간 색채 사이의 균형이라고 불러야 하는 것의 파괴는 계속해서 상실로 체험되고 있다. 여기서 언급해야 할 것이 더 생겨난다. 회화는 재현의 중심, 무대 장치가 더 이상 초인간적인—신적인, 군주적인—원칙으로 군림하지 않고 주체성, 즉 푸코가 점점 더 커지는 예속의 의식일 뿐이라고 환기한 이 '자유로운' 주체가 된 그 순간부터 더 이상 이 재현의 중심을 받아들이지 않는 것처럼 보인다. 어쨌든 재현은 우리의 문화적 과거에 속하고 그에 대해 영화가 보여주는 그것의 잔존물을 이해하는 것은 간단하지 않다. 가장 나중에 생긴 예술인 영화는 신념과 상상력, 그리고 재료에 대한 막역한 지각 사이의 변증법과 같은 어떤 것이 작용하는 마지막 장소이다. 이 어떤 것은 회화 **안에 있는** 연극에 속한다. 영화는 최후의 상상적인 공간이다.

6
빛과 색:
영화적인 것에 내재된 회화적인 것

회화와 영화의 관계는 다음과 같이 설명할 수 있다. 그림과 영화는 유사하다기보다는 인접성을 지니는데, 이 인접성은 때로는 거리가 너무 멀어 잊혀지기도 하고 때로는 사람들이 드러내고자 애쓰는 대상이 되기도 한다. 우리가 살펴본 것처럼 영화는 빠른 시간 안에 연극의 공간적 제약으로부터 벗어나 연극보다 우월하게 되었고 또한 그림이 오래전부터 가장 공들였던 효과를 쉽게 실현함으로써 그림보다 더 뛰어나게 되었다. 그러나 이러한 우월함은 절대적인 것이 아니라 늘 다소 불만족스러운 상태에 있다. 그림으로 그려진 노을은 하나의 인상이다. 그러나 촬영된 노을은 견딜 수 없는 색채가 된다. 〈마리아에게 경배를Je vous salue Marie〉(1985)에서 고다르는 순박하게도 노을을 촬영할 용기를 가졌다.[1] 그럼에도 불구하고 회화

..
1) '순박하게'란 단어는 지나쳤다. 거대한 노을은 비행기에서—아마도 이것을 촬영할 때 수태

는 보다 직접적이고 안정된 정서 체계에 접근할 수 있는 어떤 수단을 추가적으로 사용한다. 이 수단은 회화에서 가장 회화적인 것, 색, 명암, 대비, 농담과 같은 조형적인 영역과 관련된 것이다. 사진적인 특성은 관리하기 힘들기 때문에 영화는 어려움을 갖고 있지만 그럼에도 이러한 점에서 끊임없이 회화와 같아지기를 원했고 회화를 모방하고 회화를 뛰어넘으려고 했다. 회화로 모든 것을 만들려고 했고 회화보다 모든 것을 더 잘 만들려고 했던 영화는 영화의 역사 내내 형태, 색, 명암, 표면 등 회화적인 재료와 관련된 형식적인 어휘를 영화적인 재료에 대한 어휘—항상 새로 만들어지는—와 끊임없이 비교하였다. 또한 영화적인 것은 회화적인 것을 흡수하고자 했다.

무성 영화 전성기, 근원에 대한 탐구는 영화 미학의 지속적인 관심거리였다. 영화는 문학과 연극의 계보에 속한다는 것을 강하게 거부했지만, 반대로 시(엡스탱), 음악(뒬락, 강스), 그리고 조형 예술과의 밀접한 관계를 주장했으며, 이러한 것은 영화적인 것에 대한 정의와 옹호로 여겨졌다. 특히 흑백 영화는 종종 영화를 판화와 비교하게 했다. 이러한 비교는 오늘날 보기에는 이상하고 또한 있을 법하지도 않다. 왜냐하면 1930년 이후 사실주의의 유행은 끊임없이 영화를 사진적인 기원과 연결시켰고 필요한 경우 흑백 영화를 다른 방식으로(사진의 색으로) 정당화했다. 그러나 1925년에는 영화와 판화의 비교가 가장 자연스러운 것처럼 보였다. 1938년 출판된 영화

..
고지의 천사를 데리고 온 것일 수도 있다—겨우 보일 만큼 아주 작은 형상으로 지나가게 된다. 하늘을 찍은 기상학적인 숏이 전부이다. 고다르는 아마도 이 영화를 촬영할 때 이 영화보다 2년 먼저 나온 〈한 여인의 정체〉에서 태양을 촬영한 스펙터클한 "클로즈업 숏"을 기억해낸 것 같다.[2007]

이론을 종합적으로 다룬 저서 속에서 브루노 레렝저Bruno Rehlinger는 영화와 판화, 영화와 그래픽 아트Graphik[2]를 비교한 다양한 시도를 설명한다. 그가 보기에 이러한 시도들은 매우 균형 잡혀 있었다. 매체의 차이를 분명하게 인식하고 있던 그는 비교에 큰 관심을 보였다. 여기서 그가 내린 결론은 매체의 차이는 기술적인 것(움직임에서 비롯하는 본질적인 차이)이 아니라 정신적이고 미학적인 것이다. 그가 보기에 영화는 단지 정신적인 영역을 암시할 수 있을 뿐이다. 그러나 판화는 정신적인 영역에 대한 일종의 글쓰기이다.

같은 시기에 아방가르드 진영에서는 영화와 회화 사이에 더욱 돈독한 관계가 만들어진다. 이상하게도 영화와 회화의 혼합을 계속해서 추구한 사람은 영화와 회화의 특수성을 인정하지 않은 모호이너지이다. 그의 저서『영화, 사진, 회화Film, Foto, Malerei』(1926)에서 모호이너지가 영화, 사진, 회화를 공평하게 혼합한 이유는 회화 예술art cinétique[3]을 더욱 발전시키기 위해서이다. 회화 예술은 처음엔 세 매체를 모두 포함하지만 결국엔 이 세 가지 모두를 폐기한다.[4] 모호이너지의 유토피아는 우리도 알고 있는 것처럼 결코 실현될 수 없었다. 그가 1922~30년 사이에 작업한 「빛, 공간, 변조기Licht, Raum, Modulator」는 미술관에서 성공을 거두지 못했다.

••

2) Bruno Rehlinger, *Der Bergriff Filmish*, Emsdetten, H. & J. Lecht, 1938. 비교는 Rudolf Kurtz, *Expressionnisme et cinéma*(1926), trad. fr., Presses Universitaires de Grenoble, 1987에도 있다.
3) 역주: cinétique는 '운동의', '운동학상의'라는 의미를 지닌 형용사이지만 art와 결합한 art cinétique는 보는 각도에 따라 변화하는 회화 예술을 가리킨다.
4) Laszlo Moholy-Nagy, *Film Foto Malerei*, Bauhausbücher, 1926(Jacqueline Chambon)에서 나온 불어 번역은 삽화를 담지 않아—삽화는 이 책의 기획에서 중요하다—거의 이해하기 힘들기 때문에 추천할 만하지 않다. 스위스 판을 참고하는 게 좋다.

「빛Lichtspiel」—그의 '빛의 놀이'[5]—은 더욱 그러했다. 빛Lichtspiel이라는 단어는 1925년 독일에서는 이미 영화를 표현하는 데만 사용되었다.

일반적으로 아방가르드 조형 예술과 영화의 만남은 주변적인 제도의 형식 속에서 이루어진다.[6] 미술관에서 이러한 주변 형식들은 최근 수명을 다하였다. 그렇지만 바로 이 점에서 가장 노골적인 문제가 제기된다. 모호이너지의 이론적 성찰과 구현된 작품들은 시대에 뒤지고 구식이긴 하지만 그에게는 '절대적인' 회화에 대한 관념이 남아 있다. 즉 절대적인 회화의 대상은 회화 그 자체이지 자연적인 대상을 필요로 하지 않는다. 왜냐하면 절대적인 회화의 토대는 색의 작용—생물학적으로 구상된—으로 이루어지기 때문이다. 색은 다른 무엇보다 발터 루트만Walter Luttmann[7]이 초기 영화들에서 연구한 것이다. 〈작품 1Opus 1〉은 몇몇 형식들에 대한 변주, 푸른색 색상과 장밋빛-오렌지색-밤색의 색상에 대한 때론 지각하기 힘들 정도의 미세한 변주이다. 이것은 생물학적인 행위일까? 우리는 이것에 관해 판단하지 않을 것이다. 그러나 분명 평범한 음악적 비유('교향악주의'에 빠지기 위해서는 허구적 이야기를 없앨 만한 가치가 있지 않을까?)에도 불구하고 여기에서는 '순수하게 시각적인' 어떤 것이 추구되었다.

비교한다고 해서 논리적 근거가 제시된 것은 아니다. 영화의 능력을 우스꽝스러운 영역에서 판화와 비교하려는 이런 철학자들, 채색된 표현 양식

..

5) 역주: 독일어 빛과 유희의 합성어. 영화라는 의미로 사용되었다.

6) Patrick de Hass, *Cinéma intégral. De la peinture au cinéma dans les années vingt*, Transédition, 1986, 내가 쓴 책 *Moderne?*, Cahiers du Cinéma, 2007도 참고하기를 바란다.

7) 역주: 발터 루트만(1887~1941)은 독일 태생의 영화감독이다. 그는 1905년 취리히에서 건축학 공부를 시작하지만 뮌헨으로 건너가 회화로 관심 영역을 바꾼다. 여기서 폴 클레 등과 친분을 쌓고 추상화에 관심을 가진다. 이후 다시 영화로 선회하는데, 1921년 제작한 〈작품 1〉로 루트만은 독일에서 '절대 영화Absoluter Film'라고 불린 추상 영화의 선구자가 된다.

들과 규칙적인 움직임을 통해 '절대적 회화'의 **극치**에 도달하였다고 생각하는 이런 예술가들은 커다란 논점 선취의 오류[8]를 토대로 작업하는 것은 아닐까? 영화와 회화가 조형 예술이기 때문에, 그리고 이 둘이 동일한 시각적인 재료를 공유하기 때문에 비교가 가능하고 유효할 수도 있다. 그렇다면 이 두 매체의 **재료**matériaux는 무엇인가?

어쨌든 우리가 방금 언급한 형식에서는 이것이 최근의 생각이다. 16세기 이탈리아 화가들만큼 회화적인 문화 안에서 작업하고 있다는 것을 의식한 화가들은 색을 배색le coloris(배색은 색이라는 명사의 형용사에서 파생된 것이다.)이 아닌 다른 것이라고는 결코 생각하지 못했다. 그림 재료로서 색의 개념이 나타나기까지는 폴 시냐크Paul Signac[9]과 모리스 드니Maurice Denis[10]가 소책자를 출판한, 19세기의 마지막 10년을 기다려야 한다.[11] 형식에 대해서도 마찬가지이다. 유산으로 물려받은 형식에 관한 목록을 지지하거나 반대하면서 그림을 그린다는 사실을 화가들은 아주 일찍부터 알고

. .
8) 역주: 논점 선취의 오류에 해당하는 불어 원어는 petition de principe이다. 논점 선취의 오류란 논증해야 하는 것을 전제로 내세우는 오류를 말한다.
9) 역주: 폴 시냐크(1863~1935)은 프랑스 출신의 화가이다. 신인상주의를 대표하며 조르주 쇠라의 작은 점 대신 좀 더 넓은 모자이크 조각 같은 사각형 모양의 색점을 이용해 풍경화 및 초상화를 그렸다. 이른 나이에 세상을 떠난 쇠라의 이론을 이어받아 점묘주의를 발전시켰다.
10) 역주: 모리스 드니(1870~1943)는 프랑스의 화가이다. '나비파'를 결성하여 인상파 이후의 신선한 색채 감각을 이어받고 나아가 고갱의 평면적인 표현에 어떤 착상을 담는 시도를 하였다. 그러나 상징적인 경향이 적어지면서 장식적, 설화적이 되어 그리스도교의 주제를 되풀이했다.
11) Paul Signac, *D'Eugène Delacroix au néo-impressionnisme*(1898), rééd., Hermann, 1978; Maurice Denis, *Du symbolisme au classicisme. Théories*, dir. O. Revault d'Allonnes, Hermann, 1964.

있었다. 억압과 회귀를 전제로 하는 유산의 개념으로 형식을 분명하게 간주할 때 화가들은 재료 이상의 것으로 형식을 사유할 수 있다. 형식이 재료가 되기 위해서는 형식과 재현된 대상을 분리해야 한다. 즉 비(非)대상 회화(말레비치Malevitch[12]), 추상 회화의 명제가 필요하다.[13](나는 화가들의 실천, 아주 오래전부터 흔한 것이 되어버린 조형적 가치의 의미가 아니라 회화가 자신의 재료에 대해 갖고 있는 의식, 회화가 그 재료에 대해 제공할 수 있는 정의에 대해 말하는 것이다.) 하지만 '어떤 질서로 배열된 색'이라는 회화적 재료에 대한 모리스 드니의 최소한의 정의는 적어도 신-인상주의와 분할주의[14] (1900년에 시냑은 회화에서의 목적을 '색에 가능한 많은 빛을 부여하는 것'으로 정하고 들라크루아에게서 그 첫 번째 표시를 발견한다.) 이후 현대 회화에서 유효

..

12) 역주: 카지미르 말레비치(Kazimir Malevich, 1878~1935)는 러시아의 화가이며 교사, 이론가이다. 절대주의 운동의 창안자로 추상 회화를 가장 극단적인 형태까지 끌고 감으로써 순수 추상화가 발전하는 데 핵심적인 역할을 했다. 그는 예술을 향유로서가 아닌 철학적 사유의 대상으로 인지하게 했으며, 후대 미술가들은 구상 미술을 벗어난 그의 작품으로부터 풍부한 예술적 영감을 제공받았다.

13) 1974~82년에 Éditions L'Age d'homme(Lausanne)에서 프랑스어 번역으로 출판된 4권으로 된 말레비치의 책들을 참고할 것. 또한 W. Kandinsky, *Cours du Bauhaus*(1925-29), trad. fr. Denoël-Gonthier, 1975도 볼 것.

14) 역주: Divisionnisme은 디비조니즘, 분할주의, 색채 분할 등으로 번역하는데, 점묘파의 기법을 의미한다. 즉 팔레트와 캔버스 위에서 화구를 직접 혼합하지 않고 점묘로 서로 다른 원색을 찍어 표현하는 신인상파의 기법이다. 인상주의자들은 밝기를 유지하기 위해 중간색이 필요한 경우에는 혼합하여야 할 색을 그대로 작은 필촉으로 캔버스 위에 씀으로써 양쪽을 혼합한 색이 사람의 눈에 보이도록 하는 기법을 사용하였다. 그 결과 화면은 미세한 필촉으로 분할되고 색채도 순수한 색으로 분할되었다. 이 기법은 이미 콘스타블의 풍경화에서도 부분적으로 쓰였으며 들라크루아도 상당히 의식적으로 사용한 바 있지만 이것을 창작의 기본 원리로 삼은 것은 모네, 피사로 등의 인상주의 화가였다. 이것을 이론화한 것은 신인상주의의 쇠라이며 시냑의 '외젠 들라크루아로부터 신인상주의까지'(1899)에 의하여 널리 보급되었다. 그들의 작품은 미세한 색의 점으로 그려져서 점묘파라고도 불렸으나 시냑은 끝까지 '디비조니즘'이라는 명칭을 고집하였다.

했으며 20세기 초 내내 그러했다. 영화적 재료를 단순화하는 것은 회화만큼 쉽지 않다. 확실히 영화는 형식과 색만으로 충분하지 않으며 그 누구도, 러시아 형식주의자들조차도, 감히 영화적 재료에 대한 형식주의적 정의를 내리지 못했다. 기껏해야 티니아노프Tynianov[15]가 영화란 단색 재료의 조명에 의해 작업하는 것이라고 언급한다.(그는 모든 컬러 영화를 단호히 거부했다.) 그뿐 아니라 흥미롭게도 그는 '의미론적 기호smyslovoï znak'라고 부른 것을 정의해야 한다는 강박관념을 갖고 있었다. 영화 이미지는 의미를 나타내는 가공물이다. 이것은 사진적인 실재와 이미지를 구분하는 모든 것, 그리고 이러한 구분을 다시 표시하는 모든 것의 작용에 의해 의미 작용을 담당한다.[16]

우리가 쿨레쇼프Koulechov학파에게서 본질적으로 발견하는 것도 이러한 태도이다. 그에 따르면 영화 스크린에 나타나는 것은 단지 영화적 기술에 의해 만들어진 영화적 현실이며 영화는 조직적으로 만든 현실에 속한다는 것이다. 그러나 이러한 논의가 마음에 들지 않은 쿨레쇼프는 곧바로, 보다 구체적인 문제로 넘어갔다. 즉 그는 단순하게 필름으로 찍은 현실이 의미 작용을 하는 현실로 변형되는 **방식**에 대해 연구하게 된다.[17] 그가 '재료'라고 하는 다소 불분명한 영역을 신중하게 생각한 것은 분명 올바른 판단이었다. 이론가 쿨레쇼프가 할리우드 영화 기술자들로부터 인정받은

• •

15) 역주: 티니아노프는 슈클로프스키V. Shklovsky, 아이헨바움B. Eichenbaum, 야콥슨 R. Jakobson과 더불어 러시아 형식주의를 대표하는 이론가이다.

16) 1920년대 이후 나온 티니아노프와 러시아 형식주의자들의 텍스트들은 프랑수아 알베라 Fraçois Albera가 출판한 *Les Formalistes russes et le cinéma, Poétique du film*, Nathan, 1996에 번역되어 있다.

17) Lev Koulechov, *Écrits(1917-1934)*, trad. par V. Posner, Lausanne, L'Âge d'homme, 1994의 여러 곳을 참고할 것.

가장 단순한 방식에서 교훈을 얻어 그의 제자 푸도프킨은 이 방식을 더 강하게 밀어붙였다. "필름으로 찍힌 인간은 몽타주에 의해 배열된 영화 이미지의 촬영 후의 구성에서 보자면 단지 가공하지 않은 재료일 뿐이다."[18] 그러므로 재료란 특정한 의도를 가지고 필름의 가장자리를 잘라붙여 줄어들게 만들거나 변질시키거나 이어붙일 수 있는 이미지일 뿐이다. 회화에서도 이에 상응하는 등가물이 존재하며 (물감과 가공하지 않은 재료로서의 팔레트에 섞은 물감) 재료를 질료로 만들고자 하는 지속적인 유혹이 존재한다.

조형 예술가 영역은 아니지만 독일 이론가들에게서도 미세한 차이가 있지만 이와 비슷한 견해를 찾아볼 수 있다. 재현과 의미화 작업이 이루어지는 영화의 재료는 실재에 대한 사진 이미지이자 이미 그 자체로 완벽한 하나의 이미지여서 경우에 따라서 영화적 재료는 완벽하게 유사한 복제 기능에 만족하는 것으로 끝날 수 있다. 1920년대 10년 동안 이 문제를 생각한 독일과 러시아에서는 어떤 조형적 관점과 의미에 따라 의도적으로 영화적 재료를 변형하고 조작하고 자르고 붙이고 만드는 방식들을 작업 메뉴로 만들어 설명하려 했다. 이러한 모든 이론에는 궁극적인 하나의 상수가 있다. 그것은 조형적인 작업과 의미론적인 작업은 분리되지 않는다는 것이다. 즉 이미지의 조형적인 외관을 작업하는 것은 사진적인 재료를 의미의 관점에서 비틀기 위해 그것을 매만지는 것이다. 역으로 의미는 유일하게 적법한 조형적인 작업 안에서만 진정으로, 다시 말해 전형적으로—이 표현이 갖고 있는 부정적인 영향력은 제외하고—완성된다.

우리는 재료에 대한 이러한 두 가지 정의를 있는 그대로 연결시킬 수 있을 것이다. 하나는 형태와 색, 그리고 이것의 배열이며 다른 하나는 사진

..

18) Vsevolod Poudovkine, 《Kinoregisseur i kinomaterial》(1926), *op. cit.*

234

적 이미지에 대한 조형적인 양식화이다. 여기에 시각적인 것과 표면을 다루는 동일한 작업이 이루어질 수 있다. 하지만 이것은 그렇게 단순하지 않다. 우선 두 작업 사이의 균형은 지속되지 않았다. 영화는 더 이상 단색 제판이 아니며, 심지어는 유일하게 시각적인 매체도 아니다. 또한 조형적 의미에서 사진 작업으로서의 영화적 특성에 관한 사유는 유성 영화에서는 살아남기 어려웠다. 그후 영화에서 의미화 작업은 조형적인 가치를 이끌어 낼 수 있었지만 조형적 가치들로 인해 매몰되지는 않았고 그런 경우는 드물었다. 원하든 원하지 않든, 결국 영화의 역사로 기록되는 것은 유성 허구 영화 관점에서이다. 그런데 만일 이미지에 대한 조형적인 작업과 의미화 작업이 유성 허구 영화에서도 존재한다면 이러한 작업이 지닌 자율성을 문제 삼을 수 있다. 만일 이미지에 관한 조형적 작업과 의미화 작업이 서사에만 종속된다면 중복주의의 위험에 빠질 수 있고 서사에서 너무 멀어지게 되면 근거가 없게 되거나 장식주의에 가까워질 수 있다. 바쟁은 무성 영화의 주요 부분을 '현실의 예술'에 반대되는 신화적인 '이미지의 예술' 편에 두려고 했다. 그러나 무성 영화의 진실과 모순된다고 말할 수 있는 유성 영화도 공간의 재현이나 시간의 재현을 피할 수는 없다. 비서사적인 영화만이, 즉 회화의 움직임화cinétisation만이 형식적인 범주로 그림이 알고 있는 것과 같은 순수하게 조형적인 가치를 지닐 수 있다. 그러므로 우리는 한 단계 뒤로 가서 이러한 가치를 즉각적으로, 있는 그대로 영화에서 파악하는 것을 그만두어야 한다. 대신 사진에 있어 형식적인, 즉 잠재적으로는 조형적인 첫 번째 조작자인 빛으로 돌아가야 한다.

영화에서 빛이란 무엇인가? 우선 빛의 본성에 관해 대답해야 한다. 이 대답은 회화와 많은 차이가 있다. 영화에서 빛은 늘 존재하며 심지어 이중적이다. 왜냐하면 영사기의 빛—영화 작품 이후의 빛—은 촬영된 것에 비추어졌던 빛—영화 작품 이전의 빛—그대로의 기록된 빛을 보여주는 데 사용된다. 이 둘 사이에는 이미 음화의 형식으로 인지되는, 말로 표현할 수 없는 공모—즉 음영—가 존재하며 이것은 종종 하나는 여러 방법을 동원한 다른 하나의 연장일 뿐이라는 환상을 만들었다.(무르나우, 스턴버그 Sternberg 혹은 고다르에게서) 회화와 영화에서의 빛의 차이가 만든 결과와 구성은 이러하다. 그림의 빛은 실제 제작되어야만 표현할 수 있는 것은 아니다. 그러나 영화의 빛은 실제 있어야만 한다. 그것은 빛의 포함 여부와 관련되는 존재론적인 차이, 매우 우발적이지만 동시에 감각적인 차이를 만든다. 영화 생산에서 사용된 빛은 전기적인 빛으로 영화의 역사에서 특별하고 다양한 양상을 보여준다.

이 모든 지적은 중요하다. 그러나 이것을 살펴보기 전에 혹은 다른 관점에서 이것에 접근하기 위해 나는 재현에서 빛의 기능 혹은 빛의 사용에 대해 보다 상세하게 나열하고자 한다. 역사적 출현에 따라 **대략** 세 가지 기능이 있다.

1. 첫 번째는 상징적인 기능이다. 이것은 이미지에서 빛의 현존을 하나의 의미와 연결시킨다. 평범한 원리이지만 빛은 항상 초자연적인 것, 초인간적인 것, 은총, 그리고 초월과 관련된다.「수태고지」그림들은—이 그림들은 1550년부터 신화적인 이미저리imagerie의 영향을 받아 이교도적으로 표현되었다—문자 그대로 하늘에서 떨어지는 빛나는 광선을, 성령에 의해 마리아에게 부여된 특별한 은총을 물질화한 광선을 늘 지니고 있다. 이 빛나는 광선은 종종 특별한 위치를 차지한다. 예를 들어 장면에 잘 통합되지 않고 그림의 표면에서 이차원으로 표현된 빛나는 광선은 고딕 미술의 순수하게 상징적인 마지막 구성 유물 중 하나로 남아 있다. 때로 이 빛은 보다 확산되는 방식으로 그림을 에워쌀 수 있으며, 특히 빛의 의미 작용은

파노프스키[19]가 분석한 얀 반 에이크의 유명한 그림 「교회당의 동정녀」에서처럼 보다 섬세하면서 감춰져 있을 수 있다. 이 외에도 많은 예를 들 수 있다. 17세기에 태양은 절대 군주를 의미한다. 나는 앞에서 알베르티에게 있어 빛의 군주인 주광선을 언급했다. 어쨌든 상징적인 기능은 항상—이것이 거의 정의이다—인정된 상징 체계 목록과 엄밀하게 연결된다. 이러한 상징적인 기능을 완전히 잃어버리지 않았다 하더라도 영화는 이 기능을 아주 빈번하게 변형하거나 위장해야 했다. 영화에서 신의 은총은 빛에 의해 형상화되는 경우가 아주 드물다. 왜냐하면 빛은 영화에서 드물게만 아주 짧게 형상화되기 때문이다. 영화에서 신적인 빛을 표현하고자 했던 몇 안 되는 감독 중 하나인 드레이어에게서조차 신적인 빛은 어둠이라는, 빛의 부정적인 형식을 취한다.(〈분노의 날Dies Irae〉에서 안느를 괴롭히고 고문하는 어둠, 〈흡혈귀Vampyr〉에서 위협적인 어둠) 어둠을 보여주기 위해 베르히만이나 타르코프스키 영화가 펼치는 수많은 책략을 알고 있다. 영화에서 빛의 상징적 의미는 항상 다소 평범하거나 어색하다. 마치 회화에서 가장 비물질적인 가치들—신, 군주, 자연—을 계속해서 구현하기 위해 가능성을 모두 소진해버린 것처럼. 무르나우의 〈파우스트〉처럼 의도적으로 회화적인 영화도 빛은 선(善)이라는 모호한 원리를 의미화하는 것으로 축소되었다.(두세 장면의 예외가 있는데, 특히 성당 장면, 최후의 만찬에 나오는 빛이 그러하다.) 화가와 같은 영화감독들에게 빛은 과도한 표현이나 상징(이제 상징은 더 이상 순박하게 받아들여지지 않고 인용 부호를 지니게 된다.)으로 전락할 수 있는 상시적 위험을 지닌 것으로 인식된다.

••

19) Erwin Panofsky, *Les primitifs flamands*, trad. par D. Le Bourg, Hazan, 1992; 수태고지에 대해서는 Daniel Arasse, *L'Annonciation italienne, op. cit.*를 참고할 것.

2. 두 번째는 공간 구성과 관련된, 더 정확하게는 장면적인 것으로서의 공간 구조화와 연결된 극적 기능이다. 여기서 빛의 작용 능력은 무수히 많아서 새로운 능력이 계속해서 만들어질 수 있다. 빛은 장면 전체를 비추면서 장면의 깊이를 알려주고 형상들의 단계적인 분포를 강조하며 심지어는 정의할 수도 있다. 「수태고지」의 비사실적인 장면에서 천사의 그림자와 성모 마리아의 그림자는 유일하게 그들의 육체성을 가리키는 표지이며 그들만이 극적 공간에 들어 있다는 것을 의미한다. 그러나 그림자는 명암법을 사용하는 모든 화가의 경우에서처럼 보다 강력한 효과를 발휘할 수 있고 카라바조처럼 수사학적인 완벽한 표현력에 도달하기 위해 행위와 결합할 수도 있으며, 「야경La Ronde de nuit」[20]이나 라 투르La Tour[21]의 작품에서처럼 그림의 약한 부분을 알려줄 수도 있다. 이러한 그림들에서는 빛이 특히 빛줄기의 형태로 만들어지는 상징적인 작용과 반대로 빛의 기원을 재현함으로써 사실인 것처럼 보이게 하는 작업vraisemblabilisation이 새로운 중요성을 갖게 된다.

영화는 아주 일찍부터 이미지의, 그리고 장면의 어떤 부분을 적절한

..

20) 역주: 「야경」 또는 「야간 순찰」은 네덜란드에서 태어난 유명한 화가 렘브란트의 작품이다. 「야경」에는 세 가지 중요한 요소가 있다. 첫 번째는 거대한 크기(437×363cm), 두 번째는 빛과 그림자의 적절한 사용(명암 대비), 마지막으로 당시 군인들의 초상을 그렸다는 점이다. 「야경」은 네덜란드 황금 시대의 정점에 있던 1642년에 완성되었다. 렘브란트는 빛과 그림자를 적절히 사용하여 시선이 중요한 세 곳―배경이 되는 군중, 중앙에 있는 대장과 중위, 중앙 좌측에 있는 소녀에게 향하게 된다.

21) 역주: 조르주 드 라 투르(Georges de La Tour, 1593~1652)는 17세기 프랑스 화가이다. 17세기 당시 프랑스 지방에는 카라바조적인 착실한 사실성을 기초로 하는 화가들이 활약하고 있었다. 툴루즈의 투르니에, 부르고뉴의 칸탕, 랑그르의 타세르 등이 그들이다. 같은 시기에 활약하던 로렌 지방의 조르주 드 라 투르의 존재는 오랫동안 잊혀 있었으나 현재는 17세기 프랑스의 위대한 화가 중 한 사람으로 평가받고 있다.

조명에 의해 눈에 띄게 하고 어떤 요소를 의미심장하게 강조하는 방법을 알았다. 그리피스를 이야기할 때 우리는 종종 빌리 비처Billy Bitzer[22]의 촬영을 언급하는데, 그는 이미 영화의 조명을 사용해 다양한 양상의 극적 작업을 했다. 〈피파 지나가다Pippa Passes〉[23]의 그 유명한 숏에서 조명의 목적은 피파라는 인물의 순수함을 강조하기 위한 것이다. 이 숏은 전체적으로 영화를 감싸고 있는 시적 분위기에 알맞게 유동적이면서도 불확실한 공간을 구축하고 있다. 〈술고래의 개심A Drunkard's Reformation〉[24]의 마지막 숏 —벽난로에서 비춰진 유명한 조명—또한 의미가 있다. 이 조명은 되찾은 가정의 평화를 상징하면서 소시민의 안락한 장소를 의미하는 사실주의적인 재현이 된다. 사실 초창기 촬영 기사들은 무엇보다도 대조나 차이가 전혀 없는 단조로운 조명에서 벗어나고자 노력했다. 당시에는 사용할 수 있는 광원의 유형(태양 빛+리플렉터, 카본아크, 수은관)이 제한적이었기 때문에 단조로운 조명이 불가피했다. 영화는 지향성 광원들을 계속해서 찾아냈고 (유명한 클리글Kliegl 램프[25]는 물론이고 연극에서 빌려온 석회 아크 **스폿spots,**[26] 그리고 일정 기간 사용하다 이제는 사라진 군대용 토치형 회중 전등) 이것을 통해 평범한 카메라맨이 촬영감독이 되었으며 이러한 조명을 완성하게 되었다. 특히 고전 영화 시기의 흑백 영화에서 이러한 조명에 대한 예는 헤아릴

··

22) 역주: 빌리 비처(1872~1944)는 미국의 선구적인 영화 촬영 기사이다. 극장의 영사 기사 일을 하면서 영화 기법에 대해 많이 익혔고 그리피스와 작업을 같이하면서 유명해졌다.
23) 역주: 그리피스가 1909년 만든 영화로 조명의 효과를 잘 사용한 작품이다.
24) 역주: 그리피스의 1909년 영화이다.
25) 역주: 등장인물이 착용한 옷감 따위에 고광을 투사하거나 질감을 돋보이도록 하기 위해 사용하는 특수 조명의 일종. 대개 스누트와 키커를 이용한다.
26) 역주: spots은 지각이 필요한 대상에 지속적으로 빛을 비추는 스포트라이트, 간접 조명 등을 말한다.

수 없이 많다. 관객이 반드시, 그리고 빨리 알아채야 하는 이미지 부분에 비추는 **스폿**과 다소 광범위한 광점의 사용은 보편적인 것이 되었다.[27)]

　3. 마지막으로는 분위기 기능이다. 이 기능은 어쩌면 상징적 기능의 먼 사생아처럼 여겨질 수도 있다. 그러나 여기서는 상징적 기능이 너무나 약화되어 쉽게 이해할 수 있는 견고한 코드화가 작동하지 않는다. 처음 대기 중의 빛을 표현한 것은 오래전이다. 렘브란트 작품 대부분과 로랭의 많은 그림에서는 계산된 빛을 사용하여 작품의 본질적인 효과를 얻는다. 동시에 빛은 이미지에서 다양한 의미 작용을 지닌 부분의 경계를 설정하며 (『엠마우스Emmaus의 순례자들』) 빛으로 그림 전체나 부분을 감싸고자 한다. 이 작품들에서 빛이 지닌 암시적 의미는 그림에 대한 전체적인 평가로 이어진다. 로랭은 결코 직접적으로 태양을 재현하지 않았지만 확산된 태양빛을 구현하고, 하루와 계절의 특정한 순간을 재현하는 데 정통한 것으로 알려져 있다. 그러나 이어 뤼미니즘 화가들[28)]이 나타나고 풍경화가 출현했으며 빛에 관한 새로운 이론들이 출현한 것과 같은 중요한 변화가 18세기에 나타난 것은 우연이 아니다. 뉴턴과 하위헌스Huygens[29)]가 입증한 빛의

• •

27) Raymond Fielding, *A Technological History of Motion Pictures*, Univ. of California Press, 1967; Peter Baxter, 《On the History and Ideology of Film Lighting》, *Screen*, vol. 16, n°3, 1975.

28) 역주: '뤼미니즘 화가들' 혹은 '광선화가들'이라고 불리는 'peintres luministes'의 토대가 되는 'Luminisme'은 예술 비평가들에 의해 빛 중에서 가장 밝은 광선들의 발산에 대한 절대적 관심과 그것을 구현해 줄 수 있는 회화적 효과들에 대한 연구를 행하는 일련의 화가들을 지칭하기 위해 사용되었다. 에밀 클라우스Émile Claus를 비롯해 프랑스 인상주의의 영향을 받은 벨기에 화가들이 그 대표적인 예이다.

29) 역주: 크리스티안 하위헌스(Christiaan Huygens, 1629~95)는 네덜란드의 물리학자이자 천문학자이다. 토성이 고리를 가진 것을 발견하였으며 탄성체의 충돌 문제, 진자 운동을 연구하여 운동량 보존 법칙, 에너지 보존 법칙에 해당하는 이론을 전개, 역학의 기초를 세우는 데 공헌하였다. 또한 빛의 파동설을 수립하고 '하위헌스의 원리'를 확립하였다.

분산은 당시 사람들의 눈길을 끄는 현상이 되었고 화가들은 이에 관한 회화적인 등가물을 찾으려 시도하였다. 터너의 모든 노력은 인상주의의 출발점이 된다.

우리가 알기로 분위기 효과는 빛의 효과 중 가장 일반적인 것이다. 우편엽서, 채색 그림, 오늘날에는 TV, 말하자면 가장 대중적인 모든 재현과 재생 방식은 앞 다투어 분위기 효과를 사용한다. 이처럼 보편적으로 사용되고 있기 때문에 영화가 분위기 효과를 쓰게 되면 더욱 초라해지고 싸구려 효과로 전락한다.(클로드 를르슈Claude Lelouch의 〈작품Opus〉을 보라.) 하지만 영화가 회화에서 빌린 가장 의식적인 표현 중 하나가 이 빛의 효과를 통해 이루어졌다. 1920년대부터 영화감독들, 나아가 촬영감독들은 확산되는 빛이 제시하는 표현 방법의 풍부함과 가능성에 대해 숙고하고 논의하였다. 조명 예술에 대한 모든 개론서에서 분위기주의는 가장 많은 부분을 차지하며 많은 화가의 이름이 등장한다. '렘브란트식' 빛의 묘사는 1920년에서 1935년까지 러시아와 독일 감독들의 표현 방식이었다. 이러한 개론서들 중 나는 '빛의 구축과 색조의 구성 과정'을 서술한 러시아의 블라디미르 닐슨Bladimir Nilsen[30]의 저서만을 언급하고자 한다.[31] 내용은 다음과 같다. 1. 오브제 형식을 드러내기. 즉 해당 오브제의 이러저러한 측면을 강조해야 한다. 예를 들어 관련 오브제를 입체적으로 처리할 것인지, 평면적으로 처리할 것인지의 문제가 포함된다. 2. 오브제 질감을 드러내기. '울퉁불퉁하고 거친 표면은 강렬하면서 직접적인 빛을 받을 때 그 질감이 드러나고 반대로 매끄러운 금속은 부드럽고 확산적인 빛을 필요로 한다.' 3. 이미지

∵

---

30) 역주: 블라미디르 닐슨(1906~38)은 러시아 촬영감독으로 『그래픽 예술로서의 영화』라는 책을 저술하였다.

31) V. Nilsen, *The Cinemas as a Graphic Art*, tr. angl., London, Newnes, 1937.

가 지닌 전반적인 색조, 즉 이미지의 분위기를 결정하기. 이것은 빛/어둠의 배분, 빛의 대체적 방향성에 따라 신중하게 계산해야 한다. 시스템, 계산, 과학은 완벽한 조명을 위한 기준으로 흔히 사용되었다. 1930년대 10년 동안 독일 영화인들이 미국으로 이주한 후 할리우드도 이러한 기준을 따르게 된다.

1980년대 중반 이러한 역사가 완성된다. 유명한 촬영감독인 앙리 알레캉Henri Alekan[32]은 인생의 결산과도 같은 『빛과 그림자Des lumières et des ombres』라는 책을 출판한다. 그는 드 쿠위퍼De Kuyper와 베르스트라텐 Verstraten이 만든 영화 〈이상한 애정관계A Strange Love Affair〉[33]에서 멋진 촬영을 했다. 이 작품은 할리우드의 위대한 흑백 영화에 대한 향수를 드러낸다. 물위에 비친 구름과 태양을 영화로 찍은 고다르는 공기와 빛, 물 같은 가장 본질적인 것을 포착하지 못하는 감독과 촬영감독을 비난한다. 가렐처럼 시적인 영화 작품을 만들고자 하는 감독은 인위적인 우아함에 빠질 위험을 감수하면서까지 회색, 빛나는 아우라, 안개와 밤을 자주 사용하였지만 성공을 거두었다. 분위기 효과는 강렬하지도 약하지도 않게 느껴졌다. 영화는 회화의 흔적과 표지들을 애타게 찾고 있다.

••
32) 역주: 앙리 알레캉(1909~2001)은 프랑스 촬영감독이다. 그는 르네 클레망René Clément의 사실주의 전쟁 영화 〈철로의 싸움La Bataille du Rail〉(1946), 장 콕토의 〈미녀와 야수La Belle et la Bête〉를 촬영하였다. 1950년대 후반 출현한 프랑스 뉴웨이브에 공감하지 못한 그는 할리우드로 건너가 다소 관습적인 영화들을 찍는다. 이후 라울 루이즈Raúl Ruiz, 빔 벤데르스 Wim Wenders와 같이 작업하였으며 가장 최근에는 이스라엘 감독인 아모스 지타이Amos Gitai와도 작업하였다. 1984년에는 『빛과 어둠』이라는 저서를 출간하였다.
33) 역주: 1984년 에릭 드 쿠이퍼와 폴 베르스트라텐이 만든 작품으로 네덜란드와 벨기에 합작이다.

여기에는 실제로 더 많은 이야기가 필요할지도 모른다. 빛의 세 가지 기능은 분명 같은 그림에서, 또한 동일한 스타일 안에서 혹은 어떤 시기 동안 공존할 수 있다. 특히 '기록 보관자'이자 독자인 20세기 말 우리에게 그럴 수 있다. 두치오Duccio나 치마부에의 작품에서 제단 장식화의 황금색은 우리가 보기에는 분위기를 위한 것이라고 할 수 있다. 왜냐하면 그 금색이 만들어낸 빛은 부드럽고 따뜻한 빛으로 그림 전체를 에워싸는데, 이는 본질적으로 천국의 어떤 관능성을 불러일으키기 때문이다. 그럼에도 불구하고 이 빛은 분명 신성이라는 지고의 공간에 대한 찬양과 현시를 위해 표현되었다.

앞에서 언급한 상징주의 역사 이외에 회화에서의 빛의 역사와 빛 그 자체에 대한 개념의 역사 사이의 상관관계를—어떤 결정론에 대한 포착이 아닌 상관관계—고려하는 것은 분명 유익할 것이다. 인본주의 이전의 학자들—그로스테스트Grosseteste,[34] 베이컨Bacon—은 성경에 비추어, 빛을 창조된 첫 번째 '물질적 형식'으로 여기는데 이 형식의 활동으로 우주가 탄생한다.(황금빛은 우주에서 자신의 역할을 발견한다.) 케플러Kepler는 광선 개념을 만들었다. 이것은 알베르티에게로 넘어간다. '미세한 공기'에 가하는 압력 효과로서의 빛이라는 데카르트의 이론은 상상적 부분이 많기는 하지

∙∙

34) 역주: 로버트 그로스테스트(Robert Grosseteste, 1175~1253)는 링컨Lincoln의 주교이다. 옥스퍼드와 파리에서 공부했다. 옥스퍼드의 프란체스코 수도회에서 교수, 주교가 된 후 엄격한 사목 방문과 가톨릭의 부패를 고발했다. 그는 천문학, 수학, 광학 등 과학 부문뿐만 아니라 철학과 성서를 연구했다. 저서로 『영혼론De Anima』, 『자유의지De Libero Arbitrio』, 『가능태와 현실태De Potentia et Actu』, 『신학 논제Quaestiones Theologicae』 등이 있다. 철학 사상은 아리스토텔레스보다는 아우구스티누스와 신플라톤주의를 택해 『조명론De Luce』에서 아우구스티누스의 조명론을 토대로 형이상학의 체계를 세웠다. 그리고 프란체스코학파를 따라 지성보다 의지가 우위임을 주장했다.

만 최소한 빛의 **감각**에 초점을 맞춘다. 그런데 데카르트는 로랭과 동시대인이다. 미립자 이론과 파동 이론 사이의 대립, 뉴턴과 하위헌스의 대립은 회화와 연결시켜 설명하기에는 분명 너무나 전문적이다. 중요한 것은 빛은 상징적이고 신비적이기도 한 효과를 완전히 포기하지 않으면서도 관찰 가능하고 재생할 수 있으며 모든 유용한 목적을 위해 조정 가능한 자연 현상이 되었다는 것이다.

우리는 이러한 결과를 얻기까지 주저함이나 후회가 있었다는 것을 알고 있다. 근대 초기 괴테의 『색채론*Farbenlebre*』, 헤겔의 『미학』은 퇴행적으로 빛의 현상을 정립하고 정신의 힘을 내세운다. 우리는 터너에게서 이것을 발견한다. 터너는 숭고함의 개념, 놀라운 증거들을 이러한 철학과 연결시킨다. 중요한 것은 더 이상 빛을 하나의 신비스러운 유동체로 보지 않고 대상과의 관계 속에서 빛을 바라보는 집단적인 경향이다. 현재의 모든 광학 이론은 다음과 같은 본질적인 생각에 토대를 두고 있다. 즉 빛은 두 가지 형식만 존재하는데, 하나는 예외적인 몇몇 대상에 의해 방출된 빛이고 (전기 이전에는 거의 태양과 불만 있었다.), 다른 하나는 모든 다른 대상에 의해 반사된 빛이다―우리 시야에 들어오는 많은 빛이 여기에 해당한다. 회화 또한 분명 공간에 대한 작업과 동시에 빛과 오브제가 맺는 이러한 관계에 대해 작업하거나 이러한 관계에 의해 작업이 이루어진다. 움푹 팬 공간 주위로, 대상의 입체감이 나타내는 시각적이고 촉각적인 돌출 부위로 빛을 향하게 한 회화의 환상적인 역사에서 빛은 이러한 차이와 관계를 표현하는 독보적인 수단이다. 공간의 역사는 빛의 역사와 중복되면서 그것을 다시 쓴다. 이에 관해 티치아노의 마지막 시기를 예로 들 수 있다. '형식은 빛에 의해 존재한다. 빛은 화폭의 에너지를 응축하고 있는 하나의 육체 에너지 그 자체와 다름없는 것처럼 보인다.'[35]

마지막으로 회화에서 빛과 빛의 묘사의 문제에 관해 언급해야 한다. 이 문제는 적어도 이중적이다. 그것은 미장센과 관계 있다. 왜냐하면 빛은, 더 정확하게 말해 빛의 묘사는 강력한 극적, 표현적 수단이기 때문이다. 그러나 지식과 사유에 관련된 것이기도 하다. 왜냐하면 회화의 빛은 결코 완벽한 소여(所與)가 아니며 언제나 해결해야 할 어려움이 있기 때문이다. 그것은 **선험적으로** 빛에 적합하지 않은 재료—딱딱한 팔레트 위의 물감—로 반투명하면서 분명하지 않은 질료의 표현이다. 이것을 해결할 수 있는 확실한 방법은 정면으로 행동하지 않는 것이다. 모든 회화 장르는 설득력 있는 방법으로 빛과의 관계에서 오브제를 형상화하려고 애쓴다. 일반적으로 빛을 만드는 근원은 감춰지고 빛을 받는 오브제는 빛을 번쩍이게 하며, 반투명의 오브제는 다소 빛을 변질시키고, 우툴두툴하거나 매끄러운 오브제는 빛을 진동시킨다. 또한 회화의 역사는 사실 효과를 증가시키고 때로는 증식시킨 역사이며 전체적인 극적 공간 안에서 이러한 증가와 증식을 제어하고 통합한 역사이기도 하다. 빛 그 자체와 빛의 궤적을 표현하는 것은 회화적 기교의 높은 단계 중 하나로 가장 어려운 문제로 남아 있다.

회화에 비해 짧은 역사를 지닌 영화는 내가 말한 바처럼 고민이 많지는 않았다. 영화는 짧은 시간 동안 빛의 세 기능을 모두 숙달하려고 했다. 여기서 영화는 기술의 도움을 받기도 하고 동시에 기술의 방해를 받기도 했다. 즉 영화는 빛과 대상 사이의 만남을 통해 현실 효과를 만들어내는 탁월한

35) Daniel Arasse, *L'Homme en jeu. Génies de la Renaissance italienne*, Genève, Famot, 1980.

무기를 지니고 있지만 빛의 근원을 형상화하는 데는 덜 탁월했다. 예를 들면 오랫동안 필름은 지나치게 강한 빛의 대조를 잘 '담아내지' 못했다. 그러나 이러한 어려움에도 지속적인 시도가 있었고 어떤 이들에게 이것은 강박 관념이 되기도 했다. 스턴버그는 자신이 만든 몇몇 작품들에서 직접 조명을 담당하였다. 그는 공간을 무한정 나누고 숨이 막힐 것 같은 답답함과 고뇌의 분위기를 만들어냈다. 이것을 통해 인물의 정신적인 격리와 유폐를 암시하는 자신만의 고유한 조명 스타일을 창조하였다. 그의 영화 중 가장 성공을 거둔 〈아나타한의 전설The Saga of Anatahan〉은 빛의 이러한 세 가지 기능을 혼합하였으며 동시에 빛이라는 재료 그 자체에 대한 매혹을 보여주었다.(직접적으로 빛을 형상화하지 않았지만 이 영화에서 물신화된 것은 빛나는 스크린, 스크린-빛이다.) 로메르가 '손 없는 라파엘'이라 표현하며 화가 중의 화가로 제시한 무르나우는 〈파우스트Faust〉에서 보다 체계적으로 빛을 표현했다. 그는 이 영화에서 조명의 가능성을 거의 완벽하게 망라해 보여준다. 〈파우스트〉는 1920년대 매우 공들여 만든 일반적인 독일 영화 이미지와 비교해 보더라도 양적, 질적 측면에서 충격을 줄 정도로 빛의 사용이 뛰어나다. 로메르는 이 영화가 재현이 불가능한 빛의 출처를 재현하고, 또한 전기로부터 빛이 나왔다는 것을 잊게 만든 뛰어난 솜씨를 정확하게 지적했다.[36] 솜씨를 제대로 평가하기 위해서는 〈파우스트〉 첫 부분에 등장하는 신성한 별(촬영기사 카를 프로인트는 지향성 빛, 일종의 빛의 십자가를 만들기 위해 조명기를 정면에 두고 찍었다.)과 〈카메라를 든 사나이〉—미래파였던 지가 베르토프는 전기 빛을 있는 그대로 보여줄 수 있어 매우 만족하였다—에서는 언급하지 않았지만 〈페르소나〉—분명 보다 직접적으로 〈파우스트〉와

..

36) Éric Rohmer, *L'Organisation de l'espace dans le 《Faust》 de Murnau*, UGE, 1977.

비교할 수 있다—에서 표현된 아크 방전[37]의 빛을 비교해 보는 것으로 충분하다. 〈페르소나〉의 빛이 난폭하고 눈부셔서 앞을 못 보게 한다면, 〈파우스트〉의 빛은 강렬하지만 상처를 주지 않으면서도 깊은 인상을 주며, 특히 모든 것을 시각적인 재료로 변형시키고자 하는 영화 이미지의 스타일과 아주 잘 어울린다.

다른 무엇보다 이 문제에 대한 논의를 끝낼 수 있는 결론을 찾을 수 있는 것 같다. 〈파우스트〉는 1926년에 만들어졌다. 그러나 스턴버그는 물론 포드와 미조구치조차 '자신들'의 빛을 가지고 있었다. 규격화된 촬영을 하고 석영 렌즈를 통해 분산적인 빛을 체계적으로 사용하며 조명을 사용하기 위해 반사하는 천장을 이용하고 자연을 배경으로 할 때도 실내와 동일한 촬영을 하는 방식 때문에 오늘날 감독은 빛이라는 하나의 시각적 스타일을 만들기 어렵게 되었다.[38] 빛은 균등화에 반대하는 영화의 강한 저항 속에는 항상 회화가 존재한다는 점은 놀라운 일이 아니다. 〈열정〉의 주인공은 빛과 투쟁하고 무르나우와 스턴버그가 사라졌다고 비탄해한다. 그는 영화가 더 이상 만들지 못하는 것을 회화에서 찾으려—헛되이?—한다. 최근 영화로는 파트릭 보카노프스키Patrick Bokanowski[39]의 〈천사〉(1982)

..

37) 역주: 아크 방전은 물리학에서 사용하는 용어로 기체 방전이 절정에 달하여 전극 재료의 일부가 증발해서 기체가 된 상태이다. 전호 방전(電弧放電) 또는 호광(弧光) 방전, 줄여서 전호 또는 아크라고도 한다. 영국인 험프리 데이비가 1802년 발견하여 1808년에 발표했다. 아크 방전 상태에서는 음극에서 충분한 열전자가 공급되고 음양 두 극 사이의 전위차가 낮아 큰 전류가 흐른다.

38) Nestor Almendros, *Un homme à la caméra*, Hatier, 1980을 참고할 것. 이러한 점은 오늘날에는 다소 완화되었고 재검토할 수 있는 내용이다. 미국 영화, 아시아 영화는 20년 전부터 빛의 효과에, 또한 동시에 조형적인 숏과 상징적인 숏에 애착을 보였다. 기술자들의 과학은 1920년대의 과학을 전혀 부러워하지 않는다.[2007]

39) 역주: 파트릭 보카노프스키(1943~)는 프랑스 태생의 영화감독이자 아티스트이다. 단편

를 예로 들 수 있다. 이 영화는 감독의 작업실에서 무한한 수정과 재작업을 거친 작품으로 회화적 형식을 전적으로 참조하고 성찰하였다. 또한 허구를 벗어나지 않지만 허구적인 '거대 형식'에 별로 신경 쓰지 않는 분명 실험적인 영화이다.[40] 영화의 조형적 모순은 빛과의 관계에서 가장 잘 지각된다. 기교의 희생양인 영화는 연습하지 않고도 빛을 너무나 잘 포착해서 단번에 빛을 다루는 작업을 할 수 있다. 빛을 조형적 재료로 만드는 것은 회화에서는 필연적이다. 하지만 영화에서는 심사 숙고해야 하는 어려운 결정이다.

우리는 재료에서 출발했다. 그런데 빛으로 시작한다는 것은 하나의 편견, 영화의 편견을 드러내는 것이다. 왜냐하면 회화에 표현된 빛은 항상 빛에 대한 견해이기 때문이다. 회화에서 첫 번째는 빛이 아니라 색이다. 회화에서 색은 경험에 의한 것이긴 하지만 분명 우월한 것이다. 모호이너지는 급진적 시도를 통해 유일하지만 '탁월한' 회화의 단 하나의 위력, 즉 경험을 통해 색의 의미를 자유자재로 표현할 수 있었던 회화의 위력을 알려준다. 그리고 아방가르드의 모든 노력은 바로 이러한 경험적 우월성을

∴

영화, 실험 영화, 애니메이션에 이르기까지 전통적인 영화 장르를 넘나드는 필름 재료를 다루는 방법을 발전시킨 인물이다. 그의 작품은 광학 예술과 조소 사이의 경계에 위치하며 또한 지속적인 재발명의 틈새에 위치하고 있다. 보카노프스키는 영화란 본질적으로 현실을, 우리의 일상적 사고와 감정을 재현해야 한다는 생각에 도전한다. 그의 영화는 영상 제작의 정수라 칭해지는 사진과 같은 재현의 '객관성'에 반하는 작품들이다. 보카노프스키의 실험은 표현의 또 다른 가능성으로 영화 예술의 문을 연다고 할 수 있다. 작품으로는 〈꿈〉(2014), 〈태양의 바트망〉(2008), 〈플람〉(1998) 등이 있다.

40) Patrick Bokanowski, 《Lettre sur L'Ange》, *Caméra/Stylo*, n°4, 1983. 또한 Jacques Aumont, dir., *Le Septième Art: le cinéma parmi les arts*, Éd. Léo Scheer, 2003에서 도미니크 파이니Dominique Païni와 영화감독들과의 대담도 참고.

이론적 우월성으로 변환하는 데 있다고도 할 수 있다. '빛의 보고'로서의 색에만 관심이 있기 때문에 순수한 빛을 가지고 직접 작업을 하고자 했던 모호이너지보다는 바우하우스의 그의 동료들이 더 적절한 예가 된다.

재료로서 색을 어떻게 생각하는가? 다음과 같이 말한다고 해서 내가 20세기 초에 시도된 이론적인 노력을 과소평가한다고 생각하지는 않는다. 20세기 초에 행하여진 이론적 노력은 매우 오래된, 그리고 상당히 불명료한 유산을 **싫든 좋든** 우선적으로 관리해 왔다. 이 유산 안에서 색은 최소한 세 종류의 효과와 가치를 지닌다. 그것은 상징적 효과, 생리학적 효과, 심리적 효과이다. 클레, 칸딘스키를 매혹시킨 것은 이 세 가지 모두, 즉 그것의 변증법이다. 특히 이 전체는 서로서로 혼합되어 있고 서로에게 근원이자 증거가 된다.

색이 갖는 순수하게 상징적인 효과는 상징주의가 유행하던 시기에, 즉 상징주의가 광범위하게 사회화된 시기에 쉽게 드러난다. 마이클 박산달 Michael Baxandall은 복잡하고 다양한 코드(신학적, 천문학적 등)에 따라 "색의 상징적 배열들을 조합하는 것은 르네상스의 기운이 작동하는 중세 후기의 방식이었다."[41]라고 지적한다. 여기에는 신플라톤주의라는 공동 유산이 사용되었지만 회화에서 상징적 방식은 화가와 스폰서들이 공통으로 가지고 있던 색에 관한 **경제적** 가치관으로 인해 더욱 복잡해졌다. 또한 이 경제적 가치관은 각자의 방식대로 상징을 만들었다. 가장 비싼 것은 2플로린[42]의 푸른색으로, 성모 마리아의 외투를 위해 사용되었다. 1플로린짜리 푸른색은 그림의 다른 부분을 위해 사용되었다. 성모 마리아가 푸른색 옷을 입고

∴

41) Michael Baxandall, *L'Oeil du Quattrocento*(1972), *op. cit.*
42) 역주: 13세기 피렌체 금화. 피렌체 금화를 모방하여 프랑스를 비롯한 유럽 여러 나라에서도 사용하였다.

있다면 그것은 고대 상징주의—푸른색, 하늘의 색—때문이기도 하고 위대한 모험가까지 갈 것도 없이 푸른색이라는 이름이 지시하듯 잘 알려져 있지 않은 군청색의 희귀함 때문이기도 하다. 결국 대(大) 플리니우스[43]의 기록에 따르면 아펠레스Apelles[44]조차 그의 팔레트에 단지 네 개의 색, 즉 흰색, 검은색, 붉은색, 노란색만을 가지고 있었다.

그러나 색의 상징주의는 일반적으로 훨씬 더 모호하다. 특히 색의 상징주의 전통이 오래 지속되었기 때문에 그것이 전달하는 부분 중 어떤 것이 이론적 규범이고 어떤 것이 '자연적 규범'인지 분간하기 어렵다. 불꽃은 노란색, 초록색, 푸른색 혹은 가끔은 오렌지색일 수도 있다. 그러나 실제로 붉은색은 결코 아니다. 그런데 붉은색은 불—지옥의 불뿐만 아니라—, 열기, 그리고 현재 우리에게는 위험을 상징한다. 우리는 또한 잘 알고는 있지만 제대로 설명되지는 않은 다른 효과도 다루어야 한다. 그 효과가 심리적인 것인지, 생리학적인 것인지 혹은 순수하게 문화적인 것인지는 말하기 힘들다. 건축가와 장식가는 푸른색이 차분하고 붉은색은 흥분시킨다고 알고 있지만 이러한 작용은 정서적인 반향들, 그리고 이 작용에 반대될 수 있는 상징적인 함의(열차의 새로운 색에 관한 프랑스 철도청SNCF과 파리 교통공사RATP의 설문 조사를 보라.)와 결코 분리될 수 없다. 분명 이러한 불명료함, 불확실성이 몇몇 모델의 특이함을 설명해주는데, 특히 초역사적인 음악적 은유 모델이 그러하다. 색이 하나의 음악이라는 생각은 모호이너지에게서 되풀이되었을 뿐 아니라 칸딘스키, 에이젠슈테인, 스크랴빈Scriabine[45]

∷

43) 역주: Pline l'Ancien은 대(大) 플리니우스이고 Pline le Jeune는 소(小) 플리니우스이다. 대 플리니우스(23~79)는 로마 시대 작가(23~79)로 『자연사Histoire naturelle』라는 제목의 백과사전을 썼고 소 플리니우스(61~114)는 작가이자 정치가이다.
44) 역주: 알렉산더 대왕의 전속 화가.

에게서도 그러하다. 우리는 오래된 이 생각이 18세기부터—유명하고 특이한 카스텔 신부Père Castel[46]는 '시각적인 클라브생'으로 주장했다—형식화되고 실험되었다(?)는 것을 알 수 있다. 특히 이 생각은 마지막 분석에 이르면 우리의 모든 감각 기관 사이의 완벽한 상응 관계, '조응'을 수립하기 위한, 즉 우리 감각 기관들에서 통합적인 단일성을 발견하기 위한 위대한 피타고라스 전통이 행한 필사적인 노력과 만나게 된다. 하지만 음파는 광파와 막연한 수학적인 유사성만을—여전히—지니고 있다. 이러한 상응의 유일한 토대는 정신 생리학적인 경험, 즉 음악과 색은 우리 감각에 서로 비교 가능한 효과들을 만들어낸다는 확신이다. 음악에서 색으로의 이 같은 이행은 부득이한 경우에만 가능한—환각제가 만들어내는 경험—반면, 색에서 음악적 형식화로의 전도된 이행은 이론가와 조형 예술가들의 관심을 끈다. 이들은 색에 관한 주관적 경험을 보다 엄밀해 보이는 기호 체계와 융합하기를 원한다. 주기적으로 그 목록이 작성되는 이러한 등가들(색과 음의 높이 사이의, 색과 음색 사이의)은 아쉽게도 검증 불가능하며, 특히 그 오류를 증명할 수 없다. 우리는 과학이라고 말하기는 어렵겠지만 응용 이론이라고 말할 수 있는 것에서 멀리 떨어져 있다.[47]

그러므로 색에 대해 회화가 갖고 있는 지식은 복합적이다. 그것은 경험

••

45) 역주: 알렉산드르 스크랴빈(Aleksandr Nikolaevich Scriabine, 1872~1915)은 러시아의 작곡가이자 피아니스트이다.

46) 역주: 본명은 루이 베르트랑 카스텔(Louis Bertrand Castel, 1688~1757)이다. 그는 프랑스 몽플리에 태생의 수학자로 알려져 있지만 수학뿐 아니라 물리학, 미학, 신학, 역사 등 광범위한 영역에 걸쳐 글을 썼다. 특히 '눈으로 보는 클라브생Clavecin pour les yeux'(1725)으로 그의 광학 이론을 예증하고자 했으며 『색채 광학Optique des couleurs』(1940)이라는 저서도 출간하였다.

47) 이러한 모든 점에 대해(그리고 다음에 대해서) 나의 책인 *Introduction à la couleur: des discours aux images*, Armand Colin, 1994를 추천하고 싶다.

적인 기호 체계의 총합—몇몇 기호 체계는 레오나르도 다빈치의 『회화론』으로까지 거슬러 올라가는데, 예를 들어 색을 병치할 때 보색의 상호 강화와 같은 것이 그러하다—과 이러한 기호 체계를 합리화하기 위한 다양한 시도를 포함하고 있다. 이처럼 뉴턴의 파동 이론에 토대를 둔 색도 측정법은 최소한 색의 혼합을 효과적으로 계산할 수 있게 해준다. 자연법칙과—색의 대조, 프리즘 색의 순서 등—오래된 상징 기억의 혼합은 과학적으로는 유효하다고 할 수 없지만 분명 색에 관한 어떤 **의미**, 어떤 감수성에 있어서는 모호이너지가 틀린 것이 아니다. 이 모든 것은 주기적으로 사소한 비난을 받고 난 후에야 어느 정도는 공통된 시각 문화 속에 점차 들어가게 된다. 색의 대비 법칙에 대한 인상주의가 보여준 다소 조악한 적용, 조화를 이루지 못하는 강렬한 색에 대한 야수파의 취향 등이 그러하다. 컬러 영화는 이러한 토대 위에서 작업했다.

색에 대한 지속적인 성찰을 진정으로 제안했던 유일한 영화 이론가인 에이젠슈테인은 대다수의 문화가 회화는 영화에 물려준 것이 거의 아무것도 없다며 회화의 역할을 축소시킨 것에 대해 논리적으로 비난한다. 분명 그는 이러한 유감스러운 상황을 과장하고 있다. 그가 '수직적 몽타주'에서 제안하는 색의 상징성에 관한 박식하지만 혼란스러운 주장은 지나치게 장황할 뿐 아니라 자기만족적이다. 그는 예외적인 현상에, 특히 그가 보기에 색–음악의 통합(여전히 스크랴빈과 함께 이번에는 차이코프스키와 드뷔시도 곁들인다.)을 증명하는 주장에 지나치게 많은 부분을 할애한다. 추상 회화에 대해 *그가* 갖고 있는(1938년에!) 이상한 경멸 때문에 그의 성찰에는 많은 문제점이 있다. 즉 그는 회화적 유산이 지닌 혼란을 고조시켰으며 누가 봐도 알 수 있는 다소 광적인 합리성 때문에 그가 제안한 이론적 논의는 당연히 지속될 수 없었다. 색에 대한 성찰은 사실 그보다 10년 전에 그를 매우 혼란스럽게 만들었지만, 해결할 수 없었던 문제를 새롭게 제기한 것이다. 즉 그것은 '어떻게 영화 이미지는 보이는 동시에 이해될 수 있는가?', '어떻게 영화 이미지는 다른 무엇보다도 모호하지 않은 하나의 의미와 동시에 유쾌한 감수성을 전달할 수 있는가?'이다. 누구나 알고 있는 바처럼 에이젠슈테인은 의미 생산에 집착했지만 그렇다고 해서 이미지의 즐거움을 거부한 것은 아니다. 색의 감각적 차원, 색의 정서적 힘은 그에게 영화 이미지가 지닌 특별한 표현 방식이다. 1937~40년 몽타주에 대한 기념비적인 작업을 진행하는 동안 그는 의미 작업에 절대적인 우선권을 주고자 하는 유혹을 느끼면서도 이러한 의미 작업에서 감각적 차원을 유지하는 것('전체적 이미지'를 의미하는 **오브라즈**obraz[48] 개념을 **통해**)을 정당화하고자 애쓴다. 이 이론은 체계적이지만 조리에 맞지 않는다. 색은 의미의 확신— 붉은색은 피—과 〈폭군 이반Ivan le Terrible〉(1944)의 난무 장면에서 사용된 음악이 담고 있는 예측할 수 없는 정서적 반향 사이에서 불안정하게 유지되어 있다.

컬러 영화의 발명은 이미 매우 확실한 기술적 토대 위에 만들어졌으며 이 토대는 반세기 전부터 컬러 사진을 발명하는 데 사용되었다. 요컨대 그것은 3개의 '기본색'에서 출발하는 색들의 통합 원칙이다. 그러나 영화가 쉽게 기술에 의해 배신당하는 영역이 있다면 그것은 색의 영역이다. 나는 몇 년 전부터 중요하게 다루어지는, 필름에서 색의 소멸, 점진적이지만 불가피한 소멸이라는 문제를 짧게 언급하고자 한다. 채택된 시스템(수십 개의 방식이 있다.)이 무엇이든 간에 촬영이 시작되자마자 필름은 자신과는 다른

48) 역주: 세르비아-크로아티아 언어로 '얼굴'이라는 의미이다.

방식으로 촬영된 장면의 색에 반응함으로써 눈을 배신한다. 사실 눈은 어떤 경우에도 다른 감각 기관에 비해 매우 관대해 끊임없이 반응을 '재조정한다'. 모든 아마추어 사진가들은 우리 눈이 전부 푸른색으로—아침, 점심, 저녁 모두 '동일한' 푸른색—지각하는 것이 사진이나 영화 속에서는 다양한 색으로 표현될 것이라는 점을 잘 알고 있다.('색온도'라는 힘든 작업) 게다가 다양한 유제(乳劑)와 시스템은 이러저러한 색에 유리하게 작용하고 지배적인 것들을 만들어내는 등 여러 경향을 지니게 된다. 즉 촬영된 색은 지각된 색이 아니다. 드레이어는 영화에서 색은 결국 흑백보다 덜 사실적이고 더 관습적으로 보인다고 지적한다. 드레이어는 1950년경 이렇게 말했지만 오늘날 여전히 흑백은 이상화된 '사진적 객관주의'와 더 가까워 보이고 영화에서 색 **작업**은 상대적으로 쉽게 자의적인 것처럼 보인다.[49] 회화적 유산의 무게에도 불구하고, 회화적 유산이 지닌 거대한 면모에도 불구하고, 영화에 상응하는 문화를 무시할 수 없음에도 불구하고, 영화는 색에 대한 자신의 고유한 감수성을 만들어야만 했고 영화만의 기술 원칙 자체를 고려하지 않을 수 없었다. 컬러 영화의 기술은 회화의 기술과도, 컬러로 된 초창기 사진 기술과도 유사하지 않다.

오토크롬[50]의 시대에 컬러 사진은 분명 현대 회화에 가장 가까웠다. 컬러 사진이 발명된 지 몇 년 지나지 않아 오토크롬과 분할주의(디비조니즘)가 분리되고 이 둘은 눈으로는 거의 보이지 않고 단지 그 총합만을 지각하

∴

49) 이 문장은 분명 더 이상 유효하지 않지만 그래도 나는 이 문장을 그대로 두고자 한다. 2007년 흑백 영화는 절대적으로 눈길을 끄는 것으로 더 이상 자연스러운 것이 아니다. 게다가 최근의 흑백 영화는 모두 매우 특별한 스타일을 지니고 있으며 컬러 영화에 적합한, 아니 컬러 영화에만 적합한 디지털 영화로의 이행은 아무것도 해결하지 못한다.
50) 역주: autochrome은 초기 컬러 사진용 감광 재료이다.

게 되는(대략적으로 오늘날 컬러TV 시스템인 가색 시스템[51]) 원색의 아주 작은 점들을 병치해 색을 재생산하는 토대를 제공하였다. 그런데 오토크롬도, 분할주의도 진정으로 성공하지 못했고 지속되지도 못했으며 오토크롬은 아주 미미한 미학적 성공만 거두었다. 또한 오토크롬과 분할주의 사이의 이러한 유사성은 회화에 교훈을 준다. 실제로 회화에서 물감을 제작하는 정확한 방법이 어떤 것이라 할지라도—예를 들어 기본색의 혼합에 의한 —화폭 표면의 각 부분에는 하나의 색, 단지 하나의 색만이 부여된다. 인상주의자의 '쉼표', 분할주의자의 '마침표'는 보다 작은, 최소한의 화폭 표면에서 작업하는 것에 근본적으로 만족한다.

현재 영화나 사진은 전혀 이렇지 않다. 이 두 매체에서 여전히 사용하는 모든 시스템은 세 층의 유제에 토대를 두고 있는데, 이 각각의 층은 하나의 기본색에 해당하며 이미지의 모든 표면을 덮고 있다.[52] 그러므로 테크니컬러 기술, 이스트먼 컬러나 후지 컬러의 기술은 거의 회화적이라고 할 수 없다.(내가 여기서 명확하게 말하고자 하는 것은 영화와 회화 사이의 본성의 차이가 아니라 실천 방식의 차이이다. 우리는 화폭 전체에, 기본색으로 단색의 세 층을 열심히 연속적으로 칠하는 화가를 상상할 수 있다. 이것은 복잡하지만 이론적으로 가능하다. 마찬가지로, 예를 들어 20세기 초 멜리에스Méliès나 파테Pathe 스튜디오

••

51) 역주: 1801년 영국의 학자 토머스 영Thomas Young과 헤르만 헬름홀츠Hermann Helmholtz 가 가색 삼원색 학설을 처음 발표하였다. 가색법에 의하면 색의 종류는 무수히 많지만 우리 눈의 망막에는 세 가지 시신경밖에 없고 이 세 가지 기초 신경은 붉은색, 녹색, 파란색만 감지할 수 있다. 색 분해와 컬러 텔레비전은 가색법 색 재현 방식을 채용한 것이다.

52) 물론 이 모든 변화도 오늘날에는 시대에 뒤진 것이다. 아마추어 사진가든 전문 사진가든 사진은 디지털이 지배적이며, 이 같은 경향은 절대적인 패권을 장악해 가고 있다. '은판'— 한편으로 새로운 어휘—은 지금, 그리고 이미, 사진에서 예술을 암시하는 특별한 하나의 기호가 되었다. 그런데 디지털은 픽셀을 통해 이미지를 한 점 한 점 정확하게 다룬다.(은판 필름의 정의가 지닌 극단적인 섬세함이 감추고 있었던 것이 이것이다.)

에서 다른 방식으로, 즉 단 한 번으로 각각의 색을 고정시키는 방식으로 제작된 영화를—그것이 필름 위에 **그린**peints 영화들이라고 할지라도—상상할 수 있다. 하지만 우리는 여기서 이 내용을 길게 이야기할 수 없다.[53])

적어도 기술적인 이러한 차이는 이것을 미학적 차이와 연결시킬 때에만 중요하다. 그런데 중요한 차이는 병치되어 채색된 표면에 의한 처리(회화)와 모든 표면을 각각 덮고 있는 중복된 층에 의한 처리(영화) 사이의 차이와 정확하게 연결된다. 영화는 하나의 덩어리로 색을 다루며 이미지 전체는 기본색의 각 층에 의해 동시에 완성된다. 영화는 색의 작은 부분을 장면 전체와 아예 분리할 수 없거나 쉽게 분리할 수 없다. 반면, 그림은 가장 재현적인 것이라 할지라도 색으로 작업하고 부분적으로 색을 결정할 수 있으며 재현된 장면으로부터 필요한 만큼 그 색을 따로 떼어놓을 수 있는 장점을 갖고 있다. 하지만 영화는 매우 간접적인 방식에 의해서만 이러한 부분적 결정을 할 수 있다. 레오나르도 다빈치의 조언에 따라 두 색채를 서로 강화하기 위해 노란색과 푸른색의 이미지를 통해 병치와 같은 기본적 효과를 만들어내는 것은, 영화에서는 기술적인 능력을 보여주는 일종의 기교가 된다. 장면 속에서 이러한 색들의 위치를 마음대로 다룰 수 있는 기술은 거의 불가능한 예술적 기교라고 할 수 있다.(오브제들의 배열을 능숙하게 해내는 매우 드문 훌륭한 수준) 그러므로 영화에서는 색으로 프레임 전체를 구성하는 것은 예외적인 경우를 제외하고는 유토피아에 가깝거나 예측 불허의 영역에 머무르는 것이다.

잘 알고 있는 이러한 사실을 다시 환기하는 목적은 무엇인가? 대개 영화

..

53) 이러한 질문에 대해서는, 나는 J. Aumont, dir., *La Couleur en cinéma*, Milan/Paris, Mazzotta/Cinémathèque française, 1996을 권하고 싶다.

작품에서 색 작업을 고민하는 감독은—이런 감독이 그리 많지는 않다—색보다는 전체적인 제어를 더 중요하게 생각한다. 아주 단순화시켜 말하자면 감독은 영화의 재료—사진 이미지+연출—로 인해 보완적인 두 가지 목적을 생각하지 않을 수 없다. 하나는 필요하다면 주된 오브제를 희생시켜서라도 색의 작은 영역을 충분히 인지할 수 있게 구축하는 것이다. 다른 하나는 이러한 격리된 영역, 즉 흔적들이 전체를 지탱하고 시스템을 만들 수 있도록 조직 원리를 발견하는 것이다. 감독은 프레임 안의 일정한 한 장소에 어떤 색을 취할 것인지 고민하여 결정한 후 이 색이 가능한 최대치를 획득하도록 함으로써 이러한 색 작업의 효과를 거두기 위해 많은 고민을 하며 작업을 진행한다. 시스템 의도, 채택된 시스템의 분리는 요컨대 시스템의 기본 요소를 획득하는 것이 얼마나 어려운지에 비례할 것이다. 컬러 영화 초기의 중요한 예인 〈폭군 이반〉의 향연 장면은 이렇게 작동한다. 이 영화에서 색은 다 합쳐 네 가지이다. 붉은색, 황금색, 푸른색, 검은색은 인물들과 분리되어 독자적으로 이미지 위에 놓여 있다. 가공하지 않은 이 천연색들은 사실 어떤 뉘앙스도, 어떤 변화도 없이 프레임에서 흔적으로 존재하는데, 인물과 몽타주의 움직임이 생기면 프레임 안으로 유쾌하게 들어간다. 이 가공하지 않은 색의 등장을 결정하는 시스템보다 더 엄격한 시스템을 상상하기는 힘들다. 이것은 의미에 구속되고 논리적 비약이 없는 치밀한 시스템이다. 이미지에서 붉은색을 유포할 수 있게 하는 것은 무엇보다 그것의 주제적 가치이다. 즉 피이다. 그러나 피는 추상적인 의미로 혹은 완곡어법으로 받아들여질 수 있다. 바스마노프Basmanov의 얼굴 위에 붉은색이 놓일 때는 이반과 바스마노프 사이에 피가 존재한다는 것을 알려주지만, 이 붉은색은 이반과 블라디미르 사이의 '피의' 관계와도 연결된다. 적어도 에이젠슈테인의 욕망(이러한 엄격한 시스템이라 해도 오류에 빠질 수 있다는 것은 정상적이다.)에 있어서는 다른 색도 마찬가지이다. 〈노스트라 시뇨라 데이 투르키Nostra Signora dei Turchi〉[54]에서 카르멜로 벤Carmelo Bene 이 제시한 컬러로 된 이 장면의 패러디만큼 이 시스템의 힘을 잘 증명하는 것도 없다. 색은 항상 그곳에 있지만 의미를 벗어나 부유하며 참고로만 보일 뿐 아무것도 의미하지 않는다.

에이젠슈테인 이외에 다른 감독은 별로 없다. 왜냐하면 다른 어떤 영화 감독도 시스템을 이처럼 정확한 지점까지 밀고 나가지 않았기 때문이다. 그러나 원칙적인 면에서 〈폭군 이반〉의 방식은 색채주의자가 되기를 원했던 모든 영화감독이 적어도 한 시기에 채택했던 방식들과 근본적으로 다르지 않다. 할리우드에서 색에 대해 창조적인 관심을 가장 많이 보인 감독은 틀림없이 미넬리Minnelli이다. 미넬리에 대해 일반적으로 말하자면 다음과 같다: "전직 장식가이자 의상 디자이너인 그는 조형적인 것과 색에 때로는 감동적일 만큼 훌륭하고 때로는 혐오적인 취향을 가지고 있는데, 이 취향은 '바로크적'이라기보다는 1935년 스타일의 할리우드 로코코적이다."[55] 반 고흐에 관한 전기 소설을 영화화하고(이 영화의 제목은 〈열정의 랩소디Lust for Life/La Soif de vivre〉(1956)이다.) 〈파리의 미국인An American in Paris〉(1951) 에서는 유명한 그림을 여러 번 인용했다는 사실은 미넬리에 대한 비판적인 특징이 잘 드러난다는 것 외에 다른 중요한 점을 알려주지는 않는다. 하지만 흥미로운 점은 멜로드라마 영화에서의 색 작업이다. 〈섬 케임 러닝 Some Came Running〉(1958)의 끝부분에 나오는 장터 축제 시퀀스는 매우 충

••

54) 역주: 이 영화의 영어 제목은 〈아워 레이디 오브 더 턱스Our Lady of the Turks〉(1968)로, 이탈리아 출신 영화감독이자 소설가인 벤 자신이 쓴 소설을 직접 영화로 만든 아방가르드한 작품이다.

55) Georges Sadoul, *Dictionnaire du cinéma*.

만하고 빛나지만 요란한 붉은색과 푸른색으로 되어 있어 색이 만들어낸 난폭함은 축제의 분위기와 곧 닥칠 위험을 동시에 암시한다.(또한 이 시퀀스에는 서스펜스도 있는데 여기서 여성 주인공이 살해당한다.) 영화에서 줄곧 셜리 매클레인Shirley MacLaine이 연기한 인물과 관련되는 체리 빛 붉은색은 전적으로 사실적으로 보여서(그녀는 보잘것없는 매춘부일 뿐이다.) 그녀의 내면 세계에 날카롭고 불쾌한 성격을 부여한다.(그녀는 고통스러워하고 있으며 결코 행복하지 않다.) 이 영화는 적나라하고 노골적인 색들을 부각한다는 점에서 미넬리를 가장 잘 보여주는 작품 중 하나이다. 이 영화에서 색은 스토리의 일종의 안감처럼, 보다 직접적으로 말해 감정적인 안감처럼 체계적으로 구성되어 있다. 또한 〈욜란다와 도둑Yolanda and the Thief〉(1945)에서, 〈지그펠드 폴리스Ziegfeld Follies〉(1946)의 몇몇 스케치에서 미넬리는 푸르스름하고 황금빛이 나면서 불그스름하기도 한 밤색 빛의 '분위기'를 반복한다. '분위기'는, 말하자면 색에서 의미를 만드는 작업의 첫 번째 단계로 에이젠슈테인이 색의 명제로 제시했던 것이지만 때로는 **스튜디오 시스템**이 달성한 규격화되고 예측 가능한 영도degré zéro를 겨우 넘어서는 것이기도 하다.

많은 차이점이 있기는 하지만 오즈의 작품에서도 이와 동일한 원리가 작동한다. 오즈는 색을 정의하기 위해—〈사케의 맛Le Goût du saké〉에서 회색이 지니는 무한한 뉘앙스—많은 노력을 기울인다. 오즈가 프레임을 잡는 데 천재적인 만큼(천재적이라는 평가가 오브제를 전경에 두는 그의 명백한 시스템 때문만은 아니다.) 보다 시각적으로 색을 이미지에 넣으려는 노력도 한다. 그리고 계절과 계절에 따른 음식을 환기하는 데 안성맞춤인 영화 제목이 보여주듯이 색깔-맛-냄새를 공감각의 암시라는 간접적 방식을 통해 영화 전체와 스토리, **그리고** 영화의 분위기를 표현하기 위해 색을 옮기려는 노력도 한다. 이는 미조구치의 두 컬러 영화에서도 동일하다.[56] 지배적 색조를 회색으로 쓰는 취향에서 오즈에 매우 근접한 또 다른 화가 감독이자 강박주의자인 안토니오니의 작품에서도 분명 그러하다. 그는 〈붉은 사막Désert rouge〉에서 큰 촛대의 레몬 빛 노란 불꽃과 〈욕망Blow-up〉에서 영국식 사탕 색을 환상적인 흔적처럼 잘 보여주기 위해 회색을 지배적인 색으로 사용하였다.[57]

색이 영화에서 하나의 기능을 지니고 있다면 그것은 항상 동일하다. 색이 표현으로 작동하거나 전혀 작동하지 못한다는 것이다.(우리는 이 이유를 다음 장에서 다시 살펴볼 것이다.) 하지만 이 표현은 약할 수도 있고 눈에 띌 수도 있으며 지배적일 수도 있고 순간적일 수도 있지만, 어쨌든 아무것도 변화시키지 못한다. 이에 관해서는 필름의 역사가 분명하게 말해준다. 1940년대 빛나는 테크니컬러에 이어 여러 필름 기술이 생겨난다. 이것은 모두 사실주의를 목표로 하는 것처럼 보였지만 모두 사실주의와는 반대로 칼무스Kalmus[58]의 방식에 힘입은 표현성을 잘 보여준다. 그런데 이 모든

..

56) 딱딱하고 사실적인 오류가 있긴 하지만 장피에르 우다르가 「카이에 뒤 시네마」 217호에 쓴 '히어로 색들'을 참조할 것. Jean-Pierre Oudart, 《Les couleurs du Héros》, *Cahiers du Cinéma*, n°217, nov. 1969.

57) 평론가들은 매우 빨리 안토니오니를 화가로 인식했으며 또한 그 점을 비난했다.(형식주의로서) 「근대지*Temps Modernes*」(모리스 퐁스Maurice Pons가 1964년 12월에 쓴)에 발표된 〈붉은 사막〉의 비평은 이렇게 시작된다: "현재 파리에서 열리고 있는 미켈란젤로 안토니오니의 최근 전시회는 일련의 중요한 작품들을 모아놓았으며 어떤 것들은 '붉은 사막'이라는 공동 제목으로 분류돼 앞쪽에 있다." 나머지도 이런 식이다. 분명 그의 영화에서 추상성을, 다시 말해 '비인간성'(그 시대에는 흔히 반복되는 생각이었던)을 비판하기 위해 영화를 그림들의 집합인 것처럼 묘사한다. 이러한 질문에 대한 합리적 접근으로는 알랭 봉팡의 훌륭한 책인 「미켈란젤로 안토니오니의 영화」를 참고할 것. Alain Bonfand, *Le Cinéma de Michelangelo Antonioni*, Images modernes, 2003[2007].

58) 역주: 허버트 칼무스Herbert T. Kalmus는 1914년부터 테크니컬러 개발을 시작해 1918년에 2색 감색법에 의한 최초의 테크니컬러를 개발했으며 1927년에는 날염식을 완성, 프린트

방식, 심지어 냉철한 객관성을 열렬히 지지한 1970년대의 방식조차 이미 고유한 스타일을 지니고 있었으며, 새로운 시대를 열었다. 이것은 대개 매끄러운 스타일로 회화적이라기보다는 **광고**적이라서 결국 쉽게 알아볼 수 있는 스타일이다.

모든 예외에도 불구하고—나도 위에서 훌륭한 예외에 관해 언급했지만—빛은 영화와 회화를 구분 지을 뿐이다. 빛은 늘 영화의 기원과 특성을 너무나도 많이 환기시킨다. 또한 빛은 종종 진정으로 회화적이라기보다는 극적이다. 빛은 지시하고 능동적으로 의미를 **만든다**. 빛보다 훨씬 덜 자연스러운 색은—영화는 여기에 적응해야 한다—의미를 만들지 못한다. 기껏해야 색은 의미를 위탁받아 수용할 뿐이다. 영화가 회화로부터 물려받은 것—물려받았다는 사실을 알지 못하는 채로 혹은 무엇을 물려받았는지 실제로 알지 못하는 채로—은 색의 이러한 수동성, 이러한 '퇴행', 바르트가 말한 주이상스jouissance[59]의 공간과 같은 다른 공간으로의 열림이다. 일반적으로 팔레트는 화가의 속성이자 뛰어난 도구이다. 영화는 이에 상응할 만한 도구를 만들어내야 하는 문제에 직면했다. 이것은 또한 영화에서 색은 왜 늘 모방되어야만 하는지, 왜 영화의 색은 다른 곳에서 나오는 것이 아니라 회화의 색만을 생각하는지에 대한 답을 찾는 것이기도 하다. 화가를 색으로 정의하고 터치에 의해 색의 정의를 보완하는 것은 너무 간결한 설명이다. 영화적인 것에서 출발해 회화적인 것을 생각하고 그 안에서

..
기술상 획기적인 개량을 이룩했다.

59) 역주: 바르트는 『텍스트의 즐거움Plaisir du texte』에서 '즐거움plaisir'과 '즐김/주이상스 jouissance'에 대해 말하는데, '즐김' 혹은 '주이상스'는 문화와 규범을 초월한 원초적이고 본원적인 즐거움을 의미한다. 본 역서에서는 이론적인 장에서 하나의 용어로 자리 잡은 '주이 상스'로 옮기고자 한다.

시선과 드라마를 찾아내려고 내가 시도한 것은 색에 대한 정의를 변화시키고 풍요롭게 할 것이다.

7
형식과 데포르마시옹, 표현과 표현주의

실재에 대한 예술과 이미지에 대한 예술은 영화 같은 회화 혹은 회화 같은 영화처럼 분리할 수 없다. 동원된 눈은 한정된 시간 안에서 공간과 프레임을 탐구하고 그 안에 심오한 허구를 부여해 그에 대한 장면을 만들고 그것을 스크린의 화폭과 그림의 화폭 위에 내려놓는다. 이렇게 내려놓는 것의 흔적과 도구들, 가치들, 색들이 화폭의 표면에 자리하는 모든 것이다. 그래서 현실 세계를 바라보는 예술은 이미지를 만드는 예술이 된다. 이 둘은 동일하다. 빛은 눈이 탐험하는 공간을 결정하지만 고정되어 있다. 따라서 빛은 장면 너머에 있는 것, 모든 재현 너머에 있는 것의 원천적인 요인이 된다. 회화는 이러한 확장을 인정해 왔으며 오랫동안 관심을 쏟아왔다. 회화는 날것, 원초적인 것, 야생의 것을 발견함으로써 생기가 없고 열정이 사라진 예술을 버리고 기원을 재발견하는 이중의 환희를 느껴왔으며, 물감과 도상 간의 불확실하고 무한한 마술적 작용을 보았고 형식과 가치의 순수한 힘 앞에서 경탄을 느껴왔다. 20세기 초 새롭게 출현한 은밀한 역사는 회화 예술의 새로운 발명과도 같다.

하지만 영화는 어떠한가? 영화 역사의 일부를 이루는 고전주의의 구성은 1914년 이전에는 그 안에서 무슨 일이 일어나는지도 모르는 채 이런 회화적인 혁명과 공존할 수 있었다. 그렇지만 그것은 단지 영화사 일부에 불과하다. 결국 이런 지적을 할 수밖에 없는데, 영화 또한 표면, 현존, 조형적인 재료의 회귀에 의해 흔들렸다. 앞서 말했듯, 이 책에서 나는 영화의 **다른** 역사인 추상 영화와 실험 영화는 다루지 않을 것인데, 그것은 이러한 회귀가 그만큼 까다롭고 거북하다는 것이다. 하지만 집요한 이 회귀는 아득하고 깊은 곳에서 출현한 것이 분명하다.

여기서 사람들은 이름을 생각하고 꼬리표를 붙이기 시작한다. 특히 하나의 사조가 그러한데 그것은 대표적 조형 영화인 표현주의이다. 표현주의는 화가와 조각가의 영화, 검은 스크린을 보여주는 영화, 모든 면에서 과잉인 영화('입보다 더 큰 미소')이다. 우리가 표현주의에서 시작해야 하는 이유는 논쟁, 혼란, 목록, 자기기만을 넘어 오늘날에도 표현주의의 외적 특성에 대한 만장일치가 존재하기 때문이다. 독일 표현주의는 회화—가장 회화적인—와 영화의 융합에 가까운 완벽한 만남이 이루어진 특권적인 장소이다. 분명 두 예술은 여기서 만났다. 그러나 이 만남은 우리가 기꺼이 반복해 말할 정도로 그렇게 절대적인 것이 아니다. 조금 더 깊이 생각해 보면 놀라운 것은 명백한 사실들과 반대로 이 만남을 성사시킨 집착, 표현주의라는 간판에 대한 집착이다. 물론 이 간판은 이점이 아주 많다. 그것은 분명하지 않아 뭐든 갖다 붙일 수 있고 뭐든 거기서 찾아낼 수 있다. 1910~25년까지 모든 예술은 자신만의 표현주의를 보여주었다. 마치 한 세대가 지속되는 동안 독일 전체가 표현주의적이었던 것처럼, 그리고 표현주의밖에 없었던 것처럼. 그런데 그 당시 영화는 왜 표현주의적이지 않았을까? 영화 역사가들은 기필코 영화적 표현주의에 관한 정의를 내리고자 하는 바람에서 서로가 서로를 표절하면서—영화사의 몇몇 장에는 많은 통념이 섞여 있다—리스트, 분류, 연관성과 특수성에 대한 연구를 시작하였다. 나는 독일이나 다른 나라의 영화에서 왜 표현주의가 존재하지 않거나 왜 존재하지 않았는지—이러한 입장이야말로 부정적인 측면에도 불구하고 가장 정당해 보인다—말하는 것으로 이 장을 시작하고자 한다.[1]

'표현주의'라는 단어의 계보나 표현주의 운동의 역사를 설명하지는 않을 것이다. 이와 관련해서는 프랑스어로도 고전에 가까운 연구들이 있다.[2] 단지 나는 본질적인 것만 환기하고자 한다. 보링거가 논쟁을 일으킬 목적으로 만든 이 용어는 처음에는 인상주의에 반대하는 아방가르드적인 회화 경향을 가리켰다. 그것은 1911년 베를린 분리파Sezession[3]의 카탈로그에 등

∴

1) 나는 영화사의 가장 명백한 클리셰들 중 하나에 대해 반대한 매우 유감스러운 이런 발언을 후회하지 않는다. 그렇지만 이러한 노력이 아무것도 변화시키지 못했고 프랑스 시네마테크의 최근 프로그램(2006년 가을)에서도 볼 수 있듯이, 여전히 영화 전반에서 표현주의라는 용어가 흔하게 사용되고 있음을 인정하지 않을 수 없다. 그래서 나는 이제 표현주의라는 명칭의 존재를 인정하는 보다 실용주의적인 입장을 취하고 가능한 가장 정확하게 타당한 내용을 이 명칭에 부여하는 데 전념하고자 한다.[2007]

2) Jean-Michel Palmier, *L'Expressionnisme comme révolte*, Payot, 1978; Lionel Richard, *D'une apocalypse à l'autre*, UGE, 1976; *Obliques*, n°6-7, Nyons, 1976. Wilhelm Hausenstein, *Über Expressionismus in der Malerei*, Berlin, Erich Reiss, 1919; Kasimir Edschmid, *Frühe Manifeste*, rééd. Darmstadt, Luchterhand, 1960.

3) 역주: 19세기 말 오스트리아와 독일의 일련의 미술가들이 관학적인 미술 아카데미로부터 탈피하여 근대 운동을 시작하기 위해 결성한 전시 그룹이다. 이들은 기존의 보수적이고 폐쇄적인 예술가협회 같은 기구에서는 작품 발표의 장이 주어지지 않는다고 판단해 관영화된 전람회와는 별도로 자신들의 전람회를 기획하고 조직하기 위해서 새로운 예술가 집단을 창설하였다. 분리파에는 특정한 예술 이념이나 양식은 없었지만 예술 경향과 국적을 초월하여 전위 미술에도 관대히 문호를 개방했다는 점이 공통되는 이념이라고 할 수 있다. 당초 인상주의와 아르 누보의 영향을 받은 회화 운동으로 출발한 분리파의 성과는 오히려 현대 건축과

장하였는데, 마티스에서 피카소에 이르는 특정화되지 않은 전반적인 경향을 지시하기 위한 것이었다. 헤르바르트 발덴Herwarth Walden을 포함한 영향력 있는 비평가들이 전후 저조하던 독일 예술에 주목하도록 만들기 위해 애국적인 반사 작용으로 이 용어를 파급시켰던 것 같다. 그 사이 야수파나 입체파는 말할 것도 없이 마크, 칸딘스키, 클레, 키르히너Kirchner나 슈미트 로틀루프Schmidt-Rottluff처럼 서로 어울리지 않는 작업들을 망라하게 된 이 용어는 시, 연극, 문학에 차용돼 확장되어 나갔다. 쿠르트 핀투스Kurt Pinthus의 선집 『인류의 여명Menschheitsdämmerung』[4]은 연극에서 톨러Toller, 하젠클레버Hasenclever, 브레히트Brecht의 초기 작품이 그런 것처럼 절망과 반항, 간단히 말해 시에서 표현주의의 선언 형식을 띠었다. 개인이나 단체 프로그램에서 이 용어가 어떻게 정확하게 사용됐는지 모르겠지만 표현주의에 관한 일반 정의를 찾는 사람에게 그것은 다음과 같은 일련의 거부로 나타난다. 회화에서는 외관에 대한 거부, 연극과 문학에서는 심리의 거부, 어떤 종류든 관습적인 것에 대한 거부. 무엇보다 재현과 재생산에 대한 거부라는 것이 가장 적절한 표현일 것이다.(이는 "예술은 재능이지 재현이 아니다."라고 한 발덴의 말이다.[5]) 하지만 이것은 어떤 정의도 내리지 못한다. 1926년 책 제목에서 표현주의를 분명하게 언급한 유일한 저서인 『표현주의와 영화』의 저자 루돌프 쿠르츠Rudolf Kurtz는 이 사실을 확인시켜 준다: "너무나 많은 표현주의 문학에서 명확하고 단일한 정의를 찾는 것은

∵

공예에서 찾을 수 있다. 분리파는 영국의 미술과 공예 운동, 독일의 유겐트슈틸Jugend-style 등과 더불어 근대 공예와 건축의 발전에 중요한 역할을 담당하였다.

4) Kurt Pinthus, *Menschheitsdämmerung*(1920), rééd. Rowohlt, 1959. 제목은 '인류의 여명'이라는 의미로 명백하게 바그너 음악을 참조하였다.

5) 《L'art est don, et non pas rendu》 (Herwarth Walden, *Die neue Malerei*, Berlin, der Sturm, 1919).

불가능하다."[6]

영화의 상황은 훨씬 더 혼란스럽다. 우선, 눈에 뜨일 만한 표현주의의 출현이 다른 매체에 비해 상당히 늦었다. 누구나 인정하는 표현주의자들이 쓴 시나리오 선집인 핀투스의 『영화책Kinobuch』(1913)은 유령에 홀린 스크린이라기보다는 할리우드에 가깝다. 여기에는 불꽃 같은 감정과 연애 이야기만 있다. 〈프라하 학생L'Étudiant de Prague〉(1913)과 〈골렘Golem〉(1915)에 출연한 배우 파울 베게너Paul Wegener[7]는 1916년 한 컨퍼런스에서 독일 표현주의 영화의 특성을 반(反)연극, 반(反)문학이라고 말하는데, 그는 이러한 주장을 파리나 뉴욕에서 할 수도 있었을 것이다. 요컨대 전후 독일 영화의 주요 경향은 거대한 의상 영화, 즉 막대한 예산이 투입되는 슈퍼 프로덕션이었다. 이 영화들은 주로 조 메이Joe May와 오토 리퍼트 Otto Rippert 감독에 의해 만들어졌으며 첫 시사회를 우파 극장UFA Palast am Zoo[8]에서 하였다. 루비치Lubitsch의 〈마담 뒤 바리Du Barry〉(1919)와 동시에 개봉한 〈칼리가리 박사의 밀실Caligari〉(1919)은 우발적인 하나의 부수적 현상으로 그 이상도 이하도 아니라고 말하는 것이 과장이라고 생각하지 않는다.

물론 역사를 새로 쓰자는 것이 아니다. 평범한 영화 애호가에게 제1차 세계대전 이후부터 〈메트로폴리스〉(1927)에 이르기까지 독일 영화는 거대

..

6) 6장에서 인용한 바 있는 R. Kurtz, *Expressionnismus und Film*.
7) 역주: 파울 베게너(1874~1948)는 독일 배우이자 극작가, 영화감독이다. 독일 표현주의 영화에서 선구적인 역할을 한 것으로 알려져 있다.
8) 역주: UFA Palast am Zoo는 UFA가 소유한 극장으로 1919년 오픈해 1929년까지 독일에서 가장 큰 극장이었고 주요 영화의 시사회 장소였다. 또한 UFA는 1920~60년대 독일에서 제일 큰 영화 제작사로 1919~45년까지 세계 영화계의 중심축이었으나 제2차 세계대전 후 해체되었다.

한 마그마이며 심지어 루비치나 표현주의를 무시하는 발언을 자주 한 프리츠 랑을 포함해 이 시기 거의 모든 독일 영화는 표현주의적이다. 분명 크라카우어와 로테 아이스너Lotte H. Eisner[9]의 열정적이지만 단순화된 내용을 담고 있는 저서들은 표현주의에 대해 중요한 점을 말해 주지만[10] 대부분은 크게 의미 있지 않다. 크라카우어는 '칼리가리즘caligarisme'—그는 델뤽[11]의 용어를 일부러 차용한다—과 표현주의를 구분하고자 하며, 아이스너는 주저하면서도(그녀는 '진정으로 표현주의적인 유일한 영화'라는 상을 여러 번 수여하였다.) 조심스럽게 영화에서 표현주의적인 요소들을 정의하는 데 골몰한다. 사실 이론가들마다 표현주의에 대한 가장 중요한 의미들이 달라서 이를 단정하는 것이 어렵다. 상황은 조금씩 바뀌어서 팔미에 Palmier[12]는 표현주의 영화 특성에 '라인하르트Reinhardt식의 명암', '오브제 강박증에 빠진 세계', 권위에 대한 비판이라는 주제를 포함시킨다. 다른 사람 (마이클 헨리Michael Henry)에게 표현주의 영화는 은유의 영화인데, 이는 매우

∴

9) 역주: 로테 아이스너(1896~1983)는 독일 베를린의 부유한 유대인 중산 가정에서 태어났다. 처음에는 독일에서 영화 평론가로 활동했지만 1933년 히틀러가 집권하면서 파리로 이주했다. 앙리 랑글루아와 친분이 있던 아이스너는 프랑스 해방 후 '프랑스 시네마테크'에서 최고 위직 큐레이터로 40년간 재직하였다. 1955년 프랑스 시민권을 취득했지만 독일 영화에 대한 연구를 계속하여 여러 권의 저서(독일 영화에 대한 표현주의 영향을 연구한 『유령에 홀린 스크린L'Écran démoniaque』(1952), 무르나우에 관한 저서(1964)와 프리츠 랑에 관한 저서 (1976) 등)를 발표하였다.

10) Lotte Eisner, L'Écran démoniaque(1952), 2ᵉ éd. augmentée, Le terrain vague, 1965; Siegfried Kracauer, De Caligari à Hitler(1947), Lausanne, L'Âge d'homme, 1973. Michael Henry, Le Cinéma expressionniste allemand: un langage métaphorique, Fribourg, Éd. du Signe, 1971도 참조할 것.

11) 역주: 루이 델뤽Louis Delluc은 1920년대 프랑스 인상주의를 대표하는 감독이다.

12) 역주: 장미셸 팔미에(Jean-Michel Palmier, 1944~98)는 파리 4대학과 8대학에서 강의한 바 있는 프랑스 철학자이자 예술사가이다. 그는 1978년과 1979년에 '표현주의'에 관한 저서를 발표하였다.

유연한 의미에서 그러하다. 예를 들어 미자나빔을 포함시키고자 한다는 점에서 그렇다. 그래서 결국 오늘날엔 모든 독일 영화뿐 아니라 모든 무성 영화, 심지어 시각적으로 조금이라도 조형적인 표현성을 탐구한 영화는 모두 주저 없이 표현주의적인 것으로 간주되는 상황에 이르렀다. 슈뢰터 Schroeter,[13] 지버베르크Syberberg,[14] 라스 폰 트리에에 대해 말한 것을 보라.

나는 사람들이 표현주의 꼬리표를 아무렇게 사용한다고 해도—이런 꼬리표들은 그렇게 사용되기에 안성맞춤이다—상관없다. 사람들은 단호하면서 일관된 의미를 부여하고자 하지만 '리얼리즘', '초현실주의', '네오리얼리즘' 등 다른 모든 사조도 그러하다. 그런데 확인된 정보만을 사용하고 이 정보의 선택 이유를 설명하고자 애쓰는 저서로 제한해 보면 오늘날 표현주의와 관련된 많은 정의를 발견하게 된다. 그중 가장 많이 사용되는 것은 최소한 다음의 두 유형에 속한다.

첫째는 최대한 엄격하게 구축되어 정확하며 논거가 제시된 스타일적인 계열체의 추구이다. 스타일적인 계열체는 표현주의를 하나의 시기, 하나의 학파, 형식적인 규범들의 총체로 규정하여 확실하게 이러저러한 영화나 한 영화의 이러저러한 부분과 관련짓는다. 이것은 아이스너나 팔미에 같은 역사가의 기획 유형으로 오늘날에는 앵글로-색슨 연구자들의 전유물이 되었다. 이러한 기획은 그 전제들을 명확하게 규정하고자 하면 논쟁을 유발할 수 있는 장점이 있다. 하지만 대상 텍스트들의 정확한 범위에 대한 안정적

13) 역주: 베르너 슈뢰터(Werner Schroeter, 1945~2010)는 독일 영화감독으로 1970년대 '뉴 저먼 시네마New German Cinema'의 핵심 인물이다. 그는 작품 대부분을 16mm로 작업하였으며 독일 역사에 대한 강렬한 관심과 개인의 극적이고 감정적인 탐구를 결합하는 형식을 취하였다.
14) 역주: 한스위르겐 지버베르크(Hans-Jürgen Syberberg, 1935~현재)는 독일 영화감독이자 시나리오 작가이다. 〈히틀러Hitler-ein Film aus Deutschland〉(1977)라는 작품으로 유명하다.

인 합의가 없으면 자의적이라는 비난을 피할 수 없다. 누구나 이미지의 그 래픽한 처리를 표현주의의 특성이라고 인정한다.('영화 이미지는 그래픽이 되어야 한다das Filmbild muss Graphik werden.') 하지만 그래픽한 처리란 것은 기하학적으로 만드는 것을 의미하는 걸까? 아니면 경사지게? 혹은 배경의 중요성을 강조하는 것일까? 아니면 흑백의 강한 대조? 목록에 포함시킬 수 있는 다른 요소들의 경우에도 확실한 것은 아무것도 없다. 이런 방식의 논리적인 어려움은 늘 영화 목록을 기준으로 어떤 요소들을 포함시킬 것인지 결정한다는 것이다. 표현주의적인 그림자를 생각하는 사람은 분명 그 그림자가 지니고 있는 낭만주의적인 관련성은 무시하고 표현주의적인 특성에 그림자를 포함시킬 것이다. 〈연인Der Schatz〉(1923)이나 〈그레이 하우스 연대기Zur Chronik von Grieshuus〉(1925)를 표현주의에 포함시키고 싶어하는 사람은 건축가의 역할과 조명의 창조적인 효과를 강조해야 할 것이다. 그런데 이런 식으로 하면 배경이 압도적이고 조명이 부각되는 영화는 모두 표현주의적이라고 해야 할 것이다.(너무나 많은 영화들이 있는데 그렇게 되면 〈니벨룽겐〉이나 〈타르튀프〉도 표현주의적인 영화가 된다.) 분명 이보다 더 설득력 있는 리스트들이 존재하기도 한다. 하지만 아주 소수의 영화만 해당되는 스타일적인 계열체의 실제적인 이득에 대해서는 본질적으로 회의적일 수 있다. 이 경우 〈아침부터 밤중까지Von morgens bis Mitternacht〉(1922)와 〈칼리가리〉(1919)가 거의 전부이다.

둘째는 시간이나 장소에 대해 고려하지 않고 표현주의적인 스타일의 내재적인 정의를 시도하는 것이다. 이러한 시도는 때로 얼핏 들으면 첫 번째 유형의 확장인 것처럼 느껴진다. 특정한 학파에 속하지 않는 모든 이론가와 미학자들의 기획 유형인 이러한 시도는 선험적으로 경계가 없으며 흔히 논리적으로 필연적인 것처럼 보인다. 게다가 어떤 감독이나 영화를 표현주의로 다룰 수 있는 매번 탁월한 이유들이 존재한다. 히치콕의 경우 그가 영국에서 만든 영화들이 그러하다. 불안하게 만드는 장소, 야밤의 으스스한 분위기, 그리고 스튜디오 느낌이 넘쳐나기 때문이다. 그가 독일에서 체류한 적이 있으며 오토 베른도르프Otto Werndorff라는 무대 장치가를 데려왔다는 사실도 상기할 수 있다. 에이젠슈테인도 마찬가지이다. 견고하게 구성된 이미지를 구축한다는 점과 배우들이 눈을 휘둥그레 굴린다는 점을 근거로 들 수 있다. 또한 에이젠슈테인에게서도 독일의 영향을 찾아볼 수 있다. 웰스나 베르히만Bergman이나 펠리니Fellini의 경우 히치콕이나 에이젠슈테인보다는 어렵지만 표현주의 감독으로 정당화될 수 있는 요소들이 분명 존재한다. 하지만 이 부분에 주목하는 비평가는 많지 않다.

너무나 쉬운 이러한 열거를 계속하진 않겠다. 그러다 보면 이러한 비평적 시도들을 웃음거리로 만들 수도 있다. 하지만 이 시도들이 독일 표현주의가 진정 무엇인지에 대해 완전히 잘못 알고 있다고 해도 그 내용이 인정되기만 한다면 세심하지만 늘 위험성이 존재하는 형식 역사가들의 재구성만큼이나 내게는 생산적인 직관에 의거하는 것처럼 보인다. 이 직관은 말하자면 표현주의는 너무나도 중요해서 그것을 표현주의자들에게만 넘길 수는 없다는 것이다. 달리 말하면 표현주의는 회화와 같은 다른 영역에서 만들어진 상업적이고 비평적인 범주보다는 영화 개념에서 출발해 정의되어야 한다.

그래서 나는 약간 뒤로 돌아가고자 한다. 몇몇 무성 영화에 내재하는 표현주의적인 스타일을 엄격하고 절대적으로 정의하고자 하는 집착은 최근의 일이다. 로테 아이스너 이전에는 그러한 관심이 사실 존재하지 않았다고 말하는 것이 옳다. 1920년대 독일에서 인정받던 비평가들은 표현주의 스타일적인 계열체를 구축하지 않고 전반적인 한두 가지 특성을 통해 무엇이 영화적 표현주의인지 혹은 무엇이 영화적 표현주의가 아닌지를 정의하는 데 골몰한다. 몇몇 비평가들은 아주 순진하게도 영화가 표현주의적일 수 없다고 생각한다. 예를 들어 게오르크 오토 슈팅트Georg Otto Stindt는 다음과 같은 논거를 든다. 첫째, 배우는 결코 표현주의적일 수 없다. 둘째, 배우, 무대, 그리고 그 이외 나머지 요소들은 동일한 스타일에 관한 의지를 가지고 있다. 따라서 이러한 스타일에 관한 의지는 영화에서 표현주의적일 수 없다는 삼단논법적인 결론을 내린다.[15] 이와 반대로 생각하는 벨라 발라즈는 배경에서 인물까지 이미지의 전 부분을 지적하면서 그의 시대 모든 영화가 분위기Stimmung라는 심오한 욕망을 드러내는 것으로 본다. 벨라 발라즈도 여기에서 스타일에 관한 의지를 이야기하지만 이 의지는 스타일의 외적 표현뿐 아니라 **내적 본질에서도** 표현주의적인 것으로 묘사된다. 표현주의를 데포르마시옹déformation[16]으로 정의한 쿠르츠에게 그것은 그 자체로 하나의 스타일이나 스타일에 대한 의지라기보다는 단순히 정확하게 재현할 수 없는 것을 환기할 수 있는 가능성이다. 이에 관해 계속 이야

••

15) Georg Otto Stindt, *Das Lichtspiel als Kunstform*, Bremerhaven, Arlantis Vlg., 1924. Arguments proches chez Rudolf Harms, *Philosophie des Films*, Leipzig, Felix Meiner, 1926.

16) 역주: 데포르마시옹은 사전적으로 변형, 왜곡이라는 뜻이다. 예술 영역에서 그것은 대상을 시각적 영상으로 충실히 재현하는 것이 아니라 그 대상을 어떤 의미에서 고의로 왜곡해 그리는 것이다. 폴 세잔 이후 특히 표현주의와 야수주의가 의식적으로 사용한 예술적 강조의 수단이다. 일반적으로 미술에서 데포르마시옹은 작가의 감정 표현을 위해 혹은 조형적인 의도를 강조하거나 양식화, 풍자적인 과장 등을 위해 사물의 자연 형태에 보다 주관적인 왜곡을 더해 나타내는 것을 의미한다. 따라서 자연의 충실한 재현을 거부하고 형체와 비례를 파괴하거나 왜곡하는 것이 그 기법적 특징이다. 여기에는 어떤 부자연스러움과 불쾌감을 느끼게 하는 부분이 있지만 동시에 그만큼 새로운 조형적 시도를 통해 창조성에 대한 기대치를 높이는 부분도 있다. 본 역서에서는 déformation을 예술 영역에서의 이러한 의미를 반영하기 위해 통상적으로 사용하는 용어인 '데포르마시옹'으로 옮기고자 하며, 문맥에 따라서는 왜곡, 변형으로 표현하기도 할 것이다.

기할 수도 있겠지만 이쯤 되면 상황은 명확해진다. 1925년에 활동한 비평가들에게 표현주의는 영화에서 표현성에 관한 이론을 발전시키거나 적어도 정립하기 위한 하나의 구실(다른 구실들보다 더 무게가 있는), 그리고 실재에서 찾든 **분위기**에서 찾든 표현주의의 기원에 대한 추정을 결정하기 위한 구실에 지나지 않는다.

표현주의라는 단어에서 접미사는 사실 이러한 면모를 알려준다. 모든 '주의ismes'처럼 이것도 경우에 따라 혼란스럽거나 아무 작품에나 붙일 수 있는 편리한 꼬리표이며 과학적 담론이라기보다는 사랑이나 증오의 담론이다. 영화를 포함해서 이러한 용어의 비평적 운명을 만드는 것은 공공연한 아첨꾼이거나 나치 같은 가장 악착스러운 적이다. 역사가는 언젠가는 틀림없이 왜 '표현주의 영화'가 1960년대 재발견됐는지—내 생각으로는 재발견이 아니라 대부분 만들어낸 것인데—설명해 줄 수 있을 것이다. 하지만 이러한 발견이나 관심이 『유령에 홀린 스크린』의 초판이 등장하고 프랑스 예술 극장에서 동일한 제목의 프로그램이 배부된 시기 사이에 이루어졌다는 사실을 환기할 필요가 있다. 즉 1950년과 1965년 사이에 이루어졌다. 이 시기는 바쟁과 로메르를 필두로 반(反)표현주의 영화를 정의하고 진작하기 위해 애쓴 비평 세대의 지배와 완벽하게 일치한다. 말하자면 독일 무성 영화를 회고하면서 그것을 과도하게 표현주의적이라고 정의한 것은 오랜 동안 카이에 뒤 시네마 출신 비평가들의 헤게모니를 경험한 것에 대한 반작용 중 하나였을 것이다. 또한 그들에 대한 견제는 걸작까지는 아니더라도 누구나 국가 유산이라고 인정하는 고전 영화를 동원하는 것이 효과가 컸을 것이다.(현대 영화로는 결코 가능하지 않을 것이다.) 표현주의는 비평적 경향을 강화하기 위해 때맞춰 재발견된 여러 움직임들 중 첫 번째이다. 그 이후로 1970년대에는 다른 가치를 지닌 다른 움직임들이 있었다.('저항으로서의 표현주의') 내가 중요하게 여긴 것은 1920년대에 그랬던 것처럼 영화 미학과 비평의 영역에서 결국은 모든 시도를 했다는 것을 보여주는 것이었다. 말하자면, 영화에 대한, 표현에 대한, 표현성에 대한 일반적인 입장을 옹호하는 것이 목표였다.

그래서 영화의 영역에서 표현주의에 관한 논쟁은 회화적인 논쟁을 잘못 따라 한, 방향이 어긋난 논쟁이거나 영화적 표현성의 자세한 내용을 제대로 해결하지 못한 논쟁을 다루는 측면 논쟁이라고 할 수 있다. 여기서 회화가 환상적인 참조의 역할을 했다는 것—회화에서는 형식의 문제, 표현의 문제가 분명하게 제기된 것처럼 보였기 때문에 하나의 모델이 될 수 있었다—은 자명한 사실이며, 지금 내가 관심을 주고 싶은 것도 이 두 번째 점에 대해서이다.

표현, 표현성은 순진하게 다루기 어려운 용어이다. 무엇을 의미하는지 충분히 이해할 수 있고 주스가 오렌지에서 나오는 것처럼 물리적인 외관을 넘어 '무엇인가'가 만들어졌다는 것을 알 수 있다. 오렌지가 주스를 담고 있지만 그것을 만들어내는 작동에 의해서만 주스가 되는 것처럼 사람들은 현실에서 끌어냈거나 끌어냈어야 하는 하나의 의미, 감정, 잠재적 정서가 작품에 담겨 있어서 작품의 수신인에게 표현 작업을 되돌려주어야 한다고 생각했다. 혹은 예술이 자양분을 얻어야 하는 이러한 저장고가 예술적 자아라고 생각했다. 간단히 말해 예술에는 표현의 여러 개념—최소한 세 가지 주요 개념—이 존재하거나 존재했는데, 하나는 작품 자체이고 다른 하나는 작가인 예술가이며 마지막으로는 관객 혹은 독자이다. 하지만 이 모든 개념의 기저에는 단순하고 투명한 과정을 통해 올바르게 결정된 하나의 의미를 전달할 수 있을 것이라는 가능성에 대한 믿음이 있다. 단순화와 환원주의로 인해 최소한 약 20년 전부터 수많은 비평의 과녁이 되었던 것은 분명 이러한 개념들이다. 이 점에서 가장 극단적 입장을 취했던 것은 프랑스의 구조주의, 때로는 후기 구조주의라고 불리는 것이다. 표현의 바탕에는 혹은 하나의 기호에는 궁극적인 하나의 기의가 존재한다는 믿음을 증명한다는 점에서 비판받았던 기호나 표현 개념은 데리다의 초기 저작들에서 중요하다. 데리다는 이러한 개념들이 전달하는 이상주의적인 형이상학적 흔적들을 끊임없이 고발했다. 영화에 관한 참고 자료로 한정하자면 1970년경 '정치적인' 영화(전형적인 예로 코스타-그라바Costa-Gravas의 영화가 있다. 기의에 대한 맹목적인 신념으로 형식에 대한 작업을 무시했다고 비난받았다.)처럼 격렬한 논쟁을 유발한 작품들이나 반대로 의미가 보다 자유롭게 작동하도록 표현과 의미 작용을 의도적으로 거부한 영화들(오랫동안 난상 토론을 야기했던 스트로브와 위예의 〈오통〉)에 대한 이러한 고발의 논쟁적 재연을 상기해 볼 수 있다.

이와 함께 동일한 시기에, 하지만 다른 곳에서 완전히 다른 전제들, 특히 분석 철학의 전제들에 대해 또 다른 비판적 사유가 전개되었다. 앞서 나는 굿맨을 인용하였는데 여기에 리처드 월하임Wollheim[17]을 덧붙여야 한다. 그는 『예술과 그것의 대상들Art and its Objects』에서 아주 자세하게 표현의 문제로 돌아와 표현이 소여에, 즉 예술적 대상에 담길 수 있다는 것과 작품이 관객이나 제작자를 통해 자신의 표현성을 획득할 수 있다는 것을 동시에 부정한다.[18] 요약이 불가능할 정도로 밀도가 높으면서 전적으로 논리의 영역에 자리하고 있는 그의 논증보다 나의 관심을 더 끄는 것은 그의 연구가 예술과 그것의 기능에 대한 정의(일반적으로 예술)라는 긍정적인 기획

..

17) 역주: 리처드 월하임(Richard Wollheim, 1923~2003)은 회화와 비주얼 아트에서 정신과 정서에 관한 독창적인 저작으로 유명한 영국 철학자이다.
18) Richard Wollheim, *Art and its Objects*, New York, Harper & Row, 1968.

에 의해 결정되었다는 것이다. 예술이란 무엇인가? 월하임에 따르면, 그것은 본질적으로 하나의 경험, 다른 어떤 것과도 닮지 않고 그것만의 규칙, 리듬, 주관적 효과, 관습과 훈련을 지니는,[19] 간단히 말해 일종의 언어 활동을 지니는 특수한 종류의 경험이다. 사실 다른 사람들처럼 언어적 은유의 수많은 어려움을 간파한 월하임은 (그도 기호 개념을 좋아하지 않는다.) 다른 개념을 제안한다. 그는 예술은 '삶의 형식'이라고 말한다. 비트겐슈타인 Wittgenstein을 모방한 이 용어[20] 역시 비판받을 수 있다. 그것은 예술 작품의 '유기성organicité'이라고 하는 이제는 무용한 낡은 사유를 부활시키려는 것처럼 보일 수 있다. 하지만 사실 월하임은 전체성과 통일성으로서의 작품 개념을 거의 문제 삼지 않는다. 그런데 우리의 관심을 끄는 지점에서 나는 암시적인 은유를 발견한다. 여기에서 예술적인 표현성은 내용, 기의의 문제가 아니라 형식적인 작업 그 자체가 된다. 능동적인 의미에서 형식은 활동하고 '생존하는' 결코 무기력한 전달 수단이 아니다. 표현성은 작품과 관련되어 있음과 동시에 작품 외부에 존재하고, 또한 자연적인 구성 요소들을 지니고 있음과 동시에 관습적인 구성 요소들도 지니고 있다. 하지만 어떤 경우에도 제작자의 예술적 의도나 수신자에게 미치는 효과, 작품에 내재하는 의미로 환원되지 않는다. 우리는 곰브리치의 논의가 우연이 아니라는 것을 알고 있다. 표현성은 자연적인 상관관계에 기초하고 있지만 주관적인 동시에 제도적인 맥락 안에서 작동하며, 그래서 표현성은 가능한 형식들의 목록―스타일적인, 다시 말해 역사적으로 정의된―에서

..

19) 이러한 사유는 앵글로-색슨 미학사에서 전례가 없는 것이 아니다. 최소한 우리는 이 점에서 존 듀이와 수잔 랭거를 생각해 볼 수 있다. John Dewey, *Art As Experience*(1934) et Suzanne Langer, *Feeling and Form*, New York, Scribner's, 1953.
20) 이 또한 현상학의 측면에서 다른 전례(Erwin Straus)를 찾아볼 수 있다.

출발해 작업하고 작업된다.[21]

이 모델에서, 그리고 정확하게 이와 동시대에 속하는 다른 모델들에서 표현이 의도나 결정론으로 간주되지 않고 이 두 특성 모두를 지닌다는 것은 분명하다. 형식이 단순한 재현을 넘어서고 스스로의 계산을 위해 작업한다는 점에서 표현은 형식 안에서 이루어진다. 그것은 고정되거나 주어지지 않고 늘 역사적으로 맥락화된다. 그래서 매우 가변적이다. 가장 최근의 형식을 보면 이 명제는 너무나 자명한 것처럼 보인다. 우리가 살고 있는 현재는 순수 형식에, 그 형식의 추상적 작업에 상당히 민감하다. 우리는 작품이 재평가된 많은 예를 알고 있다.(우키요에ukiyo-e[22]를 반대로 이해한 일본주의는 반 고흐와 나비파들에게 길을 열어주었고 흑인 예술은 큐비즘과 초현실주의에 자양분을 제공했다.) 하지만 바로 이 끝없는 재평가 속에서 종종 역사성이 실종되곤 한다. 『상상적 박물관Musée imaginaire』을 쓴 말로Malraux에게 크메르인이 만든 관음보살상Boddhisatva Khmer[23]과 랭스Reims 대성당

••

21) Ernst H. Gombrich, 《Ritualized Gesture and Expression in Art》(1966) et 《Action and Expression in Western Art》(1970), 이 두 저서 모두 앞에서 인용한 『이미지와 눈The Image and the Eye』에서 차용되어 있다.
22) 역주: 우키요에(浮世繪)는 일본의 무로마치 시대부터 에도 시대 말기(14~19세기)에 서민 생활을 기조로 제작된 회화의 한 양식이다. 일반적으로는 목판화를 의미하며 그림 내용은 대부분 풍속화이다. 그러나 우키요에는 일본의 역사적인 고유 명사로 보통 명사로서의 풍속화와는 구분된다. 전국시대를 지나 평화가 정착되면서 신흥 세력인 무사, 벼락부자, 상인, 일반 대중 등을 배경으로 한 왕성한 사회 풍속, 인간 묘사 등을 주제로 삼았으며 18세기 중엽부터 말기에 성행하여 스즈키 하루노부(鈴木春信), 쓰가와 슌쇼(勝川春章), 도리 기요나가(鳥居清長), 기타가와 우타마로(喜多川歌麿), 우타가와 도요하루(歌川豊春) 등 많은 천재 화가들을 배출시켰다. 메이지 시대(1868~1912)에 들어서면서 사진·제판·기계 인쇄 등의 유입으로 쇠퇴하였으나 당시 유럽인들에게 애호되어 프랑스 화단에 영향을 주기도 하였다.
23) 역주: 자야 바르만 7세가 12세기 말 신들이 사는 세계를 형상화하기 위해 캄보디아의 '앙코르 톰'이라는 도시에 '바이욘 사원'이라는 불교 사원을 건립하는데, 이 사원 곳곳에서 다양한 형태의 보살상을 만날 수 있다. 그중 가장 유명한 것이 웃는 모습을 하고 있는 거대한

의 미소[24]는 동일한 것을 표현한다. 왜냐하면 이 둘은 똑같이 우리와 동시대적이기 때문이다. 그런데 그것은 지각주의적인 환상, 우리의 가치와 감수성의 순진한 보편화라는 대가를 치르고서만 그러하다. 초역사적인 모든 방정식은 반드시 자연스럽고 영원하며 비역사적인 표현성에 대한 확신을 전제로 한다. 사실 모든 것이 서로 연결된다. 형식이 재현을 얼마나 넘어서는지 알기 위해서는 우선 재현에 대한 정확한 정의를 자문해야 한다. 재현 또한 끊임없이 변화한다. 명백한 극적 성격을 띠고 만들어지는 것은 몇십 년, 아니 몇백 년이 지나도 표현적인 것이 될 수 있다. 신고전주의 회화는 그의 모델인 고전주의와 다를 수 있는 부분이 행위에 대한 가벼운 강조라고 생각했고 이를 통해 회화 작품이 디드로가 원했던 **전범**에 이른다고 보았다. 하지만 오늘날 우리는 앞으로 내민 팔과 일으켜 세워진 가슴에서 수사학적인 과장과 부풀림, 기하학화, 그리고 격자 무늬 만들기 이외에 다른 것은 보지 못한다. 최근의 예로 배우의 연기와 연출에 대한 그리피스의 관념은 완벽한 가독성을 요구하지만 우리에게 그것은 몸짓, 경솔함, 수다로 보일 뿐이다. 사실 이 두 경우에서 바뀐 것은 연극적인 것에 대한 우리의 생각인데, 이것은 자신의 영역을 계속해서 확장해 왔다.

낡지 않는 표현, 퇴색하지 않는 표현은 존재하지 않는다. 마찬가지로 변

∙∙

관세음보살상이다. 이 보살상의 얼굴은 자야 바르만 2세로 추정된다. 이는 왕을 부처와 동일시해 그 위력을 세상에 과시하기 위한 의도로 보인다.

24) 역주: 프랑스 랭스에 있는 노트르담 대성당은 13세기 프랑스 고딕 양식을 대표하는 걸작이다. 성당에 들어가는 입구에서부터 기둥과 벽에 섬세하고 아름다운 조각들이 즐비하다. 수많은 조각상들은 화려함으로 정교하게 조각되어 있고 인물상만 해도 2000개가 넘는다. 특히 왼쪽 입구에 자리하고 있는 웃는 천사상은 랭스 대성당의 수많은 작품들 중 최고로 꼽힌다. 당시에는 엄숙한 표정의 천사들이 대부분이었기 때문에 웃는 천사를 조각하는 것은 드문 일이었다. 이 미소를 '천사의 미소', '랭스의 미소'라고 부른다.

하지 않는 표현성, 이상한 것 혹은 장식적인 것으로 변질되지 않는 표현성은 존재하지 않는다. 동시에 각 시대의 개별적인 스타일과 관련한 모든 형식의 잠재적 표현성은 우리가 리얼리즘에서 벗어나는 만큼 나타날 것이다. 칼리가리즘은 이 두 제안의 적합한 예이다. 이 작품을 가치 있게 만든 스타일적인 엄격함, 완고함, 신체와 배경의 뻣뻣함, 흑과 백의 이원성에 대한 복종과 같은 모든 것은 오늘날에는 우스꽝스러운 하나의 시스템을 만드는데, 여기에는 너무나 순진해서 해로운 수사학의 흔적들이 보인다. 그렇지만 그로 인해 표현이 완전히 소멸되지는 않는다. 〈칼리가리 박사의 밀실〉은 여전히 감동적이며 이 작품에서 가장 두드러지고 자연주의적인 관례와 거리가 먼 것이 형식적인 작업이다. 릴 다고버Lil Dagover의 부드러운 몸짓이 웃음 또는 거부감만을 일으키는 반면, 체자레Cesare의 몸, 제스처, 치켜 뜨는 무거운 눈꺼풀은 두려움을 만든다. 이것은 단순한 예이지만 표현을 단지 표현주의로만 연관 지으려는 시도는 더 이상 하지 말아야 한다. 표현성은 하나의 스타일이 아니라 정해진 형식에 존재한다. 누벨바그가 자주 사용한 인용에 대한 오마주는 하나의 형식을 반복하는 것이 어떻게 표현적인 가치로 변형될 수 있는지 보여주는 예이다.(르누아르 영화에 나온 배우 캐서린 헤슬링Catherine Hessling의 연기는 사실적이라고 평가된다. 〈기관총 부대 Carabiniers〉(1963)에서 캐서린 헤슬링의 연기를 모방한 캐서린 리베이로Catherine Ribeiro의 연기는 훨씬 사실적이지 않다.)

형식에 관한 작업인 표현—규범의 지속적인 변화는 예외로 하고—은 따라서 이러한 작업이 가시화된 것이다. 현대에 와서도 여전히 표현성은 형식의 과장, 예술적인 수단의 화제화, 필요한 경우 재현이나 묘사 대신 천부적인 재능을 강조하는 의미이거나 그와 동의어로 간주되었다. 회화는 그에 관한 20세기 논쟁들 중 하나에 자양분을 제공하였는데, 그중 하나만 인용하면 야수파를 들 수 있다. 야수파는 보다 순수한 표현성으로서 열렬하게 옹호되었는데, 그 이유는 재료가 아닌 형식을 가장 중요하게 생각했기 때문이다. 이 논쟁은 조르주 뒤튀트의 뛰어난 텍스트에서 보듯이,[25] 사실 재현은 오히려 현존과 반대된다는 점에서 차이가 있다. 하지만 현존이 표현에 속한다면 얘기는 달라진다. 하지만 영화에서는 '자생적' 성찰의 결과 실재 예술과 이미지 예술 사이에 존재하는 영속적인 모순에 의해 이러한 논쟁이 야기되었는데, 이 논쟁은 항상 적당히 얼버무려졌으며 표현주의에 대한 논쟁도 해결되지 못한 채 남아 있다. 여기서 중요한 것은 영화 평단이 표현주의보다 야수파를 참고하는 게 더 좋았을 것이라고 제안하는 것—언젠가 이런 종류의 선택이 주어질까?—이 아니라 영화적 스타일에 대한 이론적 가능성과 몇몇 영화적 스타일의 실제적 존재를 주장하는 것이다. 예를 들어 히치콕 스타일이나 에이젠슈테인 스타일의 표현성—많은 점에서 동일하긴 하지만—은 경계-프레임과 구성을 기본적인 동시에 난해하게 사용하고 있는 것과 깊은 관련이 있다. 경계-프레임과 구성을 통해 우리는 표현적인 것의 회화적 의미에 접근하게 된다. 하지만 복잡한 시점과 과도한 심도 구축에 토대를 둔 웰스의 스타일은 표현성의 영역에서 단한 치도 히치콕과 에이젠슈테인에게 밀리지 않는다. 이렇게 말하는 것이 비난받을 위험이 있다고 해도 나는 웰스가 표현주의자라고는 생각하지 않는다.

　이런 점에서 나는 다음과 같이 요약할 수 있을 것이다. 명시적이든 아니

25) Georges Duthuit, 《Le fauvisme》(1929-31) in *Représentation et présence*, Flammarion, 1974.

든 '형식적인 관례'의 의미에서 스타일적 규범의 결과인 형식은 그 자체가 관습적으로 정의된 사실주의적 재현에 반드시 필요한 것을 넘어서야만 표현적이 된다. 하지만 이처럼 넘어서려는 움직임에서 너무 많은 자양분을 공급받아 형식이 지나치게 비대해져 자신을 만들어준 것, 재료, 도구를 노출할 수 있다. 그것은 모든 재현 예술의 잠재적 극한이자 재현된 대상이 정확하게 사라지는 순간, 재현 그 자체로서, 이 상태에서는 형식의 존재가 너무나 부각되어 그 어떤 것도 형식에 필적할 수 없다. 회화는 거의 완벽한 방식으로, 완벽하게 교육적으로 이러한 순간을 경험하였다. 야수파나 표현주의, 심지어는 추상을 통해서가 아니라 '**앵포르멜** 예술Art informel'[26]로 호명되는 것을 통해서 그러하다. 눈에 띄게 서툴게 그린 앵포르멜 작품은 객관적이거나 극적인 모든 기준으로부터 단절됐을 뿐만 아니라 극단적으로는 좋은 형식과 구조에 대한 보다 관념적인 참조로부터도 단절된 채 역설적이게도 순수한 형식을 끝까지 밀어붙인 것처럼 보이거나 그런 것으로 여겨져 왔다. 앵포르멜 작품은 어떤 인식 가능한 구조나 리듬, 표면이나 색채의 구성, 초기 추상 미술을 만든 그 어떤 것도 보여주지 않는다. 형식이 순수하게 느껴질 수 있는 것은 바로 이런 의미에서이다.(로베르 라푸자드Robert Lapoujade를 비롯해 앵포르멜 경향을 옹호하는 사람들 중 몇몇은 이 예술을 '포르멜 예술art formel'이라고 명명한다.) 그렇다고 앵포르멜 그림이 모든 정서적인 힘이나 더 나아가 표현적인 힘까지 없애려는 것은 아니다. 앵포

∴

26) 역주: 프랑스에서 일어난 '앵포르멜 미술'은 제2차 세계대전 이후 뉴욕의 액션 페인팅과 더불어 광범위한 '반조형 예술'의 흐름을 형성하는데, '반조형 예술'은 한편으로는 프랑스 '다다'의 반예술적 정신을 이어받고 또 다른 한편으로는 초현실주의의 자동 기술법을 동화하여 제2차 세계대전 이전과는 전혀 다른 추상 미술을 전개시켰다. 앵포르멜의 대표적인 작가로는 포트리에, J. 뒤뷔페, 아르퉁, 타피에스, 마티외 등이 있다.

르멜 예술에서 표현은 포트리에Fautrier[27]의 〈인질들Otages〉 시리즈에서처럼 종종 정확한 탐구의 대상이 되기도 하는데, 이 시리즈에서 고통, 불안, 외침—레지스탕스 활동을 하다 고문받은 자들의 것으로 역사적인 의미가 있다—은 캔버스 위 물감으로 옮겨가 뒤섞인다.

앵포르멜 예술이 시련을 겪고 있는 것은 사실이다. 더 이상 이 예술을 자주 볼 수 없으며 내가 예를 잘못 선택했다고 말할지도 모른다. 하지만 그렇지 않다. 앵포르멜 예술은 어쨌든 100년 전부터 모든 회화에 해당하는 하나의 진실을, 그리고 추상 회화의 모든 철학에서 발전되어 온 하나의 진실만을 강하게 말하고 있다. 말디니는 원칙적으로 추상을 지지하면서 20세기 회화가 진정으로 회화적인 지각 방식을 추구한 것으로 보는데, 이러한 지각 방식은 단순한 자연 지각이나 '이미지를 만드는' 전통 지각과는 구분된다.[28] 현실 세계가 너무나 분명해지고 확실하게 재현되고 이미지화되어서 순수 감각, 즉 대상 이전의pré-objectale 감각이 상실된다. 세잔 이래로 회화는 이러한 '대상 이전의' 감각을 추구하고 그것을 고유한 세계로 만드는데, 이 세계에서는 현실에 대해 말로 표현하기 힘든 다른 관계를 느낀다. 이에 관해 자세히 설명하지 않았지만 이러한 주장은 이해하기 어렵지 않다. 그것은 메를로퐁티를 비롯해 다른 많은 저자들에게서 동일하게 지적되고 있다. 메를로퐁티에게 세잔은 **사람들이 보기 이전에** 있는 그대로 세계를 보여준 최초의 화가이다. 이러한 성찰을 이어받은 리오타르는 나에서 우리로 이행한 세잔의 작품에 이드ça의 출현을, 회화에서의 욕망의 출

••

27) 역주: 장 포트리에(Jean Fautrier, 1898~1964)는 프랑스 태생으로, 프랑스 앵포르멜 미술을 확립한 중요 화가들 중 하나이다. 1940년대 초 대 독일 레지스탕스 운동에 투신한 경험을 바탕으로 작품을 제작했다.

28) Henri Maldiney, *Regard Parole Espace*. 이 저서는 이미 5장에서 인용되었다.

현을 덧붙인다.[29] 회화는 하나의 세상, 하나의 세계이며 화폭은 살아 있다. 그것의 생명력은 리듬과 톤의 작용에서, 필요한 경우 과도할 정도로 확보되는 재료의 현존에서, 그리고 때로는 앵포르멜 회화에서, 그리고자 하는 행위와 충동적인 흔적이 만들어낸 가시적인 기록으로 나타난다.

영화(우리가 이 책에서 정의하고자 했던 영화)로 돌아오자. 서사 영화는 당연히 앵포르멜 예술을 알지 못한다. 영화의 질료는 늘 재현 안에 포함되며 결코 혼자서 스스로를 드러내도록 허용되지 않는다. 물론 때로 영화 질료의 흔적들이 나타나기도 한다. 예를 들어 몇몇 영화들(〈광란의 사랑 L'Amour fou〉(자크 리베트, 1969), 〈불결한 이야기Une sale histoire〉(장 외스타슈, 1977))에서 물신화하는 필름의 입자가 그러하다. 이 영화들은 16mm 촬영과 35mm 촬영을 혼합하였다. 또 다른 예로 몇몇 감독이 별도로 구분해 다루는, 그렇지만 늘 최소한으로 다루는 영화의 다른 질료인 지속으로서의 시간durée이 있다.(순수한 지속 시간은 서사의 죽음이다.) 반면에 영화 질료의 시각적이고 시간적인 범주들 아래서 지속으로서의 시간은 '실험' 영화에 의해 탐구되고 활용된다. J. J.머피의 〈프린트 세대Print Generation〉(1974)[30] 같은 영화는 순수 시간(여러 번 반복되는 숏의 시간, 시퀀스의 시간)과 필름이라는 질료, 화학, 빛의 입자를 동시에 작동시킨다. 게다가 이러한 질료 또한

..

29) Jean-François Lyotard, *Discours Figure*, Klincksieck, 1970.

30) 머피의 이 영화는 동일한 시작 시퀀스를 여러 번 좌우 반대로 음화한 다음, 이것의 연속적인 단계들을 연이어 편집해 마지막(16번째 단계)에서 시작하는 형식으로 만들어졌다. 그래서 영화의 시작을 이루는 마지막 단계에서는 일관성 없는 자극들 이외에 아무것도 지각할 수 없다. 지각은 '단계' '단계'를 거쳐 점차적으로 규명되고 이어 첫 시퀀스를 보고 난 후 사람들은 차차 좌우 반대로 음화된 것을 다시 생각하게 된다. 이 영화의 형식적인 원칙—혹은 미학적 계획—은 이보다 몇 년 더 전에 만들어진 커크 투가Kirk Tougas의 〈지각의 정치학 The Politics of Perception〉(1973)과 동일하다.

쉽게 현실 세계와 분리될 수 없으며 영화의 질료는 앞에서 언급했듯 모순적이다. 왜냐하면 그것은 이미 실재의 고착, 기록으로 구성되기 때문이다. 이것은 앵포르멜에 대한 욕구가 영화에서는 드물다는 것을 의미한다. 반대로 대부분의 영화에서는 숙련된 형식에 대한 강박이 지배적이다. 앵포르멜에 대한 욕구는 영화 역사를 통틀어 기껏해야 아주 적게 혹은 그에 대한 유혹을 더 잘 뿌리치기 위한 예방적 차원으로서만 가끔씩 나타난다. 〈비인간적인 것L'inhumaine〉(마르셀 레르비에, 1924)에서 실험실 장면, 〈전선La Ligne générale〉(에이젠슈테인, 1929)의 첫 번째 버전에서 크림 분리기 장면은 기껏해야 몇 초 동안의 짧은 섬광에 지나지 않는데, 이것은 정서의 극점을 나타내며 절정을 만든다. 그런데 이 극점은 장면의 의미와 교훈을 보다 강화하기 위해 계산된 것이며 주의를 기울인 것이다. 우리는 또한 히치콕 〈새〉의 몽타주 충격, 또는 예를 더 들자면 이 영화의 거의 추상적인 오프닝 크레딧 혹은 조형적 가치의 힘에 민감한 감독들이 늘 예외적으로 허용하는 것에 대해 말할 수 있을 것이다.

'앵포르멜'이라는 단어는 결코 영화에서 사용되지 않았고 리오타르 이후 이 단어에 탈형식l'a-forme이라는 개념을 도입하고자 했지만 이 역시 동일한 어려움을 겪어야 했다. 아직 이목을 끌 만큼 '부차적인 항으로 자리하지' 못한 어떤 것인 탈형식을 어디에서 찾을 수 있을까? 그것은 결코 영화 장르나 한 편의 영화 차원에서는 찾을 수 없으며, 단지 특정한 순간들이나 파편적 시간 혹은 파편적 범위에서만 찾을 수 있다. 바로 이 순간과 파편들에서 '위대한 이미지 구축자grand imagier'도 예상하지 못한 어떤 것이 돌연 나타난다. 조형성은 이러한 순간적 출현의 표지이다. 색채, 흑백의 강렬함은 그것의 특별한 수단이며, 특히 유동적인 색채는 대상에서 빠져 나와 특이한 사건이 되는 것처럼 보인다. 앞서 〈폭군 이반〉의 연회에 대해 언급했는데, 충분한 무대 논리 자체에서 기인하는 움직임과 색채는 우리가 이 영화에서 탈형식적인 원초적 힘에 의한 모든 프레임, 모든 시스템의 전복 그 자체를 보고 싶어 한 바로 그 지점에서 도약하면서 가볍게 무대 논리를 넘어선다. 게다가 나는 이 장면이 찬탄할 만한 광기를 지니고 있음에도 불구하고 왜 사실적이지 않은지 말하였다. 에이젠슈테인이 발전시킨 엑스터시라는 개념은 그 단어가 지시하는 의미보다 훨씬 더 교묘한 계산에 따른 것이기 때문이다. 이것은 늘 결론짓고 싶어 하고 결정적인 말의 힘을 가지고 싶어 한다. 하지만 이 예가 보여주는 것은 영화에서 색채는 늘 비형식l'in-forme(앵포름)을 만드는 가장 가깝고 쉬운 수단처럼 제시된다는 점이다. 하지만 내가 말하는 '비형식(앵포름)을 만든다'는 것은 늘 형식의 반대편에서 계산한 것처럼 보이지 않는 계산하는 노력의 대가를 치렀을 경우에만 가능하다.

영화에서 **사건을 만드는 것**은 분명 의미 밖에 위치하지 않고 늘 의미와 타협한다. 혹은 리오타르의 용어를 빌리자면 형상적인 것[31]은 담론적인 것과 결코 분리되지 않으며 담론에 부과된 힘, 내부로부터 담론을 만들어내

..

31) 역주: 장프랑수아 리오타르Jean-François Lyotard는 1971년 출간된 『담론, 형상』이란 저서에서 형상을 재현에 저항하는 수단으로 언급한다. '형상적인 것le figural'은 '구상적인 것le figuratif'과 반대되는 개념으로 육체적이며 눈과 관련되고 언어로 표상할 수 없는 것을 표현한다. 구상적인 것 혹은 재현은 화면 구조 속의 이미지와 밀접한 관계를 갖기 때문에 이미지마다 독자적으로 지시하는 대상이 존재한다. 그 대상들끼리는 서로 화합하며 '스토리'를 만들어내려는 경향이 있다. 따라서 스토리가 개입되는 이미지와의 단절을 위해서는 구상적인 것의 격리가 필요하다고 주장한다. 이 격리야말로 재현과 단절하고 스토리를 해체하기 위해, 삽화성을 방해하고 형상을 해방하기 위해 필요한 가장 단순한 방법이라는 것이다. 또한 형상적인 것은 언어의 약점을 보완할 수 있는데, 언어는 여기/저기, 지금/그때와 같은 대립적인 이원항에 기초한다. 따라서 대립항이 공존하는 상황이나 감정을 표현할 수 있는 수단이 형상이라고 본다.

는 조형성과 욕망은 이러한 담론을 통해서만 우리에게 전달된다.[32] 그러므로 여기에서 형상은 모든 영화 시학의 영혼 그 자체인 것처럼 보인다. 하지만 이것은 생성되는 형상, 아직 수사학에 흡수되지 않은 형상을 말하며, 심지어 텍스트나 시스템의 의도에서는 더욱더 포착하기 어렵다. 더들리 앤드류Dudley Andrew는 영화에 예술 작품으로서의 아우라를 부여하는 주요 근원을 형상에서 찾는다. 그는 여러 어려움에도 불구하고 형상은 순간적이며, 특히 생생한 형상이라고 할 수 있는 은유조차 특정한 의도를 가진 담론에 의해 포획되고 종속된다는 것을 보여주었다. 앤드류는 폴 리쾨르 Paul Ricoeur 입장의 연장선에 있다. 훌륭한 해석학자인 그는 표면 아래 웅크리고 있는 것을 잘 지각한다. 그에게 사라지는 형상인 오버랩은 직접성을 지시하는 어떤 것을 지니고 있어 그는 이것을 통해 상상적으로 분리된 장면들을 물리적으로 연결할 수 있었다. 하지만 앤드류의 실제 분석은 형상이 의미를 생성하는 모태가 아닐 때 그것을 결정하지 못하는 어려움, 그것을 상징으로 만들지 못하는 어려움이 있다. 그가 〈일출Sunrise〉[33]의 도입부에서 진정한 형상보다 구성을 더 많이 지적하는 것은 전형적으로 그래픽적인 계열체에 속한다.[34] 보다 최근의 예로 고다르는 〈열정Passion〉(1982)에서 시각화된 불가사의한 의미, 이러한 수수께끼의 해결과 회귀를 위해 은유라는 카드를 완벽하게 활용했다. 들라크루아 그림의 도망치는 십자군들이 예르지Jerzy의 무대에서는 원 모양을 그리며 빙빙 돈다. 이것은 쇼킹한

..

32) 이 또한 보완되어야 한다. 1990년대 제작된 몇몇 영화, 예를 들어 아벨 페라라Abel Ferrara 의 〈블랙 아웃〉이나 서극(徐克)의 〈칼The Blade〉(1995)은 형상 시각적인 수사와 조형성의 작용을 완전히 서사와 독립적으로 구축했거나 적어도 매우 독립적인 것으로 다루었다.
33) 역주: 〈일출〉은 독일 감독인 무르나우의 1927년 작품이다.
34) Dudley Andrew, *Film in the Aura of Art*, Princeton University Press, 1984.

데 말들이 절뚝거리는 소리로 인해 이 이미지가 전달하는 불편함이 증대된다. 그런데 몽타주를 보면, 보다 결정적으로 〈열정〉에서 고다르가 한 해석에 따르면, 이 이미지는 닫힌 은유로 노동자들의 서성거림을 막지 못하는 경영자의 무능함을 암시한다. 부인되고 역효과를 내려는 제어 노력 속에서 이미지의 힘은 약화되고 언어의 힘이 강해진다.

사실 이것은 논리적이며 별로 놀랍지 않다. 형식의 비대, 나아가 재료의 비대는 회화와 영화를 가장 멀어지게 하는 수단이고(회화의 형식이나 재료를 영화 매체에서도 극대화할 수 있다고 생각한 것은 표현주의의 실수이다.) 여기서 가장 날것의 상태로 드러나는 것은 특수한 것에 대한 아주 진부한 토론이다. 이전 장에서 나는 최소한 암시적으로라도 왜 회화와 영화가, 즉 화폭과 스크린이 동일한 성질을 지닌 화폭의 변형이 아니면서도 정확하게 재현이라는 영역에서 진화한 동일한 역사의 성격을 띠고 있는지 설명하였다. 이미 말했듯이 유사성 작업은 특별하다. 그것에는 실재를 모방하려는 의지가 내포된다. 하지만 이러한 모방은 의도적인 불완전한 모방으로(수잔 랭거[35])는 이에 대해 **차이 있는 모방**imitation-with-a-difference이라고 멋지게 명명한다. '차이', 때로는 불일치이다.), 여기서 형식화는 경우에 따라서는 변형이나 데포르마시옹이 되기도 한다. 모든 점에서 표현성을 지시하는 공통점은 이러한 데포르마시옹이다. 데포르마시옹 혹은 일그러짐은 분명 우리가 그것을 상상적인 객관성, 충실한 재현이라는 이상, 그리고 그것의 표본이 될 수 있는 절대적인 시지각과 관련짓는다는 것을 의미한다. 또한 데포르마시옹은 알아볼 수 없게 된다는 것을 의미한다. 일반적으로 데포르마시옹은 하나의 형식 혹은 이 형식에 대한 명시적이거나 암묵적인 하나의

••
35) Suzanne Langer, *Feeling and Form, op. cit.*

전형과 비교해 용인될 수 있는 차이, 바로 그것이다. 형식은 데포르마시옹 너머에 존재하지 않는다. 그래서 데포르마시옹을 정의하는 것은 형식에 주어지는 한계이다. 데포르마시옹이라는 이러한 위반의 시작을 알려주는 것은 사회적으로 수용 가능한 형식의 관습적 한계이다.

그래서 문제가 되는 것, 그리고 데포르마시옹이 검토를 요구하는 것은 **형식** 그 자체이며 재현의 형식(혹은 재현된 형식)과 보여지는 형식 사이의 관계이다. 재현의 형식은 늘 형식화 과정의 결과이며 만들어지는 것인 만큼 불가피하게 문화적이거나 스타일적인 관습에 속하고 이런 의미에서 데포르마시옹은 규범의 위반이거나 전위일 뿐이다. 서구 회화사에서 모든 형식의 혁명은 부분적인 데포르마시옹의 감정으로 시작한다. 〈아비뇽의 처녀들〉(1907)을 그린 피카소를 비롯해 모든 화가는 첫 낙선전[36](1863)과 같은 스캔들에 휘말렸다. 또한 수백 년 전 미켈란젤로나 쥘 로맹Jules Romain[37]의 **테리빌리타**terribilita[38]를 지닌 초기 작품들도 큰 반향을 불러일으켰었다. 실제로 규범을 말하는 사람은 역사를 말하는 것이며 형식은 원시

∷

36) 역주: 이는 1863년 프랑스의 관전 심사에 낙선된 그림들이 당시의 편파적인 심사 결과라는 여론에 따라 나폴레옹 3세가 살롱 옆에 낙선작들의 전람회 개최를 허락하여 생긴 전시회의 명칭이다. 여기에 출품되었던 마네Édouard Manet(1832~83)의 「풀밭 위의 점심Déjeuner sur l'herbe」 등 종래의 도덕 관념을 타파한 서민적인 작품들은 윤리적으로 많은 비난의 대상이 되었고 황제 자신도 이 전시회를 더 이상 허락하지 않아 단 1회로 끝나고 말았다. 그러나 마네가 추구한 기존의 전통적인 어두운 화면을 벗어나는 선명한 색조는 무명의 젊은 화가들에게 새로운 방향을 제시하는 기폭제가 되었다. 그리하여 마네 주변에는 많은 청년 화가들이 모여들었고 그로부터 인상주의가 탄생되는 계기가 이루어졌다. 또 이 전시회는 관(官)의 심사에 의하지 않은 최초의 살롱으로서 오늘날의 앙데팡당전의 효시가 되었다.

37) 역주: 프랑스에서는 Giulio di Pietro di Filippo de Gianuzzi라는 이름으로 알려진 쥘 로맹(1492~1546)은 16세기 이탈리아 화가이자 건축가이다. 그는 이탈리아 르네상스를 대표하는 화가인 라파엘로의 수제자였다.

38) 역주: '테리빌리타'는 예술 작품에서 지각되는 압도적인 힘이나 에너지를 가리킨다.

미술을 비롯한 중국 회화나 이집트 부조 같은 보다 천천히 진화하는 시스템에서 보다 확실하게 보인다. 하지만 데포르마시옹도 위반의 차원에서 형식을 결여하지 않음으로써 더욱 예외적이고 독특한 위치를 갖는다. 곰브리치는 한 이집트 부조를 본보기로 드는데, 여기서 측면으로 재현된 수많은 인물들 가운데(이들은 전쟁 포로이다.) 정면으로 얼굴이 제시된 남자를 볼 수 있다. 눈으로 봐도 믿기 힘들 만큼 놀라운 결과이다. 요컨대 이런 의미에서 데포르마시옹은 상대적이며 '데포르메(규범을 변형한)'된 스타일이 허용되고 지배적이 될 때 그것은 수용 가능해진다. 이러한 상대성의 경계, 데포르마시옹이 더 이상 형식으로 귀결될 수 없는 상한 지점은 인식 가능성, 지금껏 **보여진**vue 형식에 대한 참조, 재현에서 절대적인 시지각의 존재에 대한 전제를 시사한다.

시지각은 특정 의미에서만 형식과 관련 있다고 할 수 있다. **게슈탈트 이론**은 기존의 형식들에 대한 전제를 가지고 가장 순수한 계열체를 구축하였으며 이를 기반으로 시지각 자체가 구조화된다. 보여지는 '형식'은 당연히 변형할 수 없다. 왜냐하면 그것은 현상의 영역이 아니라 추상의 영역에 속하기 때문이며 사실상 형식이 아니라 시지각이기 때문이다. 깁슨은 그가 시지각의 대상 그 자체라고 보는 지각의 불변 요소들은 형식이 없다고 노골적으로 주장한다.[39] 형식의 이러한 절대성은 항상 어느 정도는 데포르마시옹의 개념 아래 있다. 즉 예술, 재현은 늘 지각을 비틀지만 대부분의 경우에는 이러한 왜곡으로 인해 재현과 실제 시각 사이의 관계가 단절되지 않는다. 초문화적인 조사와 지각에 대한 구성주의적 개념에 토대를

39) James J. Gibson, *The Senses Considered as Perceptual Systems*, Londres, Allen & Unwin, 1968.

두고 예술의 왜곡을 연구한 얀 데레고위스키Jan Deregowski는, 대부분의 예술 왜곡은 재현을 위험하게 하지 않을 뿐만 아니라 시각적 지각이 작동시키는 원칙들에서 멀지 않은 도식화와 추상화에 토대를 두고 있다고 결론내린다. 그 추상화 원칙은 대칭 추구, 전체에 대한 부분의 형상화, 얀 데레고위스키가 '전형적인 시각'이라고 부른 것—설명이 필요 없는 가장 명백한 시각, 즉각적으로 인식 가능한 시각 등이다.[40] 요컨대 재현 예술은 지각의 대상을 왜곡할 수 있지만 파괴하거나 폐기할 수는 없다.

데포르마시옹은 스타일적인 것의 상태와 관련지어 생각되기 때문에, 더 이상적으로 말하면 시각과 관련지어 생각되기 때문에 왜곡, 즉 데포르마시옹은 표현 수단처럼 생성되며 심지어 표현 수단의 유일한 항구적인 특성을 이룬다. 종려나무 숲 한가운데 있는 물을 재현하기 위해 이집트 예술가는 나무들을(측면에서 바라본) 수직으로 그린 다음, 같은 면에 연못을 그림으로써 (위에서 내려다본 연못을 보여줌으로써) 현실에서는 공존할 수 없는 전형적인 두 개의 시각을 결합한다. 이러한 병치는 우리 눈에는 이상하지만 작가가 정원의 실제 성격이라고 생각하는 것에 부합한다. 틀림없이 어느 시대나 누구나 하나의 스타일을 깨고 비트는 예술가는 필연적으로 기존의 스타일이 진부하고 낡아 표현력이 없다고 생각해 새롭고 신선한 표현을 탐색한다.(스트라빈스키는 '베갯머리라는 신선한 장소'라고 말한 바 있다.) 이는 모든 재현 예술에 공통되고 일관된 특성이다. 그런데 데포르마시옹이 표현성의 핵심 원칙이라면 그것은 앞서 표현주의에 관한 논쟁에서 이미 지적한 바 있는 회화적 표현과 영화적 표현 사이의 근본적인 차이를 명백히

40) Jan Deregowski, *Distortion in Art, The Eye and the Mind*, London, Routledge & Kegan Paul, 1984.

드러나게 한다.

초기 스타일에 대한 데포르마시옹은 어떤 면에서 기능적이었다.(이는 데레고위스키 명제의 핵심이다.) 우리는 의미를 명확하게 하기 위해(이것의 극단적 지점이 도식화, 그림 문자 표기이다.), 그리고 오브제를 본질적으로 포착해 더 잘 표현하고 전달하기 위해—대상 그 자체와 더 잘 소통하기 위한 것도 포함하여—형식을 추상화하고 단순화하고 완화하려고 노력했다. 최소한 르네상스 말까지 우리는 이미지의 생생한 영향력과 마술적 작용을 믿었다. 20세기 회화는 완전히 다른 형식의 추상을 실천하였다. 그것은 자신을 발견하게 하는 동시에 대상과 만나기 위해 변형하며 형식의 단순화는 서정성과 동시에 명확함을 추구한다. 회화적 데포르마시옹에 관한 일반론을 제안하는 것은 무모할지 모른다. 서정적 추상화와 1910년대 표현주의 사이에는 공통점이 거의 없다. 그렇지만 추상화라는 최소 특성은—질료와 직접 관련되는 지성화나 감성화—영화에서는 금기의 영역에 속한다. 반대로 영화는 움직임, 제스처, 느림과 속도, 벨라 발라즈에게 중요한 얼굴 표정, 그리고 직접적으로 시간에 천착한다. 이는 회화에서는 왜곡이나 속임수라는 대가를 치르고서만 도달할 수 있는 것이다. 다른 어떤 것보다 이 요소들을 영화의 공식 그 자체로 만든 일련의 영화감독들이 있다. 버스터 키튼-자크 타티-오즈-카를 드레이어로 이어지는 축이 그것이다. 우리는 이들에게 '안무가적인 시네아스트'라는 꼬리표를 붙일 수 있다. 프레임과 시점을 중시하는 감독들에게 '화가 시네아스트'(브레송에서 에이젠슈테인까지)라고 한 것처럼, 그리고 중심축의 단계화와 외화면 작용을 연구하고 연극이라는 공통 유산에서 회화를 발견한 감독들(르누아르-포드-그리피스 계통)에게 '연출가'라는 이름을 부여하는 것처럼 말이다. 이러한 분류 작업이 정의상 문제가 될 수도 있지만 어떻든 간에 아직 호칭이 붙지 않은

감독들이 있다. 선과 표면의 감독인 '그래픽적인' 시네아스트들이다. 그런
데 정말이지 영화 이미지는 그래픽이 아니다.

8
화가 고다르 혹은 마지막 전위 예술가

　최근 저서와 주장에서 고다르는 아주 자연스럽게 영화감독을 화가에 비유한다. 1960년대 그가 쓴 비평문이나 감독으로서의 초기 대담을 보면 에이젠슈테인, 무르나우, 웰스에 대해 언급하면서 끊임없이 이런 주장을 하지만 분명하게 그 이유를 설명하지는 않는다.[1] 거의 10년 전부터 그의 이론적이고 창의적인 담론의 핵심에 회화적인 모델에 대한 언급이 보다 집요하고 체계적으로, 그리고 어떤 의미에서는 더욱 논리적으로 재등장하며 그의 영화 역시 대담하고 노골적으로 회화성을 표출하고 있다. 특히 〈열정〉은 모든 사람에게 이러한 회화의 존재를 드러냈다. 〈열정〉에서 공공연하게

∴

1) 『장뤽 고다르*Jean-Luc Godard par Jean-Luc Godard*』를 참조할 것. *Jean-Luc Godard par Jean-Luc Godard*, 2ᵉ éd. augmentée, Éd. de l'Étoile, 1986. 이 저서는 1950~84년 사이 출간된 글들을 담고 있다. 1998년에 나온 이 저서 2권은 1984~98년에 출간된 텍스트들을 모아두었다.

드러나는 '화가 고다르'는 동일한 강박 관념의 다른 형식들로 거슬러 올라갈 수 있는데, 특히 이는 고다르 전반기 영화 작업의 전환점을 이루는 〈미치광이 피에로〉(1965)[2]에서 그러하다. 보다 넓은 의미에서 말하자면 이것은 오늘날 고다르가 어떤 점에서 그의 유산—회화적, 예술적—의 가장 심층적인 의식을 표현한 시네아스트인지를 순진하게 혹은 교묘하게 말하는 것이 될 것이다.

그런데 그의 최근 작품들에서 가장 직접적으로 회화에 대해 질문을 제기하는 것은 어쩌면 〈열정〉이 아닐지도 모른다. 물론 이 영화에서 회화를 볼 수 있다. 심지어 앵그르, 들라크루아, 렘브란트, 고야의 가장 유명한 그림들이 재현된다. 하지만 이러한 재현이 단순히 그림을 보여주거나 재구성하는 데 그친다면 인용—그 이상도 이하도 아닌—에 지나지 않을 것이다. 〈열정〉에서 중요한 것은 완성된 그림이 아니라 만들어지고 **해체되는** 그림을 보여준다는 점이다. 이를 맡은 예르지라는 인물을 매개로 고다르는 유명한 그림을 다시 만들고 탐구하고 재조립하고 극단까지 밀어붙이며 그림의 이형을 시도해 보고 그림들을 서로 조합하며 단순화한다. 간단히 말해 그는 유명한 그림을 가지고 그 나름대로 작업한다. 이 작업을 한마디로 회화의 영화화 혹은 회화의 영화-되기devenir-cinéma라고 이름 붙일 수 있을 것이다. '영화화cinématisation'이지 '운동화cinétisation'가 아니다. 영화-되기는 단순히 막연한 움직임을 만들어내는 것이 아닌데, 이에 대한 정확한 의미는 에이젠슈테인에게서 찾을 수 있다. 그는 전통 예술(특히 회화와 문학)에 대한 영화의 개념적이고 분석적인 반작용을 '영화주의cinématisme'라 부

..

2) 역주: 독자의 이해를 돕기 위해 이 장뿐 아니라 모든 장에서 처음 등장하는 영화 작품 뒤에는 원전에는 없는 제작 연도를 표기하였다.

르자고 제안했다.[3] 예를 들어 에이젠슈테인은 몽타주 개념과 황홀경이라는 보다 독특한 개념에 의거하여 그레코의 회화 작품들을 분석했다. 그는 실타래처럼 복잡하게 얽힌 영향과 연관 관계들을 통해 거꾸로 읽기를 행하였다. 후회하고 주저하면서 근본적으로 미완성에 그친 그의 작업은 예르지가 몰두한 것과 같은 작업이지만 더 실험적이다. 이것은 결코 결론이 나지 않는 복잡한 영화화 작업인데, 그 이유는 장루이 뢰트라가 지적한 것처럼[4] 멜랑콜리, 슬픔, 상실로서의 이야기가 지닌 어떤 의미, 그리고 영화화 작업을 통해 우리에게 도달한 흔적들의 기원을 재발견하기 위한 모든 시도가 지닌 절망적 성격이 말로 형용하기 힘든 기호로 나타나 있기 때문이다. 논리적으로 〈열정〉이 문제 삼는 것은 미장센과 조명이다. 말하자면 이것은 앞서 보았듯 연극에 대한 영화의 통상적인 충실함을 포기하고 영화를 회화와 관련짓게 해준다. 우리는 더 이상 대단한 그림을 그릴 줄도 모르며 연출할 줄도 모른다. 이는 고다르가 〈만사형통Tout va bien〉(1972) 때부터 반복적으로 말해 온 불만이며 〈전함 포템킨〉 숏을 모방하는 게 불가능하다고 말한 것의 의미이다. 예르지는 그림을 살아 있게 해주면서 동시에 단순히 '살아 있는 그림'을 넘어 다른 것으로 만들어줄 수 있는—이 말은 모순적이다—적절한 조명을 찾아내지 못한다. 우리 또한 조명을 잊어버렸다. 그리피스가 발명하고 무르나우가 연구했으며 스턴버그가 이론화한 후 그 흔적들은 걸작의 역사에서 사라져버렸다.

고다르의 영화에서 회화와의 연관성은 보다 직접적으로 질문을 던지는 두 영화 〈인생Sauve qui peut (la vie)〉(1980)과 〈마리아에게 경배를〉에서 더

3) Eisenstein, *Cinématisme, op. cit.*
4) Jean-Louis Leutrat, *Des traces qui nous ressemblent*, Seyssel, Comp'act, 1990.

욱 은밀하지만 강력하게 드러난다. 그가 추정한 성상 파괴를 둘러싼 격렬한 논쟁으로 부각된 매우 놀라운 발언들은 이 두 영화의 맨 뒤에서 나타난다. 어떻게 그릴 것인가? 어떻게 재현할 것인가? 그리고 무엇을 재현할 것인가? 태양, 구름, 자연을 그릴 수 있지만 이 사물들을 어떻게 다시 새롭게 그릴 것인가? 〈마리아에게 경배를〉을 설명하고 옹호하는 과정에서 고다르 자신이 끊임없이 반복하고 변형하는 이 질문들은 이 영화의 핵심들 중 하나일 것이다. 고다르는 드러내놓고 아티스트로 자처하지 않으며 그렇다고 르누아르와 티치아노가 나이 들어 그랬듯 연로한 사람으로서 젊음의 순진함을 되찾으려 하지도 않는다. 「예술 잡지Art Press」와의 인터뷰에서 그는 가장 단순한 사물(구름, 어린 소녀)의 재현에서 느낀 그의 고뇌를 90세에 어린 소녀를 그린 티치아노의 당당하고 순진한 대담함과 비교한다. 〈마리아에게 경배를〉에는 〈열정〉과 거의 같은 시기에 나온 영화로 찍은 고다르의 에세이라고 할 수 있는 〈영화 〈열정〉의 시나리오Scénario du film 《Passion》〉 (1982)[5]의 끝부분을 장식하는 숏에 대한 여러 대응 숏들이 존재한다. 구름을 꿰뚫는 태양 빛, 하늘에 난 구멍이 그러한데, 이는 분명 하나님의 은총이 가시적으로 내려오는 것을 표현하며 서양 회화에서 땅과 하늘 사이의 소통의 기호로 만든 시각적 형상의 직접적인 유산이다.

이 영화를 통해 고다르는 말로 표현할 수 없는 이미지의 마술적 근원, 이미지의 형이상학으로까지 거슬러 올라가고 싶어 한다. 이미지는 환영이기도 하고 환영이 아니기도 하다. 이 영화가 야기하는 폭력성에도 불구하고 이 영화를 단지 회화와 성스러운 것, 재현과 재현의 신비에만 연결시킨

∵

5) 역주: 〈영화 〈열정〉의 시나리오〉는 장편 영화인 〈열정〉을 제작하면서 감독인 고다르가 영화 작업과 예술에 대해 느낀 점을 이야기한 54분짜리 다큐멘터리이다.

다면 이 영화가 제안하는 귀환의 급진성과 도발을 제대로 평가할 수 없다. 나는 은총과 기적, 신의 출현이 영화 및 예술과 관련이 있을 때에만 고다르가 그에 관심을 가진다고 생각하는 비평가군에 속한다. 또한 나는 그렇게 생각하는 사람들이 신비와 종교를 혼동하고 있음에 놀라는 이들 중 하나이기도 하다.[6] 무엇보다 내가 보기에 이 영화가 다른 영화와 차별화될 수 있는 가치는 이미지를 생산하기 위한 노력, 언어의 지배에서 벗어나기 위한 노력, 영화를 비주얼의 영역으로 최대한 끌고 가기 위한 부단한 노력에 있다. "너는 글을 쓰고 싶어 하지 않는다, 너는 보고 싶어 한다.", 그리고 "먼저 세계를 보고 그다음 세계에 대해 글을 쓴다."라고 〈영화 〈열정〉의 시나리오〉의 고다르는 스스로에게 말한다. 그는 언어의 고유한 속성을 보려는 것을 포기한다. 또한 단어에서 파생한 것이 아니라 단어에 투사해야 하는 이미지의 힘을 단어에 주려는 노력을 포기한다.(〈영화 〈열정〉의 시나리오〉에서 '해변' 시퀀스와 '파업' 시퀀스를 볼 것)[7] 〈인생〉 역시 이런 의미에서 작업한 작품이다. 이 영화에서 회화는 직접적으로 나타나지 않지만 쥘 머레이, 에드워드 마이브리지, 움직임, 그리고 순간에 관한 성찰 같은 영화

∵

6) 나는 오늘날에는 더 이상 이렇게 생각하지 않으며 최근 고다르의 입장은 여기서 쓴 것보다 훨씬 더 모호해 보인다. 특히 〈영화사〉에서 기독교 어휘(그리고 사도 바울)에 대한 그의 반복적인 언급은 단순한 태도로 치부하기 어려울 수 있다. 하지만 이미 1984년 성모 마리아의 이야기를 정확하게 다룬 것으로 보아 이 회개할 줄 모르는 기독교인은 '성모 마리아'의 성스러움을 포함하여 이 이야기에 실제로 매료된 것처럼 보인다.(나는 영화로 찍은 솔레르스Sollers와 고다르의 대담에서 솔레르스가 'Je vous salue Marie(은총이 가득하신 성모 마리아님)'이라고 기도문을 암송할 때 고다르가 그것을 알지 못하는 척했지만 실제로는 그가 그것을 알고 있었다고 생각해 왔다.)[2007]

7) 여기서 마찬가지로 나는 신중하지 않을 수 없다. 시각 이미지와 언어 이미지 사이의 경계가 오늘날에는 예전처럼 분명하지 않다. 이 두 가지는 늘 뒤섞인다. 이미지 속에 언어가 있고 언어 안에 이미지의 힘이 존재한다. 에이젠슈테인이 이론화하고자 한 이러한 생각을 고다르는 본능적으로 이해했다.

발명의 모든 단계가 나열된다. 이 영화의 슬로 모션, 정지 이미지, 해체는 역사적 이름을 넘어 내가 앞에서 언급한 '시간의 형식들'과 관련된 모든 문제 제기를 시각적으로 요약한다.(시간적 외양과 인접성에도 불구하고 〈인생〉에서의 해체는 〈두 어린이의 프랑스 일주France Tour Détour Deux Enfants〉[8](1977)의 해체와 그 성격이 같지 않다. 영화 제작 과정을 훨씬 잘 통제할 수 있는 비디오 장치로 촬영하고 순간과 리듬을 정확하게 선택한 두 영화 〈인생〉과 〈두 어린이의 프랑스 일주〉는 보다 명확하고 보다 분명하며 보다 회화적인 형식에 대한 욕망을 표현하였다—단지 언어와 수사학 법칙을 준수하기 위해 모든 것이 철저하게, 그리고 의도적으로 계산된 것처럼 보이는 이 시리즈물에는 어떤 모순도 없다.)

〈열정〉, 〈인생〉, 〈마리아에게 경배〉를 이 세 영화는 아주 다름에도 불구하고 한 가지 공통된 관심을 보여준다. 그것은 영화를 회화화하는 것, 영화에 화가의 질문과 문제를 주입하는 것이다. 동시에 영화와 영화에 수반되는 설명적 담론에서 그 어느 때보다 더 상실과 종말의 감정을 드러낸다. 이는 분명 노스탤지아이지만 탐구하는 적극적인 노스탤지아이다. 이것은 "요즘 사람들은 영화를 찍을 줄 모른다."고 몇 년 전부터 고다르가 반복적으로 말해 온 핵심적 주제이기도 하다. 게다가 회화 역시 어떤 의미로는 사라져버렸다. 그렇지만 재현의 작업을 다시 시작해야 하며 이를 위해 가장 좋은 자극제이자 표본은 여전히 고독한 예술의 계열체인 회화이다. 화가는 창조자의 주요한 형상이다. "화가는 대담하게 이것저것 해본다. 잘 모르겠지만 내가 회화를 검토하게 되는 순간이 온다면 그것은 이런 대담한 시도들을 해보기 위해서이다." 이 발언에는 어떤 겸손함도 없지만 예술가가 되려는 야심, 기술과 매체를 뛰어넘으려는 야심, 그리고 예술 안에서

..

8) 역주: 고다르가 만든 12개의 에피소드로 된 TV 미니 시리즈, 다큐멘터리이다.

직접 작업하고자 하는 야심이 담겨 있다. 고다르의 영화가 회화적이라고 할 때 그것은 단지 몇몇 재현을 차용하거나 여러 그림 혹은 화가를 숭배해서가 아니라 회화적인 문제 제기를 자신의 것으로 취하고 혁신하고 방향을 전환했기 때문이다. '대담하게 감행하다oser'가 지배적인 단어라고 할 수 있다. 대담하게 감행하는 것은 회화나 영화에 머무르는 것이 아니라 보다 근원적인 것, 재현과 시각적인 것 사이의 관계를 질문하는 것이다.

좀 뒤로 가서 고다르가 1960년대에 특히 〈미치광이 피에로〉에서 회화를 활용했던 보다 순수한 방식에 대해 이야기해 보자. 이 영화는 표본이 되는 영화이다. 왜냐하면 주인공이 다소 은유적으로 시각, 시선, 그리고 이것을 그리고자 하는 열망에 사로잡혀 있는 창조자이자 예술가이기 때문이다. 고다르의 변화를 요약해 보면 〈마리아에게 경배를〉이나 〈인생〉이 회화와 회화의 비밀을 재발견하기 위해 영화 작업을 한 것이라면, 〈미치광이 피에로〉는 영화에 질문을 보다 잘 제기하기 위해 회화를 재현했다고 말하는 것이 적절할 것이다. 왜냐하면 1965년에 고다르는 절대적으로 영화를 믿었고 그 안에서 회화의 생기 없고 고갈된 그림자를 보지 못한다. 시네마 스코프로 된 영화에서 반 고흐의 「밤의 카페Café le soir」의 재현을 보여주는 것은 바쟁, 프레임, 감춤, 창문과 경계—화폭의 비율과 비교하면 넓은 스크린이 문자 그대로 거대해서 다소 아이러니컬하지만—를 떠올리게 한다. 이 영화는 보이스 오버로 된 대화(장 폴 벨몽도와 안나 카리나의 목소리가 번갈아 나온다.)를 그림에 의한 교차 몽타주로 설명하는데, 피카소의 「피에로 Pierrot」와 르누아르의 소녀에 대한 초상화는 대화를 모방하고 방해함으로써 영화 몽타주에서 본질적인, 그리고 젊은 날의 고다르가 어떤 몽타주 장치보다 중요하다고 생각한 시선의 일치 법칙을 재현한다.

이 영화에서 정교한 전환 대신 회화에서 차용하고 탐구한 모든 방식을 설명하기 위해서는 긴 열거가 필요해 보인다.[9] 가장 간단하고 피상적인 수준에서 보자면 이러저러한 형상적인 보완물을 들 수 있다. 피에로와 마리안이 프랑크를 죽인 아파트의 벽에 붙어 있는 종이로 된 붉은 피 색깔의 꽃(장치의 움직임을 통해 우회적으로 알게 된다.)이나 이보다 나중에 나오는 RI/VIE/RA와 CI/NE/MA라는 삼원색의 깜빡거리는 네온사인이 그러하다. 이것은 그의 첫 컬러 영화인 〈여자는 여자다Une femme est une femme〉(1961)에서부터 이미 나타나는 전형적인 고다르 터치이다. 이 영화에서는 콜라주와 옵아트[10]에 대한 구상이 눈에 띈다. 물론 이것이 관심을 끄는 것은 이 영화가 이러한 암시적 인용에 호응하기 때문이다. 반짝이는 플래시인 옵op은 아주 짧은 세 플래시 백flash-back을 구조화한다. 여기서 페르디낭은 정신적으로 그의 아내를 다시 본다.(포드 갤럭시Ford Galaxy를 훔친 장면 후) 마찬가지로 콜라주는 크림 타르트 숏에 불꽃놀이 폭죽(엑스프레소Expresso 부부 집 시퀀스 끝)을 인서트하는 룰을 따른다. 영화의 잘못된 장면 연결faux-raccord로 인해 파생되는 것은 분석주의 효과인데, 이는 덜 단순하면서 더 심도 있는 방식으로 큐비즘을 환기한다. 그 이유는 폭죽이 시간 및 회화와 영화에서의 시간 재현과 관련되기 때문이다. 영화사 초기 작품에서처럼

··

9) BIFI에 위탁된 자료 복사본을 토대로 이루어진 이 영화의 기원에 관한 연구는 이러한 결정이 전혀 우연에 의거하지 않고 대부분이 의식적인 것임을, 즉 이미 계획한 것이었음을 알려준다. (Mémoire de master, inédit, de Nuria Aidelman, Université Paris-III, 2006)

10) 역주: '옵아트l'op art'는 '옵티컬 아트l'Optical Art'를 줄여 부르는 용어이다. 즉 '시각적 미술'의 약칭이라고 할 수 있다. 이 용어는 1964년 조각가인 조지 리키George Ricky가 당시 뉴욕 현대 미술관 큐레이터였던 피터 젤츠Peter Selz, 윌리엄 사이츠William Seitz와 대화를 나누는 과정에서 만들어졌다. 옵아트는 사실은 옵 페인팅이며 모두 추상적이다. 옵티컬이란 여기서 '시각적 착각'을 의미하는데, 옵아트의 작품은 실제로 화면이 움직이는 듯한 환각을 불러일으킨다.

장면이 제대로 연결되지 않고 반복되는 두 숏에서 벨몽도는 침대 가장자리에 두 번 앉으면서 "난 안 가."라고 말한다. 〈미치광이 피에로〉의 고다르는 자신이 화가 같다고 말하는 데 거리낌을 느끼기는커녕 기꺼이 그렇다고 말하고 싶어 하는 것 같다. 루이 아라공이 고다르를 두고 들라크루아로 간주한 것은 적어도 그가 곤경에서 벗어날 기회를 얻었다고 할 수 있다. 뿐만 아니라 그 시대에 아이디어가 부족한 비평가들은 늘 고다르/피카소라는 반복되는 비교를 끌어들였다. 이러한 비교는 독창적인 발상과 브리콜라주에 대한 두 사람의 애착, 재료를 다르게 사용할 줄 아는 능숙함(〈중국여인〉에서 자전거 안장에 대한 아이러니컬한 오마주), 종종 짓궂다고 여겨질 정도의 뛰어난 재능에 근거를 두고 있는 너무나 자명한 방정식이다. 고다르는 다른 후원자도 요청한다. 클레—클레의 작품은 그의 여러 영화에서 인용된다—와 르누아르가 그러한데, 르누아르의 경우에는 중재자를 통해, 특히 아들인 영화감독 장 르누아르의 작품을 참조한다. 르누아르의 〈암캐 La Chienne〉는 〈미치광이 피에로〉의 모델 중 하나로 사용되었다.

　나는 고다르와 이런 화가들과의 등가성을 주장하는 것이 아니다. 고다르는 이 화가들을 아주 잘 활용하였는데, 그가 동일시하는 것은 결정적으로 르누아르, 피카소, 들라크루아가 아니라 이러한 이름이 지칭하는 회화적인 문제이다. 〈미치광이 피에로〉에서 회화의 존재가 매개되었다고 하더라도 어쨌든 문제가 되는 것은 그의 실천적인 수단에 관한 정의이다. 〈열정〉은 재현의 보다 추상적인 가능성에 대해 자문한다. 이 두 영화가 선택한 참조 기준의 차이는 분명하다. 〈미치광이 피에로〉는 인상주의, 야수파, 입체파 등 세기의 전환기에 있던 회화를 중요시했는데, 이 회화들은 재료의 문제를 가장 노골적으로 제기하였다. 반면 〈열정〉에서는 장엄한 주제와 거대한 재현 기계가 만들어내는 **이스토리아**가 문제된다. 동시에 전자에서는 시간을 둘러싼 성찰이 이루어지고 후자에서는 공간과 무대의 문제에 골몰한다. 전자에서 회화는 터치의 예술로, 말하자면 시간 작용에 기초한 예술로 지각된다. 여기에서 시간 작용의 흔적은 그림에 각인된다. 조금 더 후에 가서야 고다르가 이러한 생각을 명시적으로 표명하는 것을 보게 된다. 예를 들어 〈미치광이 피에로〉에서 인서트나 잘못된 장면 연결을 사용한 숏들 사이에는 연속성을 위한 어떤 수단도 존재하지 않는다. 1979년의 도발적인 발언을 보자. "프레임은 숏을 언제 시작해 언제 자르냐의 문제이다." 여기서 '프레임'이 최소한 부분적으로 '숏'을 위해 설정되는 것이라고 논리적으로 가정한다면 시간적인 프레임으로서의 프레임이라고 하는 막연하지만 암시적인 생각이 제기된다. 이러한 사유는 제스처, 예술을 보여주는 거장에게 부여되는 단일한 제스처로서의 프레임화 개념을 위해 창문, 경계 혹은 구성으로서의 프레임에 대한 모든 사유를 배제한다. 고다르가 자신이 만든 '화가 에이젠슈테인'이란 표현을 스스로 어떻게 이해했는지 말하지 않은 것은 유감이다. 황금 비율을 선호하는 에이젠슈테인이라는 진부한 관념을 평범하고 제한적인 의미에서 이야기한 것은 분명 아닐 것이다. 어쨌든 고다르의 계산과 기량은 에이젠슈테인에 비해 어떤 면에서도 밀리지 않지만 고다르는 그와 대척점에 있다.

〈미치광이 피에로〉에서 회화는 또한 색채이기도 하다. 앞서 언급했듯 시스템으로서만 영화에 제공될 수 있는 것을 체계화하고 양식화한 것 외에 고다르에게서 새로운 것은 아무것도 없다. 〈여자는 여자다〉에서는 기본색으로 짙은 붉은색과 푸른색을 사용했다.(동일한 배우들 주위에) 고다르가 이러한 색채 사용을 합리적으로 설명한 것은 〈미치광이 피에로〉에서부터이다. 이 영화에서 붉은색은 모든 장면에서 피를 보여주기 위해 사용되었고 ("모든 영화는 피 보는 것을 견딜 수 없거나 견디지 못하는, 그리고 피를 확산하고 확산해야 하는 크나큰 고통이다. 붉은 피, 진홍빛 피, 주홍색 피, 양홍색 피 등 등?"[11]) 이러한 방정식은 〈아메리카의 퇴조Made in USA〉(1966), 〈중국 여인〉(1967), 〈주말Week-end〉(1967) 같은 그의 다음 영화들에도 적용된다. 푸른 색에 주어진 운명은 내가 보기엔 덜 예측 가능하고 더 설명을 요구한다. 일련의 연상에 의해 푸른색의 의미를 생각하게 되는데, 몇몇 연상은 명백 하면서 집요하고(그의 처가댁에서의 모임 때는 치명적인 권태를 느끼던 페르디 낭은 보이스 오버로 "올림피아의 슬픔"이라고 말한다. 이때 푸른색 필터로 촬영되 며 이 영화 끝에서 자살할 때 그의 얼굴은 순수한 푸른색으로 칠해진다.) 다른 연 상은 좀 더 모호하다.(이 영화 중간 즈음 페르디낭은 좁은 푸른색 벽 앞에서 니 콜라 드 스타엘Nicolas de Staël의 자살을 상기한다.) 푸른색은 죽음, 자살, 절대 적인 절망과 관련된다. 그것은 낭만주의의 색채 그 자체[12]로 고다르는 이 영화가 낭만주의의 지배를 받는다고 했다. 붉은색을 피, 폭력과 연관 짓는 것은 상투적이며 거의 일반적이다. 푸른색은 냉정하다는 평가를 받지만 보 다 폭넓고 유동적인 함의의 영역을 지니고 있다. 그것은 다른 상황에서는 쪽빛, 하늘, 신, 절대를 의미할 수 있는데 〈마리아에게 경배를〉에서 그러하 다. 〈미치광이 피에로〉에서 이 두 색채에 대한 사용으로 고다르는 사람들 이 일반적으로 색을 가지고 할 수 있는 것을 정확하게 무리 없이 한다. 색 의 상징적이고 문화적인 가치를 사용하는 것은 또한 색에 개인적인 가치 를 부여하는 것이며 이 두 가치를 체계화하는 것이다.

그래서 〈미치광이 피에로〉에서 회화는 사유되고 실천된 바대로 하나의 시간, 터치/프레임화의 시간, 그리고 재료, 의미화화는 몸, 색채를 지니고

11) 아라공Aragon의 지적.(『프랑스 문예지Les Lettres françaises』에 실린 그의 영화 비평에서)
12) 이 영화에서 사용된 푸른색에 대한 Jean-Louis Leutrat와 Suzanne Liandrat-Guigues의 주장 을 참조할 것.(*Godard simple comme bonjour*, L'Harmattan, 2004)

있다. 이 영화에서 회화는 엄밀한 의미에서의 공간을 지니고 있지 않다. 말하자면 깊이 있는 공간을 구축하기 위해 회화를 이용하지 않는다. 창조적인 제스처로서의 프레임화와 체계로서의 색이라는 이 두 가지 특성은 움푹한 공간에 대한 환상보다는 살아 있는 표면에 대한 환상, 자신만의 고유한 법칙을 지니게 될 잠재적 공간의 유기적 결합에 대한 환상을 환기하는 경향이 있다. **환기하다**évoquer를 강조하고자 한다. 이 영화 대부분의 숏에서 3차원적인 공간이 재현된다는 점을 부정하려는 것이 아니다. 내가 지적하고 싶은 것은 20세기 초 회화에서 나타난 몇몇 시간의 형식들과 이 영화에 나타난 대부분의 숏들이 등가적이라는 점이다. 〈미치광이 피에로〉를 제작한 시기의 화가 고다르는 이를 참조하고자 하는 실천적인 의식은 있었지만 이 주제에 대한 경험적인 차원에서의 지식은 없었다.(1965년 그가 자신의 영화를 회화와 관련지어 이야기한 것은 모두 단순하고 순수한 인용의 차원에서이다.)

오프닝 시퀀스에서 영화 제목과 주연 배우들에 대한 문자 정보가 나온 후 엘리 포르Elie Faure[13]의 긴 인용으로 영화가 시작된다. 여기서 문제가 되는 것은 벨라스케스와 '규정된 사물들'이 아닌 이 사물들 사이에 존재하는 것을 어떻게 그릴까 하는 점이다. 대조는 명확하다. 이 시기 고다르의 많은 오프닝 시퀀스들처럼 이 영화에서도 푸른색-하얀색-붉은색으로 된

∴

13) 역주: 엘리 포르(1873~1937)는 프랑스의 미술 평론가이자 미술사가이다. 원래 전공은 생물학이지만 독학으로 미술 연구를 계속하여 많은 작가론을 발표함과 동시에 고대, 중세, 르네상스, 근대 4부로 된 『예술사L'Histoire de l'Art』(1909~14)를 간행한다. 또한 그의 미술사관의 총결산이라고 할 수 있는 『형태의 정신L'Esprit des Formes』(1927)을 발표한다. 그는 다윈의 진화론에 근거한 독자적인 양식 발전 이론을 제시하여 그 이후 미술사를 생각하는 방식에 큰 영향을 주었다.

팝pop 경향의 텍스트carton[14]를 사용한다. 이는 시각적으로 끊어지는 것처럼 보이고 이 영화를 유희적이며 과장적인, 그러나 완벽하게 통제되고 분명한 의미 작용의 영역에 놓는다.[15] 반면 대사에 의해 명백한 아름다움이 부각되는 엘리 포르의 문장들은 신비하며 거의 모호하다. '규정된 사물'이란 무엇인가? 사물과 사물 '사이에' 존재한다는 것은 무엇인가? 영화의 언술 행위와 관련된 문제는 무엇인가? 왜 이러한 문장들을 이 영화의 인용문으로 놓은 것일까? 그것은 우리에게 어떤 주제를 전달하고자 하는가?

이 모든 질문에 대한 첫 번째 답이 존재한다. 하지만 고다르 스스로가 준 이 답에 우리가 완전히 만족하긴 어렵다. 이 답은 1965년 고다르가 말한 것으로, 그에 따르면 반(反)공백적인 서사인 이 영화는 일반적인 서사의 공백과 취약한 시간 사이에 존재하는 것을 우선시함으로써 사이l'entre-deux에 대한 것을 다루고 있다. 이 설명은 창의적이며 후에 고다르―이 설명은 '계몽적인' 작품을 만들던 시기 고다르에게 진정한 강박이 되었다(당시 영화는 거의 당연하게 '사이'에 있는 것이었다.)―나 들뢰즈―'사이의 방법론'을 고다르의 핵심 스타일로 만든―[16]에게서 유명해진다. 하지만 그것은 고다르

··

14) 역주: carton은 무성 영화 시절, 숏과 숏 사이에 삽입된 네모 안의 글로 된 텍스트를 말한다. 이 텍스트를 통해 감독은 대사를 전달하거나 벌어지고 있는 상황에 대한 설명이나 해석을 부여할 수 있었다.

15) 고다르 영화의 오프닝 시퀀스에 대해서는 다음의 저서들을 참조할 것: J. -L. Leutrat, 《Il était trois fois》 et Roger Odin, 《Il étair trois fois, numéro deux》, *Revue belge du cinéma*, n°22-23, 1988; sur la couleur en général, Alfred Guzzetti, *Two or Three Things I Know about Her*, Harvard Univ. Press, 1981; Edward Branigan, 《The Articulation of Color in a Filmic System》, *Wide Angle*, 1, n°3, 1976.

16) 정확하게 말하자면 들뢰즈는 고다르 영화에서 핵심적인 것으로 'ET(그리고)의 방법론'과 틈새interstice의 문제를 언급한다. Voir *L'Image-temps*, Éd. de Minuit, 1985, p. 234-245[2007].

영화의 일면—서술, 의미, 소통—밖에 설명하지 못한다. 반면 엘리 포르가 우리에게 말하는 것은 다른 어떤 것보다도 화가에 대한 것이다. 포르나 말로처럼 회화사에 영감받아 연구한 훌륭한 저서들을 보면 레오나르도 다 빈치가 완성한 공간의 정복에 이어 티치아노와 그의 뒤를 이은 벨라스케스에게서는 빛이 공간을 침범하고 공간은 움푹한 집합소receptacle creux가 아니라 하나의 장소milieu라는 관념이 등장한다. 그래서 화폭 위에 이러한 침범의 방법들, 붓의 떨리는 선, 물감과 화폭이라는 재료, 그리는 행위가 출현한다. 이러한 역사 속에서—환상적이고 이상주의적이며 우리가 원하게 될 모든 것이 있는—벨라스케스는 회화가 **공기를 그리고**[17] 싶어 하기 시작한 시기를 표시한다.

'사이의 방법론'? 어쩌면 그럴지도 모른다. 하지만 어쨌든 내가 보기에 〈미치광이 피에로〉의 오프닝에 나온 엘리 포르의 텍스트가 가리키는 것은 비시각적인 것과 비촉각적인 것을 표현하는 회화적인 재현의 문제이다. 공기와 대기를 형상화하는 것, 빛을 형상화하는 것, 이러한 신비한 유체를 표현하는 것(빛을 발하는 에테르에 대한 학설은 19세기에도 여전히 유효하다.)은 인상주의, 특히 세잔에 이르러 감각의 논리로 '규정된' 사물들과 이를 둘러싸고 이것들을 연관 짓는 무규정성을 동일한 움직임으로 그리게 된 시기

··

17) 벨라스케스에 정통한 학자인 오르테가 이 가셋Ortega y Gasset은 엘리 포르의 직관과 힐데브란트나 뵐플린의 직관을 결합하여 다음과 같이 의미심장하게 말한다: "시점은 물러났고 오브제에서 보다 멀리 옮겨갔다. 우리는 가까운 시지각에서 먼 시지각으로 이동하였다. 이 것은 엄밀히 말해 두 종류의 시지각에 가깝다. 가장 직접적인 오브제가 눈과 물체들 사이에 놓인다. 그것은 움푹한 공간인 대기이다. 대기에서 떠다니면서 색채 가스, 비정형의 군기, 순수한 광택으로 변형되는 사물들은 자신의 고체성과 윤곽을 잃어버렸다. 화가는 그의 머리를 뒤로 젖혔고 눈꺼풀을 반쯤 감았으며 각 오브제의 고유한 형태를 순수한 색채의 반짝거림과 빛의 분자로 축소시켜 버림으로써 그것을 눈꺼풀 사이로 날려버렸다."(*Velásquez et Goya*(1943-1954), *Oeuvres complètes*, III, trad. par Ch. Pierre, Klincksieck, 1990)

까지 회화의 강박들 중 하나였다. 여기서 우리는 1965년의 고다르를 재발견할 수 있다. 그는 이미 〈여자는 여자다〉에서 '회화보다 감정을 더 잘 표현할 수 있다.'고 헛되게 믿은 영화의 실수를 지적했다.[18] 공간도, 유사성도, 즉각적으로 볼 수 있는 그 어떤 것도 아닌 바로 이 감정 말이다. 「카이에 뒤 시네마」와의 인터뷰에서 그는 다음과 같이 확신한다: "나는 감각을 구성하는 요소들을 가지고 감각을 재구성하고 싶었다." 이 인용에서 문제가 되는 것은 영화의 특정한 순간이다. 그것은 자동차 앞 유리창 위로 빛이 선회하는 가운데 시작에 대한 사랑을 담고 있는 훌륭한 장면이지만 이장면은 다른 장면이나 다른 요소, 다른 감각으로 쉽게 옮겨갈 수 있다. 인상주의뿐만 아니라 벨라스케스나 터너의 작품에서 실행되고 있는 것이 바로 이러한 감각이나 감정의 제조이다. 벨라스케스나 터너는 재구성이라는 동일한 논리를 가지고 있다. 그것은 개별적으로 얻은 각각의 부정확한 요소들을 가지고 정확한 감각, 진실을 획득하는 것이다. 이러한 정확성이나 진실이 모든 화가에게서 동일한 게 아니란 것은 확실하다. 인상의 진실과 세잔이 확신한 가장 근원적인 '회화에서의 진실' 사이에는 하나의 세계가 있다. 우리는 고다르가 절대적인 정확성으로 그 문제를 제기하기를 기다릴 수도 있다. 내게 중요한 것은 영화를 자신의 고유한 방향으로, 즉 사물들과 '사물들 사이'를 포괄하는 모든 방향에서 시각적인 것에 대한 명백하고 의식적인 몰두 쪽으로 가게 하는 것이다.

엘리 포르의 인용에서 '사이'의 수수께끼와 관련지을 수 있는 특색이 하나 존재한다. 벨라스케스는 황혼의 화가였다고 말해진다. 황혼은 하루 중에서 사물이 대기 속으로 녹아드는 것처럼 보이는 시간이다. 사물의 윤곽

∙∙

18) 이에 대한 논평은 〈고다르에 의한 고다르Godard par Godard〉(*op. cit.*)에서도 반복된다.

은 점차 없어지고 시각은 혼란스러워지며 꿈과 환영들을 지각하기 시작한다. 벨라스케스가 붓을 잡기 위해 서늘한 저녁을 기다렸든 아니든 이러한 황혼은 무엇보다 규정된 사물들, 즉 이것을 명명하는 단어들에 상응하는 사물들의 소멸을 환유적으로 의미하며 또한 불확실성과 환영에 반대되는 것의 출현을 의미하기도 한다. 또한 그것은 은유적으로는 보다 절대적이고 보다 결정적인 소멸, 즉 죽음을 의미하며 영화의 문학적인 영역은 죽음을 작품의 주요한 기의로 만든다. 고다르의 선언과도 같은 영화 텍스트에서 영화는 의도적으로 낭만주의("나는 베르테르와 샬로테, 헤르만Hermann과 도로테Dorothée의 이야기를 다시 쓴다.")뿐만 아니라 랭보와 셀린의 『밤으로의 긴 여로Voyage au bout de la nuit』를 지지한다. 〈인생〉까지로 한정해 보면 〈미치광이 피에로〉는 치명적인 사랑이라는 주제가 직접적으로 드러난 고다르의 마지막 영화이다. 이 영화의 전반적인 인상은 어떤 관점에서 보면 확신과 불확실성, 삶과 죽음 사이에 있다. 이 영화에서는 소멸될 거라 위협받는 그 어떤 것도, 주인공을 치명적으로 위협하는 그 어떤 일도 일어나지 않는다. 회화와 관련하여 때로 가장 적합하지 않은 것처럼 보이는 장면들에서조차 감독이 본질적으로 구축하려고 애쓰는 것은 집요하고 힘겨운 걱정, 불안 그 자체이다. 이미 언급한 두 연인 사이의 밤 장면은 모호하지 않다.(이 장면이 니콜라스 레이의 〈그들은 밤에 산다Amants de la nuit〉(1949)를 참조하고자 한 것은 이유가 있다.) 〈주말〉을 예고하는, 폐허로 된 배경 앞에서 불타는 404의 아비규환 장면도 그러한데 이러한 참조는 문학적이다. 이 장면은 랭보의 시 「지옥에서 보낸 한 철Une saison en enfer」을 인용하는 사운드로 시작한다. 하지만 가장 밝은 장면—태양을 향한 여행 장면이나 무인도 장면이 그러한데, 둘 다 불안 없는 행복이라는 상투적인 표현을 환기한다—에서조차 보이지 않는 위협이라는 숨막히는 존재는 관객을 불안하게 한다. 이러한 위협은 대부분 텍스트로 표현된다. 여행 씬에서 페르디낭은 '풍경, 나무, 여인의 얼굴, 자동차에서 감지되는 죽은 자들의 냄새'에 대해 말한다. 무인도 씬에서 그는 〈네 멋대로 해라À bout de souffle〉(1960)에서 이미 인용된 바 있는 '우리는 허락받은 죽은 자들이다.'라고 쓰면서 '하지만 나무는?'이라고 덧붙인다. 나의 관심을 끄는 것은 부분적으로는 언어의 설득적인 힘 덕분이지만 고다르가 이미지에서 풍경, 나무, 얼굴, 자동차의 재현을 통해 불안을 드러내는 데 성공하고 있다는 것이다.

이러한 불안은 주관적이다. 우리는 그것이 전적으로 페르디낭의 불행한 의식, 인물에게서 나온다고 생각할 수 있다. 흥미로운 것은 그 시기에 고다르가 스스로에게 던지는 질문인데—고다르에게 습관이 된 지나치게 질문하는 방식으로—그것은 바로 표현의 문제이다. 풍경에서 어떻게 죽음을 느끼게 할 것인가? 그것은 얼굴에서 죽음을 느끼게 하는 것과 동일한가? 태양을 받아 반짝거리는 바다 숏이나 멀리 펼쳐지는 나무 숲 숏에서 어떻게 두려움을 느끼게 할 것인가? 내가 영화의 질문들에 던지는 이러한 형식에서 우리는 특히 1920년대 영화에서 종종 제기되었던 문제를 발견할 수 있으며, 고다르가 종종 주장했던 것처럼 이런 점에서 그는 무르나우의 유산을 받았거나 그가 분명 읽지 않았을 벨라 발라즈의 충실한 독자라고 할 수 있을 것이다. 흥미로운 것은 사유를 의도적으로 회화화한 것인데, 15년 후 고다르는 이러한 회화적인 사유에 대한 검토를 부활시킨다. 1979년 영화 〈인생〉에 대해 그는 매우 눈길을 끄는 다음과 같은 질문을 던진다: '어떻게 풍경을 후면에서 찍을 수 있는가? 이는 화가와 아주 소수의 예술 비평가만 생각하는 문제이다.' 분명 이 생각은 이상하지만 어리석은 것은 아니다. 풍경을 '후면에서' 그리거나 찍을 수 있는 것은, 그리고 이러한 질문을 제기할 수 있는 것은 대개는 그것을 **'정면에서'** 찍거나 그리기 때문이다. 이러한 풍경은 우리를 향하고 있는, 그리고 우리를 바라보는 얼굴이다. 여기서 암시하는 예기치 못한 관련성—풍경이 얼굴이라는 주제는 표현주의적이다—은 풍경의 외모, 풍경의 주름들, 풍경의 찡그린 얼굴에 대한 감수성이다. 그런데 고다르의 지속적인 관심을 끄는 것은 풍경의 이 같은 내적인 표현성이라기보다는 판타지로 구성된, 그리고 회화와 재현의 실천에 아주 오래전부터 뿌리를 내리고 있던 또 다른 생각이다. 그것은 풍경이 우리를 바라보고 있다는, 풍경이 시선을 던진다는 관념이다. '풍경은 영혼의 상태이다.' 젊은 고다르(그는 22살이었다.)는 그의 초기 글[19]에서 아미엘Amiel[20]의 유명한 말을 인용한다. 풍경은 외모, 시선을 지니고 있지만 풍경에 외모, 시선을 부여하는 자는 우리이다. 웰스와 로셀리니 사이에서 갈팡질팡하는 고다르는 영화란 '지독하게' 사실적이지만 그의 영화에서는 세계가 시각적으로 말하길 바란다고 주장한다. 그의 영화는 풍경의 예술이지 공간의 예술이 아니다. 더욱이 풍경은 공간이 아니라 공간의 한 특성이다. 레오나르도 다빈치를 존경하며 회화를 정신적인 것으로 간주한 폴 발레리의 다음과 같은 지적의 의미가 그러하다. '풍경의 발전은 예술의 지적인 부분이 매우 눈에 띌 정도로 쇠퇴하는 것과 일치하는 것처럼 보인다.'[21] 풍경은 질적인 것이지 양적인 게 아니다. 풍경은 측정이 아닌 감정과 관계가 있다.

의도적으로 보여주거나 자유롭게 보도록 내버려 두는 것, 이것이 영화

∴

19) 이 글은 Hans Lucas라는 이름으로 *Les Amis du cinéma*에 실렸다.(앞에서 인용한 *Godard par Godard*에서도 언급됨)
   역주: Hans Lucas(한스 루카스)는 고다르가 1950년대 Cahiers du cinéma뿐만 아니라 다른 영화 잡지에 기고한 글에서 사용한 그의 가명이다.
20) 앙리 프레데릭 아미엘(Henri Fréderic Amiel, 1821~81)은 스위스의 저명한 철학자이자 시인, 비평가이다.
21) Paul Valéry, *Degas Danse Dessin*(1938), Gallimard, 1998.

의 영원한 딜레마이다. 고다르는 둘 다 동시에 하는 것을 꿈꾼다. 〈미치광이 피에로〉의 표현적인―황혼의, 치명적인―풍경은 이러한 꿈의 장소이다. 20년 후 이러한 소망은 이루어지게 된다. 〈프레디 부아슈에게 보내는 편지Lettre à Freddy Buache〉(1982)에서 고다르는 도시, 도시의 색채와 빛을 보여준다. 카메라의 화려한 움직임은 회색을 지나 푸르스름한 초록색과 조우한다.(다시 한 번 클레의 도움을 받아서) 하지만 〈마리아에게 경배를〉에서 구름, 석양 빛, 풀밭에 핀 꽃에 부는 바람의 바스락거림은 적극적으로 보여준다기보다는 관객이 자유롭게 보도록 내버려 둔다. 고다르는 거기에서 어떤 것, 즉 하나님의 은총이 새어 나오길 바란 것은 아닐까? 화가의 역설은 20년이 흘렀어도 동일하게 존재한다. 이 역설에는, 내가 보여주는 것은 내가 던지는 시선을 통해서만 존재하지만, 내가 그것을 보여주지 않아도 사람들이 내가 보여주는 것을 보기를 바란다는 의미가 있다.

1985년 고다르는 "이제 사람들은 영화를 찍을 줄도 모르고 볼 줄도 모른다."고 불평한다.(〈영화 〈열정〉의 시나리오〉가 장난스럽게 보여주듯 다른 무엇보다 TV 때문에 우리는 이미지에 등 돌리는 방법을 배웠다.) 15년이나 20년 전부터 고다르의 모든 계획은 시선의 새로운 훈련에 대한 것이다. 즉 편하게 보기 위해 어떻게 조금씩 주의 깊게 잘 볼 것인가? 하는 점이다. 고다르와 미에빌Mièville이 만든 텔레비전 드라마에서, 특히 〈두 어린이의 프랑스 일주〉에서 작용하고 있는 것도 그러하다. 당시 우리는 환영적인 연속성에 속아서 이 시리즈를(그리고 이전 시리즈인 〈6×2Six fois deux〉(1976)도) 지가 베르토프 그룹 시절의 교육적이고 따분한 작업의 직접적인 연장인 것처럼 이해했다. 그런데 명백한 유사성을 띠고 있다고 하더라도(다네가 정확하게 말한 것처럼[22] '소름끼칠' 만큼 닫힌 담론으로 나타나는 것을 여기저기서 경직되게 연결한 것), 파롤과 이미지와의 관계에서 파롤이 사용된 방식에 주요한 차이가 있다. 〈프라우다Pravda〉(1970)의 편집증적인 모놀로그는 〈이탈리아 투쟁 Luttes en Italie〉[23]의 사운드처럼 이미지를 억압하는 것이 목적이다.(이것은 우리가 그에 대해 말하지 않으면 아무 의미도 없는 '그냥 하나의 이미지이다.') 가시적인 것은 여기에서 존재하지 않으며 존재해서도 안 된다. 왜냐하면 그것은 끝없는 눈속임이기 때문이다. 톤은 단정적이지만 〈두 어린이의 프랑스 일주〉의 사운드에 어떤 우월함도 부여되지 않는다. 사운드의 진실성은 각 에피소드마다 삽입된 글의 복잡한 작용으로 인해, 영악한 허구 장치와 언술 행위를 넣었다 뺐다 하는 반복적인 작용에 의해 명백하게 의심된다. 여기에서는 그 어떤 담론도 결정적인 힘을 지니지 못한다. **진실**, 이 단어는 마치 담론을 반어적으로 봉합하기 위한 것인 것처럼 규칙적으로 재등장하고 스크린 위에서 깜빡거린다. 하지만 진실은 어디에 있는가? 이미지 안에도 없고 외화면에도 없으며(외화면에는 의심스러운 인물인 로베르 리나르 Robert Linard가 있는데, 우리는 그가 고다르를 가리키고 있다는 인상을 받는다.[24]) 심지어는 테크니션의 손, 카메라, 맹목적이고 어리석은 시선만이 존재하는 프레임-바깥에도 없다.(다섯 번째로 카메라 움직임이 나타나는 장면에서 인터뷰어는 어린 아르노의 제스처를 따라 해야 하는지 아닌지 그 필요성에 관해 카메라맨에게 간접적으로 말을 건네는데 카메라맨은 대답하지 않는다. 여기서 카메라 시선의 무기력과 '어리석음이 강조된다.) 진실은 어디에도 없다. 그것은 화면, 외화면, 프레임-바깥의 관계를 탐구한다. 이것이 〈두 어린이의 프랑스 일주〉

• •

22) S. Daney, 《Le therrorisé(Pédagogie godardienne)》(1976), *La Rampe*, Cahiers du cinéma-Gallimard, 1983.
23) 역주: 〈이탈리아 투쟁〉은 1971년 지가 베르토프와 고다르가 합작해 만든 영화 작품이다.
24) 이 이름은 당시 한때 노동자의 삶을 산 '좌파들' 가운데 가장 잘 알려진 로베르트 린하르트 Robert Linhart를 연상시킨다.

장치의 주요 전제이다. 영화는 시선의 유희와 빛의 모험이다. 빛은 글로 쓸 수 없기 때문에 언어 행위가 아니다. 두 번째 에피소드에서 말하듯 문제가 되는 것은 '언어를 통하지 않고서도 볼 수 있는 어떤 것을 보여주는 것이다.'

빛의 모험. 영화사에는 빛에 관해 말하고자 하는 오랜 유혹이 있다. 여기서 고다르는 빛의 변화에, 예측할 수 없고 제어할 수 없는 것에(진공관은 필름의 화학 작용과 거의 관계가 없는 기이한 반응을 지닌다.), 시간의 가시적인 흐름에, 계산에서 벗어나지만 역설적으로 구축하고자 애쓰는 모든 것에 민감하다. 사실주의 영화나 고다르가 결코 찍지 않았던 순수하게 다큐멘터리적인 영화가 아니라 우연적인 것, 우발적인 것이 보존되고 이것에 가치를 부여한 영화로의 회귀는 눈길을 끈다. 이러한 회귀를 가장 잘 보여주는 것이 프레임과 몸의 작용이다. 〈어때?〉를 포함해 고다르의 교훈적인 영화들은 몸을 단지 기능적인 부분들의 집합이나 전체적인 유형화로 간주했다. 하지만 〈두 어린이의 프랑스 일주〉에서는 반대로 몸이 자유롭게 표현하도록 내버려 둔다. 우스꽝스러운 짓(소녀의 계속되는 눈 깜빡거림), 서투른 짓, 과시나 수줍은 짓을 움직이거나 부동의 자세로 모든 각도에서 찍은 두 아이의 몸뿐만 아니라 조깅하거나 술 취한 사람의 몸 등 다양한 몸을 찍었는데, 이 몸에서 각 움직임의 결정적인 '이야기들'이 구축된다. 이 영화가 재현과 표현의 계열체로서 인간 몸에 관한 영화라고 말하는 것은 과장이 아니다. 특히 이후 영화 〈인생〉에 내재하는 관념과 더불어 〈마리아에게 경배를〉(미리엠 루셀Myriem Roussel의 몸은 모든 상태를 재현한다.)과 〈열정〉, 〈형사Détective〉(1985)와 〈카르멘이라는 이름Prénom: Carmen〉(1983)에서 정지된 움직임에 관한 실험도 그러하다. 이러한 관념은 고다르를 오래된 유산, 즉 연출과 이야기의 회화로, 낭만주의로, 동시에 그것을 넘어 정확하게 고전주의적인 이상으로 끌어당긴다. 몸이 표현하는 것은 고전주의를 위한 것이며 몸은 감정과 위대한 세기Grand siècle[25]와 '열정 이론Théorie des passions'[26]에서 의미하는 바대로의 '열정'의 장소이다. 우리가 자주 언급했던 **열정**이라는 표제는 모호하고 의미 작용으로 가득 차 있으며 이것을 픽션, 영화, 감독, 그것의 가면들 및 대체물과 연관 지으려고 하면 끝도 없이 설명해야 할 것이다. 내가 하고 싶은 말은 이 열정이라는 표제를 서구 예술의 오래된 욕망의 상징, 즉 감정을 직접적으로 그리고 그것을 보게 하려는 욕망으로 읽자는 것이다.

재현의 계열체로서의 몸에 대한 열정은 매우 문학적인 두 걸작인 〈누벨바그Nouvelle Vague〉(1989)와 〈오! 슬프도다Hélas pour moi〉(1993)에서도 명백하게 나타난다. 〈누벨바그〉는 스타인 알랭 들롱Alain Delon의 몸에 대한 뛰어난 연구이며 분신이나 환영 이야기, 그리고 2부 구조에서부터 영광이나 고독의 다양한 상태로 실험적으로 이행된다. 〈오! 슬프도다〉는 화신incarnation이라는 주제에 집착한다.(말하자면 우리 문명에서 모든 형상화의 근원 그 자체에) 신이 죽은 자의 몸으로 들어가는 결정적인 순간은 드파르디외Depardieu(최소한의 몸짓으로 존재론적인 동요를 훌륭하게 표현한다.)와 감독(보조적 화자의 역할을 맡은 인물에게 해설을 위임한다.)에 의해 암묵적으로 표현

..

25) 역주: '위대한 세기'는 프랑스가 맹위를 떨치며 유럽의 다른 나라들에도 강력한 영향력을 발휘하던 시대로, 정확하게 루이 13세(1601~43)와 일명 '태양왕'으로 불리던 루이 14세(1638~1715)가 통치하던 시기의 프랑스를 가리킨다. 이 용어는 볼테르Voltaire에게서 유래하였는데 그에게 프랑스의 17세기는 '문명의 가장 위대한 세기들 중 하나'로 간주된다.

26) 역주: '열정 이론'은 음악에서 발원한 것으로, 음악은 인간 존재의 다양한 심리적 상태를 표현할 수 있으며 인간의 감정과 열정에 영향을 미칠 수 있다는 것이 핵심 주장이다. 열정 이론의 시조는 몬테 베르디Monte Verdi이며 그와 유사한 생각을 17세기 마랭 메르센Marin Mersenne을 비롯한 프랑스 이론가들도 표명한 바 있고 18세기 독일에서 정교하게 발전되었다.

된다. 중요한 핵심 씬—호기심 많은 신God이 너무나 정숙한 여자를 유혹하는—은 정신에서 물질로의 이러한 이행에 대한 발전이자 변화, 그리고 함축적인 해설이다.

반면에 고다르는 집중화와 초점화focalisation 실험을 거쳐서 〈영화사〉(1997)와 그의 언저리에 있는 영화들(〈아이들은 러시아에서 논다〉(1993), 〈프랑스 영화의 2×50〉(1995) 등), 한편으로는 〈12월의 초상화Autoportrait de décembre〉(1994) 같은 작품에 이르게 되며, 다른 한편으로 '허구'적인 영화들은 이러한 탐구 영역을 떠나 보다 추상적이고 정치적인 다른 영역으로 넘어간다. 그런데 보다 정확하게 말하면 정치는 최소한 〈아메리카의 퇴조〉(1966), 〈내가 그녀에 대해 아는 두세 가지 것들2 ou 3 choses que je sais d'elle〉(1967)과 1970년대 말 TV 시리즈물 사이의 고다르 작품들에서도 빠지지 않았다. 상기의 영화 작품들은 탐구 주제와 탐구 영역으로서, 그러나 몸의 정치학이라는 관점에서 보면 정치의 회귀라고 할 수 있을 것이다. 인간의 몸에 관한 연구는 더 이상 재현 예술과 이미지의 영원한 주제로서 몸 그 자체를 위해 이루어지는 기본 연구가 아니다.[27] 그것은 스피노자적인 질문인 "몸은 무엇일 수 있는가?"를 둘러싼 응용 연구인데, 이 질문은 요즘 횡행하는 전쟁 아닌 내전으로 인해 끊임없이 위협받는 세계 상황에서 특수화된 것이다.[28]

고다르의 작업에서 회화적인 것이 어디에 있는지 파악하는 과정을 통해 우리는 무엇을 만났는가? 열정의 연출, 열정이 구현되는 몸을 통한 열정의 과시, 이야기의 연극과 연극의 이야기이다. 또한 다른 한편으로 색채, 조형적인 관심, 이미지의 표면에 영향을 줄 뿐만 아니라 형식과 질료가 되는

••

27) 우리는 고다르가 CNRS가 추진하고 책임지는 연구 작업을 요구했다는 것을 알고 있다.
28) 이 두 문단은 2007년에 추가되었다.

빛이다. 보다 간접적으로는 시선의 시간과 제스처의 시간이 있다. 영화에서의 많은 질문이 회화에서도 동일하게 제기되는데, 우연이라고 하기에는 너무나 지속적으로 영화와 회화의 가장 흔하면서 가장 자연스러운 접점이 배제된다. 그것은 프레임의 문제이다. 프레임은 결코 고다르의 주요 관심사였던 적이 없다. 그의 작품에는 세밀한 구성이나 정성 들여 완성한 아름다운 프레임이 없으며 배치와 시점의 선택을 극도로 조종하려는 기색도 보이지 않는다.(히치콕 같지도 않고 에이젠슈테인 같지도 않다.) 격렬한 탈프레임화도 없고 봉합의 예술을 추구하는 것도 아니며 이미지의 가장자리를 활용하려는 것에 대한 애착도 없다.(안토니오니 같지도 않고 브레송 같지도 않다.) 동시에 우리는 이 모든 것을 발견한다.[29] 〈경멸〉에 대한 유명한 언급('혹스나 히치콕이 찍은 안토니오니 영화')은 특히 서술, 심리, 줄거리의 결함이 있는 전개를 목적으로 하였다. 하지만 그것은 1960년대 고다르라는 시네아스트가 어디에서 기인하는지 말해 준다. 그는 할리우드적인 고전 영화(니콜라스 레이와 오토 프레민저)와 전후 유럽의 '예술 영화'(브레송과 타티, 그리고 안토니오니)의 약간은 부자연스러운 조합에서 기인한다. 1959년과 1968년 사이의 고다르 장편 영화는 이 이중의 유산에 관심을 기울인다. 중심화, 서사적 경제성, 인과 관계, 이와 동시에 급작스런 생략, 예측할 수 없는 도약과 놀라움에 대한 찬양이 그러하다. 그런데 이 모든 것 속에서 프레임은 주요 도구로 요구되는 것 같지 않다. 〈결혼한 여자Une femme mariée〉(1964)를 제외하고(고다르를 에이젠슈테인적인 난해함에 가장 접근하게 만든 첫 작품) 프레임화는 연출에서 기인하는 당연한 것이라는 인상을 기만

: :

29) 사실 고다르의 프레임을 인지하는 것은 그다지 어렵지 않다.(그렇다고 형식적인 특성들을 결정하기가 쉬운 것은 아니다.) 〈오! 슬프도다〉의 조명 책임자인 카롤린 샹프티에Caroline Champetier가 이 점을 잘 지적하고 있다.(이 영화 DVD 부록에 수록된 대담에서)[2007]

적으로 부여한다. 이와 관련해 영화는 모든 것이 몽타주 효과에서 작동한다는 인상을 준다. 프레임은 영화에서도, 텍스트에서도 고다르에게 문제가 되지 않는 것처럼 보인다. 그것은 결코 스타일의 도구로 요구되지 않는다.

이러한 명백한 무관심은 꽤나 흥미롭다. 우리는 여러 번 이 책에서 '회화 숏'이라는 자연스러운 관념이 어떻게 다양한 용어 아래 영화에서 회화적인 사유를 담고 있는지 살펴보았다. 그리고 어떤 점에서 영화가 프레임 기능이라는 암묵적인 개념을 회화의 오래된 자산으로부터 물려받았는지 설명했다. 고다르를 보면서 놀랐던 것은 그가 이 모든 것에 무심하다는 것이 아니라 이 모든 것을 이전시킨다는 것이다. 〈미치광이 피에로〉에서 다소 아이러니컬한 몇몇 프레임화에 대해 말하였다. 그것은 고다르에게서 일반적으로 작동하고 있는 욕망, 즉 프레임의 통상적인 세 기능의 위계와 조합들을 유보하거나 저지하려는, 그리고 문제를 복잡하게 만들려는 욕망을 아주 잘 나타낸다. 게다가 고다르는 비디오와 컴퓨터를 발견하고 나서 흔쾌히 이를 즐겼다. 투명성 효과가 가장 생생한 순간에서도 표면의 재표시화, 장치의 흔적이 느닷없이 불쑥 끼어든다. 고다르는 누구라도 알고 있는 프레임과 프레임화를 잘 알고 있다. 하지만 그가 재현하고자 하는 것은 정확하게 프레임에 대한 **다른** 생각이다. 나는 프레임을 시간, 제스처, 터치와 동일시하는 그의 언급을 인용하였다. 분명 이러한 고다르의 동일시는 주관적인 평가에 속하는 것으로 허술하고 모호한 비교이다. 하지만 〈미치광이 피에로〉를 만든 지 20년 후 〈마리아에게 경배를〉에 대한 그의 또 다른 기묘한 언급은 내가 보기엔 이를 확인시켜 주는 것 같다. 영화의 프레임화, 특히 미리엄 루셀이 나오는 강렬한 씬에서의 영화 프레임화에 대해 질문을 받은 고다르는 그 질문을 일소하고 다른 질문으로 대체한다. 즉 그것은 이 씬에서 가장 정확한 프레임, **화면에서 보이는 바로** 그 프레임을 얻기 위해 어느 정도의 거리에, 어떤 각도로 카메라를 놓아야 했는가, 화면의 어떤 부분, 어떤 대상에 초점을 맞춰야 했는가이다. 혁신적인 전이와 거부. 즉 프레임은 공간과 닫힘의 문제가 아니라 시점의 문제, 짧게 말해 포인트의 문제가 됨으로써 심지어는 숏의 지속 시간과도 멀어진다.

포인트point란 무엇인가? 최소한 두 가지가 존재하는데—이것은 고다르를 겁주기 위한 것이 아니다—그 둘은 관련이 있다. 하나는 사물들이 명확하게 정의되고 핵심적인 것, 즉 본질이 포착되는 선명함에 관한 포인트이다. 다른 하나는 시각vue에 관한 포인트이다. 이는 우리가 이러한 핵심을 규정하기 **위해 취하는** 각도를 가리킨다. 이처럼 변화된 정의의 심오한 의미는 프레임의 '구성', 프레임의 가시적인 구조와 형식은 시선과 시선의 대상 사이에 정당한 관계만 성립한다면 중요하지 않다는 것이다. 프레임화에 대한 이 같은 새로운 정의에서 모든 것이 새로운 것은 아니다. 시선, 시선과 같은 프레임, 이런 것으로 인정되는 프레임에 대한 강조는 긴 우회를 거쳐 우리가 이미 뤼미에르 작품에서 감지했다고 생각했던 것을 재발견하게 한다. 하지만 중요한 것은 긴 시간을 두고 이루어진 이러한 개입의 다른 측면이다. 시선으로 변형된, 멀리서 거리를 유지하는 시네아스트이자 화가인 예술가는 개입을 포기하는 것이 아니라 시선의 힘에 의해서만 개입하며 무용한 조종은 하지 않는다.(로셀리니 쪽으로의 명백한 회귀, 예를 들어 〈피오레티Fioretti〉의 회귀) 하나의 인물이자 **페르소나**인 예술가 고다르와, **뼈와 살**을 가진 고다르를 아무리 혼동하지 않으려고 해도 그의 창조물 앞에 선 시네아스트의 물리적인 태도에서 이런 이론적이거나 미학적인 입장의 어떤 표시를 찾아볼 수 있는 것 같다. 고다르는 소유의 몸짓(히치콕식으로 두 손으로 프레임을 만드는 것) 대신 촬영과 관련된 모든 사진에서 몸에 대한 소극적 태도를 취하거나(모든 사건은 목소리로 이루어진다.) 아니면 반대로 온몸을 사용해 행위로 표현하는 방식(때로 에이젠슈테인이 그렇게 한 것처럼)을 취한다. 그와 그가 필름으로 찍는 것 사이의 관계는 우리가 이미지와 맺고 있는 복구할 수 없을 정도로 먼 관계와 같다.[30] 이미지를 가질 수만 있다면 프레임이 뭐가 중요한가. 대상은 분명 '창문'이라는 환영적인 투명성을 통해서만 소유할 수 있지 않은가?

고다르는 고전적인 영화에 머무르려 하지 않고 모든 이론적인 시도를 규칙적으로 결론 내거나 마침표를 찍고 싶어 한다. 공개적으로 밝혔든 아니든 이유는 늘 동일하다. 그는 유산과 그것의 의식을, 영화 역사의 기억과 그것의 재가동을 구현한다. 그는 오늘날 젊은 시네아스트와 평론가들이 롤 모델로 삼고 싶어 하는 혹은 그 반대이고 싶어 하는—아무래도 상관없다—최고봉이다. 그는 모든 측면에서 영화를 예술로 만들고 싶었던 세대의 마지막 주자들 중 하나이다. 예술가가 되거나 되지 않는 것. 최소한 〈인생〉을 만들 때부터 고다르가 요구한 것이 바로 이것이다. 〈영화 〈열정〉의 시나리오〉는 틀림없이, 그리고 무엇보다도 고다르에 관한 자화상인데—여기에 이 영화의 불편한 측면이 있다—, 이 영화에서 장인이자 예술가인 고다르는 자신의 고유한 예술적인 수단들을 통해 스스로를 보여준다. 의미는 다음과 같은 행렬로 끊임없이 압축되어 간다: 하얀 스크린/하얀 페이지/해변의 눈부신 태양/더 잘 보려다 화상을 입은 눈. 즉 고통스러운 창조의 행렬.(조지프 플라토Joseph Plateau[31]에 대한 명백한 암시를 통해

••

30) 여기서 〈인생〉이 극장에서 상영되었을 때 고다르가 언급한 내용을 환기할 수 있을 것이다: "나는 실재보다 이미지로 존재한다. 왜냐하면 이미지를 만드는 것이 유일한 나의 삶이기 때문이다."(*Cahiers du cinéma*, octobre 1980) 레이몽 벨루Raymond Bellour가 그에 대해 언급한 짧지만 타당한 지적을 볼 것!: "나는 하나의 이미지이다.", *L'Entre-images*, Éd. de la Différence, 1990[2007].

31) 역주: 원래 이름은 조지프 앙트완 페르디낭 플라토Joseph Antoine Ferdinand Plateau

고다르는 자신의 자화상에 하나의 외양을 추가한다. 그 또한 과학을 위해 그의 몸을 포함해 모든 것을 희생하는 과학자가 된다. 오래된 강박 관념. 예술가는 과학자가 될 수 없다는 것을 부정한다.)

최근 영화에서 고다르는 단지 자신의 이름을 매개로 해 가장자리, 여백들에서 나타난다. 마치 자신의 예술을 확신하는 화가가 화폭의 구석에서 겸손하지만 위엄 있게 관람객에게 고개를 내민 채 그림을 그리듯이. 고다르는 이 같은 독점적인 동시에 근면한 태도를 통해 예술가로 자처한다. 그래서 그는 자신의 작품에 서명을 더 잘 할 수 있기 위해 음악가보다 '화가'의 모델을 선택한다. "어쨌든 작가는 자신의 관점에서 완벽한 작품을 쓸 것이다." 우리는 말로가 괴테의 이러한 언급을 피카소에게 적용했던 것을 알고 있다.[32] 고다르는 왜 이것을 요구하면 안 되는가? 모든 면에서 그의 기량은 너무나 완벽하고 의심의 여지가 없어서 고다르는 예전의 찰리 채플린처럼 연속적인 **스케치들**로 작업할 수 있는, 하나의 작품을 내버려 두었다 다시 작업할 수 있는, 그리고 그것을 변형할 수도 있고 심지어 미완성인 채로 둘 수 있는 유일한 시네아스트이다. 화가의 고독을 아는 유일한 감독이자 창조적 발명의 비밀을 믿는 최후의 감독이다.

..

(1801~83)이다. 그는 벨기에의 물리학자로 움직이는 이미지의 환영을 증명한 시조들 중 하나이다. 그는 이 원리를 이용해 1832년 페나키스티스코프phenakistiscope를 발명하였다.

32) 마치 우연처럼 최근 고다르와 괴테를 비교하는 훌륭한 논문이 나왔다.(아주 설득력 있는 근거를 가지고) Voir Nicole Brenez, 《Jean-Luc Godard, *Witz* et invention formelle(notes préparatoires sur les rapports entre critique et pouvoir symbolique)》, *CinémaS*, vol. 15, n°2-3, 2005.

추신[2007]

쓰고 나서 상기의 글은 두 가지 이유에서 곧 시대착오적인 것이 되었다. 우선은 모더니티가 고갈되고 포스트모던에 묻혀 거의 사장되다시피 한 시점에서 내가 고다르에 대해 개관한 초상화는 너무나 일관되게 모던한 예술가의 초상화였기 때문이다.[33] 비록 모든 영화적 모더니티처럼 해명의 대상을 자기 자신에게만 두었고 격화된 역사의식으로 존재했다고 해도, 고다르의 모더니티는 의심의 여지가 없다. 하지만 고다르가 첫 번째 포스트모던 감독이었다고 해도 틀린 말은 아닐 것이다. 고다르가 예술적 전통과 영화의 관계 형식을 규범들의 창고나 영감이라기보다는 자신의 것으로 취할 수 있는 소중한 자원으로 여겨 그의 고유한 자산으로 만들었다는 점에서 그러하다. 의기양양한 고전주의의 시기에, 이와 동시에 웰스 및 로셀리니와 같은 거대한 첫 '모던'이 출현한 시기에 영화 수업을 받은 고다르는 필연적으로 예술의 죽음이라는 우화와 만나야 했다. 전통의 혼란스런 재정비를 단행함으로써—전통 안에서의 단절—초기 영화에서 완전히 모던한 모습을 보인 그는 전통, 특히 서사적 전통과의 관계를 점점 더 구속으로 느끼면서 1968년 이후, 그리고 〈즐거운 지식Le Gai Savoir〉(1969) 이후 절대적으로 성공하지는 못했지만 끊임없이 전통으로부터 빠져나오려고 노력한다. TV 작품의 가능한 형식을 창조하기 위한 이전의 시도들뿐만 아니라 회화로의 회귀는 소진되는 모더니티 안에 갇힌 이러한 감정에 대한 혼란

· ·

33) Hans Belting, *L'histoire de l'art est-elle finie?*(1983), trad. par Y. Michaud, Nîmes, Jacqueline Chambon, 1989; Marianne Alphant, dir., *La Parenthèse du moderne*, Centre Pompidou, 2005. 나는 다음 장에서 이 문제를 재검토하고자 한다.(그리고 앞에서 언급한 *Moderne?*에서의 내 입장을 좀 더 발전시켰다.)

스럽지만 풍요로운 징후이다.

　다른 한편으로 고다르가 시네아스트로서 자신의 지위를 보여주고 되찾고 변화하고자 행한 거대한 기획인 〈영화사〉[34]를 시작한 것이 1980년대 말—이 책에서 여러 번 강조했듯 이 시기는 회화가 영화 이미지의 주요한 관심사로 회귀한 시점이다—이라는 점은 흥미롭다. 천천히 구상한 이 작품의 장들을 보면(그리고 꾸준한 재정비[35]) 그의 입장은 복합적이다. 우선 그는 약간 특이한 에세이스트이다. 그는 자신의 에세이 제목을 존중하면서 예술이 존재하기 시작한 전반기 동안의 예술사를 쓰고자 한다. 영화는 자기 자신의 스토리를 이야기할 수단을 지닌 유일한 예술—이것이 두드러진 주제이다—이다. 음악사라는 제목의 교향곡이나 미술사라는 제목의 그림은 존재하지 않는다.(라파엘에서 쿠르베와 막스 에른스트에 이르는 위대한 단체 초상화[36]는 별개이다.) 심지어 문학사에서조차 문학사가 한 작가에 의해 쓰인 것이라고 해도(나로선 그런 예를 찾을 수 없지만) 여기서 언어는 문학적인 것을 생산하는 것과는 다른 목적에 사용된다. 반대로 고다르는 우리에게 '유일하게 영화만이' 영화로 머물면서 단순한 연대기가 아닌 합리적으로 추론된 이야기에 직접 접근할 수 있다고 말한다. 물론 이런 생각은 이상하다. 역사를 말하기 위해서는 역사가가 필요하며, 당시 고다르 스스로가 자신이 역사를 이야기하기에는 부족하다고 생각했음에도 불구하고 (많은 그의

··

34) 역주: 〈영화사〉는 고다르가 1989~99년 사이에 만든 TV 미니 시리즈 다큐멘터리이다. 총 4부 8편으로 되어 있고 각 장은 A와 B 두 편으로 구성되어 있다.

35) 이 저서는 1986년에 시작되어 12년이 흘러서야 완성된다. 가장 오래된 에피소드는 여러 번, 때로는 상당히 변형되었다.

36) 역주: 단체 초상화의 원어는 les portrait de groupe이다. 회화에서 단체 초상화는 가족 혹은 어느 한 가문에 소속된 사람들이나 일련의 친구들처럼 여러 사람들을 대상으로 일화적인 성격을 지닌 장면을 재현하는 작품 형식을 의미한다.

영화 대사가 이것을 증명하는 것처럼) 자신에 대해 스스로 이야기하는 역사의 겸손한 서기를 자처하는 모습은 모순적이다.

다른 한편으로 이상한 확신을 가진 이 에세이스트는 고다르가 자신의 몸, 목소리, 제스처, 억양, 공적인 마스크, 그리고 약간의 내밀함을 빌려준 다른 인물—이 인물은 예술가의 형상을 하고 있다—의 모습을 겸한다. 시리즈를 준비하는 문서에서 고다르는 그의 멘토인 로메르의 〈셀룰로이드와 대리석Le Celluloid et le Marbre〉[37]에 대한 오래전 추억 때문인지는 몰라도 각 장을 하나의 예술 장르의 도움을 받아—음악, 미술, 문학 등—구성하려고 했다. 이미 완성된 영화의 몇몇 에피소드에 이러한 계획의 흔적들이 남아 있다. 거기서 우리는 악보대 앞에 선 오케스트라 지휘자의 역할을 하는 고다르나 필름 누아르의 기자나 작가처럼 타이프 치는 모습의 고다르를 본다. 음악은 〈영화사〉에서 중요한 역할을 하고 이 영화에서 고다르가 작곡가로 자처했다고 쉽게 주장할 수도 있을 것이다.(같은 시기에 사운드만 따로 떼어 디스크로 간행한 〈누벨바그〉처럼) 회화 역시 이 영화에서 문학과 병행해서 인용된다. 인용의 출처를 밝히지 않은 채 고다르는 문장이나 이미지들을 차용하는데, 그는 그가 빌리는 이 담론들에서 잠재적인 울림만을 남겨둔다. 차용한 문장과 이미지들을 예로 들면 이탈리아어로 된 리카르도 코치안테[38]의 노래를 마술적으로 예증해주는 피에로 델라 프란체스카, 클레와 툴루즈 로트렉, 줄리 델피가 읽는 보들레르의 「여행Le Voyage」, 쇠라와 르누아르, 프루스트에 대한 환기 등이 있다. 고다르는 〈영화사〉와 관련한 여러 대담에서 영화의 수많은 인용들의 출처를 찾으려고 하는 것은

: :

37) Éric Rohmer, 《Le celluloïd et le marbre》, *Cahiers du cinéma*, n°44 à 53, 1955.
38) 역주: 리카르도 코치안테(1946~현재)는 이탈리아 가수이자 작곡가이며 연극인이자 음악인이다.

무의미하다고 여러 번 말했다. 그것은 분명 멋 부리는 것처럼 보이지만 이러한 참조들을 보다 정확하게 앎으로써 획득되는 함의들을 완전히 포기하는 건 이상한 일일 것이다. 하지만 인용은 이런 역사적인 부분을 넘어 순수하게 표현의 한 부분으로 제시되며 이는 이미지의 힘 그 자체, 고다르가 믿듯이 이미지의 효능과 관련 있다.(그가 필요하다고 생각하지만 재현할 수 없는 작품들을 그가 그의 손으로 개조하는 것을 보는 것은 아무 문제가 없다.) 결국 〈그 또한 화가였다lui aussi fut peintre〉에서 그는 마티스 그림, 드 스타엘의 그림에 대해 등가적인 이미지를 부여한다.[39])

문자 그대로 고다르는 화가이다. 하지만 동시에 고다르는 작가이며 음악가이고 시인이며 철학자이다. 회화는 〈영화사〉에서 말하듯 이미지들의 보고이며 이미지를 생각할 수 있게 하는—'사유하는 형식'—역할을 하지만, 영화를 포함해 나머지 모든 예술과 동등한 발판 위에 있다. 회화는 더 이상 〈열정〉에서 그랬던 것처럼 상상적이고 상징적인 차원에서의 훌륭한 수단이 아니다. 왜냐하면 걷는 것을 통해 운동 능력을 입증하듯이 〈영화사〉는 영화가 죽어가고 있지 않다는 것을 보여주기 때문이다. 물론 영화의 정의를 수정하고 그 본성의 변화를 인정한다는 조건 아래서 그러하다. 징후적으로 〈누벨바그〉에서 회화 작품은 사람들이 비싸게 파는 물건이며 토를라토파브리니Torlato-Favrini 백작이나 예술 작품 대수집가인 알랭 들롱[40]처럼 사람들이 돈이 많을 때 소유하는 것이다. 그렇지 않은 다른 사람들의 경우 영화

..

39) 문제가 된 작품들은 〈영화사〉 초기 버전에서 재생reproduction의 형식으로 나타난다. 그것들은 제작자가 판권 문제에 부딪히자 복사본으로 대체되었다. 고다르가 화가였다는 사실은 일반적으로 거의 언급된 적이 없지만, 예를 들면 안 쿠티노와 알랭 조베르가 외교부의 지원을 받아 만든 〈회화와 영화Peinture et Cinéma〉 같은 작품에서 고다르가 유년 시절에 그린 유화가 재현됨으로써 이 사실이 증명되었다. Anne Coutinot et Alain Jaubert(dir.), *Peinture et Cinéma*, Ministère des Affaires étrangères, 1992.

대사가 암시하듯 박물관으로 보러 가는 대상이기도 하다: "런던에서 나는 사람들이 그림을 보기 위해 며칠씩 비를 맞으며 기다리는 걸 봤어."(여자) "특히 가난한 사람들이 그랬겠지."(남자) "아냐. 아주 부유한 사람들도 있었어."(여자) 결국, 회화는 경제의 영역으로 들어간다. 이는 나름의 방식으로 이루어지는 고다르 영화의 변화, 정치 경제의 시대로 접어드는 것을 가리킨다.(경제의 궁극적인 결과들—이전 마르크스적 토대의 구체적인 귀환—을 포함하여. 전쟁, 이 경우에는 옛 유고슬라비아)

고다르에게 예술의 바깥은 늘 정치적인 바깥이다. 〈내가 그녀에 대해 아는 두세 가지 것들〉과 〈즐거운 지식〉 사이에서 진실한 것은 〈열정〉과 〈영원한 모차르트Forever Mozart〉(1996) 사이에서도 그러하다. 이러한 바깥이 그에게 나머지 다른 것만큼 완벽하게 선택적이라는 것은 분명하다. 〈영화사〉에서 수용소와 나치즘에 대한 강박, 영화 찍을 당시 전쟁 중이던 팔레스타인에 대한 강박(〈여기, 그리고 저기Ici et ailleurs〉(1976)), 보다 최근으로는 보스니아에 대한 강박(〈우리의 음악Notre Musique〉(2004))은 시대에 따라 변화하는 선택들이고 그것은 역사가적인 것이 아니라 개인적이고 내밀한 선택들이다.(유일하게 개인적으로 선택되지 않을 수 없는 것이 있는데, 그것은 알제리 전쟁이다. 이러한 선택은 〈작은 병정〉(1963) 이후에는 더 이상 보이지 않는다.)

이 책의 초판에서 이 장에 부여했던 제목인 '마지막 전위 예술가l'avant-dernier artiste'는 그대로 두었다. 이 표현은 신중함에서 기인한 것이기도 했지만(결코 확신할 수는 없지만, 그는 첫 전위 예술가이자 마지막 전위 예술가이다.) 독특함을 가리키는 것이기도 했다. 회화와 관련해서 고다르는 다른 사람

..

40) 〈누벨바그〉의 이 인물 이름은 후에 다시 말하겠지만 조지프 맨키위츠의 〈맨발의 백작부인 la Comtesse aux pieds nus〉에 나온다.

보다 더 혼란스러우면서 동시에 더 합리적이었다. 그의 기획에서 회화의 회귀가 위대한 예술로, 말하자면 문화적 자산으로, 이를테면 부침에도 불구하고 지속적으로 존재하는 것, '보존하고 보존되는 것'[41]으로서 자발적이면서도(〈미치광이 피에로〉) 완벽하게 제어적인(〈열정〉) 방식으로 존재한다는 것을 쉽게 인식할 수 있었다. 〈영화사〉, 〈JLG/JLG〉, 다른 몇몇 작품은 이를 주장할 정당한 근거를 주었다. 그는 분명 예술가이며 영화 예술의 마지막 주자들 중 하나이다. 어쨌든 그는 이런 방식으로 회화에 의존하는 마지막 주자, 이미지와 이미지의 사유에 관해, '사유하는 형식'에 관해 잃어버린 지식이 여전히 회화에는 존재한다고 믿는 마지막 주자이다.[42]

∴

41) Deleuze & Guattari, *Qu'est-ce que la philosophie?*, Éd., de Minuit, 1991.
42) 회화적 방식을 눈에 띄게 모방하기 위해 가장 많이 노력한 젊은 세대 감독인 레오 카락스 Leos Carax는 영화 〈퐁뇌프의 연인들〉(1991) 이후에 이를 버렸다. 그의 작품에서 회화는 다시 창조주의 나쁜 초자아, 초월적이고 말로 형용할 수 없는 캐리커처(초가 켜진 루브르 박물관의 방문 씬)가 돼버렸다. 그보다 이전에 만들어진 〈나쁜 피Mauvais Sang〉는 여전히 인상적이지만 결정적으로 회화의 문제보다는 만화에 가깝다.

9

PS., PS., PS.(2007)

'영화는 죽어가고 있다. 영화는 죽었다.' 이것은 1980년대 중반 비평뿐만 아니라 여러 영역에서 이야기된 슬로건이다.(들뢰즈의 유명한 두 권의 책은 그로 인해 비극적인 색채를 띠었다.[1]) 한 발 물러서서 사실 그것을 믿지 않는다고 말하기는 쉽다. 그것은 도박이며 어쩌면 주문이고 미신이다. 따져보면 오히려 그것은 영화의 첫 번째 죽음이 부활한 것 같다. 영화의 첫 번째 죽음은 무성 영화 말기 많은 비평가와 감독이 이야기한 것으로, 그들은 유성의 도래를 영화의 종말처럼 느꼈지만 오늘날에는 장래성 없는 예술에 대한 다른 예술의 불가피하고 발전 가능성 많은 교체로 받아들여진다.(예술

..

1) 파리 8대학 영화학과 교수인 도르크 자분얀은 들뢰즈가 세르주 다네에게 보낸 편지(세르주 다네Serge Daney의 『영화 일기Cinéjournal』(1998) 서문에 실린)를 통해 이러한 슬로건이 더욱 예민하게 받아들여졌다고 지적하였다. Dork Zabunyan, *Voir, parler, penser au cinéma*, Presses de la Sorbonne Nouvelle, 2007.

은 정통적인 사유를 할 때에만 미래가 있다.) 편안하게 회상하면서 쉽게 변화를 지각하고 이해하면 바로 여러 생각들이 펼쳐진다. 나는 1985년의 비평이 왜 그토록 길을 잃었는지 정확하게 기억나지 않는다. 분명 다른 무엇보다 마르크스주의(이보다 덜 심각하게는 프로이트주의)의 붕괴로 야기된 실제적 불안을 표현하는 '대서사의 종말'이란 주제의 무의식적인 전염 때문이었을 것이다. 우리는 세상이 변했다고 느꼈다. '포스트모던'이라는 거대어는 우리로 하여금 모든 것에 대해 그것을 생각하게 했다. 그러고 나서 상징적인 종말일이 영화의 탄생 100주년의 해인 2000년에 도래했다.

1930년에 그랬던 것처럼 1980년에도 영화가 반드시 예술이 되어야 할 필요는 없다는 생각에 급작스럽게 직면하게 된 것은 당황스러운 일이었다. 그래서 뮤즈의 사회에서 영화의 자리, 그것의 예술적 계보와 정당성을 둘러싼 논쟁은 지나간 옛 논쟁의 자극제처럼 나타났다. 그렇지만 영화를 구제하려는 궁극적인 노력을 통해(〈영화사〉가 '오직 영화'만으로 증명하고자 한 것) 우리는 한 번 더 영광스러운 과거의 기준—발명, 전통, 유산—으로 영화를 평가하거나 모던함, 아방가르드, 낭만주의, 그리고 고전주의의 기대를 실은 영화적 시도 등 뒤죽박죽 섞여 있는 것들 옆에 영화를 두고자 했다. 이 모든 것은 왜 회화가 이런 비극적인 코미디 속에서 중요한 역할을 했는지 설명해 주지 않는다. 또한 알랭 카발리에의 〈테레즈〉(1986)나 피터 그리너웨이의 〈영국식 정원 살인 사건〉(1983)과 같은 몇몇 징후적인 영화들과 바로 그 후에 '영화와 회화'[2]의 '… 와/et …'를 둘러싼 수많은 비평적 시도들이 보여주듯이 사형 선고를 받은 영화의 역사적 불안이 왜

..

2) 특히 1989년 말과 1990년 초 캠페르Quimper, 샹티, 파리, 마르세유에서 계속해서 심포지엄이 열렸다. 회화에 대한 영화의 이러한 매혹에 대해서는 레이몽 벨루의 아름다운 텍스트를 볼 것. Raymond Bellour, 《Sur la scène du rêve》(1990), L'Entre-images, 2, POL, 1999.

회화에 의지함으로써 자신의 불안을 몰아내려고 했는지 설명해 주지도 않는다. 이 모든 것은 결정적으로 과거를 향한 것이며 보다 오래된 직관들의 통합이다. 바쟁과 회화, 로메르와 '손으로 그림을 그리지 않는 화가'인 무르나우, 실제로 화가이자 시네아스트인 안토니오니, 브레송, 고다르, 피알라, 이 책에서 다루고 있지 않은 타르코프스키처럼 가장 낭만적인 의미에서(사색적인, 철학의 대체물로서의 영화) 예술에 미친 감독들이 그러하다. 환상을 품은 보물로서의 회화. 그런 점에서 각 시대의 순수한 반영으로서의 이 책은 미래를 보는 데까진 나아가지 못했다. 미래는 나, 다네, 고다르, 심지어 들뢰즈의 마음에 들지 않았다. 우리는 중세적 **모던함**modernitas으로서의 어떤 것을 재현하고 싶어 했는데, 이것은 미래를 향한 출발점이 아니라 긴 전통의 끝으로서 현재를 생각하고 싶은 마음에서 기인하였다.

영화 작가들이 1980년대 중반 자신을 아티스트로 생각하고자 했던 방식에 이런 역행적인 분위기가 스며든다. 내가 이 책을 쓰기 얼마 전인 1986년 5월 리베라시옹에 실린 대담에서 마틴 스코세이지Martin Scorsese는 이렇게 말한다: "중요한 건 […] 당신이 화가인 것처럼 영화를 만드는 것입니다. 영화를 그리는 것, 화폭에서 회화의 무게를 물리적으로 느끼는 것이 중요합니다. 어느 누구도 지겨워하지 않는 것. 미완성인 화폭을 그대로 두었다가 거기서 다른 것을 시작하는 것. 점점 더 대수롭지 않은 자화상을 만드는 것." 그는 이에 근접하는 어떤 시도도 하지 않았다.(스코세이지는 영혼도 없고 풍미도 없는 거대한 기계들 속에서 모든 것이 그를 소환한 지점에서 끝낸다.) 이 발언은 징후적인 것일 뿐이며 그 안에서 우리는 회화가 당시 영화를 매혹시킬 수 있었다면, 그것은 영화가 갑자기 다루고 싶어진 회화적인 문제들로의 회귀보다는 (혹은 회화를 다룰 수단을 가지게 된) 화가이자 예술가라는 형상으로의 회귀 때문이라는 것을 알 수 있다―서투른 화가든 피카소

같이 노련한 화가든 그것은 중요하지 않다. '사람들이 귀찮게 하지 않기를', 이것이 고독, 성찰 속에서 일할 권리, 방해받지 않고 창조할 권리에 대한 최소한이지만 보편적인 요구이다. 여기서 화가는 예술가의 시조라는 형상을 부여받고 있다. 그가 반드시 타고난 재능을 가져야 할 필요는 없다. 부러워하는 것, 모방하고 싶은 것은 화폭과 대면하는 것이며 창조하는 작품에 몰두하는 것이고, 완성되었든 아니든 자신의 작품을 예술 작품으로 간주할 수 있는 권리이다. 그리고 이러한 작품과 화가가 맺는 촉각적이고 물리적인 관계─'회화의 무게'─인 지고의 행복은 분명 영화에서는 도달할 수 없다. 우리는 꿈을 꾸었다. '실험 영화'의 오랜 요구 중 하나인 가장 절대적인 예술의 지배는 실험 영화감독들이 매우 경멸한 산업적이고 재현적인 서사 영화로 대체되었다. 19세기 말 영화 발명가들의 시대가 있었다. 그러다 1920년경 시네아스트의 시대가 왔고 1950년대와 그 이후에 우리는 시네아스트를 작가로 만들고 싶어 했다. 30년 후 작가라는 단어는 원래의 까다로움과 엄격함을 잃어버린 채로 온갖 영역의 이미지 제작자들에게 보다 분명하게 맞서야 했다. 작가와 마찬가지로 까다로운 개념인 '아티스트 artiste'와 다시 돌아온 회화에 대한 추종은 이러한 상황을 이용하였다.

1987년 나는 다른 사람들처럼 이러한 요구와 의존으로 인해 혼란스러웠고 그것의 모순적인 성격을 어렴풋이 이해하였다. 당시 결론에서 나는 이렇게 썼다: '이미지를 위한 이미지, 영화가 사진과 유사한 것은 어떤 존재론 때문이 아니라 역사가 그렇게 하도록 결정했기 때문이다. 카메라와 붓을, 영화와 그림을 등가로 만드는 가능한 표현은 존재하지 않는다. 반대로 이 저서의 주장은 예술의 가장 함축적인 부분에서만 잠재적인 등가성이 존재하며 영화와 회화의 관계는 고전 미학에 상응하거나 고전 미학과의 관련성을 갖고 있지 않다는 것이다. 물론 영화는 예술로서, 영화가 채색 그림처럼 저속하거나 퐁피에 예술처럼 낡은 기법을 고수하는 것이라 해도 독자적인 예술로서 영화는 회화에 관한 사유를 불러일으킨다. 영화에서 회화를 추구한다는 것은 무엇보다 영화가 회화를 재현하는 것이 아니라 회화를 분할하고 파열하며 급진화한다는 것을 의미한다.' 심도를 지향하는 것. 왜냐하면 나는 인용 같은 표면 효과를 거부하기 때문이다. (이 저서의 도입부를 볼 것) 하지만 예술은? 그리고 전통은? 회화는? 회화를 '해체하는' 영화의 능력은? 이것이 바로 요지였다.

이제 상황이 좀 명확해진다. 꼬였던 매듭이 풀리고 다른 배치가 나타난다. 몇몇 개념은 완고해지고 몇몇 개념은 유연해졌다. '회화와 영화'는 분명 현재의 문제가 아니라 전적으로 역사의 문제이다. 왜냐하면 우선 회화를 단일한 의미의 회화(20년 전에는 확실한 속도와 유동적인 사고로 인해 용인될 수 있었다.)로 생각하는 것이 불가능하게 되었기 때문이다. 나는 현대 예술에 대한 비평적 자질을 갖고 있지는 못하지만, 현대 예술을 자주 접함으로써 회화가 예술적인 도구의 작은 영역으로 남게 되었으며 오늘날에는 오래된 예술로서 박물관의 오브제가 되었다는 것을 알고 있다.(이는 과장인지도 모르지만 그것은 중요하지 않다. 미묘한 의미를 추구하려는 것이 아니다.) 모더니티로 인해 사진 같은 정확성(인상주의의 터치, 세잔과 입체파의 체계화)을 버렸고 이어 추상 예술로 인해 재현으로부터 벗어난 회화는 이러한 긴 근대적 전통이 회화에 물려준 것—한편으로는 질료, 회화적인 것, 다른 한편으로는 제스처, '서정성'—을 오랜 시간을 들여 해체했다. 이와 관련된 여러 에피소드들이 알려지기 시작했는데(말하자면 통속화되었는데), 예를 들어 '모더니즘들modernismes'의 전쟁(그린버그, 프라이드Fried, 크라우스Krauss)[3]은 모던의 전설(마네, 보들레르, 벤야민, 바타유)만큼이나 우리가 보기에는 서사적이다.

이 모든 것을 통해 가장 놀란 것은 재현이 비주얼 아트(전에는 '조형 예술 arts plastiques'로 불렸다.)에서 사라지지 않았으며, 조형 예술에서 없어졌던 미장센이 회화 작품들(신구상 예술도 변함없이 키치이다.)이 아니라 비디오 와 최근 경향의 사진 예술에서 대거 재등장하고 있다는 점이다. 여기서 누 구나 무대 사진 예술가scénophotographe, 특히 제프 월Jeff Wall을 떠올릴 것 이다. 마틴 스코세이지가 묘사한 예술가의 고독한 작업은 그에게 꼭 들어 맞는다.(월은 작업을 기술적으로 세밀하게 구분하면서 영화감독처럼 행복하게 일 한다.) 〈문신과 그림자Tatoos and Shadow〉(2000)나 그보다 훨씬 이전에 만든 〈모방자Mimic〉(1982) 같은 작품들은 후자는 카유보트Caillebotte[4]의 길의 장 면에, 전자는 시슬리나 피사로의 정원 장면에 필적할 만하다. 〈갑작스런 돌풍A Sudden Gust of Wind〉(1993)은 대기적이고 기상적인 스냅 사진에 대 한 취향이 돌아왔음을 공개적으로 알린 작품이다. 그의 〈여성을 위한 그림 Picture for Women〉(1979)은 마네의 〈폴리베르제르 술집Bar aux Folies-Bergère〉 을 리메이크한 것이다[5]. 십여 년 전부터 사람들에게 친숙한 기념비적인 이 런 종류의 작품이 모방되었는데, 그것은 뤽 들라아에Luc Delahaye[6]가 그의 사진 리포르타주에서 구축한 것처럼 자료와 미장센을 흥미롭게 혼합하는

··
3) Clement Greenberg, *Art et Culture. Essais critiques*(1961), trad. par A. Hindry, Macula, 1988; Michael Fried, 《Art and Objechood》, *Artforum*, juin 1967; Rosalind Krauss, *L'Originalité de l'avant-garde et autres mythes modernistes*, trad. par J.-P.Criqui, Macula, 1993.
4) 역주: 구스타브 카유보트(Gustave Caillebotte, 1848~94)는 19세기 프랑스 화가이다.
5) Thierry De Duve의 분석에 따르면 그러하다. Thierry De Duve, *Voici 100 ans d'art contemporain*, Gand/Amsterdam/Paris, Ludion/Flammarion, 2000.
6) 역주: 뤽 들라아에(1962~현재)는 투르 태생의 프랑스 사진가이다.

단계까지 확장되었다.(다강Ph. Dagan과의 대담에서 들라아에는 이렇게 말한다: "실재를 언술하는 것, 그리고 그 자체로 세계인 이미지를 그만의 일관성, 자율성, 지배력으로 창조하는 것, 이것이 생각하는 이미지이다."[7])

도착점은? 출발점은? 누가 그것을 말할 수 있을까? 우리는 이러한 많은 방식의 잠금 장치를 찾아볼 수 있다. 하지만 분명한 것은 단순한 노스탤지아적 퇴행을 문제 삼는 것이 아니라 미장센, 형상화된 인물, 무대 공간, 응결된 시간이 미학적 문제들이나 이미지에 관한 문제들에서 사라지지 않았다는 것이다. 물론 이것이 현대 예술의 전부는 아니다. 현대 예술은 다른 많은 길을 제시하였다. 요약해서 말하면 예술은 오늘날 모던한 '여담 parenthèse'[8]이라고 불리는 것이 공식적으로 소멸한 후 한편으로는 온갖 형식으로 그것을 되풀이하고(인용의 재사용, 글자 그대로 **리메이크**로의 우회, 모방의 점유 등), 다른 한편으로는 일반화된 혼종성hybride의 양상을 띤다. (여러 매체, 장치, 가치, 수준들의 혼합) 예술 자체가 상업(나아가 산업, 몇몇 예술 작품은 소규모 영화 제작에 버금가는 제작 수단을 요구하므로)이 된 것은 말할 것도 없이 커뮤니케이션, 미디어, 광고와 늘 분명하게 구분되지 않는 이러한 과잉 속에서 회화 같은 어떤 것을 영화와 구분하기란 분명 불가능하다.

회화에서의 상황은 비교적 단순했다. 회화가 어느 정도까지 영화에 다시 영향을 미치게 되었는지, 그리고 왜 그렇게 되었는지 완벽하게 규명하는 것이 늘 쉽지는 않았다. 하지만 적어도 실질적인 형식들을 쉽게 인지할 수 있는 예술인 회화에 대해 그 문제가 제기되었다. 회화는 화폭 위에 물질적인 흔적들을 배열하는 것이다. 그것은 화폭 위에 흔적들을 놓아두는

..

7) 2005년 11월에서 2006년 1월까지 파리(La Maison rouge)에서 열린 L. Delahaye의 전시회 팜플렛에서 인용하였다.
8) Marianne Alphant, dir., *La Parenthèse du moderne, op. cit.*

것으로 시작된다.[9] 회화는 이러한 흔적들에서 논리와 결정 사항들을 발견했을 때 예술로 완성된다. 영화에서 회화의 회귀에 대해 말하는 것은 이미 표시된 역사, 화가들의 예술사를 그의 영웅적인 형상들, 패러다임, 그리고 별로 중요하지 않은 **사실들**marginalia을 가지고 다시 훑어보는 것이었으며, 또한 화가들의 예술사를 보다 신선한 다른 역사, 프랑스 사람이 대부분인 유난히 예민한 몇몇 비평가들의 모호한 작품으로 이루어진 영화 미학의 역사와 연결시키는 것이었다. 그러므로 이것은 모순적인 비평적 전통이 추구한 것이었으며(요컨대 황색 시대의 「카이에 뒤 시네마」의 추구), 여기서 회화는 **선험적으로** 불순한 오브제, 영화에 존재해서는 안 되는 오브제로 간주되었다. 왜냐하면 그것은 얼룩을 남겼을 뿐 아니라 모든 특별한 예술적 힘의 가능성을 망쳐버렸기 때문이며, 또한 시네아스트들이 그들의 것이 아닌 근원에 집착한다는 것을 보여주는 징후이자 반동적인 힘이었기 때문이다.

모든 예술 중 막내로 탄생한 영화는 다른 영역, 특히 회화에서 이미 고안되었던 관념이나 형식, 규칙들과 만날 수 있었으며 실제로 영화는 이를 차용함으로써 변화한다. 그런데 이 같은 우연한 만남은 거의 항상 운명에 의해 이끌린다. '영화'는 예술로 보이길 바라고 이를 위해 실제든 가정이든 유산에 속하는 어떤 것을 차용하거나 재활용하고 변형한다. 나는 '히치콕과 예술'이라는 전시회의 부제였던 '운명적인 우연한 만남coïncidences fatales'이라는 표현을 차용하였는데, 이 전시회는 히치콕의 작품과 대위법을 이루면서 그의 영화에 정보를 제공하는 회화 작품들, 특히 상징주의 작품들을 보여주었다. 나는 다른 곳[10]에서 이러한 가정에 대한 나의 소견—

:

9) 리처드 월하임의 'Ur-peinture'의 이론적 픽션을 볼 것. Richard Wollheim, *Painting As An Art*, Londres, Thames & Hudson, 1987.

10) 《Paradoxal et innocent》, dans Cogeval et Païni, *op. cit.* Repris, sous le titre 《Alfred

이러한 가정은 특이하지만 가장 도발적인 주장, 즉 회화와 영화 관계의 **운명적**인 성격(말하자면 소재, 주제, 의도와 무관한)에 관한 주장으로 인해 중요한—을 말했었다. 고전주의 시대의 훌륭한 시네아스트가 자신의 개인적인 '스타일'의 일부를 회화사의 검증되지 않은 영향에 의거한다는 주장에 대해 우리는 이러한 수많은 우연적 만남들이 어떤 때는 운명의 영역에 속하고 또 어떤 때는 반대로 완벽하게 의도적인 영역에 속하는지 자문하지 않을 수 없다.(이러한 만남이 비평가의 환상의 결과인 경우는 무시하겠다.)

할리우드에서조차 영화와 회화적 근원과의 관계를 예상하고 강조하고 거의 이론화하고자 했던 적이 여러 번 있었다. 가장 확실한 경우가 앨버트 르윈Albert Lewin[11]이다. 그는 〈도리안 그레이의 초상〉(1945)에서 벨라스케스와 네덜란드 내면주의 회화를 리메이크했고 〈판도라〉(1951)에서는 조르주 데 키리코Giorgio De Chirico[12]의 형이상학적인 회화를 드러내놓고 참조하기도 했다.[13] 하지만 우리는 스탠리 큐브릭에서 테런스 맬릭에 이르기까지 많은 시네아스트의 작품에서 앨버트 르윈만큼 확실하지는 않아도 최소한 그에 견줄 만한 의도를 파악할 수 있다. 우연한 만남은 작품 목록의 관점에서만 **운명적**이다. 그것은 움직이는 이미지들의 창조에 끊임없이 영향을 미친다. 셰퍼의 '우리에게 다른 문화는 없다.'[14]는 넘어서기 힘든 일종

..

Hitchcock tel que je l'imagine》, dans *Matière d'images*, Images modernes, 2005.
11) 역주: 앨버트 르윈(1894~1968)은 미국의 시나리오 작가이자 감독, 제작자이다.
12) 역주: 조르주 데 키리코(1888~1978)는 이탈리아 화가이다. 큐비즘의 영향을 받아 환상적이고 신비적인 독자적 화풍을 형성하였다. 그는 초기 초현실주의 개척자로도 공로가 크다. 1930년 이후에는 아방가르드 예술 운동에서 물러나 아카데믹한 세계로 돌아갔다.
13) 르윈과 회화에 대한 결정적 접근—모든 결정의 몫을 유연하게 만들어주는—은 알랭 봉팡의 저서 『포화된 영화』를 참조할 것. Alain Bonfand, *Cinéma saturé*, PUF, coll. 《Épiméthée》, 2007.
14) "이 프로그램은 영화사가 아니다. 이것은 이미지의 역사를 우리 문화 속에 틀 짓는 정신적

의 라이트모티프이다. 로메르가 그의 영화에서 마티스 대신 퓌슬리와 무르나우를 인용한 것은 놀랍지 않다. 그는 계몽적인 그의 영화를 위해 현대 예술에 대해 그가 갖고 있는 지식을 유보한 채[15] 몬드리안이 확산적 문화에 의해 수용되었을 때에야 비로소 〈보름달이 뜨는 밤Les Nuits de la Pleine Lune〉(1984)에 몬드리안의 그림 재현을 포함시켰다. 마찬가지로 고다르나 리베트(리베트도 폭넓은 예술 지식의 소유자이다.) 역시 표면적으로라도 영화에 현대 회화의 어떤 작품도 끼워 넣는 것을 생각하지 않았다.(좌파 시절 고다르 영화의 피카소 작품 재현과 〈미치광이 피에로〉에서 르누아르 작품 재현을 볼 것. 가장 최근에는 클레의 작품을 참조하였다.) 운명적인 우연한 만남은 영화와 현대 예술의 관계를 다루기에 좋은 도식이 아니다. 반대로 이 도식은 영화를 유산으로 끌어당긴다. 알랭 봉팡이 르윈-키리코 관계(이 관계는 영화에서 드러나 있다.)나 히치콕-하퍼 관계(이 관계는 영화에서 감추어져 있다.)를 강조할 때 회화는 이미 이전에 있던 것으로 다루어진다. 존 포드와 클리퍼드 스틸Clyfford Still[16]을 관련짓기 위해 그는 심도를 통한 긴 우회를 해야 한다.[17](스틸은 여전히 '추상 표현주의' 세대, 사라진 모더니즘 바로 전 세대에

..

인 우화에 속할지도 모른다. 우리가 무엇을 만들고 생각하든 우리는 다른 역사나 문화를 갖지 않는다."(Jean Louis Schefer, 《Conférence》, dans *Cinématographies*, POL, 1998, p. 15)

15) 우리는 마티스의 자격을 1955년에도 여전히 현대적이라고 할 수 있는지 의문을 제기할 수 있다. 하지만 이 화가는 비록 환상적이라고 하더라도 리베트(앞에서 인용한 〈셀룰로이드와 대리석Le cellulöid et le marbre〉을 볼 것)뿐만 아니라 로메르(1955년 4월 「카이에 뒤 시네마」 46호에 실린 '로셀리니에 대한 편지Lettre sur Rossellini'를 볼 것)에게 현대적인 지시체 역할을 했다.

16) 역주: 클리퍼드 스틸(1904~80)은 미국 화가이다. 처음에는 어두운 표현주의적인 구상화를 제작하였으나 1940년대 말부터 미국의 자연을 상기시키는 색상으로 추상적인 작품을 만들어 뉴먼, 로드코 등과 같이 추상 표현주의의 한쪽 기수 역할을 했다.

17) A. Bonfand, *Le Cinéma saturé, op. cit.*

속한다. 그와 포드 사이의 공통된 사색의 토양과 같은 것은 여전히 생각해 볼 만하다.[18])

오늘날 상황은 아주 다르다. 회화는 그에 의존하는 영화와 더불어, 그리고 보편적인 비평 신념의 기본 논조 중 하나인 모더니티의 죽음과 더불어 더욱 망각되면서 박물관으로 밀려나고 있다. 2007년에 이르러서는 더 이상 영화와 회화의 관계가 심오했는지, 그리고 그러한 관계를 보여준 것이 있었는지, 있었다면 어떤 역사적 상황에 따라 그러했는지 자문할 수 없다. 따라서 이 저서의 핵심 질문은 두 가지로 구분된다. 하나는 자연에 속하는 눈의 문제이고, 다른 하나는 문명에 속하는 예술의 문제이다. 영화는 여전히 지가 베르토프나 엡스탱을 매혹시킨 슈퍼 눈인가? 그것은 여전히 눈의 변모를 통해 일련의 예술 속에서 그의 독자적인 자리를 발견할 수 있는가? 그리고 회화는 여전히 노스탤지아적인 영화(빔 벤더스가 꾸준하게 촬영하는 서구 풍경들)가 아닌 다른 곳에서도 영화적 상상력에 자양분을 제공할 수 있는가?

영화는 자신만의 신구 논쟁을 거쳤고 그만의 모더니즘을 실현했다. 심지어 영화의 모더니티는 하나가 아닌 여러 개이며 그것은 경쟁적이고 배타적인 당파들로 분할되었다. 웰스, 로셀리니, 안토니오니, 고다르와 몇몇 다른 시네아스트들의 모더니티 사이에는 모던함에 대한 기본 전제를 제외하고는 공통된 지적 공간이 존재하지 않는다. 자기 반영성과 역사 의식,

..

18) 스탠리 브래키지가 아주 잘 지적하고 있는데, 그는 자신의 영화 〈고원의 그림자The Wold Shadow〉(1972)에서 풍경의 문제에 대해 다음과 같이 말한다: "그것은 르네상스 시대부터 클리퍼드 스틸까지 서양 풍경 회화의 역사였다. 당신이 클리퍼드 스틸을 풍경 화가로 간주한다면, 그리고 나도 그러하다면."(cité d'après le livret d'accompagnement de l'édition dvd *by Brakhage: an anthology*, Criterion, 2003)

전통에 대한 선택적 단절과 숭배, 예술의 정신적 효능에 대한 은밀하지만 강력한 믿음이 그 기본 전제들이다.[19] 게다가 작가 정책이 지배한 시대에 그린버그적 의미의 영화적 **모더니즘**의 존재를 믿는다는 것은 쉽지 않다. 그린버그는 모더니티에 대한 비평적 경향('비평'에 대한 칸트적 의미에서. 즉 전복이 아닌 내면의 강화와 비판)의 고조를 이 단어로 지칭하고 싶어 했다.[20] 거의 나이가 같은 웰스와 폴록Pollock 사이에는 어떤 동시대성도 없다. 그건 단지 구상적인 것/비구상적인 것이라는 허술한 기준 때문이 아니다. 1950년에는 화가와 시네아스트 사이에 이러한 심연이 존재하였고, 전자는 혼자 일하고 후자는 창조의 방해꾼들에게 둘러싸여 있었다. 영화는 아방가르드의 기준에 미치지 못했다. 다시 말해 영화는 일반적인 취향과 보편성을 지향하는 주류의 정의 안에 있었다.(우리는 여전히 〈기계적 발레Ballet mécanique〉,[21] 〈카메라를 든 사나이Homme à la caméra〉,[22] 〈앤티시페이션 오브 더 나이트Anticipation of the Night〉[23]나 〈파장Wavelength〉[24]이 아방가르드한 작품인지 아닌지 판단하기 위한 논의를 할 수 있다.) 관습적으로 '예술'이라고 부르는 것의 영역에서 아방가르드주의가 늘 하나의 선택적 위치였던 것이 사실이

..

19) '전통의 단절/단절의 전통'의 변증법에 대해서는 Thierry De Duve의 현재도 설득력 있는 텍스트를 참조할 것. Thierry De Duve, *Au nom de l'art. Pour une archéologie de la modernité*, Éd. de Minnuit, 1989. 정신적인 효능에 대해서는 장마리 셰퍼의 종합적인 관점을 보고 그가 '예술의 사색 이론'이라 부르는 것에 대해서는 『현대 시대의 예술』을 볼 것. Jean-Marie Schaeffer, *L'Art de l'âge moderne*, Gallimard, 1992.
20) Clement Greenberg, 《Modernist Painting》(1961), repris dans Charles Harrison & Paul Wood, *Art in Theory 1900-1990. An Anthology of Changing Ideas*, Oxford-Cambridge, Blackwell, 1992.
21) 역주: 1924년 페르낭 레제Fernand Léger와 더들리 머피Dudley Murphy의 단편 영화이다.
22) 역주: 1929년 지가 베르토프의 다큐멘터리이다.
23) 역주: 1958년 스탠리 브래키지의 다큐멘터리이다.
24) 역주: 마이클 스노의 1967년 미니멀리즘 영화이다.

라고 해도, 그것이 예술로서 영화의 명예를 실추시키는 것은 아니었다. 하지만 그것에는 이러한 요구가 사실임을 확인해 주고 정당화해 주기 위해 반드시 필요한 비평적 도구가 부재함으로써 영화를 이상한 모던 예술로 만들었다.[25] 진정한 프로그램도, 선언서나 선언의 기치도 없다. 웰스나 고다르, 안토니오니학파나 운동도 존재하지 않는다. 도그마도 없다.(영화에서 도그마적 시도들은 다음과 같은 것이 있다. 아방가르드적인 도그마적 시도들, 예를 들면 언어적 사고를 베끼지 않는 '훌륭한' 영화를 격찬하는 브래키지 시도, 혹은 단 하나의 필름으로 영화를 재정의하고자 하는 쿠벨카[26]의 시도, 고전주의를 설파하는 물레와 같은 반동적 시도, 영화를 다큐멘터리의 빈곤한 한 자의적 형식으로 환원하고자 하는 **도그마** 시도 등. 이 중에서 그 어떤 것도 학파 설립에는 이르지 못했다.)

이에 대해 강조하거나 자세히 설명하지는 않겠다. 내게 중요한 것은 비평과 예술 역사가 모더니티의 죽음을 공포하기 위해 동맹을 맺는 시점에 —다가오는 새로운 시대를 어떻게 명명해야 하는지 정확하게 모르면서— 영화는 그의 모던한 에피소드, 재주, 때로는 재능에도 불구하고 늘 예술사에서 자신의 위치를 **집단으로** 결정하지 않았다는 것이다. 아서왕의 궁정에 있는 마크 트웨인의 양키Yankee처럼, 웰스는 20세기로 이식된 시대착오적인 중세 인간이었음을 알 수 있는 방법이 있었다. 그에 비해 웰먼Wellman

••

25) 이러한 주장을 고집하는 것은 아니다. 왜냐하면 그것은 이제까지 결코 행해진 바 없던 사회학적이고 역사적인 작업을 개입시키기 때문이다. 하지만 관습적으로 '영화 비평'이라고 불리는 것은 아주 유명한 경우를 제외하고는 비평적 사유 및 '예술 비평'(예술 비평은 최악의 이유들을 위해서라고 하더라도 어쨌든 옹호해야 할 가치를 지니고 있다.)에서 이러한 사유의 작동과 거의 관계가 없다.

26) 역주: 프리들 쿠벨카(Friedl Kubelka, 1946~현재)는 런던 태생의 오스트리아 사진가 겸 영화 감독이다.

은 할리우드의 세기에 단지 미국인일 뿐이었다. 심지어 빔 벤더스도 자신만의 분명한 문화와 사진, 회화, 영화를 융합하는 것에 대한 애착을 갖고 있었음에도 불구하고 자신보다 앞선 세대 감독들의 재능과 전제를 끊임없이 회고적인 작품들에서 차용하여 부드럽게 만들 뿐이었다.

건너뛰자. 위대한 예술로부터 전수받았지만 어쨌든 교양 있는 시네아스트 세대에서 아주 잡다한 문화—록Rock, 팝을 비롯해 차별적 가치와 미학적 공간의 분할에 대한 모든 금기를 벗어던진—를 가진 세대에 이르기까지 가장 놀라운 것은 예술에 대한 요구가 끊이지 않는다는 것이다.(사실 어쩌면 그것이 논리적으로 당연한 것인지도 모른다.) 영화와 예술의 이런 새로운 관계에 대한 완벽한 도표를 작성하는 것은 불가능할 뿐만 아니라 합리적이지도 않다. 단지 우리는 이 새로운 관계에 대한 징후들을 작성할 수 있을 뿐이다.(눈의 이야기들은 간헐적으로만, 마치 우연인 것처럼만 존재한다.)

〈사이코Pcycho〉 혹은 인용의 빈발—인용은 그 자체로는 새롭지 않다. 「풀밭 위의 점심」과 「올랭피아」 이래 모더니티는 인용을 하나의 특징으로 내세웠다. 이러한 관점에서 볼 때 영화에서 마네에 상응하는 것은 누벨바그 감독들의 인용에 대한 신앙과 영화 애호일 것이다.(인용 그 자체인 〈영화사〉에 이르기까지) 최근 할리우드 영화에서 나타나는 반복 양식은 상당히 다르다. 그것은 리메이크remake라는 제도화된 장치이다. 이 장치의 중요한 결정 요인은 미학적인 것이 아니라 경제적인 것이다. 즉 이익의 반복과 복원이라는 산업적인 전략 때문인데, 이 전략은 동일한 영역의 다른 산업적인 행위를 보완하고자 한다. 구스 반 산트의 〈사이코〉(1998)는 노골적이고 의도적인 개념 전략에서 1998년 제작된 히치콕 작품에 대한 다른 두 리메이크(앤드류 데이비스Andrew Davis의 〈완벽한 살인A Perfect Murder〉과 제프 블렉너

Jeff Bleckner의 〈이창Rear Window〉와 구분된다. 이 영화는 원전을 절대적으로 존중한다고 공표하였다.(동일한 편집, 동일한 숏, 동일한 대사 등) 어떤 배우를 다른 배우로, 어떤 소도구를 다른 소도구로, 어떤 색채를 회색으로 바꾸었다는 점 등을 시인함으로써 **리메이크** '방식을 공공연하게 드러내었다.' 그런데 이 영화는 끝없이 은밀하게 존재하고자 하는 히치콕 '텍스트'에 너무나 근접해 있기 때문에 구스 반 산트는 이 텍스트에 매우 명시적인 해설(노먼의 자위, 동성애적인 화음)과 수수께끼 같은 디테일(익스트림 클로즈업으로 찍힌 파리, 천둥과 함께 비가 내리는 숏), 계산된 차이(모호한 〈수잔과 장로들〉 대신 프라고나르의 〈빗장〉)를 부가함으로써 이 텍스트를 해석했다고 말할 수 있다. 또는 그가 자신이 리메이크하는 영화를 **묘사한다**고 말할 수도 있고 원래의 이미지에 묘사적 힘을 갖춘 유기적으로 구성된 자신의 모방을 겹쳐놓는다고 말할 수도 있다. 혹은 그가 다양한 세계들—조지프 코수스 Joseph Kosuth[27]와 브루스 나우먼Bruce Nauman[28]의 네온관에서 필름 이미지들에 대한 수백 가지 추억들에 이르기까지—에 대한 그의 가벼운 기억을 숨결처럼 지나가게 함으로써 이 영화에 인용의 가능성들을 **연다**ouvre고 할 수도 있다.(마리온이 차 안에서 자고 있어서 그녀를 부르는 경찰의 검은 안경은 아벨 페라라의 〈보디 에일리언Body Snatchers〉의 마지막 숏에서 보이는 검은 안경뿐만 아니라 존 우의 〈페이스 오프Face/off〉에서 외과 의사의 안경에 비친 캐스터 트로이Castor Troy의 이미지를 반영한다.) 이 작품은 피터 그리너웨이나 르윈의 인용과도 상당한 차이가 있다. 시나리오를 보다 젊은 관객에게 맞추길 원하는 통상적인 리메이크와 달리 구스 반 산트의 〈사이코〉는 그저 시나

27) 역주: 조지프 코수스(1945~현재)는 미국의 개념주의 예술가이다.
28) 역주: 브루스 나우먼(1941~현재)은 미국의 예술가로 사진·조각·네온·비디오·드로잉 등 광범위한 매체들을 다루고 있다.

리오가 아닌 하나의 작품을 다시 만들고 히치콕의 〈사이코〉(1960)를 본 관객에게 의식적으로 말을 건네며 이 영화를 그것의 모델이자 지시체와 관련짓기 때문이다. 관객에 대한 이러한 작용은 분명 정확하게 말하면 더 이상 '모던한' 것이 아니다.

〈나쁜 영화Bad Movie〉 혹은 비정형적인 것—구스 반 산트의 영화보다 덜 유명하지만 믿을 수 없을 정도로 에너지가 넘치는 한국 영화감독 장선우의 이 작은 영화는 후기 산업 사회에 사는 서민들의 삶을 대중적인 동시에 예술적으로 상징화하고자 경쟁하는 아시아 영화—중국, 일본, 한국이 혼재된—의 중요한 흐름을 그 나름의 비정상적인 방식으로 압축한다. 이 질적인 이 영화는 루쉬-모랭식의 '시네마-베리테'적인 일면(부랑자나 젊은 불한당이 등장하는)과, 단순화되고 고의로 상투화한 허구의 짜임새(남자 친구들에게 강간당하는 젊은 여성 이야기), 배우가 실제 상황에 반응하는 즉흥적인 장면들(서울의 한 대로에서 치킨 런 놀이를 하는 오토바이족에 대한 긴 장면)과 언술자의 직접 개입(텍스트의 자막 삽입, 카툰, 만화, 보이스 오버 등 상상할 수 있는 모든 형식으로)이 뒤섞여 있다. 이질적인 이 영화는 또한 비정형적이다. 그것은 장르를 알아볼 수 없을 정도로 완전히 뒤섞인다.(우리는 이 영화를 규정하기 위해 엄청난 노력을 기울여야 한다. 이 영화는 네오-네오리얼리즘적인 다큐멘터리도, 키치적 익살극도, 필름 에세이도 아니면서 이 모든 장르적인 요소를 조금씩 다 갖고 있다.) 미국 배급사가 이 영화의 배급을 취소한 것은 당연했다. 나는 이 영화보다 몇 년 후에 제작되어 가장 많이 배급된 쿠엔틴 타란티노의 〈킬 빌〉을 하나의 증후로 간주할 수도 있었다. 하지만 타란티노는 장선우보다 더 영악하면서 덜 대담하다. 그는 끊임없이 작은 형식들의 증식 안에서 큰 형식을 추구한다. 그는 비정형성보다는 혼종성을 목표로 하며 그의 **나쁜 영화**는 장선우의 작품보다 대단히 **건전하다**.(심지어는 지나치게 **다듬었다.)**

고다르를 비롯해 모더니스트들이 실행한 몇몇 시도의 특징이라 할 수 있는 잡다함le disparate과 혼종성을 혼동해서는 안 된다. 혼종성은 전체적인 조화를 위해 만들어진 것이 아닌 요소들, 본성적으로 조화에 저항하는 요소들을 결합한다. 하지만 일단 결합하고 나면 경우에 따라서 보다 저항적인 유기체가 된다. 우리는 〈열대병〉(아피차퐁 위라세타쿨이 2004년에 만든 영화. 혼종적인 허구―우의적 이야기와 결합된 자연주의적 픽션―인 동시에 혼종적인 스타일―핸드 헬드 카메라, 다큐멘터리적인 스타일과 연극적이면서 거리를 둔 양식―의 작품)에서 〈타네이션〉(조너선 카우에트가 2003년에 만든 영화. 필름 저널과 다양한 종류의 네오 팝 이미지들을 혼종한 작품)에 이르는 최근 영화들에서 이러한 경향을 띤 작품들을 많이 찾아볼 수 있다.

〈**버펄로'66**〉 **혹은 독특한 메아리**―빈센트 갈로의 〈버펄로'66〉 마지막 장면에서 주인공은 그가 복수하고 싶은 남자를 찾아 바에 간다. 하지만 이 남자를 향해 총을 쏘려는 순간 그는 살인 장면과 그 결과를 상상해 본다. 그는 복수하고 자살할 것이다. 이 영화는 정지 이미지라는 이례적인 방식을 사용해 정신적인 이미지를 보여준다. 정지된 이미지이지만 3차원으로 되어 있어서 사람들이 그 주변을 돌 수 있는 밀랍 혹은 플라스틱으로 된 형상처럼 보인다. 이 영화는 신디 셔먼Cindy Sherman의 사진과 홀로그램, 그리고 인간의 형체를 한 조각 중간쯤에 있는 그 무엇이다. 이것은 영화의 나머지 부분이 짐 자무시Jim Jarmusch식으로 아주 단순한 서사 체제를 택한 만큼 더욱 놀랍다. 의도한 것일까? 장담할 수는 없지만 그것은 다음과 같은 사실을 밝혀준다. 현대 예술, 갤러리, 박물관은 더 이상 위대한 예술의 노정에 있지 않다. 영화에 이들을 끌어들이는 것은 인용도(이들은 비교하지 않는다.), 모방도(영화는 똑같은 것을 만들지 않는다. 영화가 목표로 하는 것은 다른 관객이다.) 아닌 하나의 반향이다. 영화의 경계는 현대 예술의 미학적 출현 양식들을 반사하는 방이 되었다. 보다 최근의 영화로 〈흔들리는 구름La Saveur de la pastèque〉(차이 밍량(蔡明亮), 2005)을 보면 정확하게 그 어떤 것도 인용하거나 모방하지 않지만 이 영화의 도상은(특히 음악 번호들에 대한 도상) **디오니소스적**인 전시회와 요즘 유행하는 **게이** 축제의 중간쯤에 있다.

   〈**타네이션**〉 **혹은 실험적인 것의 통속화**—조너선 카우에트 영화의 비평적 성공 역시 이질적인 것, 즉 필름 저널, 오토픽션auto-fiction, 환각 증상의 영화, 에세이, 배드 무비, 그리고 결정적으로 아마추어 영화의 결합 덕분이다. (아마추어 영화는 비평적이고 이론적인 '훌륭한 대상들'[29] 중 시간적으로 가장 나중의 것이다.) 하지만 이 영화는 미국 **언더그라운드**에서 유래한, 그리고 계속해서 '실험적'이라고 명명되는 이런 영화 부류의 절대적인 격리가 심각하게 위축시킨 것의 증후를 의도치 않게 만든다. 경계를 없앤 것은 분명 **고상한**distingué 관객에게만 효과적이다.(한때 유행한 교양 TV는 규범 안으로 들어온 것처럼 보인다.[30] 하지만 '영화 비평'은 치유할 길 없이 불모지에 머물러 있다.) 하지만 주변적이지 않았던(고다르가 환기했듯 주변은 텍스트를 둘러싸서 그것을 지탱하게 한다.), 그리고 거대한 소설 같은 영화 옆에서 불안정한 시적 시도의 등가물로 남아 있던 이 영화는 결국 카메라-펜[31]이라는 오래

∴

29) Voir Roger Odin, dir. *Le Film de famille: usage privé, usage public*, Méridiens Klincksieck, 1995 et *Le Cinéma en amateur, numéro de Communications*, Éd. du seuil, 1999.

30) 아르테Arte라는 프랑스-독일 채널의 경우가 그러하다. 〈snark〉라는 훌륭한 프로그램이 폐지되었고 다른 그의 후속 프로그램들도 방영 직후 폐지되었다. 이러한 폐지는 이해하기 어렵다.(왜냐하면 일례로 〈snark〉는 나름의 논리뿐 아니라 시청자들도 있었기 때문이다.)

31) 역주: 알렉상드르 아스트뤽은 '카메라-펜caméra-stylo' 이론을 주장함으로써 1950년대 말

된 유토피아를 구현할 수 있게 되었다. 그런데 영화에서 이런 예술적이고 시적인 주변이 더 많이 나타나면서 이 주변은 그것과 더불어 제도화된 예술 역사의 어떤 것을 야기하였다. 1920년대 역사적 아방가르드만큼 비정형적이고 복합적인 **언더그라운드**는 화가의 운동도, 정확하게는 아티스트의 운동도 아니었다. 하지만 그것은 놀랍게도 세계 예술 무대의 중심인 뉴욕에서 발생했다는 이점을 지니고 있었다.(앤디 워홀의 '팩토리Factory'[32]가 영화뿐만 아니라 실크 스크린 기법[33]을 제작할 수 있는 능력을 보여준 후 더 이상 순진한 '실험적'인 시네아스트는 존재하지 않았다.) '실험' 영화가 박물관 및 대학과 미묘한 관계를 지니고 있다고 해도 실험 영화는 그와 더불어 수많은 가교를 구축했고 많은 사람들이 이 가교를 애용했다. 실험 영화는 더 이상 금기가 아니다.

〈**피닉스 테이프**Phoenix Tapes〉 **혹은 흐름의 역류**── 마티아스 밀러Matthias Müller의 〈피닉스 테이프〉(2000)는 '연속 편집'의 논리 안에서 히치콕 작품의 숏들을 여기저기서 취해 이 작품을 분석적으로 읽은 것으로, 히치콕 작품 해설의 익숙한 방법 중 하나인 사디즘에 따라 묘사되고 해석되었다. 여자를 바라보는 남자, 여자를 혹독하게 다루는 남자, 여자의 목을 조르는 남자, 이러한 장면들의 연속은 냉혹하면서 부드럽다. 밀러는 갤러리에서만 통용될

∴

프랑스 누벨바그에 많은 영향을 끼쳤다. '카메라-펜'은 작가가 펜으로 글을 쓰듯이 영화감독도 카메라로 개성 있게 찍어야 한다는 것이다.

32) 역주: 팩토리는 1962~84년 뉴욕 시티에 있었던 앤디 워홀의 스튜디오 이름이다. 워홀은 세 번에 걸쳐 스튜디오를 이전하였다. 그는 수프 깡통이나 코카콜라 병, 달러 지폐, 유명인의 초상화 등을 실크 스크린 기법으로 이 스튜디오에서 제작하였다. 뿐만 아니라 〈잠sleep〉 (1963)을 비롯해 280여 편에 달하는 실험 영화를 이 스튜디오에서 촬영하였다.

33) 역주: 실크 스크린 기법은 여러 판화 기법 중 제작 과정이 비교적 간편할 뿐만 아니라 일단 판이 완성되면 단시간에 수십 장을 찍어낼 수 있어서 상업적인 포스터 등에 많이 이용된다.

법한 이미지에 적합한 '변형적'[34]인 이미지들을 선택하는 데 골몰한다. 그는 30년 전부터 수많은 형식을 취했던 히치콕 작품에 대한 다시 쓰기를 시도한 감독들 중 가장 최근의 감독이다. 우리는 다소 알려지지 않은 히치콕 영화의 인용들을 알고 있다. 브라이언 드 팔마Brian De Palma가 이러한 인용을 독점한 것은 아니지만 그는 〈사이코〉의 샤워 장면을 다양한 수십 가지 방법으로 재현함으로써 꾸준히, 그리고 창의적으로 이러한 인용을 실천했다. 밀러와 그 이전에 더글러스 고든Douglas Gordon(〈24시간 사이코24Hours Psycho〉(1993)), 그리고 피에르 위게Pierre Huyghe(〈이창〉을 다시 만듦으로써 리메이크했다.)와 다른 수많은 감독들은 히치콕 작품이 더 이상 인용의 보고가 아니라 재생산의 대상이라는 것을 보여준다.[35] 물론 히치콕이 유일한 것은 아니다. 이런 아티스트들은 존 포드(〈추적자The Searchers〉)나 오손 웰스(마크 루이스Mark Lewis의 〈Upside down Touch of Evil〉에서 게오르크 바젤리츠 Georg Baselitz의 〈악의 손길Touch of Evil〉 리메이크에 이르기까지)에도 관심을 기울인다. 하지만 히치콕이 가장 두드러진다.

1990년대 제작과 복제 기술 가능성이 확대되면서 박물관 예술은 1970년 자크 모노리Jacques Monory[36]가 그랬듯 더 이상 단순히 영화 이미지들을 인용하기 위해 그릴 필요가 없다. 영화는 약간의 수정을 가함으로써 직접적

••

34) Selon l'expression de Christa Blümlinger, dans son essai sur cet artiste, in Stefanie Schulte Stathaus, Hg., *The Memo Book. Filme, Videos und Installationen von Matthias Müller*, Berlin/London/Toronto, Arsenal Experimental/Lux/YYZ Books, 2005.

35) 우리는 히치콕 작품으로부터 영감받은 모든 작품—움직이는 이미지뿐만 아니라 다른 매체도 포함하여—을 보여주는 '히치콕과 예술Hitchcock et l'art'의 두 번째 전시를 생각해 볼 수 있다.

36) 역주: 자크 모노리(1924~2018)는 프랑스 화가이자 감독이다. 사진과 영화에서 깊은 영향을 받은 그의 작품은 일상의 폭력성에 초점을 맞춘 현대 세계에 대한 알레고리라고 할 수 있다. 그는 자신의 트레이드 마크인 블루 톤을 통해 현대 문명의 특색을 나타내고 있다.

으로 새로운 작품의 재료가 되었다.(〈24시간 사이코〉는 명백하게 슬로 모션만을 실행하지만 〈데자뷔Déjà-vu〉는 아주 가벼운 슬로 모션과 패스트 모션을 행한다.) 우리는 좀 더 세련된 방식으로 이전의 '우연한 만남'을 재발견한다. 거대한 이 우연성은 이번에는 완벽하게 계산되고 절대적으로 운명적이다. (우리는 히치콕과 재회하지 않을 수 없다.) 파졸리니가 〈라 리코타La ricotta〉에서 로소 피오렌티노Rosso Fiorentino와 함께했던 것과 반대이다. 생각난 김에 말하자면 피에르 위게, 더글러스 고든, 마티아스 뮐러, 샹탈 애커만, 페드로 코스타, 압바스 키아로스타미의 설치 작업으로 인해 영화는 하층민의 오락이라는 지위와 여전히 많은 인텔리겐치아의 오락이라는 지위에서 마음대로 복사할 수 있고 도용할 수 있으며 언제든 볼 수 있는 문화적 보고의 지위로, 오늘날 예술을 규정하는 장소 그 자체로 이행하게 되었다.[37]

이러한 재생산에서 영화는 건재하다. 우선 재생산은 거의 필연적으로 작품을 (심지어 재생산된) 보여주기보다는 작품의 디테일을 고양시키기 때문이다. 앞서 언급한 시네아스트 작품을 보는 관객은 분명 영화 작품을 보는 시간에 있지 않다. 그는 박물관이나 갤러리에 의해 중립화된 다른 시간

..

37) 역주: 갤러리 공간으로의 영화 진입은 1960~70년대 소위 미국의 구조 영화 범주에 포함되던 작가들(마이클 스노, 폴 새리츠Paul Sharits 등)과 이들로부터 영향받은 개념 미술 범주에 속하는 시각 예술가들(로버트 모리스, 댄 그레이엄 등)에 의해 시작되었다. 마이클 스노의 〈Two sides to every story〉(1974)는 갤러리 공간에 걸린 스크린 앞뒤 면에 두 대의 영사기로 영상이 투사되는 설치 작품으로 관객은 걸어 다니면서 앞면 혹은 뒷면의 스크린 하나만을 볼 수 있다. 이 작품은 영화적 경험을 다소 복잡한 공간적 경험으로 변화시키면서 영화적 장치에 의문을 제기한다. 완성된 영화를 갤러리 공간에서 해체하고 재생산하는 예(샹탈 애커만), 전시공간이 가진 물리적 한계를 영화의 포스트 프러덕션과 결합하는 예(페드로 코스타), 설치와 영화가 결합된 멀티 플랫폼 프로젝트로서 스스로 영화감독의 포지션을 확대하는 예(아피차퐁 위라세타쿨)를 비롯해 오늘날 많은 작가들이 영화관과 갤러리를 동시에 오가고 있다.

속에 서 있는 자세로 존재한다.(혹은 몸을 편안하게 두기에 알맞지 않은 좌석에 불편하게 앉아서) 그래서 그는 단지 작품의 일부밖에 보지 못하며 이것이 디테일이 된다. 하지만 이 디테일은 잠재적으로는 무의미하다. 왜냐하면 그것은 개별적인 것으로도(작가가 의도적으로 작품에 새긴 디테일, 작품을 만드는 디테일), 세부적인 것으로도(관객이 자신의 욕망에 따라 마음대로 '만들어내는' 디테일)[38] 나타나지 않기 때문이다. 영화 예술 사전에서 발췌된 이미지들은 모든 영화 이미지와 잠재적인 교환·유통 관계에 들어가고, 예술가는 스스로에게 창조자의 역할을 부여함으로써 이 발췌 이미지들을 다시 만든다.(지아니키안Gianikian[39]의 작품에서 볼 수 있듯이)

(이것은 현대 예술 박물관에서나 볼 법한 '실험' 영화로 이어진다. 예를 들어 사진 예술가이자 조각가로 알려진 디터 아펠트Dieter Appelt의 영화 작품은 때로는 비엔나 학파—크렌Kren, 쉐글Scheugl—, 때로는 리처드 세라Richard Serra의 보다 '기능적인' 영화 작품들을 환기한다.)

'알프레드 히치콕과 예술' 혹은 영화의 전시—채워야 할 마지막 고리인 전시. 좀 전에 설치 작업에 대해 언급한 것처럼 영화를 '전시하는' 것은 언제나 불가능하게 보였다. 영화는 있는 그대로 자신을 드러낼 수 없다. 즉 영화는 자신을 보아야 하고 영화 장치는 영화와 분리될 수 없다.[40](적어도

∴

38) 나는 다니엘 아라세가 제안해 합의에 이른 이 전문 용어를 차용한다. Daniel Arasse, *Le Détail. Pour une histoire rapprochée de la peinture*, Flammarion, 1991.

39) 역주: 예르반트 지아니키안(Yervant Gianikian, 1942~현재)은 아르메니아-이탈리아 영화 감독이다. 그는 안젤라 리치 루치Angela Ricci Lucchi와 팀을 이루어 주로 실험 다큐멘터리를 만드는데, 그들의 첫 대표작은 〈극에서 적도로From the Pole to the Equator〉이다. 이 작품으로 그들은 단번에 다큐멘터리 영화 운동의 선봉에 서게 됐는데, 그들의 주요 스타일은 기존 영상 이미지의 재활용과 필름 속도의 의도적인 조절을 통한 재생산이다. 주요 주제는 평화와 전쟁, 제국주의 등이다.

40) 이것은 도미니크 파이니의 예견적인 소규모 에세이의 결론이었다. Dominique Païni,

10년 전부터 DVD가 출시됨에 따라 관습에 커다란 변화가 일어나고, 이에 영화 자체의 분석적 힘과 디테일에 대한 취향이 더해지면서 엄청난 변화가 일어났다고 할지라도) 그렇지만 박물관은 영화도 그의 대상으로 만드는 새로운 방식들을 계속해서 발굴했다—5년 전부터 파리에서 우리가 눈부시게 본 바처럼 ('히치콕과 예술'(2000), '장 콕토'(2001), '월트 디즈니'(2006)), 영화를 설치 작업의 프로크로테스의 침대로 넘기기 위해서든 문화적 보고로 변화시키기 위해서든 말이다.

하지만 우리는 본질적으로 구분된 영역에서 자유롭지 못하며 그것은 오늘날의 영화 예술에 대해 아무것도 말해 주지 않는다. **팝**은 어쨌든 유행하던 만화와 거리 포스터를 베끼고 이용했지만, 그렇다고 팝이 만화와 거리 포스터를 예술로 만든 것은 아니었다. 어쩌면 〈24시간 사이코〉는 〈사이코〉가 예술 작품이라는 것을 전제로 하지 않는지도 모른다. 유명한 두 기관인 몬트리올 현대예술박물관과 파리의 조르주 퐁피두 센터가 2000년에 주최한 '히치콕과 예술' 전시회의 목적은, 어쩌면 이 앵글로-미국계 시네아스트가 예술가라는 것을 보여주고자 하는 것이 아니었을지도 모른다.(이런 관점에서 보면 디즈니 전시도 분명하다.) 두 경우에서 우리는 다음과 같은 말을 할 수 있다. 예술의 영역은 모호하게 되었고 모더니티가 사라지면서 예술의 경계는 끊임없이 불분명해지고 많은 구멍이 생기게 되었다. 사실 예술의 경계를 확정하는 것이나 어떤 작품이나 실천이 예술에 속하는지를 결정하는 것은 중요하지 않다. 중요한 것은 흐름, 차용, 회귀의 가능성 유무이며 실용적이어야 한다는 것이다.

∙∙

Conserver, montrer: où l'on ne craint pas d'édifier un musée pour le cinéma, Crisnée, Yellow Now, 1992. 하지만 파이니는 몇 년 후 박물관에서 영화를 '전시'하는 유행을 주동하게 된다.(Hitchcock, Cocteau, Disney)

내 이야기인 '회화와 영화'의 주인공들은 재지Zazie[41]처럼 나이를 먹었다. 마치 이미지에는 고유한 역사가 있다는 것(예술 안에서, 그리고 예술 밖에서)을 받아들이기 위해서인 것처럼, 그리고 셰퍼Schefer에서 디디위베르만Didi-Huberman에 이르는 '이미지 역사 인류학'이 원하는 것처럼 영화의 예술적 지위와 이미지로서의 영화의 기여는 다른 특징들을 지녔다. 이미지는 도처에 존재한다. 이러한 생각은 새롭지 않으며 1960년대에 '이미지의 문명'을 둘러싼 성찰이라는 불가피한 주제를 만들었다. 그것은 이미지를 유통할 기계들이 발명된 후 더 명확해졌다. 〈마이너리티 리포트〉에서 시리얼 통위에서 다리를 떠는 장면이나 넘쳐나는 광고와 강박 이미지가 그러하다. 혹은 〈블랙 아웃Black out〉(페라라, 1997)에서 디스코/비디오 기계 설치에 대한 캐리커처인 모니터 스크린은 모든 것을 요약한다. 이미지는 도처에 있고 신체들 사이에서 파급된다. 실재적이고 현실적인 지시체를 나타내는 이미지는 허구적인 지시체를 나타내는 이미지와 공존한다. 이미지는 경제적인 유통 구조에서 제작된다. 이미지(디에제틱한 대상으로서)에 의한 이미지(영화)의 확산은 사실 최근 영화에서는 거의 진부하다 할 만큼 일관되게 나타나는 모티프이다. 그것은 디지털(출처와 현상을 영원히 가려낼 수 없는 위험이 존재하기는 하지만)에 대한 매혹과 어울린다. 생명을 지니는 이러한 이미지의 축적 뒤에 혹은 축적 아래에 존재하는 원형이 **시뮬라크르**이다. 시뮬라크르에는 분명 지시체가 있지만 그것은 우리에게 익숙한 이미지들의 유통도, 기원도 갖고 있지 않다. 이를테면 시뮬라크르는 그의 지시체의 **발현**이다. 끝없이 새로워지고 나의 지각을 자극하기 위해 '나를 찾으러 오는' 발현이다. 예를 들어 〈버펄로'66〉에서 점진적으로 작아지는 삽입 이미지는

••

41) 역주: 재지(1964~현재)는 프랑스의 여성 솔로 가수이다.

그것을 가시적으로 주인공의 머릿속에 '들어가게' 한다.(프레임화된 시뮬라크르와 같은 정신적인 이미지) 이런 물질적 이미지들이 조정 가능할 수 있게 될 때, 우리가 그것을 포착해서 마음대로 옮기고 축적하고 던지고 치환하는 등의 행위를 할 수 있을 때 추가적인 단계에 도달하게 된다.(《마이너리티 리포트》는 이것을 자신의 중요한 모티브로 만들었다.)

그래서 문제는 우리가 반복해서 말했던 것처럼 더 이상 '영화가 예술인지'를 아는 데 있는 것이 아니라 예술의 영역과 영화가 맺는 관계에 있다. 영화는 하나의 예술 작품으로 기능할 수 있는가?(이것이 굿맨의 질문이다.[42]) 어떤 조건으로? 어떤 결과로? 우리는 이 대답이 결코 하나가 아님을 알고 있다. 영화는 예술 비평의 의미에서 예술 작품이 될 수 있지만 아주 다른 의미에서, 가령 예술적 제도의 의미에서 예술 작품이 될 수도 있다. 도미니크 곤잘레스포에스터Dominique Gonzalez-Foerster[43]의 영화들은 예술가의 작품이다. 왜냐하면 곤잘레스포에스터는 예술가들이 전시하는 장소에서 그의 작품들을 보여줌으로써 예술가로 간주되기 때문이다. 예술가의 것인 제도적 공간 밖, 예를 들어 DVD에서 그의 영화들이 보여진다면 그의 작품들은 괜찮지만 다른 것들과 비교 가능한 소박한 영화 에세이나 영화 일기가 된다. 이와 대조적으로 예술 극장에서 상영된 조너선 카우에트의 〈타네이션〉은 일반 극장에서 상영될 수 있는 자서전적이고 에세이적이며 실험적인 이러한 경계물에 속한다.(예를 들어 일반 극장이 빌 플림턴Bill Plympton[44]

..

42) Que rappelle Dominique Chateau dans son *Cinéma et Philosophie*, Armand Colin, 2003. 도미니크 샤토도 그의 저서 『영화와 철학』에서 같은 질문을 제기한다.
43) 역주: 도미니크 곤잘레스포에스터(1965~현재)는 국제 현대 예술계에서 영향력 있는 프랑스 아티스트이다. 그는 비디오 상영, 사진, 설치 예술 등 다양한 작업을 하는 것으로 유명하다.
44) 역주: 빌 플림턴(1946~현재)은 미국의 만화가이자 그래픽 디자이너, 만화 영화 제작자이다. 〈너의 얼굴Your Face〉이라는 단편 애니메이션이 1987년 아카데미상 후보에 올라 유명해졌다.

이나 필립 가렐의 초기작을 상영한 것처럼) 예술 영화라는 제도는 매우 탄력적이다.

이 모든 것에서 눈l'oeil은 어디에 있는가? 시선과 인간 육체의 상호 작용에 완벽하게 매몰돼 있던 영화 예술을 이해하고자 하는 행복에 젖어 있던 1960년대에 미셸 물레는 다음과 같은 명백한 경구를 남긴다: "예술로서 영화의 본질은 더 이상 요정 이야기도, 다큐멘터리도 아니다. 하지만 반박할 수 없는 눈의 자명성에 의해 부과된 아름다움의 관점에서 보면 그것은 요정 이야기인 동시에 다큐멘터리이다."[45] 반박할 수 없는 자명한 눈은 멈추지 않는 눈보다 훨씬 더 앞서 가며 확인하는 것으로 만족한다. 이것은 사실 우리가 아무것도 알지 못하는 이 눈에 영화 예술을 절대적으로 종속시키는 것이다. 하지만 물레는 역사적인 순간에 대해 완전히 잘못 생각함으로써 고전 영화가 끝나가고 있을 때 그것이 임박했다고 예언했다.

또한 눈과의 관계에서 영화는 변했다. 가장 명백하게 보이는 주요 부분뿐만 아니라 인공 눈, 의치, 틀니의 확산에서, 디지털화와 특수 효과에서, 의사-중세적인pseudo-médiéval 혹은 우주적인 대중 판타지 영화에서 그러하다. 〈스타워즈〉는 스펙터클한 순간에는 거의 비디오 게임에 가깝다. 그것은 영화 애호가가 무시하는 영역의 영화가 갖는 사회학이다.[46] 하지만 우리는 추적 씬이나 우주 공간을 통과하는 별 의미 없는 많은 씬들을 모의 비행이라는 보다 흥미로운 모델과 연관 지을 수 있다.(깁슨J. J. Gibson은 비행기 모의 착륙을 통해 그의 시지각 이론을 구축하였는데, 나는 이 이론을 깁슨의

••

45) Mourlet, 《Sur un art ignoré》, *op. cit.*

46) 우리는 로랑 줄리에의 책에서 이 시리즈를 재평가하려는 흥미로운 시도를 발견할 수 있다. Laurent Jullier, 《*Star Wars*》, *anatomie d'une saga*, Armand Colin, 2005.

생태학적인 이형 속에서 멈추지 않는 눈의 산책과 관련지었다.) 〈스타워즈〉에서 가정할 수 있는 눈은 비록 이 여행이 있을 법하지 않다고 해도 어쨌든 여전히 여행하는 눈이다. 축소 모형을 버리고 디지털화를 택한 〈반지의 제왕〉은 등장인물들의 배회를 진짜같이 표현하고자 애썼다.(영화 광고는 오세아니아 지역의 자연 배경에서 촬영한 것을 자랑하였다.) 이 영화들에 가장 근접한 것은 1950년대 모험 영화이다. 비사실적으로 날아가고 활공하고 돌진하는 눈은 더 이상 눈이 아니다. 하지만 그런 조건이라면 달리는 기병대를 쫓아가기 위해 자동차에 올라타는 눈은 훨씬 더 눈이 아니었다. 요컨대 부차적으로만 눈의 영화였던 대중 영화는 자신의 외관을 새로 바꾸었을 뿐이다.

겉으로 보기에 화가들의 야외 이동[47]의 직접적인 후손인 것처럼, 그리고 풍경을 선호하는 영화적 취향의 직접적인 후손인 것처럼 보이는 영화들에서 감지되는 미묘한 변화는 또한 심오한 의미를 담고 있기도 하다. 초기 영화와 고전적인 영화에서 풍경은 죽음의 위험을 무릅쓰고서라도 탐색하기 위해 침투 가능한 자연의 보고이다. 〈대학살The Massacre〉(1912)에서 그리피스는 낮은 데서 보는 것과 높은 데서 보는 것 사이의 대립이라는 본능적인 지혜를 이용한다. 이기기 위해서는 정상에 있어야 하며 전체적인 시야를 가져야 한다. 낮은 데서 보는 사람은 패배하며 죽음을 당한다.(개척자의 카라반이 매우 낮고 먼 깊은 곳에서 대각선으로 공간을 가로지르는 반면, 곰으로

..

47) 여기서 19세기 말에 적극적으로 활동한 러시아의 '이동 전람 화가들peintres ambulants russes'을 그 예로 들 수 있다. 나는 잊어버리고 '가변적인' 눈과 관련한 참조에서 이들을 언급하지 못했다. 역주: 러시아 '이동 전람 화가들'은 1863년 일어나 1890년대에 사라진 러시아 사실주의 운동에 붙여진 용어이다. 이 운동은 상트페테르부르크의 왕립 아카데미에서 예술에 부여한 교육, 주제, 방법에 반기를 들고 일어났다.

위장한 인디언이 전경 프레임의 가장자리에서 나타나는 유명한 장면을 기억해 보라.)
고전적인 영화 시기에 할리우드에서 장엄한 자연을 이용하는 모든 숏은 이런 식으로 진행되었다. 〈북북서로 진로를 돌려라North by Northwest〉(히치콕, 1959)와 러시모어산, 그리고 〈하이 시에라〉(라울 월시, 1941)의 세 버전에서 인물은 좋은 시야를 차지할 수 없기 때문에 죽는다. 존 포드의 작품과 모뉴먼트 밸리Monument Valley도 마찬가지이다.

그런데 최근 풍경 영화는 이런 투쟁적인 속성을 잃어버렸다. 이젠 친구도, 적도 아닌 환경에 놓여 있지만 이전과는 완전히 다르다. 더 이상 **유리한 고지**vantage points를 차지하는 것은 중요하지 않다. 왜냐하면 더 이상 유리한 고지 자체가 존재하지 않기 때문이다. 말하자면 풍경은 더 이상 누군가에게 넘겨지거나 소유되거나 점유되지 않는다. 그것은 〈제리〉(구스 반 산트, 2002) 우화에 대한 가장 설득력 있는 설명이다. 이 이름을 갖고 있는 두 인물은 백치이다.(〈제리〉의 관용어적 의미) 그들은 정상에 오름으로써 그들의 길이 펼쳐지는 것을 볼 것이며 그들을 가두고 있는 미궁을 조종할 수 있을 것으로 생각한다. 그런데 이 미궁은 제어 가능하지 않다. 거기에는 보이는 길이 없기 때문이다. 그것은 유동적이며 모든 방향으로 이어진다. 혹은 〈열대병〉 두 번째 파트에 나오는 병사는 정글 속에서 육체와 영혼을 상실하며 정글은 그 안에서 사라져 버린다.(그가 자신의 길을 찾아내지 못하기 때문이 아니다. 〈객관적 버마Objective Burma ou〉 혹은 〈317번째 섹션La 317ᵉ Section〉에서 동일한 정글은 완벽하게 인식 가능하며 객관화할 수 있었다. 정글은 마술로 당신을 낚아채지 않았다.) 혹은 테런스 맬릭의 작품은 간결함과 강렬함으로 풍경을 증명한다. 〈황무지Badlands〉(1973)에서 도주하는 연인은 죽음이 기다리고 있는 풍경에서 사방으로 내달리며 〈천국의 나날들〉의 지주는 경치와 소유에 대한 브래키지의 예견과 파놉티콘에 대한 벤담의 예견을 혼자 구현하는 것처럼 보인다. 또한 〈신 레드 라인The Thin Red Line〉(1998)의 병사들은 위치를 안다는 것 자체가 의미 없지만, 어쨌든 폭발과 피의 분출을 통해서만 자신의 위치를 감지할 수 있는 지옥에서 출구 없이 헤매며 천국으로 도피하지 못한다.

눈은 계속해서 본다. 그것은 움직이기를 멈추지 않는다. 하지만 잃어버린 것도 있는데 그것은 아마도 다양성일 것이다. 어떤 상황에서도 눈은 동일하다. 보는 것이라는 기관은 더 이상 아는 것과 일치하지 않으며 권력과도 일치하지 않는다. 그래서 변한 것은 지성보다 우위에 선 감각 기관의 특권이다.(혹은 미학적인 것과 개념적인 것과의 관계) 철학에 의해 기만적인 것으로 평가되어 온 감각 기관이 회화와 영화 같은 시각 예술에 의해 그 명예를 회복하였다. 붓으로 그림을 그리는 예술의 종말과 더불어 영화는 다시 괄호를 닫았다. 감각 기관은 오직 감각만을 해방시킨다.[48] 자크 랑시에르의 말대로 우리는 '예술 생산품들에 고유한 감각 방식의 차이로 예술을 식별하는'[49] '미학적인 체제'로부터 벗어나는 중이거나 이미 벗어났다. 영화에서는(다른 영역에서는 아니다.) 더 이상 그 어떤 것도 예술 작품을 단순한 지각적 혹은 감각적 기준들에 의해 특징짓지 않을 것이다. 눈은 계속

∵

48) 여기서 생각난 김에 말하자면 눈이라는 단 하나의 감각 기관에 움직이는 이미지들이 지나치게 의존하는 것을 피하기 위해 '비디오 아트'가 맡고 있는 모호한 역할에 대해 지적하고 싶다. 레이몽 벨루의 『사이 이미지들』에 실린 '육체 사이에서'와 최근 저서로 필립 뒤부아의 『비디오, 영화, 고다르』를 볼 것. Voir le texte synthétique de Raymond Bellour, 《D'entre les corps》(1987), L'Entre-images, Éd. de la Différence, 1990, et plus récemment, Philippe Dubois, Video, Cine, Godard, Buenos Aires, Libros del Rojas, 2001.

49) Jacques Rancière, Le Partage du sensible, La Fabrique, 2000. 자크 랑시에르는 2003년에 출간한 『이미지의 운명Le Destin des images』과 2004년에 출간한 『미학에서의 불편함Malaise dans l'esthétique』에서 그의 생각을 발전시켰다.

해서 보지만, 눈에 그것이 보는 것이 예술인지 아닌지를 결정할 수 있는 기회가 부여되지 않는다.

이 같은 지적은 회고적이거나 퇴행적 혹은 반동적 분위기를 유발할 수 있다. 사실 장 클레르식[50]대로 이러한 움직임 속에서 잃어버리게 된 것—이것은 아무것도 아닌 것이 아니다—, 즉 숙련, 기법, 성실을 아쉬워하면서 그것들을 계속 이어나갈 수 있다. 그것이 내가 말하고 싶은 바는 전혀 아니지만, 가장 현재적이면서 활발한 작품들에서 예술 미학 체제의 소멸이 끊임없이 나타나고 있다고 하더라도, 그리고 그 어떤 것을 통해서도 이미지들의 '논리'의 변화를 간파해 낼 수 없다고 하더라도, 이러한 변화를 날마다 목격하고 있다는 사실은 인정해야 한다. 소멸과 변화 사이에서 영화(그리고 분명 다른 이미지 예술들도)는 매우 다행스럽게도 후자를 선택했다.

..

50) Jean Clair, *Paradoxe sur le conservateur*, Caen, L'Échoppe, 1988; *Considérations sur l'état des Beaux-Arts*, Gallimard, 1996; *Court traité des sensations*, Gallimard, 2002.

지은이

:: 자크 오몽 Jacques Aumont, 1942-

프랑스의 저명한 영화 이론가이자 교수이다. 프랑스 공학 그랑제콜인 Ecole
Polytechnique을 졸업했다. 하지만 영화로 선회하여 *Cahiers du Cinema*에서
영화 평론가로 활동하였고, 1980년 에이젠슈테인의 작품에 관한 몽타주 연구로
박사학위를 취득해 Lyon 2대학, 국립예술학교(École Nationale supérieure des
Beaux-Arts), Paris 3대학 등에서 교수로 재직하였다. 1980년대와 1990년대 미학
이론의 관점에서 영화에 접근하는 연구를 하였고 이와 관련한 주요 작품으로는
『멈추지 않는 눈 *L'Œil interminable*』(1989), 『이미지 *The Image*』(1990), 『영화는 무엇
을 생각하는가 *À quoi pensent les films*』(1997)가 있다. 최근에는 영화와 갤러리 예술,
다른 미디어 형식에 나타난 광범위한 현대 이미지 문화에 관한 연구를 하고 있다.

옮긴이

:: 심은진

이화여대에서 「발자크 연구」로 불문학 박사학위를 취득하고, 프랑스 파리 10대학
에서 「영화에서 디지털 이미지」로 영화학 박사학위를 받았다. 경향신문, 문화일보
신춘문에 문학 평론으로, 동아일보 신춘문에 영화 평론으로 등단하였다. 「모더
니즘 회화와 영화」, 「바쟁과 텔레비전」, 「영화의 외화면과 외부의 사유」 등 매체
철학과 상호 매체성을 다룬 다수의 논문을 발표했으며, 『쇼트』, 『몽타주』 등의
번역서가 있다. 청주대 영화과 교수로 재직 중이다.

박지회

파리 3대학 영화학과에서 박사과정을 수료한 후 이화여대에서 플로베르 문학 작품
의 영화 각색에 관한 연구로 박사학위를 취득하였다. 이화여대, 강원대, 한국외대
등에서 영화 관련 강의를 하였다. 「영화 속 연극성 고찰」, 「위험한 관계의 영화적
변형」, 「샹탈 아케르만의 영화에 나타난 여성적 글쓰기」, 「스토리 소스로서의 동화
의 재발견」 등 영화와 다른 매체의 비교, 상이한 매체의 스토리텔링을 다룬 다수
의 논문을 발표하였으며 『장 르느와르』, 『영화음악』, 『대사』 등의 번역서가 있다.

멈추지 않는 눈

1판 1쇄 펴냄 | 2019년 8월 22일
1판 2쇄 펴냄 | 2020년 10월 13일

지은이 | 자크 오몽
옮긴이 | 심은진·박지회
펴낸이 | 김정호
펴낸곳 | 아카넷

출판등록 2000년 1월 24일(제406-2000-000012호)
10881 경기도 파주시 회동길 445-3
전화 | 031-955-9510(편집) · 031-955-9514(주문)
팩시밀리 | 031-955-9519
책임편집 | 이하심
www.acanet.co.kr

ⓒ 한국연구재단, 2019

Printed in Seoul, Korea.

ISBN 978-89-5733-640-3 94680
ISBN 978-89-5733-214-6 (세트)

이 도서의 국립중앙도서관 출판시도서목록(CIP)은
서지정보유통지원시스템 홈페이지(http://seoji.nl.go.kr)와
국가자료공공목록시스템(http://www.nl.go.kr/kolisnet)에서 이용하실 수 있습니다.
(CIP 제어번호: CIP2019029950)